ESSENCIAL

JOAQUIM AURÉLIO BARRETO NABUCO de Araújo nasceu em 1849 em Recife, filho de José Tomás Nabuco de Araújo e Ana Benigna de Sá Barreto. Passou a infância no engenho Massangana, de propriedade de seus padrinhos, onde travou contato íntimo com a sociabilidade da escravidão nordestina, ligada à produção do açúcar. Ainda em criança mudou-se para o Rio de Janeiro, onde os pais passaram a residir e onde ele fez seus primeiros estudos. Em 1866, em São Paulo, ingressou na Faculdade de Direito, e dois anos depois voltou ao Recife, onde se graduou. São desta época seus primeiros textos sobre a escravidão e suas atuações iniciais como advogado. Teve a coragem de defender, então, o escravo Tomás, acusado de assassinato.

Em 1870, voltou ao Rio de Janeiro, onde iniciou carreira no jornalismo e trabalhou como advogado no escritório do pai. Logo, porém, abandonou a advocacia, para viajar à Europa e aos Estados Unidos. Em 1878, eleito deputado por Pernambuco, deu início à campanha pelo Abolicionismo. Derrotado na eleição seguinte, voltou à Europa. Em Londres, escreveu *O abolicionismo*, publicado em 1883, e colaborou com artigos em jornais brasileiros. Retornou ao Brasil no ano seguinte e retomou a campanha abolicionista, com textos publicados na imprensa, como "O erro do Imperador" e "O eclipse do abolicionismo". Em 1888, estava ao lado da Princesa Isabel quando da assinatura da Lei Áurea.

Ainda se reelegeu deputado, mas a Proclamação da República o afastou da política por cerca de dez anos. Manteve-se monarquista convicto até se reaproximar da vida pública republicana, como diplomata, na virada do século.

Na Inglaterra, para onde voltou em 1892, escreveu *Balmaceda* (1895), sobre a guerra civil do Chile, e *Um estadista do Império* (1896), sobre seu pai, o senador Nabuco de Araújo, livro que é considerado sua obra máxima. Ao lado do amigo

Machado de Assis, estava entre os fundadores da Academia Brasileira de Letras, em 1896 e 1897.

Em 1899, defendeu o Brasil na disputa com a Inglaterra pelos limites da Guiana Inglesa. No ano seguinte, publicou *Minha formação* e deu seguimento à carreira diplomática, servindo em Londres. Foi o primeiro embaixador brasileiro em Whashington, Estados Unidos, onde veio a falecer em 1910.

EVALDO CABRAL DE MELLO nasceu no Recife em 1936 e atualmente mora no Rio de Janeiro. Estudou Filosofia da História em Madri e Londres. Em 1960, ingressou no Instituto Rio Branco e dois anos depois iniciou a carreira diplomática. Serviu nas embaixadas do Brasil em Washington, Madri, Paris, Lima e Barbados, e também nas missões do Brasil em Nova York e Genebra e nos consulados gerais do Brasil em Lisboa e Marselha.

É um dos maiores historiadores brasileiros, especialista em História regional e no período de domínio holandês em Pernambuco no século XVII, assunto sobre o qual escreveu vários livros, como *Olinda restaurada* (1975), sua primeira obra, *Rubro veio* (1986), sobre o imaginário da guerra entre Portugal e Holanda, e *O negócio do Brasil* (1998), sobre os aspectos econômicos e diplomáticos do conflito entre portugueses e holandeses. Sobre a Guerra dos Mascates e a rivalidade entre brasileiros e portugueses em seu Estado natal publicou *A fronda dos mazombos* (1995). Escreveu também *O norte agrário e o Império* (1984), *O nome e o sangue* (1989), *A ferida de Narciso* (2001) e *Nassau: governador do Brasil Holandês* (2006), este para a Coleção Perfis Brasileiros, da Companhia das Letras.

ESSENCIAL
JOAQUIM NABUCO

Organização e introdução de
EVALDO CABRAL DE MELLO

PENGUIN
COMPANHIA DAS LETRAS

Copyright © 2010 by Evaldo Cabral de Mello

Cronologia original feita por Angela Alonso
para o livro *Joaquim Nabuco*, da coleção Perfis Brasileiros
(Companhia das Letras, 2007)

*Grafia atualizada segundo o Acordo Ortográfico
da Língua Portuguesa de 1990,
que entrou em vigor no Brasil em 2009.*

Penguin and the associated logo and trade dress
are registered and/or unregistered trademarks
of Penguin Books Limited and/or
Penguin Group (USA) Inc. Used with permission.

Published by Companhia das Letras in association
with Penguin Group (USA) Inc.

CAPA E PROJETO GRÁFICO PENGUIN-COMPANHIA
Raul Loureiro, Cláudia Warrak

PREPARAÇÃO
Isabel Jorge Cury

REVISÃO
Carmen S. da Costa
Marise Leal

Dados Internacionais de Catalogação na Publicação (CIP)
(Câmara Brasileira do Livro, SP, Brasil)

Essencial Joaquim Nabuco / organização e introdução
de Evaldo Cabral de Mello. São Paulo : Penguin Classics
Companhia das Letras, 2010.

ISBN 978-85-63560-01-8

1. Abolicionistas — Brasil 2. Nabuco, Joaquim, 1849-1910
3. Políticos — Brasil — Biografia I. Mello, Evaldo Cabral de.

10-05545   CDD-923.281

Índice para catálogo sistemático:
1. Brasil : Políticos : Biografia 923.281

[2010]
Todos os direitos desta edição reservados à
EDITORA SCHWARCZ LTDA.
Rua Bandeira Paulista, 702, cj. 32
04532-002 — São Paulo — SP
Telefone: (011) 3707-3500 Fax: (011) 3707-3501
www.penguincompanhia.com.br

Sumário

Introdução de Evaldo Cabral de Mello   09

ESSENCIAL JOAQUIM NABUCO

PRIMEIRA PARTE
Textos abolicionistas   17

MASSANGANA   19

O ABOLICIONISMO
Que é o abolicionismo? A obra do presente e a do futuro   35
O tráfico de africanos   41
Influência da escravidão sobre a nacionalidade   50
Influência sobre o território e a população do interior   58
Influências sociais e políticas da escravidão   76
Necessidade da abolição. Perigo da demora   100

CAMPANHA ABOLICIONISTA NO RECIFE, 1884
Discurso em São José   113
Discurso na Madalena   121
Discurso no Corpo Santo   129
Discurso aos artistas do Recife   137
Discurso de encerramento   146

DOIS OPÚSCULOS
I. O erro do imperador   163
II. O eclipse do abolicionismo   181

DISCURSOS PARLAMENTARES
Projeto de monarquia federativa 195
Apresentação do ministério João Alfredo 230

RESPOSTA ÀS MENSAGENS DO RECIFE E DE NAZARÉ 243

SEGUNDA PARTE
Textos políticos e historiográficos 265

BALMACEDA
Ensaio geral da ditadura 269
A revolução 275
A tragédia 279
Balmaceda e o Chile 291
Post-scriptum: a questão da América Latina 304

A INTERVENÇÃO ESTRANGEIRA
DURANTE A REVOLTA DE 1893
O marechal Floriano 313
O marechal Floriano e a revolta 319

UM ESTADISTA DO IMPÉRIO
O Sete de Abril 333
Reação monárquica de 1837 342
A luta da Praia 346
O gabinete Paraná e seu programa 377
Política financeira do gabinete Paraná 392
Relações com o imperador.
    Candidaturas ao Senado: recusa 398
    Nabuco senador 403
A sessão de 1860. Martinho Campos 406
As eleições de 1860: triunfo democrático. Teófilo Ottoni 414
Caráter político de Zacarias 419
A Guerra do Paraguai antes da organização
    do gabinete de 12 de maio de 1865 422
O caráter da guerra. López 435
Terceiro ministério Zacarias 442
O 16 de julho 447

O fim da guerra. A campanha do Paraguai 454
Silveira Martins. Aparecimento do Partido Republicano 459
O Manifesto Zacarias 464
Ascensão de Rio Branco 467
O caráter da reforma. A parte de cada um 473
A ascensão liberal. A morte de Nabuco (1878) 487
A linha política do Reinado 493
Política monárquica de Nabuco 506

CONFERÊNCIAS NOS ESTADOS UNIDOS
O sentimento da nacionalidade na história do Brasil 517
A parte da América na civilização 531
A aproximação das duas Américas 548

Notas 559
Cronologia 623

Introdução

Diante das quase duas dezenas de obras que Joaquim Nabuco escreveu ao longo da vida, quem quer que se arrisque a organizá-las em seleta defronta-se com duas alternativas principais. A primeira consistiria em proporcionar ao leitor um painel de toda a sua produção, que compreendesse inclusive as veleidades poéticas da juventude, o drama *L'option*, que só veio a concluir pouco tempo antes do seu falecimento, em Washington, a história do que ele chamou sua "reversão religiosa" (*Foi voulue*), seus diários somente publicados há poucos anos, os *Pensamentos soltos*, a defesa do direito do Brasil na questão da fronteira com a Guiana inglesa etc. Nesse caso, porém, o volume, pelas suas mesmas proporções, escaparia ao espírito desta coleção, que é oferecer edições portáteis de grandes autores.

A segunda opção, a adotada pelo organizador (consciente de que se já é difícil conceber os próprios livros, o é duplamente conceber os livros dos outros), foi a seleção parcial dos escritos de Nabuco, baseada sobre um critério preciso, relativo a que facetas privilegiar no conjunto da sua obra: o abolicionista, o literato, o internacionalista, o católico, o historiador. Neste volume, entendeu-se dar preferência a duas delas: primeiro, àquela que mais que nenhuma outra forjou sua imagem nacional, o abolicionismo; a segunda, à sua atividade de escritor político e de historiador dos anos de ostracismo entre a queda da monarquia e a presidência Campos Sales. Ambos os aspectos acham-se ademais estreitamente ligados: a experiência da ação política no decurso da campanha abolicionista irá colorir singularmente o teor e a qualidade das suas análises historiográficas, especialmente em *Um estadista do Império*. Destarte, o leitor terá a vantagem de dispor num só volume de textos de dupla natureza que se iluminam reciprocamente.

Em tal escolha entra inegavelmente, por parte do organizador, um elemento de apreciação pessoal de que sem dúvida o próprio autor, se vivo fosse, teria vivamente discordado. Embora Nabuco tivesse aprovado a inclusão dos seus textos abolicionistas, teria seguramente lamentado a preterição de trechos de *Foi voulue*, de *O direito do Brasil* ou das conferências camonianas que pronunciou nos Estados Unidos, para não referir o fato de que bem pouco se utilizaram aqui as páginas autobiográficas de *Minha formação*, a mais lida e mais bem conhecida das suas obras. Paciência: para um organizador brasileiro deste começo do século XXI, Nabuco vive sobretudo pela sua ação de reformador social e político (a abolição e, aspecto geralmente esquecido em vista do advento da República, a transformação da monarquia unitária em federativa) e pela sua faina historiográfica. O organizador de daqui a cinquenta ou cem anos preferirá certamente outros Nabucos; é seu direito.

A escolha dos textos seguiu o critério de privilegiar as páginas de análise social, política e econômica. Quanto à primeira parte, a *ouverture* constituída por *Massangana*, que é um capítulo tardio de *Minha formação*, explica-se pela necessidade de referir sua conversão ao abolicionismo, conversão, na verdade, a que não falta um toque religioso, como, aliás, sugere o fato de aquelas páginas terem sido inicialmente redigidas para *Foi voulue*. Desse elemento basicamente cristão da sua inspiração abolicionista, o próprio Nabuco não se terá dado inicialmente a devida conta, talvez devido às leituras da moda de um estudante de direito do Recife, aonde regressara em 1869 para concluir o curso iniciado em São Paulo, segundo a tradição de muitos dos bacharéis do Império, que alternavam um período na faculdade paulista com outro na faculdade pernambucana. Foi então que ele visitou o engenho de açúcar em que vivera a infância e de onde havia partido dez anos antes para o Rio de Janeiro. Dessa fase recifense data outro acontecimento já decorrente da sua conversão abolicionista: a estreia como advogado, defendendo no júri o escravo Tomás, acusado de assassinato. Em livro que começou a escrever àquela altura mas que não concluiu, intitulado *A escravidão*, Nabuco narrou o episódio.

Qual foi a gênese de *O abolicionismo*? Nas eleições gerais de 1881, Nabuco, que na legislatura anterior fora deputado liberal por Pernambuco, candidatou-se pelo 1º distrito da Corte, sendo derrotado. Resolveu então partir para Londres, de onde só voltará em 1884, à raiz da ascensão do gabinete chefiado pelo conselheiro Dantas. Nesse período londrino, Nabuco, além de escrever para o *Jornal do Commercio*, do Rio de Janeiro, e para o *La Razón*, de Montevidéu, prestou serviços de consultoria a empresas inglesas com interesses no Brasil e compareceu ao Congresso de Direito Internacional em Milão. Ademais, estreitou suas relações com a Sociedade Abolicionista da Inglaterra e, sobretudo, nos seus vagares estudiosos no Museu Britânico, escreveu *O abolicionismo*.

Publicado em Londres em 1883, o livro deveria ser o primeiro de uma série de estudos de Nabuco e de seus amigos brasileiros, nos quais se versariam as reformas de que o Brasil carecia: a reorganização econômica e financeira e da instrução pública, a descentralização administrativa, a igualdade religiosa, a representação política e a imigração europeia. Mas a reforma primeira que, por assim dizer, seria a condição de todas as demais era a emancipação, isto é, "a substituição dos alicerces da nossa pátria". Para esta seleta, foram escolhidos os capítulos em que Nabuco analisou a instituição escravocrata e seu impacto sobre a história e a vida nacionais. Antes de qualquer outro, ele viu na escravidão o grande princípio de uma explicação global e abrangente da sociedade e da história brasileiras.

A ascensão do gabinete Dantas em junho de 1884 deu o sinal para o reinício da agitação abolicionista. Nabuco seguiu para o Recife, onde se candidatou a deputado pelo 1º distrito da cidade, encetando uma campanha cujos discursos reverberaram por todo o país. Ele derrotou por estreita margem os escravocratas pernambucanos, mas na Câmara dos Deputados a queda do gabinete Dantas habilitou a aliança dos conservadores e dos liberais escravistas a cassar os resultados do pleito recifense. Contudo, a exclusão parlamentar de Nabuco durou pouco: tendo-se verificado uma vaga na deputação provincial, ele foi imediatamente escolhido. De setembro de 1885 data o discurso em que ele propôs outra grande reforma nacional: a monarquia federativa, em que ele via a perspectiva de consolidar definitivamente o regime monárquico.

O gabinete Dantas fora substituído pelo gabinete Saraiva, que procurou conciliar os ânimos fazendo votar uma reforma abolicionista que, relativamente à proposta do ministério anterior, representava um claro retrocesso: a lei dos sexagenários. Feito o que, Saraiva renunciou à presidência do Conselho, dando a d. Pedro II a oportunidade de chamar os conservadores de volta ao poder, com o gabinete Cotegipe. Na eleição seguinte, Nabuco foi derrotado em Pernambuco. Data desse ano trepidante de 1886 a redação de vários artigos de jornal e de dois opúsculos, *O erro do imperador* e *O eclipse do abolicionismo*, que permitiram a Nabuco prosseguir na imprensa a campanha encetada no Parlamento.

Em 1887, em plena situação conservadora, a nomeação de Manuel Portela como ministro do Império deu a Nabuco a oportunidade de recandidatar-se a deputado por Pernambuco. Portela foi derrotado por pequena margem, mas a eleição teve repercussão nacional em termos de estabilidade do gabinete Cotegipe, que se viu desautorizado. Abrindo-se nova fase de agitação abolicionista, uma facção do Partido Conservador, com João Alfredo Correia de Oliveira à frente, propôs-se a realizar a emancipação, com o incentivo da princesa Isabel, que assumira a Regência na enfermidade do imperador, em tratamento na Europa. Em 7 de maio de 1888, o novo ministério apresenta-se diante da Câmara; a 13, a abolição é aprovada pelo Parlamento do Império e sancionada pela regente.

Em breve, o ministério João Alfredo teve de ser sacrificado ao ressentimento escravocrata. Convocados pelo imperador, os chefes conservadores declinaram o convite de formar novo gabinete. D. Pedro resolveu então chamar os liberais de volta ao poder. Tendo Saraiva igualmente recusado a tarefa de organizar ministério, aceitou-o Ouro Preto. Nabuco foi reeleito em Pernambuco nas eleições gerais que se seguiram. Elas tiveram lugar em 31 de agosto de 1889, mas em 15 de novembro um golpe militar proclamou a República. Em 1890, na *Resposta às mensagens do Recife e de Nazaré*, Nabuco explicou a seus correligionários pernambucanos as razões que tinha para não se candidatar à Constituinte republicana. Em *Minha formação*, Nabuco, com sua característica generosidade de espírito, apresentou um balanço dos anos de campanha emancipacionista, avaliando o papel desempenhado pelos grandes protagonistas, pelas forças políticas do Império e pela dinastia.

Os textos reunidos na segunda parte correspondem basicamente aos anos 1890, de ostracismo de Nabuco, mas igualmente de sua maior produtividade intelectual.

Não há nada como um longo período de marginalização política para gerar uma obra-prima, uma das quatro ou cinco de que se pode gabar a historiografia brasileira. O assunto prestar-se-ia a uma reflexão sobre a precariedade que cerca a gestação dos textos insignes. Basta lembrar, ficando no exemplo mais ilustre, o de Maquiavel, pois, sem o retorno dos Medici ao poder, nem *O príncipe*, nem os *Discursos sobre Tito Lívio*, nem as *Histórias florentinas* existiriam hoje. Sem a República em 1889, é plausível que tampouco existisse *Um estadista do Império*.

Antes, porém, de concluí-lo, Nabuco publicou em 1895 dois trabalhos de história imediata, *Balmaceda* e *A intervenção estrangeira durante a revolta de 1893*. *Balmaceda* surgiu como uma série de artigos no *Jornal do Commercio* nos quais, baseando-se no livro recém-publicado de Julio Bañados Espinosa, Nabuco formulou sua própria interpretação dos acontecimentos do Chile que haviam culminado na guerra civil de 1891 e no suicídio do presidente Balmaceda. Embora, no prefácio, Nabuco negue haver pretendido "expor, a pretexto e a coberto do incidente chileno, os fatos, os personagens e as teorias da ditadura a que estivemos sujeitos", isto é, a de Deodoro-Floriano, ele acaba admitindo que "certamente, há grandes semelhanças entre o que se passou ali e o que, depois, nós mesmos presenciamos, e neste livro se encontrarão a miúdo juízos que se aplicam perfeitamente a coisas nossas".

Mas o que ele chama "o jacobinismo brasileiro" seria "caracteristicamente diferente das outras formas de opressão e desgoverno sul-americanas". De uma maneira ou de outra, é impossível repassar as páginas de *Balmaceda* abstraindo as preocupações do autor sobre o destino das instituições representativas no Brasil, na esteira do golpe militar de 1889 e da ditadura que se seguiu. Para o leitor brasileiro de hoje, o interesse de *Balmaceda* reside essencialmente nas análises de natureza política com que Nabuco enfeixa a narrativa dos episódios militares que levaram à revolta da Armada chilena, a começar pelo projeto de reforma constitucional, em que ele enxerga a tendência malsã a tratar problemas sociais sob critério exclusivamente científico, crítica que por então também esboçava contra os positivistas brasileiros na confidencialidade do seu diário.

Em 1895, Nabuco também publicou nas páginas do *Jornal do Commercio* uma série de artigos sobre a intervenção das armadas estrangeiras quando da revolta do almirante Saldanha da Gama contra a ditadura de Floriano Peixoto. Como afirmou no prefácio à reedição em livro, "não me propus a escrever a história da revolta de 6 de setembro; quis somente contribuir para ela com a apreciação de um dos principais elementos da vitória do marechal Floriano Peixoto: a intervenção estrangeira". Na verdade, o interesse principal desse texto de Nabuco é o julgamento político que ele porta sobre o papel histórico do ditador.

Enquanto escrevia *Balmaceda* e *A intervenção estrangeira*, Nabuco dedicava o essencial do seu tempo à redação da obra que, mais que qualquer outra, fará sua fortuna literária, a biografia do pai, o senador e conselheiro do Império, José Tomás Nabuco de Araújo. A ideia da obra surgiu em 1881, mas o adiamento da tarefa, como Nabuco confessará em *Minha formação*, foi bem positivo na medida em que, jovem ainda, sua percepção do papel histórico do pai, que fora o da construção imperial, escaparia necessariamente a quem, como o jovem abolicionista e federalista que o autor então era, metera ombros à missão de desconstruir, como hoje se diria, dois dos esteios do Brasil, a escravidão e a centralização.

Durante os meses em que o Rio de Janeiro vivia sob o estado de sítio florianista na esteira da revolta da Armada, Nabuco encetou, na casa da rua marquês de Olinda em Botafogo, a organização do arquivo paterno, cerca de 30 mil documentos, além de livros, discursos e os *Anais do Parlamento do Império*. Feito o que, iniciou a redação. A preparação da obra levou nada menos de seis anos. Entre março e setembro de 1894, ele concluiu uma primeira versão. Os três volumes aparecerão a partir de 1897 pela Casa Garnier.

O modelo de *Um estadista do Império* é o das biografias do gênero "time and life", então muito do gosto dos leitores de língua inglesa. Se a figura do conselheiro Nabuco avulta entre os seus pares, o autor não é menos cuidadoso no tocante à reconstituição da história política do Segundo Reinado até a volta dos liberais ao poder, em 1878, que é também o ano da morte do biografado. Mas ao traçar as grandes linhas do funcionamento do sistema monárquico e historiar suas rupturas, Nabuco não despreza o elemento aleatório da atuação e da personalidade dos grandes protagonistas, a começar por d. Pedro II, cujo papel era o único verdadeiramente crucial — constatação que, aliás, o levará a cogitar do projeto natimorto de uma biografia do imperador. Destarte, Nabuco abriu espaço à técnica historiográfica eminentemente oitocentista, o perfil das personalidades decisivas, que o habilitou a traçar várias das páginas antológicas de *Um estadista do Império*, como o retrato de Zacarias de Góis e Vasconcelos.

Como embaixador do Brasil em Washington nos derradeiros anos da vida, Joaquim Nabuco teve a ocasião de pronunciar uma série de conferências em universidades e instituições culturais norte-americanas. Neste volume, incluíram-se três delas: "O sentimento da nacionalidade na história do Brasil", "A parte da América na civilização" e "A aproximação das duas Américas".

EVALDO CABRAL DE MELLO

PRIMEIRA PARTE
Textos abolicionistas

MASSANGANA[1]

O traço todo da vida é para muitos um desenho da criança esquecido pelo homem, mas ao qual ele terá sempre que se cingir sem o saber... Pela minha parte acredito não ter nunca transposto o limite das minhas quatro ou cinco primeiras impressões... Os primeiros oito anos da vida foram assim, em certo sentido, os de minha formação, instintiva ou moral, definitiva... Passei esse período inicial, tão remoto, porém, mais presente do que qualquer outro, em um engenho de Pernambuco, minha província natal. A terra era uma das mais vastas e pitorescas da zona do Cabo... Nunca se me retira da vista esse pano de fundo que representa os últimos longes de minha vida. A população do pequeno domínio, inteiramente fechado a qualquer ingerência de fora, como todos os outros feudos da escravidão, compunha-se de escravos, distribuídos pelos compartimentos da senzala, o grande pombal negro ao lado da casa de morada, e de rendeiros, ligados ao proprietário pelo benefício da casa de barro que os agasalhava ou da pequena cultura que ele lhes consentia em suas terras. No centro do pequeno cantão de escravos levantava-se a residência do senhor, olhando para os edifícios da moagem, e tendo por trás, em uma ondulação do terreno, a capela sob a invocação de são Mateus. Pelo declive do pasto árvores isoladas abrigavam sob sua umbela impenetrável grupos de gado sonolento. Na planície estendiam-se os canaviais cortados pela alameda tortuosa de antigos ingás carregados de musgos e cipós, que sombreavam de lado a lado o pequeno rio Ipojuca. Era por essa água quase dormente sobre os seus largos bancos de areia que se embarcava o açúcar para o Recife; ela alimentava perto da casa um grande viveiro, rondado pelos jacarés, a que os negros davam caça, e nomeado pelas suas pescarias. Mais longe começavam os mangues que chegavam até a costa de Nazaré... Durante o dia, pelos grandes calores, dormia-se a sesta, respirando o aroma, espalhado por toda parte, das grandes tachas em que cozia o mel. O declinar do sol era deslumbrante, pedaços inteiros da planície transformavam-se em uma poeira de ouro; a boca da noite, hora das boninas e dos bacuraus, era agradável e balsâmica, depois o silêncio dos céus estrelados, majestoso e profundo. De todas essas impressões nenhuma morrerá em mim. Os filhos de pescadores sentirão sempre debaixo dos pés o roçar das areias da praia e ouvirão o ruído da vaga. Eu por vezes acredito pisar a espessa camada de canas caídas da moenda e escuto o rangido longínquo dos grandes carros de bois...

Emerson quisera que a educação da criança começasse cem anos antes de ela nascer. A minha educação religiosa obedeceu certamente a essa regra. Eu sinto a ideia de Deus no mais afastado de mim mesmo, como o sinal amante e querido de diversas gerações. Nessa parte a série não foi interrompida. Há espíritos que gostam de quebrar todas as suas cadeias, e de preferência as que outros tivessem criado para eles; eu, porém, seria incapaz de quebrar inteiramente a menor das correntes que alguma vez me prendeu, o que faz que suporto cativeiros contrários, e menos do que as outras uma que me tivesse sido deixada como herança. Foi na pequena capela de Massangana que fiquei unido à minha.

As impressões que conservo dessa idade mostram bem em que profundezas os nossos primeiros alicerces são lançados. Ruskin escreveu esta variante do pensamento de Cristo sobre a infância: "A criança sustenta muitas vezes entre os seus fracos dedos uma verdade que a idade madura com toda a sua fortaleza não poderia suspender e que só a velhice terá novamente o privilégio de carregar". Eu tive em minhas mãos como brinquedos de menino toda a simbólica do sonho religioso. A cada instante encontro entre minhas reminiscências miniaturas que por sua frescura de provas *avant la lettre* devem datar dessas primeiras tiragens da alma. Pela perfeição dessas imagens inapagáveis pode-se estimar a impressão causada. Assim eu via a *Criação* de Miguel Ângelo na Sistina e a de Rafael nas *Loggie*, e, apesar de toda a minha reflexão, não posso dar a nenhuma o relevo interior do primeiro paraíso que fizeram passar diante dos meus olhos em um vestígio de antigo Mistério popular. Ouvi notas perdidas do *Angelus* na campanha romana, mas o *muezzin* íntimo, o timbre que soa aos meus ouvidos à hora da oração, é o do pequeno sino que os escravos escutavam com a cabeça baixa, murmurando o *Louvado seja Nosso Senhor Jesus Cristo*. Esse é o Millet inalterável que se gravou em mim. Muitas vezes tenho atravessado o oceano, mas se quero lembrar-me dele, tenho sempre diante dos olhos, parada instantaneamente, a primeira vaga que se levantou diante de mim, verde e transparente como um biombo de esmeralda, um dia em que, atravessando por um extenso coqueiral atrás das palhoças dos jangadeiros, me achei à beira da praia e tive a revelação súbita, fulminante, da terra líquida e movente... Foi essa onda, fixada na placa mais sensível do meu *kodak* infantil, que ficou sendo para mim o eterno clichê do mar. Somente por baixo dela poderia eu escrever: *Thalassa*! *Thalassa*!

Meus moldes de ideias e de sentimentos datam quase todos dessa época. As grandes impressões da madureza não têm o condão de me fazer reviver que tem o pequeno caderno de cinco a seis folhas apenas em que as primeiras hastes da alma aparecem tão frescas como se tivessem sido calcadas nesta mesma manhã... O encanto que se encontra nesses *eidola* grosseiros e ingênuos da infância não vem senão de sentirmos que só eles conservam a nossa primeira sensibilidade apagada... Eles são, por assim dizer, as cordas soltas, mas ainda vibrantes, de um instrumento que não existe mais em nós...

Do mesmo modo que com a religião e a natureza, assim com os grandes fatos morais em redor de mim. Estive envolvido na campanha da Abolição e durante dez anos procurei extrair de tudo, da história, da ciência, da religião, da vida, um filtro que seduzisse a dinastia; vi os escravos em todas as condições imagináveis; mil vezes li *A cabana do pai Tomás*, no original da dor vivida e sangrando; no entanto a escravidão para mim cabe toda em um quadro inesquecido da infância, em uma primeira impressão, que decidiu, estou certo, do emprego ulterior de minha vida. Eu estava uma tarde sentado no patamar da escada exterior da casa, quando vejo precipitar-se para mim um jovem negro desconhecido, de cerca de dezoito anos, o qual se abraça aos meus pés suplicando-me pelo amor de Deus que o fizesse comprar por minha madrinha para me servir. Ele vinha das vizinhanças, procurando mudar de senhor, porque o dele, dizia-me, o castigava, e ele tinha fugido com risco de vida... Foi esse o traço inesperado que me descobriu a natureza da instituição com a qual eu vivera até então familiarmente, sem suspeitar a dor que ela ocultava.

Nada mostra melhor do que a própria escravidão o poder das primeiras vibrações do sentimento... Ele é tal, que a vontade e a reflexão não poderiam mais tarde subtrair-se à sua ação e não encontram verdadeiro prazer senão em se conformar... Assim eu combati a escravidão com todas as minhas forças, repeli-a com toda a minha consciência, como a deformação utilitária da criatura, e na hora em que a vi acabar, pensei poder pedir também minha alforria, dizer o meu *nunc dimittis*, por ter ouvido a mais bela nova que em meus dias Deus pudesse mandar ao mundo; e, no entanto, hoje que ela está extinta, experimento uma singular nostalgia, que muito espantaria um Garrison ou um John Brown: a saudade do escravo.

É que tanto a parte do senhor era inscientemente egoísta, tanto a do escravo era inscientemente generosa. A escravidão permanecerá por muito tempo como a característica nacional do Brasil. Ela espalhou por nossas vastas solidões uma grande suavidade; seu contato foi a primeira forma que recebeu a natureza virgem do país, e foi a que ele guardou; ela povoou-o como se fosse uma religião natural e viva, com os seus mitos, suas legendas, seus encantamentos; insuflou-lhe sua alma infantil, suas tristezas sem pesar, suas lágrimas sem amargor, seu silêncio sem concentração, suas alegrias sem causa, sua felicidade sem dia seguinte... É ela o suspiro indefinível que exalam ao luar as nossas noites do norte. Quanto a mim, absorvi-a no leite preto que me amamentou; ela envolveu-me como uma carícia muda toda a minha infância; aspirei-a da dedicação de velhos servidores que me reputavam o herdeiro presuntivo do pequeno domínio de que faziam parte... Entre mim e eles deve ter-se dado uma troca contínua de simpatia, de que resultou a terna e reconhecida admiração que vim mais tarde a sentir pelo seu papel. Este pareceu-me, por contraste com o instinto mercenário da nossa época, sobrenatural à força de naturalidade humana, e no dia em que a escravidão foi abolida, senti distintamente que um dos mais absolutos desinteresses de que o coração humano se tenha mostrado capaz não encontraria mais as condições que o tornaram possível.

Nessa escravidão da infância não posso pensar sem um pesar involuntário... Tal qual o pressenti em torno de mim, ela conserva-se em minha recordação como um jugo suave, orgulho exterior do senhor, mas também orgulho íntimo do escravo, alguma coisa parecida com a dedicação do animal que nunca se altera, porque o fermento da desigualdade não pode penetrar nela. Também eu receio que essa espécie particular de escravidão tenha existido somente em propriedades muito antigas, administradas durante gerações seguidas com o mesmo espírito de humanidade, e onde uma longa hereditariedade de relações fixas entre o senhor e os escravos tivesse feito de um e outros uma espécie de tribo patriarcal isolada do mundo. Tal aproximação entre situações tão desiguais perante a lei seria impossível nas novas e ricas fazendas do Sul, onde o escravo, desconhecido do proprietário, era somente um instrumento de colheita; os engenhos do Norte eram pela maior parte pobres explorações industriais, existiam apenas para a conservação do estado do senhor, cuja importância e posição avaliavam-se pelo número de seus escravos. Assim também encontrava-se ali, com uma aristocracia de maneiras que o tempo apagou, um pudor, um resguardo em questões de lucro, próprio das classes que não traficam.

Fiz há pouco menção de minha madrinha... Das recordações da infância a que eclipsa todas as outras e a mais cara de todas é o amor que tive por aquela que me criou até os meus oito anos como seu filho... Sua imagem, ou sua sombra, desenhou-se por tal modo em minha memória, que eu a poderia fixar se tivesse o menor talento de pintor... Ela era de grande corpulência, inválida, caminhando com dificuldade, constantemente assentada — em um largo banco de couro que transportavam de peça em peça da casa — ao lado da janela que deitava para a praça do engenho, e onde ficavam a estrebaria, o curral e a pequena casa edificada para o meu mestre e que me servia de escola... Ela não largava nunca suas roupas de viúva. Meu padrinho, Joaquim Aurélio de Carvalho, fora conhecido na província pelo seu luxo e liberalidade, de que ainda hoje se contam diversos rasgos. Estou vendo, através de tantos anos, a mobília da entrada, onde ela costumava passar o dia. Nas paredes algumas gravuras coloridas representando o episódio de Inês de Castro, entre as gaiolas dos curiós afamados, pelos quais seu marido costumava dar o preço que lhe pedissem... ao lado em um armário envidraçado as pequenas edições portuguesas dos livros de devoção e das novelas do tempo. Minha madrinha ocupava sempre a cabeceira de uma grande mesa de trabalho, onde jogava cartas, dava a tarefa para a costura e para as rendas a um numeroso pessoal, provava o ponto dos doces, examinava as tisanas para a enfermaria defronte, distribuía as peças de prata a seus afilhados e protegidos, recebia os amigos que vinham todas as semanas atraídos pelos regalos de sua mesa e de sua hospitalidade, sempre rodeada, adorada por toda a sua gente, fingindo um ar severo que não enganava a ninguém quando era preciso repreender alguma mucama que deixava a miúdo os bilros e a almofada para chalrear no gineceu, ou algum morador perdulário que recorria demasiado à sua bolsa. Parece que seu maior prazer era trocar uma parte das suas sobras em moedas de ouro que ela guardava sem que ninguém o soubesse senão o seu liberto confidente para me entregar quando eu tivesse idade. Era a isso que ela chamava o seu *invisível*. Por ocasião da morte do servo de sua maior confiança, ela escrevia à minha mãe pela mão de outros:

> Dou parte a V. Ex.ª e ao meu compadre que morreu o meu Elias fazendo-me uma falta excessiva aos meus negócios. De tudo tomou conta, e sempre com aquela bondade e humildade sem parelha, e ficou a minha casa com ele no mesmo pé em que era no tempo do meu marido. Nem só fez falta a mim como a nosso filhinho que tinha um cuidado nele nunca visto. Apesar de eu ter parentes a ele era a quem eu o entregava, porque se eu morresse para tomar conta do que eu lhe deixava para entregar a V. Ex.ªs... Mas que hei de fazer se Deus quis?

Em outra carta, mais tarde, a última que possuo, ela volta à morte de Elias:

... o meu Elias, o qual fez-me uma falta sensível, tanto a mim como ao meu filhinho, porque tinha um cuidado nele maior possível, como pelas festas que ele gosta de passear ia sempre entregue a ele... Deus me dê vida e saúde até o ver mais crescido para lhe dar alguma coisa invisível, como dizia o defunto seu compadre, pois só fiava isso do Elias apesar de ter ficado o Vítor, mano dele, que faço também toda a fiança nele...

Ah! querida e abençoada memória, o tesouro acumulado parcela por parcela não veio a minhas mãos, nem teria podido vir por uma transmissão destituída das formas legais, como talvez tenhas pensado... mas imaginar-te, durante anos, nessa tarefa agradável aos teus velhos dias de ajuntar para teu afilhado que chamavas teu filho um pecúlio que lhe entregarias quando homem, ou outrem por ti a meu pai, se morresses deixando-me menor; acompanhar-te em tuas conversas com o teu servo fiel, nessa preocupação de amor de teus derradeiros anos, será sempre uma sensação tão inexprimivelmente doce que só ela bastaria para destruir para mim qualquer amargor da vida...

A noite da morte de minha madrinha é a cortina preta que separa do resto de minha vida a cena de minha infância. Eu não imaginava nada, dormia no meu quarto com a minha velha ama, quando ladainhas entrecortadas de soluços me acordaram e me comunicaram o terror de toda a casa. No corredor, moradores, libertos, os escravos, ajoelhados, rezavam, choravam, lastimavam-se em gritos; era a consternação mais sincera que se pudesse ver, uma cena de naufrágio; todo esse pequeno mundo, tal qual se havia formado durante duas ou três gerações em torno daquele centro, não existia mais depois dela:

seu último suspiro o tinha feito quebrar-se em pedaços. A mudança de senhor era o que havia mais terrível na escravidão, sobretudo se se devia passar do poder nominal de uma velha santa, que não era mais senão a enfermeira dos seus escravos, para as mãos de uma família até então estranha. E como para os escravos, para os rendeiros, os empregados, os pobres, toda a *gens* que ela sustentava, a que fazia a distribuição diária de rações, de socorros, de remédios... Eu também tinha que partir de Massangana, deixado por minha madrinha a outro herdeiro, seu sobrinho e vizinho; a mim ela deixava um outro dos seus engenhos, que estava de fogo morto, isto é, sem escravos para o trabalhar... Ainda hoje vejo chegar, quase no dia seguinte à morte, os carros de bois do novo proprietário... Era a minha deposição... Eu tinha oito anos. Meu pai pouco tempo depois me mandava buscar por um velho amigo, vindo do Rio de Janeiro. Distribuí entre a gente da casa tudo que possuía, meu cavalo, os animais que me tinham sido dados, os objetos do meu uso. "O menino está mais satisfeito", escrevia a meu pai o amigo que devia levar-me, "depois que eu lhe disse que a sua ama o acompanharia." O que mais me pesava era ter que me separar dos que tinham protegido minha infância, dos que me serviram com a dedicação que tinham por minha madrinha, e sobretudo entre eles os escravos que literalmente sonhavam pertencer-me depois dela. Eu bem senti o contragolpe da sua esperança desenganada, no dia em que eles choravam, vendo-me partir espoliado, talvez o pensassem, da sua propriedade... Pela primeira vez sentiram eles, quem sabe, todo o amargo da sua condição e beberam-lhe a lia.

Mês e meio depois da morte de minha madrinha, eu deixava assim o meu paraíso perdido, mas pertencendo-lhe para sempre... Foi ali que eu cavei com as minhas pequenas mãos ignorantes esse poço da infância, insondável na sua pequenez, que refresca o deserto da vida e faz dele para sempre em certas horas um oásis sedutor. As partes adquiridas do meu ser, o que devi a este ou àquele, hão de dispersar-se em direções diferentes; o que, porém, recebi diretamente de Deus, o verdadeiro eu saído das suas mãos, este ficará preso ao canto de terra onde repousa aquela que me iniciou na vida. Foi graças a ela que o mundo me recebeu com um sorriso de tal doçura que todas as lágrimas imagináveis não mo fariam esquecer. Massangana ficou sendo a sede do meu oráculo íntimo: para impelir-me, para deter-me e, sendo preciso, para resgatar-me, a voz, o frêmito sagrado, viria sempre de lá. *Mors omnia solvit*... tudo, exceto o amor, que ela liga definitivamente.

Tornei a visitar doze anos depois a capelinha de São Mateus onde minha madrinha, dona Ana Rosa Falcão de Carvalho, jaz na parede ao lado do altar, e pela pequena sacristia abandonada penetrei no cercado onde eram enterrados os escravos... Cruzes, que talvez não existam mais, sobre montes de pedras escondidas pelas urtigas, era tudo quase que restava da opulenta *fábrica*, como se chamava o quadro da escravatura... Embaixo, na planície, brilhavam como outrora as manchas verdes dos grandes canaviais, mas a usina agora fumegava e assobiava com um vapor agudo, anunciando uma vida nova. A almanjarra desaparecera no passado. O trabalho livre tinha tomado o lugar em grande parte do trabalho escravo. O engenho apresentava do lado do "porto" o aspecto de uma colônia; da casa velha não ficara vestígio... O sacrifício dos pobres negros, que haviam incorporado as suas vidas ao futuro daquela propriedade, não existia mais talvez senão na minha lembrança... Debaixo dos meus pés estava tudo o que restava deles, defronte dos *columbaria* onde dormiam na estreita capela aqueles que eles haviam amado e livremente servido. Sozinho ali, invoquei todas as minhas reminiscências, chamei-os a muitos pelos nomes, aspirei no ar carregado de aromas agrestes, que entretém a vegetação sobre suas covas, o sopro que lhes dilatava o coração e lhes inspirava a sua alegria perpétua. Foi assim que o problema moral da escravidão se desenhou pela primeira vez aos meus olhos em sua nitidez perfeita e com sua solução obrigatória. Não só esses escravos não se tinham queixado de sua senhora, como a tinham até o fim abençoado... A gratidão estava ao lado de quem dava. Eles morreram acreditando-se os devedores... seu carinho não teria deixado germinar a mais leve suspeita de que o senhor pudesse ter uma obrigação para com eles, que lhe pertenciam... Deus conservara ali o coração do escravo, como o do animal fiel, longe do contato com tudo que o pudesse revoltar contra a sua dedicação. Esse perdão espontâneo da dívida do senhor pelos escravos figurou-se-me a anistia para os países que cresceram pela escravidão, o meio de escaparem a um dos piores taliões da história... Oh, os santos pretos! Seriam eles os intercessores pela nossa infeliz terra, que regaram com seu sangue, mas abençoaram com seu amor! Eram essas as ideias que me vinham entre aqueles túmulos, para mim, todos eles, sagrados, e então ali mesmo, aos vinte anos, formei a resolução de votar a minha vida, se assim me fosse dado, ao serviço da raça generosa entre todas que a desigualdade da sua condição enternecia em vez de azedar e que por sua doçura no sofrimento emprestava até mesmo à opressão de que era vítima um reflexo de bondade...

O ABOLICIONISMO

Que é o abolicionismo?
A obra do presente e a do futuro

Uma pátria respeitada, não tanto pela grandeza do seu território como pela união de seus filhos; não tanto pelas leis escritas, como pela convicção da honestidade e justiça do seu governo; não tanto pelas instituições deste ou daquele molde, como pela prova real de que essas instituições favorecem, ou, quando menos, não contrariam a liberdade e desenvolvimento da nação.

EVARISTO FERREIRA DA VEIGA

Não há muito que se fala no Brasil em abolicionismo e Partido Abolicionista. A ideia de suprimir a escravidão, libertando os escravos existentes, sucedeu à ideia de suprimir a escravidão, entregando-lhe o milhão e meio de homens de que ela se achava de posse em 1871 e deixando-a acabar com eles. Foi na legislatura de 1879-80 que, pela primeira vez, se viu dentro e fora do Parlamento um grupo de homens fazer da *emancipação dos escravos*, não da limitação do cativeiro às gerações atuais, a sua bandeira política, a condição preliminar da sua adesão a qualquer dos partidos.

A história das oposições que a escravidão encontrara até então pode ser resumida em poucas palavras. No período anterior à Independência e nos primeiros anos subsequentes, houve, na geração trabalhada pelas ideias liberais do começo do século, um certo desassossego de consciência pela necessidade em que ela se viu de realizar a emancipação nacional, deixando grande parte da população em cativeiro pessoal. Os acontecimentos políticos, porém, absorviam a atenção do povo, e, com a revolução de 7 de abril de 1831, começou um período de excitação que durou até à Maioridade. Foi somente no Segundo Reinado que o progresso dos costumes públicos tornou possível a primeira resistência séria à escravidão. Antes de 1840 o Brasil é presa do tráfico de africanos; o estado do país é fielmente representado pela pintura do mercado de escravos no Valongo.

A primeira oposição nacional à escravidão foi promovida tão somente contra o tráfico. Pretendia-se suprimir a escravidão lentamente, proibindo a importação de novos escravos. À vista da espantosa mortalidade dessa classe, dizia-se que a escravatura, uma vez extinto o viveiro inesgotável da África, iria sendo progressivamente diminuída pela morte, apesar dos nascimentos.

Acabada a importação de africanos pela energia e decisão de Eusébio de Queirós, e pela vontade tenaz do imperador — o qual chegou a dizer em despacho que preferia perder a coroa a consentir na continuação do tráfico —, seguiu-se à deportação dos traficantes e à lei de 4 de setembro de 1850 uma calmaria profunda. Esse período de cansaço, ou de satisfação pela obra realizada — em todo caso de indiferença absoluta pela sorte da população escrava —, durou até depois da Guerra do Paraguai, quando a escravidão teve que dar e perder outra batalha. Essa segunda oposição que a escravidão sofreu, como também a primeira, não foi um ataque ao acampamento do inimigo para tirar-lhe os prisioneiros, mas uma limitação apenas do território sujeito às suas correrias e depredações.

Com efeito, no fim de uma crise política permanente, que durou de 1866 até 1871, foi promulgada a lei de 28 de setembro, a qual respeitou o princípio da inviolabilidade do domínio do senhor sobre o escravo e não ousou penetrar, como se fora um local sagrado, interdito ao próprio Estado, nos *ergástulos* agrários; e de novo, a esse esforço, de um organismo debilitado para minorar a medo as consequências da gangrena que o invadia, sucedeu outra calmaria da opinião, outra época de indiferença pela sorte do escravo, durante a qual o governo pôde mesmo esquecer-se de cumprir a lei que havia feito passar.

Foi somente oito anos depois que essa apatia começou a ser modificada e se levantou uma terceira oposição à escravidão; dessa vez, não contra os seus interesses de expansão, como era o tráfico, ou as suas esperanças, como a fecundidade da mulher escrava, mas diretamente contra as suas posses, contra a legalidade e a legitimidade dos seus *direitos*, contra o escândalo da sua existência em um país civilizado e a sua perspectiva de embrutecer o *ingênuo* na mesma senzala onde embrutecera o escravo.

Em 1850, queria-se suprimir a escravidão, acabando com o tráfico; em 1871, libertando desde o berço, mas de fato depois dos 21 anos de idade, os filhos de escrava ainda por nascer. Hoje quer-se suprimi-la, emancipando os escravos em massa e resgatando os *ingênuos* da servidão da lei de 28 de setembro. É este último movimento que se chama abolicionismo, e só este resolve o verdadeiro problema dos escravos, que é a sua própria liberdade. A opinião, em 1845, julgava legítima e honesta a compra de africanos, transportados traiçoeiramente da África, e introduzidos por contrabando no Brasil. A opinião, em 1875, condenava as transações dos traficantes, mas julgava legítima e honesta a matrícula depois de trinta anos de cativeiro ilegal das vítimas do tráfico. O abolicionismo é a opinião que deve substituir, por sua vez, esta última, e para a qual todas as transações de domínio sobre entes humanos são crimes que só diferem no grau de crueldade.

O abolicionismo, porém, não é só isso e não se contenta em ser o advogado *ex officio* da porção da raça negra ainda escravizada; não reduz a sua missão a promover e conseguir — no mais breve prazo possível — o resgate dos escravos e dos *ingênuos*. Essa obra — de reparação, vergonha ou arrependimento, como a queiram chamar — da emancipação dos atuais escravos e seus filhos é apenas a tarefa imediata do abolicionismo. Além dessa, há outra maior, a do futuro: a de apagar todos os efeitos de um regímen que, há três séculos, é uma escola de desmoralização e inércia, de servilismo e irresponsabilidade para a casta dos senhores, e que fez do Brasil o Paraguai da escravidão.

Quando mesmo a emancipação total fosse decretada amanhã, a liquidação desse regímen daria lugar a uma série infinita de questões, que só poderiam ser resolvidas de acordo com os interesses vitais do país pelo mesmo espírito de justiça e humanidade que dá vida ao abolicionismo. Depois que os últimos escravos houverem sido arrancados ao poder sinistro que representa para a raça negra a maldição da cor, será ainda preciso desbastar, por meio de uma educação viril e séria, a lenta estratificação de trezentos anos de cativeiro, isto é, de despotismo, superstição e ignorância. O processo natural pelo qual a escravidão fossilizou nos seus moldes a exuberante vitalidade do nosso povo durou todo o período do crescimento, e enquanto a nação não tiver consciência de que lhe é indispensável adaptar à liberdade cada um dos aparelhos do seu organismo de que a escravidão se apropriou, a obra desta irá por diante, mesmo quando não haja mais escravos.

O abolicionismo é, assim, uma concepção nova em nossa história política, e dele, muito provavelmente, como adiante se verá, há de resultar a desagregação dos atuais partidos. Até bem pouco tempo atrás a escravidão podia esperar que a sua sorte fosse a mesma no Brasil que no

Império Romano, e que deixassem desaparecer sem contorções nem violência. A política dos nossos homens de Estado foi toda, até hoje, inspirada pelo desejo de fazer a escravidão dissolver-se insensivelmente no país.

O abolicionismo é um protesto contra essa triste perspectiva, contra o expediente de entregar à morte a solução de um problema, que não é só de justiça e consciência moral, mas também de previdência política. Além disso, o nosso sistema está por demais estragado para poder sofrer impunemente a ação prolongada da escravidão. Cada ano desse regímen que degrada a nação toda, por causa de alguns indivíduos, há de ser-lhe fatal, e se hoje basta, talvez, o influxo de uma nova geração educada em outros princípios para determinar a reação e fazer o corpo entrar de novo no processo, retardado e depois suspenso, do crescimento natural; no futuro, só uma operação nos poderá salvar — à custa da nossa identidade nacional —, isto é, a transfusão do sangue puro e oxigenado de uma raça livre.

O nosso caráter, o nosso temperamento, a nossa organização toda, física, intelectual e moral, acha-se terrivelmente afetada pelas influências com que a escravidão passou trezentos anos a permear a sociedade brasileira. A empresa de anular essas influências é superior, por certo, aos esforços de uma só geração, mas enquanto essa obra não estiver concluída, o abolicionismo terá sempre razão de ser.

Assim como a palavra *abolicionismo*, a palavra *escravidão* é tomada neste livro em sentido lato. Esta não significa somente a relação do escravo para com o senhor; significa muito mais: a soma do poderio, influência, capital, e clientela dos senhores todos; o feudalismo estabelecido no interior; a dependência em que o comércio, a religião, a pobreza, a indústria, o Parlamento, a Coroa, o Estado enfim, se acham perante o poder agregado da minoria aristocrática, em cujas senzalas centenas de milhares de entes humanos vivem embrutecidos e moralmente mutilados pelo próprio regímen a que estão sujeitos; e por último, o espírito, o princípio vital que anima a instituição toda, sobretudo no momento em que ela entra a recear pela posse imemorial em que se acha investida, espírito que há sido em toda a história dos países de escravos a causa do seu atraso e da sua ruína.

A luta entre o abolicionismo e a escravidão é de ontem, mas há de prolongar-se muito, e o período em que já entramos há de ser caracterizado por essa luta. Não vale à escravidão a pobreza dos seus adversários, nem a própria riqueza; não lhe vale o imenso poderio que os abolicionistas conhecem melhor talvez do que ela: o desenlace não é duvidoso. Essas contendas não se decidem nem por dinheiro, nem por prestígio social, nem — por mais numerosa que esta seja — por uma clientela mercenária. "O Brasil seria o último dos países do mundo, se, tendo a escravidão, não tivesse um partido abolicionista; seria a prova de que a consciência moral ainda não havia despontado nele."[1] O Brasil seria o mais desgraçado dos países do mundo, devemos acrescentar, hoje que essa consciência despontou, se, tendo um partido abolicionista, esse partido não triunfasse: seria a prova de que a escravidão havia completado a sua obra e selado o destino nacional com o sangue dos milhões de vítimas que fez dentro do nosso território. Deveríamos então perder, para sempre, a esperança de fundar um dia a pátria que Evaristo sonhou.

O tráfico de africanos

Andrada! arranca esse pendão dos ares!
Colombo! fecha a porta dos teus mares.
CASTRO ALVES

A escravidão entre nós não teve outra fonte neste século senão o comércio de africanos. Tem-se denunciado diversos crimes no Norte contra as raças indígenas, mas semelhantes fatos são raros. Entre os escravos há, por certo, descendentes de caboclos remotamente escravizados, mas tais exceções não tiram à escravidão brasileira o caráter de puramente africana. Os escravos são os próprios africanos importados, ou os seus descendentes.

O que foi, e infelizmente ainda é, o tráfico de escravos no continente africano, os exploradores nos contam em páginas que horrorizam; o que era nos navios negreiros, nós o sabemos pela tradição oral das vítimas; o que por fim se tornava depois do desembarque em nossas praias, desde que se acendiam as fogueiras anunciativas, quando se internava a caravana e os negros *boçais* tomavam os seus lugares ao lado dos *ladinos* nos quadros das fazendas, vê-lo-emos mais tarde. Basta-me dizer que a história não oferece no seu longo decurso um crime geral que, pela perversidade, horror, e infinidade dos crimes particulares que o compõem, pela sua duração, pelos seus motivos sórdidos, pela desumanidade do seu sistema complexo de medidas, pelos proventos dele tirados, pelo número das suas vítimas, e por todas as suas consequências, possa de longe ser comparado à colonização africana da América.

Ao procurar descrever o tráfico de escravos na África Oriental, foi-me necessário manter-me bem dentro da verdade para não se me arguir de exagerado; mas o assunto não consentia que eu o fosse. Pintar com cores por demais carregadas os seus efeitos é simplesmente impossível. Os espetáculos que presenciei, apesar de serem incidentes comuns do tráfico, são tão repulsivos que sempre procuro afastá-los da memória. No caso das mais desagradáveis recordações, eu consigo por fim adormecê-las no esquecimento; mas as cenas do tráfico voltam-me ao pensamento sem serem chamadas, e fazem-me estremecer no silêncio da noite, horrorizado com a fidelidade com que se reproduzem.

Essas palavras são do dr. Livingstone e dispensam quaisquer outras sobre a perseguição de que a África é vítima há séculos, pela cor dos seus habitantes.

Castro Alves na sua *Tragédia no mar* não pintou senão a realidade do suplício dantesco, ou antes romano, a que o tombadilho dos navios negreiros[1] servia de arena, e o porão de subterrâneo. Quem ouviu descrever os horrores do tráfico tem sempre diante dos olhos um quadro que lembra a pintura de Géricault *O naufrágio da Medusa*. A balada de Southey, do marinheiro que tomara parte nessa navegação maldita, e a quem o remorso não deixara mais repouso e a consciência perseguia de dentro implacável e vingadora, expressa a agonia mental de quantos, tendo um vislumbre de consciência, se empregaram nesse contrabando de sangue.

Uma vez desembarcados, os esqueletos vivos eram conduzidos para o eito das fazendas, para o meio dos cafezais. O tráfico tinha completado a sua obra, começava a da escravidão. Não entro neste volume na história do tráfico e, portanto, só incidentemente me refiro às humilhações que impôs ao Brasil a avidez insaciável e sanguinária daquele comércio. De 1831 até 1850 o governo brasileiro achou-se, com efeito, empenhado com o inglês numa luta diplomática do mais triste caráter para nós, por não podermos executar os nossos tratados e as nossas leis. Em vez de patrioticamente entender-se com a Inglaterra, como nesse tempo haviam feito quase todas as potências da Europa e da América para a completa destruição da pirataria que infestava os seus portos e costas; em vez de aceitar, agradecido, o concurso do estrangeiro para resgatar a sua própria bandeira do poder dos piratas, o governo deixou-se aterrar e reduzir à impotência por estes. A Inglaterra esperou até 1845 que o Brasil entrasse em acordo com ela; foi somente em 1845, quando em falta de tratado conosco ela ia perder o fruto de 28 anos de sacrifícios, que lord Aberdeen apresentou o seu *Bill*. O *Bill Aberdeen*, pode-se dizer, foi uma afronta ao encontro da qual a escravidão forçou o governo brasileiro a ir. A luta estava travada entre a Inglaterra e o tráfico e não podia, nem devia acabar, por honra da humanidade, recuando ela. Foi nisso que os nossos estadistas não pensaram. A cerração que os cercava não lhes permitia ver que em 1845 o sol do nosso século já estava alto demais para alumiar ainda tal pirataria neste hemisfério.

Só por um motivo, essa lei Aberdeen não foi um título de honra para a Inglaterra. Como se disse, por diversas vezes, no Parlamento inglês, a Inglaterra fez com uma nação fraca o que não faria contra uma nação forte. Uma das últimas carregações de escravos para o Brasil, a dos africanos chamados do Bracuí, internados em 1852 no Bananal de São Paulo, foi levada à sombra da bandeira dos Estados Unidos. Quando os cruzadores ingleses encontravam um navio negreiro que içava o pavilhão das estrelas deixavam-no passar. A atitude do Parlamento inglês votando a lei que deu jurisdição aos seus tribunais sobre navios e súditos brasileiros, empregados no tráfico, apreendidos ainda mesmo em águas territoriais do Brasil, teria sido altamente gloriosa para ele se essa lei fizesse parte de um sistema de medidas iguais contra *todas* as bandeiras usurpadas pelos agentes daquela pirataria.

Mas, qualquer que fosse a fraqueza da Inglaterra em não proceder contra os fortes como procedia contra os fracos, o brasileiro, que lê a nossa história diplomática durante o período militante do tráfico, o que sente é ver o poderio que a soma de interesses englobada nesse nome exercia sobre o país.

Esse poderio era tal que Eusébio de Queirós, ainda em 1849, num *memorandum* que redigiu, para ser presente ao ministério sobre a questão, começava assim:

> Para reprimir o tráfico de africanos no país *sem excitar uma revolução* faz-se necessário: 1º) atacar com vigor as novas introduções, esquecendo e anistiando as anteriores à lei; 2º) dirigir a repressão contra o tráfico no mar, ou no momento do desembarque, enquanto os africanos estão em mãos dos introdutores.

O mesmo estadista, no seu célebre discurso de 1852, procurando mostrar como o tráfico somente acabou pelo interesse dos agricultores, cujas propriedades estavam passando para as mãos dos especuladores e dos traficantes, por causa das dívidas contraídas pelo fornecimento de escravos, confessou a pressão exercida, de 1831 a 1850, pela agricultura consorciada com aquele comércio, sobre todos os governos e todos os partidos:

> Sejamos francos [disse ele]: o tráfico, no Brasil, prendia-se a interesses, ou para melhor dizer, a presumidos interesses dos nossos agricultores; e num país em que a agricultura tem tamanha força, era natural que a opinião pública se manifestasse em favor do tráfico; a

opinião pública que tamanha influência tem, não só nos governos representativos, como até nas próprias monarquias absolutas. O que há pois para admirar em que os nossos homens políticos se curvassem a essa lei da necessidade? O que há para admirar em que nós todos, amigos ou inimigos do tráfico, nos curvássemos a essa necessidade? Senhores, se isso fosse crime, seria um crime geral no Brasil; mas eu sustento que, quando em uma nação todos os partidos políticos ocupam o poder, quando todos os seus homens políticos têm sido chamados a exercê-lo, e todos eles são concordes em uma conduta, é preciso que essa conduta seja apoiada em razões muito fortes; impossível que ela seja um crime e haveria temeridade em chamá-la um erro.

Trocada a palavra *tráfico* pela palavra *escravidão*, esse trecho de eloquência, calorosamente aplaudido pela Câmara, poderá servir de apologia no futuro aos estadistas de hoje que quiserem justificar a nossa época. A verdade, porém, é que houve sempre diferença entre os inimigos declarados do tráfico e os seus protetores. Feita essa reserva, a favor de um ou outro homem público que *nenhuma cumplicidade* teve nele, e outra quanto à moralidade da doutrina, de que se não pode chamar *crime* nem *erro* à violação da lei moral, quando é uma nação inteira que a comete, as palavras justificativas do grande ministro da Justiça de 1850 não exageram a degradação a que chegou a nossa política até uma época ainda recente. Algumas datas bastam para prova. Pela Convenção de 1826, o comércio de africanos devia, no fim de três anos, ser equiparado à pirataria, e a lei que os equiparou tem a data de 4 de setembro de 1850. A liberdade imediata dos africanos legalmente capturados foi garantida pela mesma Convenção, quando ratificou a de 1817 entre Portugal e a Grã-Bretanha, e o decreto que *emancipou* os africanos *livres* foi de 24 de setembro de 1864.

Por último, a lei de 7 de novembro de 1831 está até hoje sem execução, e os mesmos que ela declarou livres acham--se ainda em cativeiro. Nessa questão do tráfico bebemos as fezes todas do cálix.

É por isso que nos envergonha ler as increpações que nos faziam homens como sir Robert Peel, lord Palmerston e lord Brougham, e ver os ministros ingleses reclamando a liberdade dos africanos que a nossa própria lei declarou livres sem resultado algum. A pretexto da dignidade nacional ofendida, o nosso governo, que se achava na posição coata em que o descreveu Eusébio, cobria praticamente com a sua bandeira e a sua soberania as expedições dos traficantes organizadas no Rio e na Bahia. Se o que se fez em 1850 houvesse sido feito em 1844, não teria por certo havido *Bill Aberdeen*.

A questão nunca deveria ter sido colocada entre o Brasil e a Inglaterra, mas entre o Brasil, com a Inglaterra, de um lado, e o tráfico do outro. Se jamais a história deixou de registrar uma aliança digna e honesta, foi essa, a que não fizemos com aquela nação. O princípio: que o navio negreiro não tem direito à proteção do pavilhão seria muito mais honroso para nós do que todos os argumentos tirados do direito internacional para consumar definitivamente o cativeiro perpétuo de estrangeiros introduzidos à força em nosso país.

O poder, porém, do tráfico era irresistível, e até 1851 não menos de 1 milhão de africanos foram lançados em nossas senzalas. A cifra de 50 mil por ano não é exagerada.

Mais tarde, teremos que considerar a soma que o Brasil empregou desse modo. Esse milhão de africanos não lhe custou menos de 400 mil contos. Desses 400 mil contos que sorveram as economias da lavoura durante vinte anos, 135 mil contos representam a despesa total dos negreiros, e 260 mil os seus lucros.[2]

Esse imenso prejuízo nacional não foi visto durante anos pelos nossos estadistas, os quais supunham que o tráfico enriquecia o país. Grande parte, seguramente, desse capital voltou para a lavoura quando as fazendas caíram em mãos dos negociantes de escravos que tinham hipotecas sobre elas por esse fornecimento, e assim se tornaram senhores *perpétuos* do seu próprio contrabando. Foi Eusébio quem o disse no seguinte trecho do seu discurso de 16 de julho de 1852, a que já me referi:

> A isto [o desequilíbrio entre as duas classes de livres e escravos produzido "pela progressão ascendente do tráfico" que nos anos de 1846, 1847 e 1848 havia triplicado] veio juntar-se o interesse dos nossos lavradores: a princípio, acreditando que na compra do maior número de escravos consistia o aumento de seus lucros, os nossos agricultores sem advertirem no gravíssimo perigo que ameaçava o país, só tratavam da aquisição de novos braços *comprando-os a crédito*, a pagamento de três a *quatro anos, vencendo no intervalo juros mordentes.* [Aqui segue-se a frase sobre a mortalidade dos africanos citada em outro capítulo.] Assim os escravos morriam, mas as dívidas ficavam, e com elas os terrenos hipotecados aos especuladores, que compravam os africanos aos traficantes para revender aos lavradores [*apoiados*]. *Assim a nossa propriedade territorial ia passando das mãos dos agricultores para os especuladores e traficantes* [*apoiados*]. Essa experiência despertou os nossos lavradores, e fez-lhes conhecer que achavam sua ruína onde procuravam a riqueza, e ficou o tráfico desde esse momento definitivamente condenado.

Grande parte do mesmo capital realizado foi empregada na edificação do Rio de Janeiro e da Bahia, mas o restante foi exportado para Portugal, que tirou assim do tráfico, como tem tirado da escravidão no Brasil, não menores lucros do que a Espanha tirou dessas mesmas fontes em Cuba.

Ninguém, entretanto, se lembra de lamentar o dinheiro desperdiçado nesse ignóbil comércio, porque os seus prejuízos morais deixaram na sombra todos os lucros cessantes e toda a perda material do país. O brasileiro que lê hoje os papéis do tráfico, para sempre preservados como o arquivo de uma das empresas mais sombrias a que jamais se lançou a especulação sem consciência que deslustra as conquistas civilizadoras do comércio, não atende senão à monstruosidade do crime e aos algarismos que dão a medida dele. O lado econômico é secundário, e o fato de haver sido esse o principal, segundo a própria demonstração de Eusébio, tanto para triplicar de 1846 a 1848 o comércio como para extingui-lo dois anos depois, prova somente a cegueira com que o país todo animava essa revoltante pirataria. Os poucos homens a quem esse estado de coisas profundamente revoltava, como por exemplo os Andradas, nada podiam fazer para modificá-lo. Os ousados traficantes de negros novos encastelados na sua riqueza mal adquirida eram onipotentes, e levantavam contra quem ousava erguer a voz para denunciar-lhes o comércio as acusações de *estrangeiros*, de aliados da Inglaterra, de cúmplices das humilhações infligidas ao país.

O verdadeiro patriotismo, isto é, o que concilia a pátria com a humanidade, não pretende mais que o Brasil tivesse o direito de ir com a sua bandeira, à sombra do direito das gentes, criado para a proteção e não para a destruição da nossa espécie, roubar homens na África e transportá-los para o seu território.

Sir James Hudson qualificou uma vez o argumento "da dignidade nacional", que o nosso governo sempre apresentava, nos seguintes termos: "Uma dignidade que se procura manter à custa da honra nacional, da deterioração dos interesses do país, da degradação gradual, mas certa do seu povo". Essas palavras não eram merecidas em 1850 quando foram escritas; mas aplicam-se, com a maior justiça, ao longo período de 1831 até aquele ano.

Esse é o sentimento da atual geração. Todos nós fazemos votos para que, se alguma outra vez em nossa história, aterrando o governo, prostituindo a justiça, corrompendo as autoridades e amordaçando o Parlamento, algum outro poder, irresistível como foi o tráfico, se senhorear da nossa bandeira e subjugar as nossas leis, para infligir um longo e atroz martírio nas mesmas condições a um povo de outro continente ou de outro país, essa pirataria não dure senão o tempo de ser esmagada, com todos os seus cúmplices, por qualquer nação que o possa fazer.

A soberania nacional, para ser respeitada, deve conter-se nos seus limites; não é ato de soberania nacional o roubo de estrangeiros para o cativeiro. Cada tiro dos cruzadores ingleses que impedia tais homens de serem internados nas fazendas e os livrava da escravidão perpétua era um serviço *à honra nacional*. Esse pano verde-amarelo, que os navios negreiros içavam à popa, era apenas uma profanação da nossa bandeira. Esta, eles não tinham o direito de a levantar nos antros flutuantes que prolongavam os barracões da costa de Angola e Moçambique até à costa da Bahia e do Rio de Janeiro. A lei proibia semelhante insulto ao nosso pavilhão, e quem o fazia não tinha direito algum de usar dele.

Essas ideias podem hoje ser expressas com a nobre altivez de um patriotismo que não confunde os limites da pátria com o círculo das depredações traçado no mapa do globo por qualquer bando de aventureiros; a questão é se a geração atual, que odeia sinceramente o tráfico e se acha tão longe dele como da Inquisição e do absolutismo, não deve pôr-lhe efetivamente termo, anulando aquela parte das suas transações que não tem o menor vislumbre de legalidade. Se o deve, é preciso acabar com a escravidão que não é senão o tráfico, tornado permanente e legitimado, do período em que a nossa lei interna já o havia declarado criminoso e no qual todavia ele foi levado por diante em escala e proporções nunca vistas.

Influência da escravidão sobre a nacionalidade

[*Com a escravidão*] *nunca o Brasil aperfeiçoará as raças existentes.*

JOSÉ BONIFÁCIO

O Brasil, como é sabido, é um dos mais vastos países do globo, tendo uma área de mais de 8 milhões de quilômetros quadrados; mas esse território em grandíssima parte nunca foi explorado, e, na sua porção conhecida, acha-se esparsamente povoado. A população nacional é calculada entre 10 e 12 milhões; não há porém base séria para se a computar, a não ser que se acredite nas listas de recenseamento apuradas em 1876, listas e apuração que espantariam a qualquer principiante de estatística. Seja, porém, de 10 ou 12 milhões, essa população na sua maior parte descende de escravos, e por isso a escravidão atua sobre ela como herança do berço.

Quando os primeiros africanos foram importados no Brasil, não pensaram os principais habitantes — é verdade que, se o pensassem, isso não os impediria de fazê-lo, porque não tinham o patriotismo brasileiro — que preparavam para o futuro um povo composto na sua maioria de descendentes de escravos. Ainda hoje, muita gente acredita que a introdução de 100 mil ou 200 mil chins seria um fato sem consequências étnicas e sociais importantes, mesmo depois de cinco ou seis gerações. O principal efeito da escravidão sobre a nossa população foi, assim, africanizá-la, saturá-la de sangue preto, como o principal efeito de qualquer grande empresa de imigração da China seria mongolizá-la, saturá-la de sangue amarelo.

Chamada para a escravidão, a raça negra, só pelo fato de viver e propagar-se, foi-se tornando um elemento cada vez mais considerável da população. A célebre frase que tanto destoou no parecer do padre Campos em 1871 — "Vaga Vênus arroja aos maiores excessos aquele ardente sangue líbico" —, traduzida em prosa, é a gênesis primitiva de grande parte do nosso povo. Foi essa a primeira vingança das vítimas. Cada ventre escravo dava ao senhor três ou quatro *crias* que ele reduzia a dinheiro; estas por sua vez multiplicavam-se, e assim os vícios do sangue africano acabavam de entrar na circulação geral do país.

Se, multiplicando-se a raça negra sem nenhum dos seus cruzamentos, se multiplicasse a raça branca por outro lado mais rapidamente, como nos Estados Unidos, o problema das raças seria outro, muito diverso — talvez mais sério, e quem sabe se solúvel somente pela expulsão da mais fraca e inferior por incompatíveis uma com a outra; mas isso não se deu no Brasil. As duas raças misturaram-se e confundiram-se; as combinações mais variadas dos elementos de cada uma tiveram lugar, e a estes juntaram-se os de uma terceira, a dos aborígines. Das três principais correntes de sangue que se confundiram nas nossas veias — o português, o africano e o indígena — a escravidão viciou sobretudo os dois primeiros. Temos aí um primeiro efeito sobre a população: o cruzamento dos caracteres da raça negra com os da branca, tais como se apresentam na escravidão; a mistura da degradação servil de uma com a imperiosidade brutal da outra.

No princípio da nossa colonização, Portugal descarregava no nosso território os seus criminosos, as suas mulheres *erradas*,[1] as suas fezes sociais todas, no meio das quais excepcionalmente vinham imigrantes de outra posição, e, por felicidade, grande número de judeus. O Brasil se apresentava então como até ontem o Congo. No século XVI ou XVII o espírito de emigração não estava bastante desenvolvido em Portugal para mover o povo, como desde o fim do século passado até hoje, a procurar na América portuguesa o bem-estar e a fortuna que não achava na península. Os poucos portugueses que se arriscavam a atravessar o oceano à vela e a ir estabelecer-se nos terrenos incultos do Brasil representavam a minoria de espíritos aventureiros, absolutamente destemidos, indiferentes aos piores transes na luta da vida, minoria que em Portugal, hoje mesmo, não é grande e não podia sê-lo, há dois ou três séculos. Apesar de se haver estendido pelo mundo todo o domínio português, à América do Sul, à África ocidental, austral e oriental, à Índia e até à China, Portugal não tinha corpo, nem forças, para possuir mais do que nominalmente esse imenso império. Por isso, o território do Brasil foi distribuído entre donatários sem meios, nem capitais, nem recursos de ordem alguma, para colonizar as suas capitanias, isto é, de fato entregue aos jesuítas. A população europeia era insignificante para ocupar essas ilimitadas expansões de terra cuja fecundidade a tentava. Estando a África nas mãos de Portugal, começou então o povoamento da América por negros; lançou-se, por assim dizer, uma ponte entre a África e o Brasil, pela qual passaram milhões de africanos, e estendeu-se o *habitat* da raça negra das margens do Congo e do Zambezi às do São Francisco e do Paraíba do Sul.

Ninguém pode ler a história do Brasil no século XVI, no século XVII e em parte no século XVIII (excetuada unicamente a de Pernambuco), sem pensar que a todos os respeitos houvera sido melhor que o Brasil fosse descoberto três séculos mais tarde. Essa imensa região, mais favorecida que outra qualquer pela natureza, se fosse encontrada livre e desocupada há cem anos, teria provavelmente feito mais progressos até hoje do que a sua história recorda. A população seria menor, porém mais homogênea; a posse do solo talvez não se houvesse estendido tão longe, mas não houvera sido uma exploração ruinosa e esterilizadora; a nação não teria ainda chegado ao grau de crescimento que atingiu, mas também não mostraria já sintomas de decadência prematura.

Pretende um dos mais eminentes espíritos de Portugal que "a escravidão dos negros foi o duro preço da colonização da América, porque, sem ela, o Brasil não se teria tornado no que vemos".[2] Isso é exato, "sem ela, o Brasil não se teria tornado no que vemos"; mas esse preço quem o pagou, e está pagando, não foi Portugal, fomos nós; e esse preço a todos os respeitos é duro demais, e caro demais, para o desenvolvimento inorgânico, artificial e extenuante que tivemos. A africanização do Brasil pela escravidão é uma nódoa que a mãe-pátria imprimiu na sua própria face, na sua língua, e na única obra nacional verdadeiramente duradoura que conseguiu fundar. O eminente autor daquela frase é o próprio que nos descreve o que eram as carregações do tráfico:

> Quando o navio chegava ao porto de destino — uma praia deserta e afastada — o carregamento desembarcava; e, à luz clara do sol dos trópicos, aparecia uma coluna de esqueletos cheios de pústulas, com o ventre protuberante, as rótulas chagadas, a pele rasgada, comidos de bichos, com o ar parvo e esgazeado dos idiotas. Muitos não se tinham em pé: tropeçavam, caíam e eram levados aos ombros como fardos.

Não é com tais elementos que se vivifica moralmente uma nação.

Se Portugal tivesse tido no século XVI a intuição de que a escravidão é sempre um erro, e força bastante para puni-la como crime, o Brasil "não se teria tornado no que vemos"; seria ainda talvez uma colônia portuguesa, o que eu não creio, mas estaria crescendo sadio, forte e viril como o Canadá e a Austrália. É possível que nesse caso ele não houvesse tido forças para repelir o estrangeiro, como repeliu os holandeses, e seja exata a afirmação de que, a não serem os escravos, o Brasil teria passado a outras mãos e não seria português. Ninguém pode dizer o que teria sido a história se acontecesse o contrário do que aconteceu. Entre um Brasil arrebatado aos portugueses no século XVII, por estes não consentirem o tráfico, e explorado com escravos por holandeses ou franceses, e o Brasil, explorado com escravos pelos mesmos portugueses, ninguém sabe o que teria sido melhor para a história da nossa região. Entre o Brasil, explorado por meio de africanos livres por Portugal, e o mesmo Brasil, explorado com escravos também por portugueses, o primeiro a esta hora seria uma nação muito mais robusta do que é o último. Mas entre o que houve — a exploração da América do Sul por alguns portugueses cercados de um povo de escravos importados da África — e a proibição severa da escravidão na América portuguesa, a colonização gradual do território por europeus, por mais lento que fosse o processo, seria infinitamente mais vantajosa para o destino dessa vasta região do que o foi, e o será, o haverem-se espalhado por todo o território ocupado as raízes quase que inextirpáveis da escravidão.

Diz-se que a raça branca não se aclimaria no Brasil sem a imunidade que lhe proveio do cruzamento com os indígenas e os africanos. Em primeiro lugar, o mau elemento de população não foi a raça negra, mas essa raça reduzida ao cativeiro; em segundo lugar, nada prova que a raça branca, sobretudo as raças meridionais, tão cruzadas de sangue mouro e negro, não possam existir e desenvolver-se nos trópicos. Em todo caso, se a raça branca não se pode adaptar aos trópicos, em condições de fecundidade ilimitada, essa raça não há de indefinidamente prevalecer no Brasil: o desenvolvimento vigoroso dos mestiços há de por fim sobrepujá-la, a imigração europeia não bastará para manter o predomínio perpétuo de uma espécie de homens, à qual o sol e o clima são infensos. A ser assim, o Brasil ainda mesmo hoje, como povo europeu, seria uma tentativa de adaptação humana forçosamente efêmera; mas nada está menos provado do que essa incapacidade orgânica da raça branca para existir e prosperar em uma zona inteira da terra.

Admitindo-se, sem a escravidão, que o número dos africanos fosse o mesmo, e maior se se quiser, os cruzamentos teriam sempre ocorrido; mas a família teria aparecido desde o começo. Não seria o cruzamento pelo concubinato, pela promiscuidade das senzalas, pelo abuso da força do senhor; o filho não nasceria debaixo do açoite, não seria levado para a roça ligado às costas da mãe, obrigada à tarefa da enxada; o leite desta não seria utilizado, como o de cabra, para alimentar outras crianças, ficando para o próprio filho as últimas gotas que ela pudesse forçar do seio cansado e seco; as mulheres não fariam o trabalho dos homens, não iriam para o serviço do campo ao sol ardente do meio-dia, e poderiam, durante a gravidez, atender ao seu estado. Não é do cruzamento que se trata; mas sim da reprodução no cativeiro, em que o interesse verdadeiro da mãe era que o filho não vingasse. Calcule-se o que a exploração dessa bárbara indústria — expressa em 1871 nas seguintes palavras dos fazendeiros do Piraí: "a parte mais produtiva da propriedade escrava é o ventre gerador" — deva ter sido durante três séculos sobre milhões de mulheres. Tome-se a família branca, como ser moral, em três gerações, e veja-se qual foi o rendimento para essa família de uma só escrava comprada pelo seu fundador.

A história da escravidão africana na América é um abismo de degradação e miséria que se não pode sondar, e, infelizmente, essa é a história do crescimento do Brasil. No ponto a que chegamos, olhando para o passado, nós, brasileiros, descendentes ou da raça que escreveu essa triste página da humanidade ou da raça com cujo sangue ela foi escrita, ou da fusão de uma e outra, não devemos perder tempo a nos envergonharmos desse longo passado que não podemos lavar, dessa hereditariedade que não há como repelir. Devemos fazer convergir todos os nossos esforços para o fim de eliminar a escravidão do nosso organismo, de forma que essa fatalidade nacional diminua em nós e se transmita às gerações futuras, já mais apagada, rudimentar, e atrofiada.

Muitas das influências da escravidão podem ser atribuídas à raça negra, ao seu desenvolvimento mental atrasado, aos seus instintos bárbaros ainda, às suas superstições grosseiras. A fusão do catolicismo, tal como o apresentava ao nosso povo o fanatismo dos missionários, com a feitiçaria africana — influência ativa e extensa nas camadas inferiores, intelectualmente falando, da nossa população, e que pela ama de leite, pelos contatos da escravidão doméstica, chegou até aos mais notáveis dos nossos homens; a ação de doenças africanas sobre a constituição física de parte do nosso povo; a corrupção da língua, das maneiras sociais, da educação e outros tantos efeitos resultantes do cruzamento com uma raça num período mais atrasado de desenvolvimento; podem ser considerados isoladamente do cativeiro. Mas, ainda mesmo no que seja mais característico dos africanos importados, pode afirmar-se que, introduzidos no Brasil, em um período no qual não se dessem o fanatismo religioso, a cobiça, independente das leis, a escassez da população aclimada, e sobretudo a escravidão, doméstica e pessoal, o cruzamento entre brancos e negros não teria sido acompanhado do abastardamento da raça mais adiantada pela mais atrasada, mas da gradual elevação da última.

Não pode, para concluir, ser objeto de dúvida que a escravidão transportou da África para o Brasil mais de 2 milhões de africanos; que, pelo interesse do senhor na produção do ventre escravo, ela favoreceu quanto pôde a fecundidade das mulheres negras; que os descendentes dessa população formam pelo menos dois terços do nosso povo atual; que durante três séculos a escravidão, operando sobre milhões de indivíduos, em grande parte desse período sobre a maioria da população nacional, impediu o aparecimento regular da família nas camadas fundamentais do país; reduziu a procriação humana a um interesse venal dos senhores; manteve toda aquela massa pensante em estado puramente animal; não a alimentou, não a vestiu suficientemente; roubou-lhe as suas economias, e nunca lhe pagou os seus salários; deixou-a cobrir-se de doenças, e morrer ao abandono; tornou impossíveis para ela hábitos de previdência, de trabalho voluntário, de responsabilidade própria, de dignidade pessoal; fez dela o jogo de todas as paixões baixas, de todos os caprichos sensuais, de todas as vinditas cruéis de uma outra raça.

É quase impossível acompanhar a ação de tal processo nessa imensa escala — inúmeras vezes realizado por descendentes de escravos — em todas as direções morais e intelectuais em que ele operou e opera; nem há fator social que exerça a mesma extensa e profunda ação psicológica que a escravidão quando faz parte integrante da família. Pode-se descrever essa influência, dizendo que a escravidão cercou todo o espaço ocupado do Amazonas ao Rio Grande do Sul de um ambiente fatal a todas as qualidades viris e nobres, humanitárias e progressivas, da nossa espécie; criou um ideal de pátria grosseiro, mercenário, egoísta e retrógrado, e nesse molde fundiu durante séculos as três raças heterogêneas que hoje constituem a nacionalidade brasileira. Em outras palavras ela tornou, na frase do direito medievo, em nosso território o próprio ar — *servil*, como o ar das aldeias da Alemanha que nenhum homem livre podia habitar sem perder a liberdade. *Die Luft leibeigen war* é uma frase que, aplicada ao Brasil todo, melhor que outra qualquer, sintetiza a obra *nacional* da escravidão: ela criou uma atmosfera que nos envolve e abafa todos, e isso no mais rico e admirável dos domínios da terra.

Influência sobre o território e a população do interior

"Não há um senhor de escravos nesta casa ou fora dela que não saiba perfeitamente bem que se a escravidão ficar fechada dentro de certos limites especificados, a sua existência futura estará condenada. A escravidão não pode encerrar-se dentro de limites certos sem produzir a destruição não só do senhor, como também do escravo."[1]

Em 1880 a Assembleia Provincial do Rio de Janeiro dirigiu à Assembleia Geral uma representação em que se lê o seguinte trecho:

> É desolador o quadro que se oferece às vistas do viajante que percorre o interior da província, e mais precária é sua posição nos municípios de serra abaixo, onde a fertilidade primitiva do solo já se esgotou e a incúria deixou que os férteis vales se transformassem em lagoas profundas que intoxicam todos aqueles que delas se avizinham. Os infelizes habitantes do campo, sem direção, sem apoio, sem exemplos, não fazem parte da comunhão social, não consomem, não produzem. Apenas tiram da terra alimentação incompleta quando não encontram a caça e a pesca das coitadas e viveiros dos grandes proprietários. Destarte são considerados uma verdadeira praga, e convém não esquecer que mais grave se tornará a situação quando a esses milhões de párias se adicionar o milhão e meio de escravos, que hoje formam os núcleos das grandes fazendas.

Essas palavras insuspeitas, de uma assembleia escravagista, descrevem a obra da escravidão: aonde ela chega queima as florestas, minera e esgota o solo, e quando levanta as suas tendas deixa após si um país devastado em que consegue vegetar uma população miserável de proletários nômades.

O que se dá no Rio de Janeiro, dá-se em todas as outras províncias onde a escravidão se implantou. André Rebouças, descrevendo o estado atual do Recôncavo da Bahia, esse antigo paraíso do tráfico, fez o quadro da triste condição dos terrenos, ainda os mais férteis, por onde passa aquela praga.[2] Quem vai embarcado a Nazaré e para em Jaguaripe e Maragogipinho, ou vai pela estrada de ferro a Alagoinhas, e além, vê que a escravidão, ainda mesmo vivificada e alentada pelo vapor e pela locomotiva, é em si um princípio de morte inevitável mais ou menos lenta. Não há à margem do rio, nem da estrada, senão sinais de vida decadente e de atrofia em começo. A indústria grosseira do barro é explorada, em alguns lugares, do modo mais primitivo; em Jaguaripe os edifícios antigos, como a igreja, do período florescente da escravidão, contrastam com a paralisia de hoje.

A verdade é que as vastas regiões exploradas pela escravidão colonial têm um aspecto único de tristeza e abandono: não há nelas o consórcio do homem com a terra, as feições da habitação permanente, os sinais do crescimento natural. O passado está aí visível; não há, porém, prenúncio do futuro: o presente é o definhamento gradual que precede a morte. A população não possui definitivamente o solo: o grande proprietário conquistou-o à natureza com os seus escravos, explorou-o, enriqueceu por ele extenuando-o, depois faliu pelo emprego extravagante que tem quase sempre a fortuna mal adquirida, e, por fim, esse solo voltou à natureza, estragado e exausto.

É assim que nas províncias do Norte a escravidão se liquidou, ou está liquidando, pela ruína de todas as suas antigas empresas. O ouro realizado pelo açúcar foi largamente empregado em escravos, no luxo desordenado da vida senhorial; as propriedades, com a extinção dos vínculos, passaram das antigas famílias da terra, por hipotecas ou pagamento de dívidas, para outras mãos; e os descendentes dos antigos morgados e senhores territoriais acham-se hoje reduzidos à mais precária condição imaginável, na Bahia, no Maranhão, no Rio e em Pernambuco, obrigados a se recolherem ao grande asilo das fortunas desbaratadas da escravidão que é o funcionalismo público. Se, por acaso, o Estado despedisse todos os seus pensionistas e empregados, ver-se-ia a situação real a que a escravidão reduziu os representantes das famílias que a exploraram no século passado e no atual, isto é, como ela liquidou-se, quase sempre pela bancarrota das riquezas que produziu. E o que temos visto é nada em comparação do que havemos de ver.

O Norte todo do Brasil há de recordar, por muito tempo, que o resultado final daquele sistema é a pobreza e a miséria do país. Nem é de admirar que a cultura do solo por uma classe sem interesse algum no trabalho que lhe é extorquido dê esses resultados. Como se sabe o regímen da terra sob a escravidão consiste na divisão de todo o solo explorado em certo número de grandes propriedades.[3] Esses feudos são logo isolados de qualquer comunicação com o mundo exterior; mesmo os agentes do pequeno comércio, que neles penetram, são suspeitos ao senhor, e os escravos que nascem e morrem dentro do horizonte do engenho ou da fazenda são praticamente galés. A divisão de uma vasta província em verdadeiras colônias penais, refratárias ao progresso, pequenos ashantis em que impera uma só vontade, entregue, às vezes, a administradores saídos da própria classe dos escravos, e sempre a feitores, que em geral são escravos sem entranhas, não pode trazer benefício algum permanente à região parcelada, nem à população livre que nela mora, por favor dos donos da terra, em estado de contínua dependência.

Por isso também, os progressos do interior são nulos em trezentos anos de vida nacional. As cidades, a que a presença dos governos provinciais não dá uma animação artificial, são por assim dizer mortas. Quase todas são decadentes. A capital centraliza todos os fornecimentos para o interior; é com o correspondente do Recife, da Bahia ou do Rio que o senhor de engenho e o fazendeiro se entendem, e, assim, o comércio dos outros municípios da província é nenhum. O que se dá na Bahia e em Pernambuco dá-se em toda parte. A vida provincial está concentrada nas capitais, e a existência que estas levam, o pouco progresso que fazem, o lento crescimento que têm, mostram que essa centralização, longe de derramar vida pela província, fá-la definhar. Essa falta de centros locais é tão grande que o mapa de cada província poderia ser feito sem se esconder nenhuma cidade florescente, notando-se apenas as capitais. Muitas destas mesmo constam de insignificantes coleções de casas, cujo material todo, e tudo o que nelas se contém, não bastaria para formar uma cidade norte-americana de décima ordem. A vida nas outras é precária, falta tudo o que é bem-estar; não há água encanada nem iluminação a gás, a municipalidade não tem a renda de um particular medianamente abastado, não se encontra o rudimento, o esboço sequer, dos órgãos funcionais de uma *cidade*. São esses os *grandes* resultados da escravidão em trezentos anos.

Ao lado dessa velhice antecipada de povoações, que nunca chegaram a desenvolver-se, e muitas das quais hão de morrer sem passar do que são hoje, imagine-se a improvisação de uma cidade americana do Far-West, ou o crescimento rápido dos estabelecimentos da Austrália. Em poucos anos nos Estados Unidos uma povoação cresce, passa pelos sucessivos estados, levanta-se sobre uma planta na qual foram antes de tudo marcados os locais dos edifícios necessários à vida moral da comunhão, e quando chega a ser cidade é um todo cujas diversas partes se desenvolveram harmonicamente.

Mas essas cidades são o centro de uma pequena zona que se desenvolveu, também, de modo radicalmente diverso da nossa zona agrícola. Fazendas ou engenhos isolados, com uma fábrica de escravos, com os moradores das terras na posição de agregados do estabelecimento, de camaradas ou capangas; onde os proprietários não permitem relações entre o seu povo e estranhos; divididos, muitas vezes, entre si por questões de demarcação de terras, tão fatais num país onde a justiça não tem meios contra os potentados; não podem dar lugar à aparição de cidades internas, autônomas, que vivifiquem com os seus capitais e recursos a zona onde se estabeleçam. Tome-se o Cabo, ou Valença, ou qualquer outra cidade do interior de qualquer província, e há de ver-se que não tem vida própria, que não preenche função alguma definitiva na economia social. Uma ou outra que apresenta, como Campinas ou Campos, uma aparência de florescimento, é porque está na fase do brilho meteórico que as outras também tiveram, e da qual a olho desarmado pode reconhecer-se o caráter transitório.

O que se observa no Norte, observa-se no Sul, e observar-se-ia melhor ainda se o café fosse destronado pela *Hemyleia vastatrix*. Enquanto durou a idade do ouro do açúcar, o Norte apresentava um espetáculo que iludia a muitos. As casas, os chamados palacetes, da aristocracia territorial na Bahia e no Recife, as librés dos lacaios, as liteiras, as cadeirinhas, e as carruagens nobres, marcam o monopólio florescente da cana — quando a beterraba ainda não havia aparecido no horizonte. Assim também as riquezas da lavoura do Sul, de fato muito exageradas, de liquidação difícil, mas apesar de tudo consideráveis, e algumas, para o país, enormes, representam a prosperidade temporária do café. A concorrência há de surgir, como surgiu para o açúcar. É certo que este pode ser extraído de diversas plantas, ao passo que o café só é produzido pelo cafeeiro; mas diversos países o estão cultivando e hão de produzi-lo mais barato, sobretudo pelo custo do transporte, além de que o Ceilão já mostrou os pés de barro dessa lavoura única.

Quando passar o reinado do café, e os preços baixos já serviram de prenúncio, o Sul há de ver-se reduzido ao estado do Norte. Ponhamos São Paulo e o extremo Sul de lado, e consideremos o Rio de Janeiro e Minas Gerais. Sem o café, uma e outra são duas províncias decrépitas. Ouro Preto não representa hoje na vida nacional maior papel do que representou Vila Rica nos dias em que a casa de Tiradentes foi arrasada por sentença; Mariana, São João d'El--Rei, Barbacena, Sabará, Diamantina, ou estão decadentes, ou, apenas, conseguem não decair. É nos municípios do café que está a parte opulenta de Minas Gerais.

Com São Paulo dá-se um fato particular. Apesar de ser São Paulo o baluarte atual da escravidão, em São Paulo e nas províncias do Sul ela não causou tão grandes estragos; é certo que São Paulo empregou grande parte do seu capital na compra de escravos do Norte, mas a lavoura não depende tanto quanto a do Rio de Janeiro e a de Minas Gerais da escravidão para ser reputada solvável.

Tem-se exagerado muito a iniciativa paulista nos últimos anos, por haver a província feito estradas de ferro sem socorro do Estado, depois que viu os resultados da estrada de ferro de Santos a Jundiaí; mas, se os paulistas não são, como foram chamados, os *yankees* do Brasil, o qual não tem *yankees* — nem São Paulo é a província mais adiantada, nem a mais americana, nem a mais liberal de espírito do país; será a Louisiana do Brasil, não o Massachusetts —, não é menos certo que a província, por ter entrado no seu período florescente no fim do domínio da escravidão, há de revelar na crise maior elasticidade do que as suas vizinhas.

No Paraná, em Santa Catarina, no Rio Grande, a imigração europeia infunde sangue novo nas veias do povo, reage contra a escravidão constitucional, ao passo que a virgindade das terras e a suavidade do clima abrem, ao trabalho livre, horizontes maiores do que teve o escravo. No vale do Amazonas, igualmente, a posse da escravidão sobre o território foi até hoje nominal; a pequena população formou-se diversamente, longe de senzalas; a navegação a vapor do grande mediterrâneo brasileiro só começou há trinta anos, e a imensa bacia do Amazonas, cujos tributários são como o Madeira, o Tocantins, o Purus, o Tapajós, o Xingu, o Juruá, o Javari, o Tefé, o Japurá, o Rio Negro, cursos de água de mais de mil, 2 mil, e mesmo 3 mil quilômetros, está assim ainda por explorar, em grande parte no poder dos indígenas, perdida para a indústria, para o trabalho, para a civilização. O atraso dessa vastíssima área pode ser imaginado pela descrição que faz dela o sr. Couto de Magalhães, o explorador do Araguaia, no seu livro *O selvagem*. É um território, conta-nos ele, ou coberto de florestas alagadas, nas quais se navega em canoas como nos pantanais do Paraguai, ou de campinas abertas e despovoadas com algum arvoredo rarefeito.

Os 3 milhões de quilômetros quadrados de duas das províncias em que se divide a bacia do Amazonas, o Pará e o Amazonas, com espaço para quase seis países como a França, e com o território vazio limítrofe para toda a Europa menos a Rússia, não tem uma população de 500 mil habitantes. O estado dessa região é tal que em 1878 o governo brasileiro fez concessão por vinte anos do vale do alto Xingu, um tributário do Amazonas cujo curso é calculado em cerca de 2 mil quilômetros, com todas as suas produções e tudo o que nele se achasse, a alguns negociantes do Pará! O Parlamento não ratificou essa doação; mas o fato de ter sido ela feita mostra como, praticamente, ainda é *res nullius* a bacia do Amazonas.

Os seringais, apesar da sua imensa extensão, têm sido grandemente destruídos, e essa riqueza natural do grande vale está ameaçada de desaparecer, porque o caráter da indústria extrativa é tão ganancioso, e por isso esterilizador, no regímen da escravidão como o da cultura do solo. O regatão é o agente da destruição no Amazonas como o senhor de escravos o foi no Norte e no Sul.

"Por toda parte", dizia no seu relatório à Assembleia Provincial do Pará em 1862 o presidente Brusque,[4]

> onde penetra o homem civilizado nas margens dos rios inabitados, ali encontra os traços não apagados dessa população [os indígenas] que vagueia sem futuro. E a pobre aldeia, as mais das vezes por eles mesmos erguida em escolhida paragem, onde a terra lhes oferece mais ampla colheita da pouca mandioca que plantam, desaparece de todo, pouco tempo depois da sua lisonjeira fundação. O regatão, formidável cancro que corrói as artérias naturais do comércio lícito das povoações centrais, desviando delas a concorrência dos incautos consumidores, não contente com os fabulosos lucros que assim aufere, transpõe, audaz, enormes distâncias e lá penetra também na choça do índio. Então a aldeia se converte para logo num bando de servidores, que distribui a seu talante, mais pelo rigor do que pela brandura, nos diversos serviços que empreendem na colheita dos produtos naturais. Pelo abandono da aldeia, se perde a roça, a choça desaparece, e o mísero índio, em recompensa de tantos sacrifícios e trabalhos, recebe muitas vezes *uma calça e uma camisa.*

Esses regatões, de quem disse o bispo do Pará,[5] que "embriagam os chefes das casas para mais facilmente desonrar-lhes as famílias", que "não há imoralidade que não pratiquem", não são mais do que o produto da escravidão, estabelecida nas capitais, atuando sobre o espírito cúpido e aventureiro de homens sem educação moral.

Como a aparência de riqueza, que a extração da borracha dá ao vale do Amazonas, foi a do açúcar e do café cultivado pelos processos e com o espírito da escravidão. O progresso e crescimento da capital contrastam com a decadência do interior. É o mesmo em toda parte. Com a escravidão não há centros locais, vida de distrito, espírito municipal; as paróquias não tiram benefícios da vizinhança de potentados ricos; a aristocracia que possui a terra não se entrega a ela, não trata de torná-la a morada permanente, saudável e cheia de conforto de uma população feliz; as famílias são todas nômadas enquanto gravitam para o mesmo centro, que é a Corte. A fazenda ou o engenho serve para cavar o dinheiro que se vai gastar na cidade, para a hibernação e o aborrecimento de uma parte do ano. A terra não é fertilizada pelas economias do pobre, nem pela generosidade do rico; a pequena propriedade não existe senão por tolerância,[6] não há as classes médias que fazem a força das nações. Há o opulento senhor de escravos, e proletários. A nação, de fato, é formada de proletários, porque os descendentes dos senhores logo chegam a sê-lo.

É um triste espetáculo essa luta do homem com o território por meio do trabalho escravo. Em parte alguma o solo adquire vida; os edifícios que nele se levantam são uma forma de luxo passageiro e extravagante, destinada a pronta decadência e abandono. A população vive em choças onde o vento e a chuva penetram, sem soalho nem vidraças, sem móveis nem conforto algum, com a rede do índio ou o estrado do negro por leito, a vasilha de água e a panela por utensílios, e a viola suspensa ao lado da imagem. Isso é no campo; nas pequenas cidades e vilas do interior, as habitações dos pobres, dos que não têm emprego nem negócio, são pouco mais que essas miseráveis palhoças do agregado ou do morador. Nas capitais de ruas elegantes e subúrbios aristocráticos, estende-se, como nos Afogados no Recife, às portas da cidade, o bairro da pobreza com a sua linha de cabanas que parecem, no século XIX, residências de animais, como nas calçadas mais frequentadas da Bahia; e nas praças do Rio, ao lado da velha casa nobre, que fora de algum antigo morgado ou de algum traficante enobrecido, vê-se o miserável e esquálido antro do africano, como a sombra grotesca dessa riqueza efêmera e do abismo que a atrai.

Quem vê os caminhos de ferro que temos construído, a imensa produção de café que exportamos, o progresso material que temos feito, pensa que os resultados da escravidão não são assim tão funestos ao território. É preciso, porém, lembrar que a aparência atual de riqueza e prosperidade provém de um produto só — quando a população do país excede de 10 milhões — e que a liquidação forçada desse produto seria nada menos do que uma catástrofe financeira. A escravidão está no Sul no apogeu, no seu grande período industrial, quando tem terras virgens, como as de São Paulo a explorar, e um gênero de exportação precioso a produzir. A empresa, neste momento, porque ela não é outra coisa, está dando algum lucro aos associados. Lucro de que partilham todas as classes intermédias do comércio, comissários, ensacadores, exportadores; cujas migalhas sustentam uma clientela enorme de todas as profissões, desde o camarada que faz o serviço de votante até ao médico, ao advogado, ao vigário, ao juiz de paz; e do qual por fim uma parte, e não pequena, é absorvida pelo Tesouro para manutenção da cauda colossal do nosso orçamento — o funcionalismo público. Com essa porcentagem dos proventos da escravidão, o Estado concede garantia de juros de 7% a companhias inglesas que constroem estradas de ferro no país, e assim o capital estrangeiro, atraído pelos altos juros e pelo crédito intato de uma nação que parece solvável, vai tentar fortuna em empresas como a Estrada de Ferro de São Paulo, que têm a dupla garantia do Brasil e — do café.

Mas essa ilusão toda de riqueza, de desenvolvimento nacional, criada por este, como a do açúcar e a do algodão no Norte, como a da borracha no vale do Amazonas, como a do ouro em Minas Gerais, não engana a quem a estuda e observa nos seus contrastes, na sombra que ela projeta. A realidade é um povo antes escravo do que senhor do vasto território que ocupa; a cujos olhos o trabalho foi sistematicamente aviltado; ao qual se ensinou que a nobreza está em fazer trabalhar; afastado da escola; indiferente a todos os sentimentos, instintos, paixões e necessidades, que formam dos habitantes de um mesmo país, mais do que uma simples sociedade — uma nação. Quando o sr. Silveira Martins disse no Senado: "O Brasil é o café, e o café é o negro" — não querendo por certo dizer o escravo — definiu o Brasil como fazenda, como empresa comercial de uma pequena minoria de interessados, em suma, o Brasil da escravidão atual. Mas basta que um país, muito mais vasto do que a Rússia da Europa, quase o dobro da Europa sem a Rússia, mais de um terço do Império Britânico nas cinco partes do mundo, povoado por mais de 10 milhões de habitantes, possa ser descrito daquela forma, para se avaliar o que a escravidão fez dele.

Esse terrível azorrague não açoitou somente as costas do homem negro; macerou as carnes de um povo todo. Pela ação de leis sociais poderosas, que decorrem da moralidade humana, essa fábrica de espoliação não podia realizar bem algum, e foi, com efeito, um flagelo que imprimiu na face da sociedade e da terra todos os sinais da decadência prematura. A fortuna passou das mãos dos que a fundaram às dos credores; poucos são os netos de agricultores que se conservam à frente das propriedades que seus pais herdaram; o adágio "pai rico, filho nobre, neto pobre" expressa a longa experiência popular dos hábitos da escravidão, que dissiparam todas as riquezas, não raro no exterior e, como temos visto, em grande parte, eliminaram da reserva nacional o capital acumulado naquele regímen.

A escravidão explorou parte do território estragando-o, e não foi além, não o abarcou todo, porque não tem iniciativa para migrar, e só avidez para estender-se. Por isso, o Brasil é ainda o maior pedaço de terra incógnita no mapa do globo.

"Num Estado de escravos", diz o sr. T. R. Cobb, da Geórgia,[7]

> a maior prova de riqueza no agricultor é o número dos escravos. A melhor propriedade, para emprego de capital, são os escravos. A melhor propriedade a deixar aos filhos, e da qual se separam com maior relutância, são os escravos. Por isso, o agricultor emprega o excesso da sua renda em escravos. O resultado natural é que as terras são uma consideração secundária. Não fica saldo para melhorá-las. O estabelecimento tem valor somente enquanto as terras adjacentes são proveitosas para o cultivo. Não tendo o agricultor afeições locais, os filhos não as herdam. Pelo contrário, ele mesmo os anima a irem em busca de novas terras. O resultado é que, como classe, nunca estão estabelecidos. Essa população é quase nômada. É inútil procurar excitar emoções patrióticas em favor da terra do nascimento, quando o interesse próprio fala tão alto. Por outro lado, onde a escravidão não existe, e os lucros do agricultor não podem ser empregados em trabalhadores, são aplicados em melhorar ou estender a sua propriedade e aformosear o seu solar.

Foi isso o que aconteceu entre nós, sendo que em parte alguma a cultura do solo foi mais destruidora. A última seca do Ceará pôs, do modo mais calamitoso, em evidência uma das maldições que sempre acompanharam, quando não precederam, a marcha da escravidão, isto é, a destruição das florestas pela queimada. "O machado e o fogo são os cruéis instrumentos", escreve o senador Pompeu, "com que uma população, ignara dos princípios rudimentares da economia rural, e herdeira dos hábitos dos aborígines, há dois séculos desnuda sem cessar as nossas serras e vales dessas florestas virgens, só para aproveitar-se o adubo de um roçado em um ano."[8] A cada passo encontramos e sentimos os vestígios desse sistema, que reduz um belo país tropical da mais exuberante natureza ao aspecto das regiões onde se esgotou a força criadora da terra.

Para resumir-me, num campo de observação que exigiria um livro à parte, a influência da escravidão, sobre o território e a população que vive dele, foi em todos os sentidos desastrosa. Como exploração do país, os seus resultados são visíveis na carta geográfica do Brasil, na qual os pontos negros do seu domínio são uma área insignificante comparada à área desconhecida ou despovoada; como posse do solo explorado, nós vimos o que ela foi e é. O caráter da sua cultura é a improvidência, a rotina, a indiferença pela máquina, o mais completo desprezo pelos interesses do futuro, a ambição de tirar o maior lucro imediato com o menor trabalho próprio possível, qualquer que seja o prejuízo das gerações seguintes. O parcelamento feudal do solo que ela instituiu, junto ao monopólio do trabalho que possui, impede a formação de núcleos de população industrial e a extensão do comércio no interior. Em todos os sentidos foi ela, e é, um obstáculo ao desenvolvimento material dos municípios: explorou a terra sem atenção à localidade, sem reconhecer deveres para com o povo de fora das suas porteiras; queimou, plantou e abandonou; consumiu os lucros na compra de escravos e no luxo da cidade; não edificou escolas, nem igrejas, não construiu pontes, nem melhorou rios, não canalizou a água nem fundou asilos, não fez estradas, não construiu casas, sequer para os seus escravos, não fomentou nenhuma indústria, não deu valor venal à terra, não fez benfeitorias, não granjeou o solo, não empregou máquinas, não concorreu para progresso algum da zona circunvizinha. O que fez foi esterilizar o solo pela sua cultura extenuativa, embrutecer os escravos, impedir o desenvolvimento dos municípios, e espalhar em torno dos feudos senhoriais o aspecto das regiões miasmáticas, ou devastadas pelas instituições que suportou, aspecto que o homem livre instintivamente reconhece. Sobre a população toda do nosso interior, ou às orlas das capitais ou nos páramos do sertão, os seus efeitos foram: dependência, miséria, ignorância, sujeição ao arbítrio dos potentados — para os quais o recrutamento foi o principal meio de ação; a falta de um canto de terra que o pobre pudesse chamar seu, ainda que por certo prazo, e cultivar como próprio; de uma casa que fosse para ele um asilo inviolável e da qual não o mandassem esbulhar à vontade; da família — respeitada e protegida. Por último, essa população foi por mais de três séculos acostumada a considerar o trabalho no campo como próprio de escravos. Saída quase toda das senzalas, ela julga aumentar a distância que a separa daqueles, não fazendo livremente o que eles fazem forçados.

Mais de uma vez, tenho ouvido referir que se oferecera dinheiro a um dos nossos sertanejos por um serviço leve e que este recusara prestá-lo. Isso não me admira. Não se lhe oferecia um salário certo. Se lhe propusessem um meio de vida permanente, que melhorasse a sua condição, ele teria provavelmente aceitado a oferta. Mas, quando não a aceitasse, admitindo-se que os indivíduos com quem se verificaram tais fatos representem uma classe de brasileiros que se conta por milhões, como muitos pretendem, a dos que recusam trabalhar por salário, que melhor prova da terrível influência da escravidão? Durante séculos ela não consentiu mercado de trabalho e não se serviu senão de escravos; o trabalhador livre não tinha lugar na sociedade, sendo um nômade, um mendigo, e por isso em parte nenhuma achava ocupação fixa; não tinha em torno de si o incentivo que desperta no homem pobre a vista do bem-estar adquirido por meio do trabalho por indivíduos da sua classe, saídos das mesmas camadas que ele. E como vivem, como se nutrem, esses milhões de homens, porque são milhões que se acham nessa condição intermédia, que não é o escravo, mas também não é o cidadão; cujo único contingente para o sustento da comunhão, que aliás nenhuma proteção lhes garante, foi sempre o do sangue, porque essa era a massa recrutável, os feudos agrícolas roubando ao exército os senhores e suas famílias, os escravos, os agregados, os moradores, e os brancos?

As habitações já as vimos. São quatro paredes, separadas no interior por uma divisão em dois ou três cubículos infectos, baixas e esburacadas, abertas à chuva e ao vento, pouco mais do que o curral, menos do que a estrebaria. É nesses ranchos que vivem famílias de cidadãos brasileiros! A alimentação corresponde à independência de hábitos sedentários causada pelas moradas. É a farinha de mandioca que forma a base da alimentação, na qual entra, como artigo de luxo, o bacalhau da Noruega ou o charque do rio da Prata. "Eles vivem diretamente" — diz o sr. Milet, referindo-se à população que está "fora do movimento geral das trocas internacionais", avaliada por ele na quinta parte da população do Brasil, e que faz parte desses milhões de párias livres da escravidão — "da caça e da pesca, dos frutos imediatos do seu trabalho agrícola, da criação do gado e dos produtos de uma indústria rudimentar."[9]

Foi essa a população que se foi internando, vivendo como ciganos, aderindo às terras das fazendas ou dos engenhos onde achava agasalho, formando-se em pequenos núcleos nos interstícios das propriedades agrícolas, edificando as suas quatro paredes de barro onde se lhe dava permissão para fazê-lo, mediante condições de vassalagem que constituíam os moradores em servos da gleba.

Para qualquer lado que se olhe, esses efeitos foram os mesmos. *Latifundia perdidere Italiam*, é uma frase que soa como uma verdade tangível aos ouvidos do brasileiro. Compare por um momento, quem viajou nos Estados Unidos ou na Suíça, o aspecto do país, da cultura, da ocupação do solo pelo homem. Diz-se que o Brasil é um país novo; sim, é um país novo em algumas partes, virgem mesmo, mas em outras é um país velho; há mais de trezentos anos que as terras foram primeiro debastadas, as florestas abatidas, e plantados os canaviais. Tome-se Pernambuco, por exemplo, onde no século XVI João Pais Barreto fundou o morgado do Cabo; que tinha no século XVII durante a ocupação holandesa bom número de engenhos de açúcar; que lutou palmo a palmo contra a Companhia das Índias Ocidentais para seguir a sorte de Portugal e compare-se essa província heroica de mais de trezentos anos com países, por assim dizer, de ontem, como as colônias da Austrália e a Nova Zelândia; com os últimos estados que entraram para a União Americana. Se não fora a escravidão, o nosso crescimento não seria por certo tão rápido como o dos países ocupados pela raça inglesa; Portugal não poderia vivificar-nos, desenvolver-nos com os seus capitais, como faz a Inglaterra com as suas colônias; o valor do homem seria sempre menor, e portanto o do povo e o do Estado. Mas, por outro lado, sem a escravidão não teríamos hoje em existência um povo criado fora da esfera da civilização, e que herdou grande parte das suas tendências, por causa das privações que lhe foram impostas e do regímen brutal a que o sujeitaram, da raça mais atrasada e primitiva, corrigindo assim, felizmente, a hereditariedade da outra, é certo mais adiantada, porém cruel, desumana, ávida de lucros ilícitos, carregada de crimes atrozes: aquela que responde pelos milhões de vítimas de três séculos de escravatura.

Onde quer que se a estude, a escravidão passou sobre o território e os povos que a acolheram como um sopro de destruição. Ou se a veja nos ergástulos da antiga Itália, nas aldeias da Rússia, nas plantações dos Estados do Sul, ou nos engenhos e fazendas do Brasil, ela é sempre a ruína, a intoxicação e a morte. Durante um certo período ela consegue esconder, pelo intenso brilho metálico do seu pequeno núcleo, a escuridão que o cerca por todos os lados; mas, quando esse período de combustão acaba, vê-se que a parte luminosa era um ponto insignificante comparado à massa opaca, deserta e sem vida do sistema todo. Dir-se-ia que, assim como a matéria não faz senão transformar-se, os sofrimentos, as maldições, as interrogações mudas a Deus, do escravo, condenado ao nascer a galés perpétuas, criança desfigurada pela ambição do dinheiro, não se extinguem de todo com ele, mas espalham nesse *vale de lágrimas* da escravidão, em que ele viveu, um fluido pesado, fatal ao homem e à natureza.

"É uma terrível pintura", diz o grande historiador alemão de Roma,

> essa pintura da Itália sob o governo da oligarquia. Não havia nada que conciliasse ou amortecesse o fatal contraste entre o mundo dos mendigos e o mundo dos ricos. A riqueza e a miséria ligadas estreitamente uma com outra expulsaram os italianos da Itália, e encheram a península em parte com enxames de escravos, em parte com silêncio sepulcral. É uma terrível pintura, não, porém, uma que seja particular à Itália; em toda parte onde o governo dos capitalistas, num país de escravos, se desenvolveu completamente, devastou o belo mundo de Deus da mesma forma. A Itália ciceroniana, como a Helas de Políbio, como a Cartago de Aníbal. Todos os grandes crimes, de que o capital é culpado para com a nação e a civilização no mundo moderno, ficam sempre tão abaixo das abominações dos antigos Estados capi-

talistas, como o homem livre, por mais pobre que seja, fica superior ao escravo, e só quando a semente de dragão da América do Norte houver amadurecido, terá o mundo que colher frutos semelhantes.[10]

No Brasil essas sementes espalhadas por toda parte germinaram há muito. E se o mundo não colheu os mesmos frutos, nem sabe que os estamos colhendo, é porque o Brasil não representa nele papel algum e está escondido à civilização "pelos últimos restos do escuro nevoeiro que pesa ainda sobre a América".[11]

Influências sociais e políticas da escravidão

Não é somente como instrumento produtivo que a escravidão é apreciada pelos que a sustentam. É ainda mais pelos seus resultados políticos e sociais, como o meio de manter uma forma de sociedade na qual os senhores de escravos são os únicos depositários do prestígio social e poder político, como a pedra angular de um edifício do qual eles são os donos, que esse sistema é estimado. Aboli a escravidão e introduzireis uma nova ordem de coisas.

PROFESSOR CAIRNES

Depois da ação que vimos do regímen servil, sobre o território e a população, os seus efeitos sociais e políticos são meras consequências. Um governo livre, edificado sobre a escravidão, seria virgem na história. Os governos antigos não foram baseados sobre os mesmos alicerces da liberdade individual que os modernos e representam uma ordem social muito diversa. Só houve um grande fato de democracia combinada com a escravidão, depois da Revolução Francesa — os Estados Unidos; mas os Estados do Sul nunca foram governos livres. A liberdade americana, tomada a União como um todo, data, verdadeiramente, da proclamação de Lincoln que declarou livres os milhões de escravos do Sul. Longe de serem países livres, os Estados ao sul do Potomac eram sociedades organizadas sobre a violação de todos os direitos da humanidade. Os estadistas americanos, como Henry Clay e Calhoun, que transigiram ou se identificaram com a escravidão não calcularam a força do antagonismo que devia, mais tarde, revelar-se tão formidável. O que aconteceu — a rebelião na qual o Sul foi salvo pelo braço do Norte do suicídio que ia cometer, separando-se da União para formar uma potência escravagista, e o modo como ela foi esmagada — prova que nos Estados Unidos a escravidão não afetara a constituição social toda, como entre nós; mas deixara a parte superior do organismo intata, e forte ainda bastante para curvar a parte até então dirigente à sua vontade, apesar de toda a sua cumplicidade com essa.

Entre nós, não há linha alguma divisória. Não há uma seção do país que seja diversa da outra. O contato foi sinônimo de contágio. A circulação geral, desde as grandes artérias até aos vasos capilares, serve de canal às mesmas impurezas. O corpo todo — sangue, elementos constitutivos, respiração, forças e atividade, músculos e nervos, inteligência e vontade, não só o caráter, senão o temperamento, e mais do que tudo a energia — acha-se afetado pela mesma causa.

Não se trata, somente, no caso da escravidão no Brasil, de uma instituição que ponha fora da sociedade um imenso número de indivíduos, como na Grécia ou na Itália antiga, e lhes dê por função social trabalhar para os cidadãos; trata-se de uma sociedade não só *baseada*, como era a civilização antiga, sobre a escravidão, e permeada em todas as classes por ela, mas também constituída, na sua maior parte, de secreções daquele vasto aparelho.

Com a linha divisória da cor, assim era, por exemplo, nos Estados do Sul da União. Os escravos e os seus descendentes não faziam parte da sociedade. A escravidão misturava, confundia, a população em escala muito pequena. Estragava o solo, impedia as indústrias, preparava a bancarrota econômica, afastava a imigração, produzia, enfim, todos os resultados dessa ordem que vimos no Brasil; mas a sociedade americana não era formada de unidades, criadas por esse processo. A emenda constitucional, alterando tudo isso, incorporou os negros na comunhão social, e mostrou como são transitórias as divisões que impedem artificialmente ou raças ou classes de tomar o seu nível natural.

Mas, enquanto durou a escravidão, nem os escravos nem os seus descendentes livres concorreram, de forma alguma, para a vida mental ou ativa dessa sociedade parasita que eles tinham o privilégio de sustentar com o seu sangue. Quando veio a abolição, e depois dela a igualdade de direitos políticos, a Virgínia e a Geórgia viram, de repente, todas as altas funções do Estado entregues a esses mesmos escravos, que eram, até então, socialmente falando, matéria inorgânica, e que, por isso, só podiam servir nesse primeiro ensaio de vida política para instrumentos de especuladores adventícios, como os *carpet baggers*. Esse período, entretanto, pode ser considerado como a continuação da guerra civil. A separação das duas raças, que fora o sistema adotado pela escravidão norte-americana — mantida por uma antipatia à cor preta, que foi sucessivamente buscar fundamentos na maldição de Cam e na teoria da evolução pitecoide, e por princípios severos de educação —, continua a ser o estado das relações entre os dois grandes elementos de população dos Estados do Sul.

No Brasil deu-se exatamente o contrário. A escravidão, ainda que fundada sobre a diferença das duas raças, nunca desenvolveu a prevenção da cor, e nisso foi infinitamente mais hábil. Os contatos entre aquelas, desde a colonização primitiva dos donatários até hoje, produziram uma população mestiça, como já vimos, e os escravos, ao receberem a sua carta de alforria, recebiam também a investidura de cidadão. Não há assim, entre nós, castas sociais perpétuas, não há mesmo divisão fixa de classes. O escravo, que, como tal, praticamente, *não existe* para a sociedade, porque o senhor pode não o ter matriculado e, se o matriculou, pode substituí-lo, e a matrícula mesmo nada significa, desde que não há inspeção do Estado nas fazendas, nem os senhores são obrigados a dar contas dos seus escravos às autoridades. Esse ente, assim equiparado, quanto à proteção social, a qualquer outra coisa de domínio particular, é, no dia seguinte à sua alforria, um cidadão como outro qualquer, com todos os direitos políticos e o mesmo grau de elegibilidade. Pode mesmo, ainda na penumbra do cativeiro, comprar escravos, talvez, quem sabe? — algum filho do seu antigo senhor. Isso prova a confusão de classes e indivíduos e a extensão ilimitada dos cruzamentos sociais entre escravos e livres, que fazem da maioria dos cidadãos brasileiros, se se pode assim dizer, mestiços políticos, nos quais se combatem duas naturezas opostas: a do senhor de nascimento e a do escravo domesticado.

A escravidão, entre nós, manteve-se aberta e estendeu os seus privilégios a todos indistintamente: brancos ou pretos, ingênuos ou libertos, escravos mesmo, estrangeiros ou nacionais, ricos ou pobres; e, dessa forma, adquiriu, ao mesmo tempo, uma força de absorção dobrada e uma elasticidade incomparavelmente maior do que houvera tido se fosse um monopólio de raça, como nos Estados do Sul. Esse sistema de igualdade absoluta abriu, por certo, um melhor futuro à raça negra do que era o seu horizonte na América do Norte. Macaulay disse na Câmara dos Comuns em 1845, ano do *bill* Aberdeen: "Eu não julgo improvável que a população preta do Brasil seja livre e feliz dentro de oitenta ou cem anos. Não vejo porém perspectiva razoável de igual mudança nos Estados Unidos". Essa intuição da felicidade relativa da raça nos dois países parece hoje ser tão certa quanto provou ser errada a suposição de que os Estados Unidos tardariam mais do que nós a emancipar os seus escravos. O que enganou, nesse caso, o grande orador inglês foi o preconceito da cor, que se lhe figurou ser uma força política e social para a escravidão, quando, pelo contrário, a força desta consiste em banir tal preconceito e em abrir a instituição a todas as classes. Mas, por isso mesmo, entre nós, o caos étnico foi o mais gigantesco possível, e a confusão reinante nas regiões em que se está elaborando, com todos esses elementos heterogêneos, a unidade nacional faz pensar na soberba desordem dos mundos incandescentes.

Atenas, Roma, a Virgínia, por exemplo, foram, tomando uma comparação química, simples misturas nas quais os diversos elementos guardavam as suas propriedades particulares; o Brasil, porém, é um composto, do qual a escravidão representa a afinidade causal. O problema que nós queremos resolver é o de fazer desse composto de senhor e escravo um cidadão. O dos Estados do Sul foi muito diverso, porque essas duas espécies não se misturaram. Entre nós a escravidão não exerceu toda a sua influência apenas abaixo da linha romana da *libertas*; exerceu-a, também, dentro e acima da esfera da *civitas*; nivelou, exceção feita dos escravos, que vivem sempre nos subterrâneos sociais, todas as classes; mas nivelou-as degradando-as. Daí a dificuldade, ao analisar-lhe a influência, de descobrir um ponto qualquer, ou na índole do povo, ou na face do país, ou mesmo nas alturas mais distantes das emanações das senzalas, sobre que, de alguma forma, aquela afinidade não atuasse, e que não deva ser incluída na síntese nacional da escravidão. Vejam-se as diversas classes sociais. Todas elas apresentam sintomas de desenvolvimento ou retardado ou impedido, ou, o que é ainda pior, de crescimento prematuro artificial. Estudem-se as diversas forças, ou que mantêm a hereditariedade nacional ou que lhe dirigem a evolução, e ver-se-á que as conhecidas se estão todas enfraquecendo, e que tanto a conservação como o progresso do país são problemas atualmente insolúveis, dos quais a escravidão, e só ela, é a incógnita. Isso tudo, tenho apenas espaço para apontar, não para demonstrar.

Uma classe importante, cujo desenvolvimento se acha impedido pela escravidão, é a dos lavradores que não são proprietários, e, em geral, dos moradores do campo ou do sertão. Já vimos a que se acha, infelizmente, reduzida essa classe, que forma a quase totalidade da nossa população. Sem independência de ordem alguma, vivendo ao azar do capricho alheio, as palavras da oração dominical: *O pão nosso de cada dia, nos dai hoje* têm para ela uma significação concreta e real. Não se trata de operários, que, expulsos de uma fábrica, achem lugar em outra; nem de famílias que possam emigrar; nem de jornaleiros que vão ao mercado de trabalho oferecer os seus serviços; trata-se de uma população sem meios, nem recurso algum, ensinada a considerar o trabalho como uma ocupação servil, sem ter onde vender os seus produtos, longe da região do salário — se existe esse *El Dorado*, em nosso país — e que por isso tem que resignar-se a viver e criar os filhos, nas condições de dependência e miséria em que se lhe consente vegetar.

Esta é a pintura que, com verdadeiro sentimento humano, fez de uma porção, e a mais feliz, dessa classe, um senhor de engenho, no Congresso Agrícola do Recife em 1878:

> O plantador não fabricante leva vida precária; seu trabalho não é remunerado, seus brios não são respeitados; seus interesses ficam à mercê dos caprichos do fabricante em cujas terras habita. Não há ao menos um contrato escrito, que obrigue as partes interessadas; tudo tem base na vontade absoluta do fabricante. Em troca de habitação, muitas vezes péssima, e de algum terreno que lhe é dado para plantações de mandioca, que devem ser limitadas, e feitas em terreno sempre o menos produti-

vo; em troca disso, parte o parceiro todo o açúcar de suas canas em quantidades iguais; sendo propriedade do fabricante todo o mel de tal açúcar, toda a cachaça delas resultante, todo o bagaço, que é excelente combustível para o fabrico do açúcar, todos os olhos das canas, suculento alimento para o seu gado. É uma partilha leonina, tanto mais injusta quanto todas as despesas da plantação, trato da lavoura, corte, arranjo das canas e seu transporte à fábrica, são feitas exclusivamente pelo plantador meeiro.

À parte os sentimentos dos que são equitativos e generosos, o pobre plantador de canas da classe a que me refiro nem habitação segura tem: de momento para outro pode ser caprichosamente despejado, sujeito a ver estranhos até à porta da cozinha de sua triste habitação, ou a precipitar a sua saída, levando à família o último infortúnio.[1]

Essa é ainda uma classe favorecida, a dos lavradores meeiros, abaixo da qual há outras que nada têm de seu, moradores que nada têm para vender ao proprietário, e que levam uma existência nômada e segregada de todas as obrigações sociais, como fora de toda a proteção do Estado.

Tomem-se outras classes, cujo desenvolvimento se acha retardado pela escravidão, as classes operárias e industriais, e, em geral, o comércio.

A escravidão não consente, em parte alguma, classes operárias propriamente ditas, nem é compatível com o regímen do salário e a dignidade pessoal do artífice. Este mesmo, para não ficar debaixo do estigma social que ela imprime nos seus trabalhadores, procura assinalar o intervalo que o separa do escravo, e imbui-se assim de um sentimento de superioridade, que é apenas baixeza de alma, em quem saiu da condição servil, ou esteve nela por seus pais. Além disso, não há classes operárias fortes, respeitadas e inteligentes, onde os que empregam trabalho estão habituados a mandar em escravos. Também, os operários não exercem entre nós a mínima influência política.[2]

Escravidão e indústria são termos que se excluíram sempre, como escravidão e colonização. O espírito da primeira, espalhando-se por um país, mata cada uma das faculdades humanas, de que provém a indústria: a iniciativa, a invenção, a energia individual; e cada um dos elementos de que ela precisa: a associação de capitais, a abundância de trabalho, a educação técnica dos operários, a confiança no futuro. No Brasil, a indústria agrícola é a única que tem florescido em mãos de nacionais. O comércio só tem prosperado nas de estrangeiros. Mesmo assim, veja-se qual é o estado da lavoura, como adiante o descrevo. Está, pois, singularmente retardado em nosso país o período industrial, no qual vamos apenas agora entrando.

O grande comércio nacional não dispõe de capitais comparáveis aos do comércio estrangeiro, tanto de exportação como de importação, ao passo que o comércio a retalho, em toda a sua porção florescente, com vida própria, por assim dizer consolidada, é praticamente monopólio de estrangeiros. Esse fato provocou, por diversas vezes em nossa história, manifestações populares, com a bandeira da nacionalização do comércio a retalho. Mas tal grito caracteriza o espírito de exclusivismo e ódio à concorrência, por mais legítima que seja, em que a escravidão educou o nosso povo, e, em mais de um lugar, foi acompanhado de sublevações do mesmo espírito atuando em outra direção, isto é, do fanatismo religioso. Não sabiam os que sustentavam aquele programa do fechamento dos portos do Brasil e da anulação de todo o progresso que temos feito desde 1808, que, se tirassem o comércio a retalho aos estrangeiros, não o passariam para os nacionais, mas simplesmente o reduziriam a uma carestia de gêneros permanente — porque é a escravidão, e não a nacionalidade, que impede o comércio a retalho de ser em grande parte brasileiro.

Em relação ao comércio, a escravidão procede desta forma: fecha-lhe, por desconfiança e rotina, o interior, isto é, tudo o que não é a capital da província; exceto em Santos e Campinas, em São Paulo; Petrópolis e Campos, no Rio de Janeiro; Pelotas, no Rio Grande do Sul; e alguma outra cidade mais, não há casas de negócio senão nas capitais, onde se encontre mais do que um pequeno fornecimento de artigos necessários à vida, estes mesmos ou grosseiros ou falsificados. Assim como nada se vê que revele o progresso intelectual dos habitantes — nem livrarias, nem jornais —, não se encontra o comércio, senão na antiga forma rudimentar, indivisa ainda, da venda-bazar. Por isso, o que não vai diretamente da Corte, como encomenda, só chega ao consumidor pelo mascate, cuja história é a da civilização do nosso interior todo, e que, de fato, é o *pioneer* do comércio e representa os limites em que a escravidão é compatível com a permuta local. O comércio, entretanto, é o manancial da escravidão, e o seu banqueiro. Na geração passada, em toda parte, ele a alimentou de africanos *boçais* ou *ladinos*; muitas das propriedades agrícolas caíram em mãos de fornecedores de escravos; as fortunas realizadas pelo tráfico (para o qual a moeda falsa teve por vezes grande afinidade) foram, na parte não exportada, nem convertida em pedra e cal, empregadas em auxiliar a lavoura pela usura. Na atual geração, o vínculo entre o comércio e a escravidão não é assim desonroso para aquele; mas a dependência mútua continua a ser a mesma. Os principais fregueses do comércio são proprietários de escravos, exatamente como os *leaders* da classe; o café é sempre rei nas praças do Rio e de Santos, e o comércio, faltando a indústria e o trabalho livre, não pode servir senão para agente da escravidão, comprando-lhe tudo o que ela oferece e vendendo-lhe tudo de que ela precisa. Por isso, também, no Brasil ele não se desenvolve, não abre horizontes ao país; mas é uma força inativa, sem estímulos, e cônscia de que é, apenas, um prolongamento da escravidão, ou antes o mecanismo pelo qual a carne humana é convertida em ouro e circula, dentro e fora do país, sob a forma de letras de câmbio. Ele sabe que, se a escravidão o receia, como receia todos os condutores do progresso, seja este a loja do negociante, a estação da estrada de ferro, ou a escola primária, também precisa dele, como por certo não precisa, nem quer saber, desta última, e trata de viver com ele nos melhores termos possíveis. Mas, com a escravidão, o comércio será sempre o servo de uma classe, sem a independência de um agente nacional; ele nunca há de florescer, num regímen que não lhe consente entrar em relações diretas com os consumidores, e não eleva a população do interior a essa categoria.

Das classes que esse sistema fez crescer artificialmente, a mais numerosa é a dos empregados públicos. A estreita relação entre a escravidão e a epidemia do funcionalismo não pode ser mais contestada que a relação entre ela e a superstição do Estado-providência. Assim como, nesse regímen, tudo se espera do Estado, que, sendo a única associação ativa, aspira e absorve pelo imposto e pelo empréstimo todo o capital disponível e distribui-o, entre os seus clientes, pelo emprego público, sugando as economias do pobre pelo curso forçado, e tornando precária a fortuna do rico; assim também, como consequência, o funcionalismo é a profissão nobre e a vocação de todos. Tomem-se, ao acaso, vinte ou trinta brasileiros em qualquer lugar onde se reúna a nossa sociedade mais culta: todos eles ou foram ou são, ou hão de ser, empregados públicos; se não eles, seus filhos.

O funcionalismo é, como já vimos, o asilo dos descendentes das antigas famílias ricas e fidalgas, que desbarataram as fortunas realizadas pela escravidão, fortunas a respeito das quais pode dizer-se, em regra, como se diz das fortunas feitas no jogo, que não medram, nem dão felicidade. É além disso o viveiro político, porque abriga todos os pobres inteligentes, todos os que têm ambição e capacidade, mas não têm meios, e que são a grande maioria dos nossos homens de merecimento. Faça-se uma lista dos nossos estadistas pobres, de primeira e segunda ordem, que resolveram o seu problema individual pelo casamento rico, isto é, na maior parte dos casos, tornando-se humildes clientes da escravidão; e outra dos que o resolveram pela acumulação de cargos públicos, e ter-se-ão, nessas duas listas, os nomes de quase todos eles. Isso significa que o país está fechado em todas as direções; que muitas avenidas que poderiam oferecer um meio de vida a homens de talento, mas sem qualidades mercantis, como a literatura, a ciência, a imprensa, o magistério, não passam ainda de vielas, e outras, em que homens práticos, de tendências industriais, poderiam prosperar, são por falta de crédito, ou pela estreiteza do comércio, ou pela estrutura rudimentar da nossa vida econômica, outras tantas portas muradas.

Nessas condições oferecem-se ao brasileiro que começa diversos caminhos, os quais conduzem todos ao emprego público. As profissões chamadas independentes, mas que dependem em grande escala do favor da escravidão, como a advocacia, a medicina, a engenharia, têm pontos de contato importantes com o funcionalismo, como sejam os cargos políticos, as academias, as obras públicas. Além desses, que recolhem por assim dizer as migalhas do orçamento, há outros, negociantes, capitalistas, indivíduos inclassificáveis, que querem contratos, subvenções do Estado, garantias de juro, empreitadas de obras, fornecimentos públicos.

A classe dos que assim vivem com os olhos voltados para a munificência do governo é extremamente numerosa, e diretamente filha da escravidão, porque ela não consente outra carreira aos brasileiros, havendo abarcado a terra, degradado o trabalho, corrompido o sentimento de altivez pessoal em desprezo por quem trabalha em posição inferior a outro, ou não faz trabalhar. Como a necessidade é irresistível, essa fome de emprego público determina uma progressão constante do nosso orçamento, que a nação, não podendo pagar com a sua renda, paga com o próprio capital necessário à sua subsistência, e que, mesmo assim, só é afinal equilibrado por novas dívidas.

Além de ser artificial e prematuro, o atual desenvolvimento da classe dos remunerados pelo Tesouro, sendo, como é a cifra da despesa nacional, superior às nossas forças, a escravidão, fechando todas as outras avenidas, como vimos, da indústria, do comércio, da ciência, das letras, criou em torno desse exército ativo uma reserva de pretendentes, cujo número realmente não se pode contar, e que, com exceção dos que estão consumindo, ociosamente, as fortunas que herdaram e dos que estão explorando a escravidão com a alma do proprietário de homens, pode calcular-se, quase exatamente, pelo recenseamento dos que sabem ler e escrever. Num tempo em que o servilismo e a adulação são a escada pela qual se sobe, e a independência e o caráter a escada pela qual se desce; em que a inveja é uma paixão dominante; em que não há outras regras de promoção, nem provas de suficiência, senão o empenho e o patronato; quando ninguém, que não se faça lembrar, é chamado para coisa alguma, e a injustiça é ressentida apenas pelo próprio ofendido: os empregados públicos são os servos da gleba do governo, vivem com suas famílias em terras do Estado, sujeitos a uma evicção sem aviso, que equivale à fome, numa dependência da qual só para os fortes não resulta a quebra do caráter. Em cada um dos sintomas característicos da séria hipertrofia do funcionalismo, como ela se apresenta no Brasil, quem tenha estudado a escravidão reconhece logo um dos seus efeitos. Podemos nós, porém, ter a consolação de que, abatendo as diversas profissões, reduzindo a nação ao proletariado, a escravidão todavia conseguiu fazer dos senhores, da *lavoura*, uma classe superior, pelo menos rica, e, mais do que isso, educada, patriótica, digna de representar o país intelectual e moralmente?

Quanto à riqueza, já vimos que a escravidão arruinou uma geração de agricultores, que ela mesma substituiu pelos que lhes forneciam os escravos. De 1853 a 1857, quando se deviam estar liquidando as obrigações do tráfico, a dívida hipotecária da Corte e província do Rio de Janeiro subia a 67 mil contos. A atual geração não tem sido mais feliz. Grande parte dos seus lucros foi convertida em carne humana, a alto preço, e, se hoje uma epidemia devastasse os cafeeiros, o capital que a lavoura toda do Império poderia apurar para novas culturas havia de espantar os que a reputam florescente. Além disso, há quinze anos que não se fala senão em *auxílios à lavoura*. Tem a data de 1868 um opúsculo do sr. Quintino Bocaiuva, *A crise da lavoura*, em que esse notável jornalista escrevia: "A lavoura não se pode restaurar senão pelo efeito simultâneo de dois socorros que não podem ser mais demorados — o da instituição do crédito agrícola e o da aquisição de braços produtores". O primeiro socorro era "uma vasta emissão" sobre a propriedade predial do Império, que assim seria convertida em moeda corrente; o segundo era a colonização chinesa.

Há quinze anos que se nos descreve de todos os lados a lavoura como estando em *crise*, necessitada de *auxílios*, agonizante, em bancarrota próxima. O Estado é, todos os dias, denunciado por não fazer empréstimos e aumentar os impostos para habilitar os fazendeiros a comprar ainda mais escravos. Em 1875 uma lei, a de 6 de novembro, autorizou o governo a dar a garantia nacional ao banco estrangeiro — nenhum outro poderia emitir na Europa — que emprestasse dinheiro à lavoura mais barato do que o mercado monetário interno. Para terem fábricas centrais de açúcar, e melhorarem o seu produto, os senhores de engenho precisaram de que a nação as levantasse sob a sua responsabilidade. O mesmo tem-se pedido para o café. Assim como dinheiro a juro barato e engenhos centrais, a chamada *grande propriedade* exige fretes de estrada de ferro à sua conveniência, exposições oficiais de café, dispensa de todo e qualquer imposto direto, imigração asiática e uma lei de locação de serviços que faça do colono, alemão, ou inglês, ou italiano, um escravo branco. Mesmo a população nacional tem que ser sujeita a um novo recrutamento agrícola,[3] para satisfazer diversos *clubs*, e, mais que tudo, o câmbio, por uma falência econômica, tem que ser conservado tão baixo quanto possível, para o café, que é pago em ouro, valer mais papel.

Também, a horrível usura, de que é vítima a lavoura em diversas províncias, sobretudo no Norte, é a melhor prova do mau sistema que a escravidão fundou, e do qual dois característicos principais — a extravagância e o *provisório* — são incompatíveis com o crédito agrícola que ela reclama. "A taxa dos juros dos empréstimos à lavoura pelos seus correspondentes", é o extrato oficial das informações prestadas pelas presidências de província em 1874, "regula em algumas províncias de 7% a 17%; em outras sobe de 18% a 24%", e "há exemplo de se cobrar a de 48% e 72% anualmente!" Como não se pretende que a lavoura renda mais de 10%, e toda ela precisa de capitais a juro, essa taxa quer simplesmente dizer — a bancarrota. Não é, por certo, essa a classe que se pode descrever em estado próspero e florescente, e que se pode chamar rica.

Quanto às suas funções sociais, uma aristocracia territorial pode servir ao país de diversos modos: melhorando e desenvolvendo o bem-estar da população que a cerca e o aspecto do país em que estão encravados os seus estabelecimentos; tomando a direção do progresso nacional; cultivando, ou protegendo, as letras e as artes; servindo no Exército e na Armada, ou distinguindo-se nas diversas carreiras; encarnando o que há de bom no caráter nacional, ou as qualidades superiores do país, o que mereça ser conservado como tradição. Já vimos o que a nossa lavoura conseguiu em cada um desses sentidos, quando notamos o que a escravidão administrada por ela há feito do território e do povo, dos senhores e dos escravos. Desde que a classe única, em proveito da qual ela foi criada e existe, não é a aristocracia do dinheiro, nem a do nascimento, nem a da inteligência, nem a do patriotismo, nem a da raça, que papel permanente desempenha no Estado uma aristocracia heterogênea e que nem mesmo mantém a sua identidade por duas gerações?

Se, das diversas classes, passarmos às forças sociais, vemos que a escravidão ou as apropriou aos seus interesses, quando transigentes, ou fez em torno delas o vácuo, quando inimigas, ou lhes impediu a formação, quando incompatíveis.

Entre as que se identificaram, desde o princípio, com ela, tornando-se um dos instrumentos das suas pretensões, está, por exemplo, a Igreja. No regímen da escravidão doméstica o cristianismo cruzou-se com o fetichismo, como se cruzaram as duas raças. Pela influência da ama de leite e dos escravos de casa sobre a educação da criança, os terrores materialistas do fetichista convertido, isto é, que mudou de inferno, exercem, sobre a fortificação do cérebro e a coragem da alma daquelas, a maior depressão. O que resulta como fé, e sistema religioso, dessa combinação das tradições africanas como o ideal antissocial do missionário fanático, é um composto de contradições, que só a inconsciência pode conciliar. Como a religião, a Igreja.

Nem os bispos, nem os vigários, nem os confessores, estranham o mercado de entes humanos; as bulas que o condenam são hoje obsoletas. Dois dos nossos prelados foram sentenciados a prisão com trabalho, pela guerra que moveram à maçonaria; nenhum deles, porém, aceitou ainda a responsabilidade de descontentar a escravidão. Compreende-se que os exemplos dos profetas, penetrando no palácio dos reis de Judá para exprobrar-lhes os seus crimes, e os sofrimentos dos antigos mártires pela verdade moral, pareçam aos que representam a religião entre nós originalidades tão absurdas como a de são Simeão Estelita vivendo no tope de uma coluna para estar mais perto de Deus. Mas, se o regímen da côngrua e dos emolumentos, mais do que isso, das honras oficiais e do bem-estar, não consente esses rasgos de heroísmo religioso, hoje próprios, tão somente, de um faquir do Himalaia, apesar desse resfriamento glacial de uma parte da alma de outrora incandescente, a escravidão e o Evangelho deviam mesmo hoje ter vergonha de se encontrarem na casa de Jesus e de terem o mesmo sacerdócio.

Nem quanto aos casamentos dos escravos, nem por sua educação moral, tem a Igreja feito coisa alguma. Os monges de São Bento forraram os seus escravos e isso produziu entre os panegiristas dos conventos uma explosão de entusiasmo. Quando mosteiros possuem rebanhos humanos, quem conhece a história das fundações monásticas, os votos dos noviços, o desinteresse das suas aspirações, a sua abnegação pelo mundo, só pode admirar-se de que esperem reconhecimento e gratidão por terem deixado de tratar homens como animais, e de explorar mulheres como máquinas de produção.

"Se em relação às pessoas livres mesmo", oficiou em 1864 ao governo o cura da freguesia do Sacramento da Corte, "se observa o abandono, a indiferença atinge ao escândalo em relação aos escravos. Poucos senhores cuidam em proporcionar aos seus escravos em vida os socorros espirituais; raros são aqueles que cumprem com o caridoso dever de lhes dar os derradeiros sufrágios da Igreja."[4] Grande número de padres possui escravos, sem que o celibato clerical o proíba. Esse contato, ou antes contágio, da escravidão deu à religião, entre nós, o caráter materialista que ela tem, destruiu-lhe a face ideal, e tirou-lhe toda possibilidade de desempenhar na vida social do país o papel de uma força consciente.

Tome-se outro elemento de conservação que também foi apropriado dessa forma, o patriotismo. O trabalho todo dos escravagistas consistiu sempre em identificar o Brasil com a escravidão. Quem a ataca é logo suspeito de conivência com o estrangeiro, de inimigo das instituições do seu próprio país. Antônio Carlos foi acusado nesse interesse de não ser brasileiro. Atacar a monarquia, sendo o país monárquico, a religião sendo o país católico, é lícito a todos; atacar, porém, a escravidão, é traição nacional e felonia. Nos Estados Unidos, "a instituição particular" por tal forma criou em sua defesa essa confusão, entre si e o país, que pôde levantar uma bandeira sua contra a de Washington, e produzir, numa loucura transitória, um patriotismo separatista desde que se sentiu ameaçada de cair deixando a pátria de pé. Mas, como com todos os elementos morais que avassalou, a escravidão ao conquistar o patriotismo brasileiro fê-lo degenerar. A Guerra do Paraguai é a melhor prova do que ela fez do patriotismo das classes que a praticavam, e do patriotismo dos senhores. Muito poucos destes deixaram os seus escravos para atender ao seu país; muitos alforriaram alguns "negros" para serem eles feitos titulares do Império. Foi nas camadas mais necessitadas da população, descendentes de escravos na maior parte, nessas mesmas que a escravidão condena à dependência e à miséria, entre os proletários analfabetos cuja emancipação política ela adiou indefinidamente, que se sentiu bater o coração de uma nova pátria. Foram elas que produziram os soldados dos batalhões de voluntários. Com a escravidão, disse José Bonifácio em 1825, "nunca o Brasil formará, como imperiosamente o deve, um Exército brioso e uma Marinha florescente", e isso porque, com a escravidão, não há patriotismo nacional, mas somente patriotismo de casta, ou de raça; isto é, um sentimento que serve para unir todos os membros da sociedade, e explorado para o fim de dividi-los. Para que o patriotismo se purifique, é preciso que a imensa massa da população livre, mantida em estado de subserviência pela escravidão, atravesse, pelo sentimento da independência pessoal, pela convicção da sua força e do seu poder, o longo estádio que separa o simples nacional — que hipoteca tacitamente, por amor, a sua vida à defesa voluntária da integridade material e da soberania externa da pátria — do cidadão que quer ser uma unidade ativa e pensante na comunhão a que pertence.

Entre as forças em torno de cujo centro de ação o escravagismo fez o vácuo, por lhe serem contrárias, forças de progresso e transformação, está notavelmente a imprensa, não só o jornal, mas também o livro, tudo que diz respeito à educação. Por honra do nosso jornalismo, a imprensa tem sido a grande arma de combate contra a escravidão e o instrumento da propagação das ideias novas; os esforços tentados para a criação de um *órgão negro* naufragaram sempre. Ou se insinue timidamente, ou se afirme com energia, o pensamento dominante no jornalismo todo, do Norte ao Sul, é a emancipação. Mas, para fazer o vácuo em torno do jornal e do livro, e de tudo o que pudesse amadurecer antes do tempo a consciência abolicionista, a escravidão por instinto procedeu repelindo a escola, a instrução pública e mantendo o país na ignorância e escuridão, que é o meio em que ela pode prosperar. A senzala e a escola são polos que se repelem.

O que é a educação nacional num regímen interessado na ignorância de todos, o seguinte trecho do notável parecer do sr. Rui Barbosa, relator da Comissão de Instrução Pública da Câmara dos Deputados, o mostra bem:

A verdade — e a vossa Comissão quer ser muito explícita a seu respeito, desagrade a quem desagradar — é que o ensino público está à orla do limite possível a uma nação que se presume livre e civilizada; é que há decadência em vez de progresso; é que somos um povo de analfabetos, e que a massa deles, se decresce, é numa proporção desesperadamente lenta; é que a instrução acadêmica está infinitamente longe do nível científico dessa idade; é que a instrução secundária oferece ao ensino superior uma mocidade cada vez menos preparada para o receber; é que a instrução popular, na Corte como nas províncias, não passa de um *desideratum*.

Aí está o efeito, sem aparecer a causa, como em todos os inúmeros casos em que os efeitos da escravidão são apontados entre nós. Um lavrador fluminense, por exemplo, o sr. Pais Leme, foi em 1876 aos Estados Unidos comissionado pelo nosso governo. Escreveu relatórios sobre o que viu e observou na América do Norte, pronunciou discursos na Assembleia Provincial do Rio de Janeiro, que são ainda o resultado daquela viagem, e nunca lhe ocorreu, nos diferentes paralelos que fez entre o estado do Brasil e o da grande República, atribuir à escravidão uma parte sequer do nosso atraso. O mesmo dá-se com toda a literatura política, liberal ou republicana, em que um fator da ordem da escravidão figura como um órgão rudimentar e inerte.

Entre as forças cuja aparição ela impediu está a opinião pública, a consciência de um destino nacional. Não há, com a escravidão, essa força poderosa chamada opinião pública, ao mesmo tempo alavanca e ponto de apoio das individualidades que representam o que há de mais adiantado no país. A escravidão, como é incompatível com a imigração espontânea, também não consente o influxo das ideias novas. Incapaz de invenção, ela é, igualmente, refratária ao progresso. Não é dessa opinião pública que sustentou os negreiros contra os Andradas, isto é, da soma dos interesses coligados que se trata, porque essa é uma força bruta e inconsciente como a do número por si só. Duzentos piratas valem tanto quanto um pirata, e não ficarão valendo mais se os cercarem da população toda que eles enriquecem e da que eles devastam. A opinião pública, de que falo, é propriamente a consciência nacional, esclarecida, moralizada, honesta e patriótica; esta é impossível com a escravidão, e desde que apareça, esta trata de destruí-la.

É por não haver entre nós essa força de transformação social que a política é a triste e degradante luta por ordenados, que nós presenciamos; nenhum homem vale nada, porque nenhum é sustentado pelo país. O presidente do Conselho vive à mercê da Coroa, de quem deriva a sua força, e só tem aparência de poder quando se o julga um lugar-tenente do imperador e se acredita que ele tem no bolso o decreto de dissolução, isto é, o direito de eleger uma Câmara de apaniguados seus. Os ministros vivem logo abaixo, à mercê do presidente do Conselho, e os deputados no terceiro plano, à mercê dos ministros. O sistema representativo é, assim, um enxerto de formas parlamentares num governo patriarcal, e senadores e deputados só tomam ao sério o papel que lhes cabe nessa paródia da democracia pelas vantagens que auferem. Suprima-se o subsídio e forcem-nos a não se servirem da sua posição para fins pessoais e de família, e nenhum homem que tenha o que fazer se prestará a perder o seu tempo em tais *skiamaxiai*, em combates com sombras, para tomar uma comparação de Cícero.

Ministros, sem apoio na opinião, que ao serem despedidos caem no vácuo; presidentes do Conselho que vivem, noite e dia, a perscrutar o pensamento esotérico do imperador; uma Câmara cônscia da sua nulidade e que só pede tolerância; um Senado que se reduz a ser um pritaneu; partidos que são apenas sociedades cooperativas de colocação ou de seguro contra a miséria. Todas essas aparências de um governo livre são preservadas por orgulho nacional, como foi a dignidade consular no Império Romano; mas, no fundo, o que temos é um governo de uma simplicidade primitiva, em que as responsabilidades se dividem ao infinito, e o poder está concentrado nas mãos de um só. Este é o chefe do Estado. Quando alguém parece ter força própria, autoridade efetiva, prestígio individual, é porque lhe acontece, nesse momento, estar exposto à luz do trono: desde que der um passo, ou à direita ou à esquerda, e sair daquela réstia, ninguém mais o divisará no escuro.

Foi a isso que a escravidão, como causa infalível de corrupção social, e pelo seu terrível contágio, reduziu a nossa política. O povo como que sente um prazer cruel em escolher o pior, isto é, em rebaixar-se a si mesmo, por ter consciência de que é uma multidão heterogênea, sem disciplina a que se sujeite, sem fim que se proponha. A municipalidade da Corte, do centro da vida atual da nação toda, foi sempre eleita por esse princípio. Os *capangas* no interior, e nas cidades os *capoeiras*, que também têm a sua flor, fizeram até ontem das nossas eleições o jubileu do crime. A faca de ponta e a navalha, exceto quando a baioneta usurpava essas funções, tinham sempre a maioria nas urnas. Com a eleição direta, tudo isso desapareceu na perturbação do primeiro momento, porque houve um ministro de vontade, que disse aspirar à honra de ser derrotado nas eleições. O sr. Saraiva, porém, já foi canonizado pela sua abnegação; já tivemos bastantes ministros-mártires para formar o hagiológio da reforma, e ficou provado que nem mesmo é preciso a candidatura oficial para eleger Câmaras governistas. A máquina eleitoral é automática, e, por mais que mudem a lei, o resultado há de ser o mesmo. O *capoeira* conhece o seu valor, sabe que não passam tão depressa como se acredita os dias de Clódio, e em breve a eleição direta será o que foi a indireta: a mesma orgia desenfreada a que nenhum homem decente devera, sequer, assistir.

Autônomo, só há um poder, entre nós, o poder irresponsável; só este tem certeza do dia seguinte; só este representa a permanência da tradição nacional. Os ministros não são mais que as encarnações secundárias, e às vezes grotescas, dessa entidade superior. Olhando em torno de si, o imperador não encontra uma só individualidade que limite a sua, uma vontade, individual ou coletiva, a que ele se deva sujeitar: nesse sentido ele é absoluto como o czar e o sultão, ainda que se veja no centro de um governo moderno e provido de todos os órgãos superiores, como o Parlamento, que não têm a Rússia nem a Turquia, a supremacia parlamentar, que não tem a Alemanha, a liberdade absoluta da imprensa, que muito poucos países conhecem. Quer isso dizer, em vez de soberano absoluto, o imperador deve antes ser chamado o primeiro-ministro permanente do Brasil. Ele não comparece perante as Câmaras, deixa grande latitude, sobretudo em matéria de finanças e legislação, ao gabinete; mas nem um só dia perde de vista a marcha da administração nem deixa de ser o árbitro dos seus ministros.

Esse chamado *governo pessoal* é explicado pela teoria absurda de que o imperador corrompeu um povo inteiro; desmoralizou por meio de tentações supremas, à moda de Satanás, a honestidade dos nossos políticos; desvirtuou, intencionalmente, partidos que nunca tiveram ideias e princípios, senão como capital de exploração. A verdade é que esse governo é o resultado, imediato, da prática da escravidão pelo país. Um povo que se habitua a ela não dá valor à liberdade nem aprende a governar-se a si mesmo. Daí, a abdicação geral das funções cívicas, o indiferentismo político, o desamor pelo exercício obscuro e anônimo da responsabilidade pessoal, sem a qual nenhum povo é livre, porque um povo livre é somente um agregado de unidades livres: causas que deram em resultado a supremacia do elemento permanente e perpétuo, isto é, a monarquia. O imperador não tem culpa, exceto, talvez, por não ter reagido contra essa abdicação nacional, de ser tão poderoso como é, tão poderoso que nenhuma delegação da sua autoridade, atualmente, conseguiria criar no país uma força maior que a Coroa.

Mas, por isso mesmo, dom Pedro II será julgado pela História como o principal responsável pelo seu longo reinado; tendo sido o seu próprio valido durante 43 anos, ele nunca admitiu presidentes do Conselho superiores à sua influência e, de fato, nunca deixou o leme (com relação a certos homens que ocuparam aquela posição, foi talvez melhor para eles mesmos e para o país o serem objetos desse *liberum veto*). Não é assim, como soberano constitucional, que o futuro há de considerar o imperador, mas como estadista; ele é um Luís Filipe, e não uma rainha Vitória — e ao estadista hão de ser tomadas estreitas contas da existência da escravidão, ilegal e criminosa, depois de um reinado de quase meio século. O Brasil despendeu mais de 600 mil contos em uma guerra politicamente desastrosa e só tem despendido, até hoje, 9 mil contos em emancipar os seus escravos: tem um orçamento seis vezes apenas menor do que o da Inglaterra, e desse orçamento menos de 1% é empregado em promover a emancipação.

Qualquer, porém, que seja, quanto à escravidão, a responsabilidade pessoal do imperador, não há dúvida de que a soma de poder que foi acrescendo à sua prerrogativa foi uma aluvião devida àquela causa perene. No meio da dispersão das energias individuais e das rivalidades dos que podiam servir à pátria, levanta-se, dominando as tendas dos agiotas políticos e os antros dos gladiadores eleitorais, que cercam o nosso *Forum*, a estátua do imperador, símbolo do único poder nacional independente e forte.

Mas, em toda essa dissolução social, na qual impera o mais ávido materialismo, e os homens de bem e patriotas estão descrentes de tudo e de todos, quem não vê a forma colossal da raça maldita, sacudindo os ferros dos seus pulsos, espalhando sobre o país as gotas do seu sangue? Essa é a vingança da raça negra. Não importa que tantos dos seus filhos espúrios tenham exercido sobre irmãos o mesmo jugo, e se tenham associado como cúmplices aos destinos da instituição homicida, a escravidão na América é sempre o crime da raça branca, elemento predominante da civilização nacional, e esse miserável estado, a que se vê reduzida a sociedade brasileira, não é senão o cortejo da Nêmesis africana que visita, por fim, o túmulo de tantas gerações.

Necessidade da abolição.
Perigo da demora

Se os seus [do Brasil] dotes morais e intelectuais crescerem de harmonia com a sua admirável beleza e riqueza natural, o mundo não terá visto uma terra mais bela. Atualmente há diversos obstáculos a esse progresso; obstáculos que atuam como uma doença moral sobre o seu povo. A escravidão ainda existe no meio dele.

AGASSIZ

Mas, dir-se-á, se a escravidão é como acabamos de ver uma influência que afeta todas as classes; o molde em que se está fundindo, há séculos, a população toda: em primeiro lugar, que força existe fora dela que possa destruí-la tão depressa como quereis sem, ao mesmo tempo, dissolver a sociedade que é, segundo vimos, um composto de elementos heterogêneos do qual ela é a afinidade química? Em segundo lugar, tratando-se de um interesse de tamanha importância, de que dependem tão avultado número de pessoas e a produção nacional — a qual sustenta a fábrica e o estabelecimento do Estado, por mais artificiais que proveis serem as suas proporções atuais — e quando não contestais, nem podeis contestar, que a escravidão esteja condenada a desaparecer num período que pelo progresso moral contínuo do país nunca poderá exceder de vinte anos; por que não esperais que o fim de uma instituição, que já durou em vosso país mais de trezentos anos, se consuma naturalmente, sem sacrifício da fortuna pública nem das fortunas privadas, sem antagonismo de raças ou classes, sem uma só das ruínas que em outros países acompanharam a emancipação forçada dos escravos?

[...]. Aí mostrarei que, apesar de toda a influência retardativa da escravidão, há dentro do país forças morais capazes de suprimi-la como posse de homens, assim como não há, por enquanto — e a primeira necessidade do país é criá-las —, forças capazes de eliminá-la como principal elemento da nossa constituição. Neste capítulo, respondo tão somente à objeção, politicamente falando formidável, de impaciência, de cegueira para os interesses da classe dos proprietários de escravos, tão brasileiros pelo menos como estes, para as dificuldades econômicas de um problema — a saber, se a escravidão deve continuar indefinidamente — que, no ponto de vista humanitário ou patriótico, o Brasil todo já resolveu pela mais solene e convencida afirmativa.

Essas impugnações têm tanto mais peso, para mim, quanto — e por todo este livro se terá visto — eu não acredito que a escravidão deixe de atuar, como até hoje, sobre o nosso país quando os escravos forem todos emancipados. A lista de subscrição, que resulta na soma necessária para a alforria de um escravo, dá um *cidadão* mais ao rol dos brasileiros; mas é preciso muito mais do que as esmolas dos compassivos, ou a generosidade do senhor, para fazer desse novo cidadão uma unidade, digna de concorrer, ainda mesmo infinitesimalmente, para a formação de uma nacionalidade americana. Da mesma forma com o senhor. Ele pode alforriar os seus escravos, com sacrifício dos seus interesses materiais, ainda que sempre em benefício da educação dos seus filhos, quebrando assim o último vínculo aparente, ou de que tenha consciência, das relações em que se achava para com a escravidão; mas, somente por isso, o espírito desta não deixará de incapacitá-lo para cidadão de um país livre, e para exercer as virtudes que tornam as nações mais poderosas pela liberdade individual do que pelo despotismo.

Em um e outro caso, é preciso mais do que a cessação do sofrimento, ou da inflição do cativeiro, para converter o escravo e o senhor em homens animados do espírito de tolerância, de adesão aos princípios de justiça, quando mesmo sejam contra nós, de progresso e de subordinação individual aos interesses da pátria, sem os quais nenhuma sociedade nacional existe senão no grau de molusco, isto é, sem vértebras nem individualização.

Os que olham para os três séculos e meio de escravidão que temos no passado e medem o largo período necessário para apagar-lhe os últimos vestígios não consideram, pelo menos à primeira vista, de comprimento intolerável o espaço de vinte ou trinta anos que ainda lhe reste de usufruto. Abstraindo da sorte individual dos escravos e tendo em vista tão somente o interesse geral da comunhão — não se deve, com efeito, exigir que atendamos ao interesse particular dos proprietários, que são uma classe social muito menos numerosa do que os escravos, mais do que ao interesse dos escravos somado com o interesse da nação toda —, não será o prazo de vinte anos curto bastante para que não procuremos ainda abreviá-lo mais, comprometendo o que, de outra forma, se salvaria?

"Vós dizeis que sois políticos" — acrescentarei completando o argumento sério e refletido de homens tão inimigos como eu da escravidão, mas que se recusam a desmoroná-la de uma só vez, supondo que esse, a não ser o papel de um Erostrato, seria o de um Sansão inconsciente —,

> dizeis que não encarais a escravidão principalmente do ponto de vista do escravo, ainda que tenhais feito causa

comum com ele para melhor moverdes a generosidade do país; mas sim do ponto de vista nacional, considerando que a pátria deve proteção igual a todos os seus filhos e não pode enjeitar nenhum. Pois bem, como homens políticos, que entregais a vossa defesa ao futuro, e estais prontos a provar que não quereis destruir ou empecer o progresso do país, nem desorganizar o trabalho, ainda mesmo por sentimentos de justiça e humanidade, não vos parece que cumpriríeis melhor o vosso dever para com os escravos, para com os senhores — os quais têm pelo menos direito à vossa indulgência pelas relações que o próprio abolicionismo, de uma forma ou outra, pela hereditariedade nacional comum, tem com a escravidão — e finalmente para com a Nação toda, se em vez de proporctes medidas legislativas que irritam os senhores e que não serão adotadas, estes não querendo; em vez de quererdes proteger os escravos pela justiça pública e arrancá-los do poder dos seus donos; começásseis por verificar até onde e de que forma estes, pelo menos na sua porção sensata e, politicamente falando, pensante, estão dispostos a concorrer para a obra que hoje é confessadamente nacional — da emancipação? Não seríeis mais políticos, oportunistas e práticos, e, portanto, muito mais úteis aos próprios escravos, se em vez de vos inutilizardes como propagandistas e agitadores, correndo o risco de despertar, o que não quereis por certo, entre escravos e senhores, entre senhores e abolicionistas, sentimentos contrários à harmonia das diversas classes — que mesmo na escravidão é um dos títulos de honra do nosso país — vos associásseis, como brasileiros, à obra pacífica da liquidação desse regímen?

Cada uma dessas observações, e muitas outras semelhantes, eu as discuti seriamente comigo mesmo, antes de queimar os meus navios, e cheguei, de boa-fé e contra mim próprio, à convicção de que deixar à escravidão o prazo de vida que ela tem pela lei de 28 de setembro seria abandonar o Brasil todo à contingência das mais terríveis catástrofes; e por outro lado, de que nada se havia de conseguir para limitar de modo sensível aquele prazo senão pela agitação abolicionista, isto é, procurando-se concentrar a atenção do país no que tem de horrível, injusto e fatal ao seu desenvolvimento, uma instituição com a qual ele se familiarizou e confundiu, a ponto de não poder mais vê-la objetivamente.

Há três anos que o país está sendo agitado, como nunca havia sido antes, em nome da abolição, e os resultados dessa propaganda ativa e patriótica têm sido tais que hoje ninguém mais dá à escravatura a duração que ela prometia ter quando, em 1878, o sr. Sinimbu reuniu o Congresso Agrícola, essa arca de Noé em que devia salvar-se a "grande propriedade".

Pela lei de 28 de setembro de 1871, a escravidão tem por limite a vida do escravo nascido na véspera da lei. Mas essas águas mesmas não estão ainda estagnadas, porque a fonte do nascimento não foi cortada, e todos os anos as mulheres escravas dão milhares de *escravos por 21 anos* aos seus senhores. Por uma ficção de direito, eles nascem *livres*, mas, de fato, valem por lei *aos oito anos de idade* 600$, cada um. A escrava nascida a 27 de setembro de 1871 pode ser mãe em 1911 de um desses *ingênuos*, que assim ficaria em cativeiro provisório até 1932. Essa é a lei, e o período de escravidão que ela ainda permite.

O ilustre homem de Estado que a fez votar, se hoje fosse vivo, seria o primeiro a reconhecer que esse horizonte de meio século aberto ainda à propriedade escrava é um absurdo, e nunca foi o pensamento íntimo do legislador. O visconde do Rio Branco, antes de morrer, havia já recolhido como sua recompensa a melhor parte do reconhecimento dos escravos: a gratidão das mães. Esse é um hino à sua memória que a posteridade nacional há de ouvir, desprendendo-se como uma nota suave e límpida do delírio de lágrimas e soluços do vasto coro trágico. Mas, por isso mesmo que o visconde do Rio Branco foi o autor daquela lei, ele seria o primeiro a reconhecer que, pela deslocação de forças sociais produzida há treze anos e pela velocidade ultimamente adquirida, depois do torpor de um decênio, pela ideia abolicionista, a lei de 1871 já deverá ser obsoleta. O que nós fizemos em 1871 foi o que a Espanha fez em 1870; a nossa lei Rio Branco de 28 de setembro daquele ano é a lei Moret espanhola de 4 de julho deste último; mas, depois disso, a Espanha já teve outra lei — a de 13 de fevereiro de 1880 — que aboliu a escravidão, desde logo nominalmente, convertendo os escravos em *patrocinados*, mas de fato depois de oito anos decorridos, ao passo que nós estamos ainda na primeira lei.

Pela ação do nosso atual direito, o que a escravatura perde por um lado adquire por outro. Ninguém tem a loucura de supor que o Brasil possa guardar a escravidão por mais vinte anos, qualquer que seja a lei; portanto o serem os *ingênuos* escravos por 21 anos, e não por toda a vida, não altera o problema que temos diante de nós: a necessidade de resgatar do cativeiro 1,5 milhão de pessoas.

Comentando, este ano, a redução pela mortalidade e pela alforria da população escrava desde 1873, escreve o *Jornal do Comércio*:

> Dado que naquela data hajam sido matriculados em todo o Império 500 mil escravos, algarismo muito presumível, é lícito estimar que a população escrava do Brasil assim como diminuiu de uma sexta parte no Rio de Janeiro, haja diminuído no resto do Império em proporção pelo menos igual, donde a existência presumível de 1,25 milhão de escravos. Esse número pode entretanto descer por estimativa a 1,2 milhão de escravos, atentas às causas que têm atuado em vários pontos do Império para maior proporcionalidade nas alforrias.

A esses é preciso somar os *ingênuos*, cujo número excede de 250 mil. Admitindo-se que desse 1,5 milhão de pessoas, que hoje existem, sujeitas à servidão, 60 mil saiam dela anualmente, isto é, o dobro da média do decênio, a escravidão terá desaparecido, com um grande remanescente de *ingênuos*, é certo, a liquidar, em 25 anos, isto é, em 1908. Admito mesmo que a escravidão desapareça d'ora em diante à razão de 75 mil pessoas por ano, ou 5% da massa total, isto é, com uma velocidade duas vezes e meia maior do que a atual. Por esse cálculo a instituição ter-se-á liquidado em 1903, ou dentro de vinte anos. Esse cálculo é otimista, e feito sem contar com a lei, mas por honra dos bons impulsos nacionais eu o aceito como exato.

"Por que não esperais esses vinte anos?" é a pergunta que nos fazem.[1]

Este livro todo é uma resposta àquela pergunta. Vinte anos mais de escravidão, e é a morte do país. Esse período é com efeito curto na história nacional, como por sua vez a história nacional é um momento na vida da humanidade, e esta um instante na da Terra, e assim por diante: mas vinte anos de escravidão quer dizer a ruína de duas gerações mais: a que há pouco entrou na vida civil e a que for educada por esta. Isso é o adiamento por meio século da consciência livre do país.[2]

Vinte anos de escravidão quer dizer o Brasil celebrando, em 1892, o quarto centenário do descobrimento da América, com a sua bandeira coberta de crepe! A ser assim, toda a atual mocidade estaria condenada a viver com a escravidão, a servi-la durante a melhor parte da vida, a manter um Exército, e uma magistratura para torná-la obrigatória, e, pior talvez do que isso, a ver as crianças, que hão de tomar os seus lugares dentro de vinte anos, educadas na mesma escola que ela. *Maxima debetur puero reverentia* é um princípio de que a escravidão escarneceria vendo-o aplicado a simples *crias*; mas ele deve ter alguma influência aplicado aos próprios filhos do senhor.

Vinte anos de escravidão, por outro lado, quer dizer durante todo esse tempo o nome do Brasil inquinado, unido com o da Turquia, arrastado pela lama da Europa e da América, objeto de irrisão na Ásia de tradições imemoriais, e na Oceania, três séculos mais jovem do que nós. Como há de uma nação, assim atada ao pelourinho do mundo, dar ao seu Exército e à sua Marinha, que amanhã podem talvez ser empregados em dominar uma insurreição de escravos, virtudes viris e militares, inspirar-lhes o respeito da pátria? Como pode ela, igualmente, competir, ao fim desse prazo de enervação, com as nações menores que estão crescendo ao seu lado, a República Argentina à razão de 40 mil imigrantes espontâneos e trabalhadores por ano, e o Chile homogeneamente pelo trabalho livre, com todo o seu organismo sadio e forte? Manter, por esse período todo, a escravidão como instituição nacional equivale a dar mais vinte anos para que exerça toda a sua influência mortal à crença de que o Brasil precisa da escravidão para existir: isso, quando o Norte, que era considerado a parte do território que não poderia dispensar o braço escravo, está vivendo sem ele, e a escravidão floresce apenas em São Paulo, que pode pelo seu clima atrair o colono europeu, e com o seu capital pagar o salário do trabalho que empregue, nacional ou estrangeiro.

Estude-se a ação sobre o caráter e a índole do povo de uma lei do alcance e da generalidade da escravidão; veja-se o que é o Estado entre nós, poder coletivo que representa apenas os interesses de uma pequena minoria e, por isso, envolve-se e intervém em tudo o que é da esfera individual, como a proteção à indústria, o emprego da reserva particular e, por outro lado, abstém-se de tudo o que é da sua esfera, como a proteção à vida e segurança individual, a garantia da liberdade dos contratos: por

fim, prolongue-se pela imaginação
zo a situação atual das instituiçõ[es]
quia e apenas sustentadas pelo s[...]
escravidão substitui, ao liquidar-[...]
espírito de liberdade e o de ordem,
ama a sua pátria se podemos con[...]
anos com esse regímen corruptor e [...]

Se esperar vinte anos quisesse d[...]
ção por meio da educação do escr[avo...]
pírito de cooperação; promover i[...]
sorte dos servos da gleba; reparti[r...]
cultivam na forma desse nobre tes[...]
do Rio Novo; suspender a venda e [...]
abolir os castigos corporais e a pe[...]
zer nascer a família, respeitada, ap[...]
honrada em sua pobreza; importa[...]
adiamento seria por certo um prog[...]
incompatível com a escravidão no[...]
bancarrota, porque tudo isso sig[...]
despesa, e ela só aspira a reduzir [...]
humanas de que se serve e a dobra[...]

Dar dez, quinze, vinte anos ao a[...]
rar-se para o trabalho livre, isto é[...]
são com tanta antecedência, enca[...]
uma mudança, é desconhecer a te[...]
deixar para o dia seguinte o que se [...]
ra. Não é prolongando os dias da [...]
de modificar essa aversão à previ[...]
truindo-a, isto é, criando a necessi[...]
deiro molde do caráter.

Tudo o mais reduz-se a sacrifica[...]
soas ao interesse privado dos seus p[...]
se que vimos ser moralmente e fisica[mente...]
maior que seja a inconsciência des[...]
por parte de quem o explora. Em [...]
que alguns milhares de indivíduos

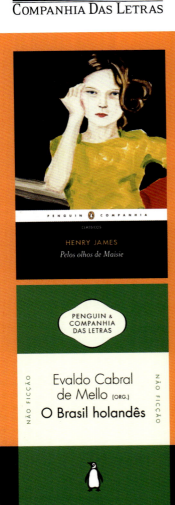

dos, para que essa ruína não se consuma, eles precisam, não somente de trabalho, certo e permanente, que o salário lhes pode achar, mas também de que a sua propriedade humana continue a ser permutável, isto é, a ter valor na carteira dos bancos e desconto nas praças do comércio. Um milhão e meio de pessoas têm que ser oferecidas ao Minotauro da escravidão, e nós temos que alimentá-lo durante vinte anos mais, com o sangue das nossas novas gerações. Pior ainda do que isso, 10 milhões de brasileiros, que, nesse decurso de tempo, talvez cheguem a ser 14 milhões, continuarão a suportar os prejuízos efetivos e os lucros cessantes que a escravidão lhes impõe, e vítimas do mesmo espírito retardatário que impede o desenvolvimento do país, a elevação das diversas classes, e conserva a população livre do interior em andrajos, e, mais triste do que isso, indiferente à sua própria condição moral e social. Que interesse ou compaixão podem inspirar ao mundo 10 milhões de homens que confessam que, em faltando-lhes o trabalho forçado e gratuito de poucas centenas de milhares de escravos agrícolas, entre eles velhos, mulheres e crianças, se deixarão morrer de fome no mais belo, rico e fértil território que até hoje nação alguma possuiu? Essa mesma atonia do instinto da conservação pessoal e da energia que ele demanda não estará mostrando a imperiosa necessidade de abolir a escravidão sem perda de um momento?

CAMPANHA ABOLICIONISTA
NO RECIFE, 1884

Discurso em São José[1]

Eleitores de São José,

A minha presença nesta reunião é uma homenagem ao eleitorado desta freguesia como entendo que se lhe deve render homenagem, isto é, considerando-o, primeiro, não uma série de átomos dispersos, mas um todo consciente, que tem uma só vontade e por isso quer que se lhe fale uma só linguagem; e segundo, uma parte distinta do eleitorado desta capital, ciosa da sua reputação liberal, resolvida a que a sua voz não seja abafada pela das outras freguesias no grande dia do pronunciamento do Recife. Também, senhores, compareço perante vós certo de que estais resolvidos a que a batalha de 1º de dezembro, se for uma vitória para a causa da civilização, não seja ganha sem os votos, e muito menos contra os votos de São José, firmemente dispostos a não consentir que este baluarte histórico do liberalismo pernambucano se converta de repente em trincheira da escravidão. (*aplausos*)
    Candidato liberal, sustentado por todas as forças do Partido Liberal, posso ufanar-me de ter igualmente do meu lado todos os elementos progressistas da opinião, qualquer que seja o seu nome. Se não digo que sou abolicionista antes de ser liberal, é porque penso que o liberal deve começar por ser abolicionista, e não compreendo uma só hipótese em que, favorecendo o interesse do

abolicionismo, eu prejudicasse os interesses do Partido Liberal. Mas, candidato, como sou, desse partido, represento acima de tudo uma ideia, a saber, que a escravidão, palavra que os brasileiros não deviam mais pronunciar porque queima como ferro em brasa a consciência humana, deve ser banida para sempre das nossas leis.

É triste, senhores, que até hoje, quando apenas cinco anos nos separam do centenário glorioso dos direitos do homem, nesta América que parecia dever ser o refúgio de todos os perseguidos, o asilo de todas as consciências, a praça inexpugnável de todos os direitos, a escravidão ainda manche a face do continente, e um grande país, como o Brasil, seja aos olhos do mundo nada mais, nada menos, do que um mercado de escravos. (*grandes aplausos*)

Pois bem, é contra esse escândalo vergonhoso que nos levantamos e procuramos levantar-vos, e o que se passa aqui neste momento, esta insurreição da consciência pública, é um espetáculo que deve encher-nos de contentamento a nós, abolicionistas, a nós que entramos nesta longa, áspera e difícil campanha contra alguns detentores da riqueza nacional só com este interesse: o de podermos confessar que somos brasileiros sem que se nos lance em rosto o sermos os últimos representantes na América, e quase que no mundo, da instituição homicida e inumana que foi o verdadeiro inferno da história. (*aplausos*)

Vede também que forças nós criamos! Vede o entusiasmo, a dedicação, o desinteresse que nos acompanham; vede que ressuscitamos o espírito público, e que o país inteiro estremece de esperança como que nas vésperas de uma segunda Independência! Vede tudo isto, eleitores de São José, e dizei-me se forças tais são a criação da cabala, do empenho, da compressão, da venalidade. Se o governo podia unir esperanças e aspirações patrióticas, que nada pretendem do governo, que nada aceitariam dele. Se a miséria de alguns empregos ou um punhado de ouro das verbas secretas poderia criar assim a alma, a consciência de um povo.

O povo de São José sabe que não tem escolha hoje senão entre dois nomes. A *trégua de Deus* assinada entre todos os partidos adiantados da opinião, para que a hora presente seja do abolicionismo, habilita-me a dizer-vos que não haveria candidato mais adiantado do que eu. A vossa escolha está, pois, limitada a dois homens: um que representa o movimento que já libertou três províncias, outro que assentou praça de soldado raso nas fileiras do senhor Paulino... Porventura os vossos sentimentos serão conservadores? Conservar o quê? O que é que neste país não carece de reforma radical?

Para que os conservadores voltem ao poder é preciso que nós, homens da reforma e do movimento, lhes deixemos a eles, os homens da conservação, alguma coisa que mereça ser conservada! (*aprovação geral*) O período atual, porém, não é de conservação, é de reforma, tão extensa, tão larga e tão profunda que se possa chamar revolução; de uma reforma que tire esse povo do subterrâneo escuro da escravidão onde ele viveu sempre, e lhe faça ver a luz do século XIX. Sabeis que reforma é essa? É preciso dizê-lo com a maior franqueza: é uma lei de abolição que seja também uma lei agrária.

Não sei se todos me compreendeis e se avaliais até onde avanço neste momento levantando pela primeira vez a bandeira de uma lei agrária, a bandeira da constituição da democracia rural, esse sonho de um grande coração, como não o tem maior o abolicionismo, esse profético sonho de André Rebouças.

Pois bem, senhores, não há outra solução possível para o mal crônico e profundo do povo senão uma lei agrária que estabeleça a pequena propriedade, e que vos abra um futuro, a vós e vossos filhos, pela posse e pelo cultivo da terra. Essa congestão de famílias pobres, essa extensão de miséria — porque o povo de certos bairros

desta capital não vive na pobreza, vive na miséria —,
esses abismos de sofrimento não têm outro remédio senão
a organização da propriedade da pequena lavoura.
É preciso que os brasileiros possam ser proprietários de
terra e que o Estado os ajude a sê-lo. Não há empregos
públicos que bastem às necessidades de uma população
inteira. É desmoralizar o operário acenar-lhe com uma
existência de empregado público, porque é prometer-lhe
o que não se lhe pode dar e desabituá-lo do trabalho que
é a lei da vida.

O que pode salvar a nossa pobreza não é o emprego
público, é o cultivo da terra, é a posse da terra que o Estado
deve facilitar aos que quiserem adquiri-la, por meio
de um imposto — o imposto territorial. É desse imposto
que nós precisamos principalmente, e não de impostos
de consumo que vos condenam à fome, que recaem sobre
as necessidades da vida e sobre o lar doméstico da
pobreza. A Constituição diz: "Ninguém será isento de
contribuir para as despesas do Estado em proporção dos
seus haveres". Pois bem, senhores, ninguém neste país
contribui para as despesas do Estado em proporção dos
seus haveres. O pobre carregado de filhos paga mais impostos
ao Estado do que o rico sem família. É tempo de
cessar esse duplo escândalo de um país nas mãos de alguns
proprietários que nem cultivam suas terras, nem
consentem que outros as cultivem, que esterilizam e inutilizam
a extensão e a fertilidade do nosso território; e
de uma população inteira reduzida à falta de independência
que vemos. Se eu não estivesse convencido de que
uma lei agrária prudente e sábia podia criar um futuro
aos brasileiros privados de trabalho, teria que aconselhar-lhes
que emigrassem, porque a existência que levam
não é digna de homens que se sentem válidos e querem
dar a seus filhos uma educação que os torne independentes
e lhes prepare uma condição melhor do que a da presente
geração. (*adesão*)

Senhores, a propriedade não tem somente direitos, tem também deveres, e o estado da pobreza entre nós, a indiferença com que todos olham para a condição do povo, não faz honra à propriedade, como não faz honra aos poderes do Estado. Eu, pois, se for eleito, não separarei mais as duas questões — a da emancipação dos escravos e a da democratização do solo. (*longos aplausos*) Uma é o complemento da outra. Acabar com a escravidão não nos basta; é preciso destruir a obra da escravidão. Compreende-se que em países velhos, de população excessiva, a miséria acompanhe a civilização como a sua sombra, mas em países novos, onde a terra não está senão nominalmente ocupada, não é justo que um sistema de leis concebidas pelo monopólio da escravidão produza a miséria no seio da abundância, a paralisação das forças diante de um mundo novo que só reclama trabalho.

Sei que falando assim serei acusado de ser um nivelador. Mas não tenho medo de qualificativos. Sim, eu quisera nivelar a sociedade, mas para cima, fazendo-a chegar ao nível do artigo 179 da Constituição, que nos declara todos iguais diante da lei. (*aplausos*) Vós não calculais quanto perde o nosso país por haver um abismo entre senhores e escravos, por não existir o nivelamento social.

Sei que nos chamam anarquistas, demolidores, petroleiros, não sei que mais, como chamam aos homens do trabalho e do salário *Os que nada têm que perder*. Todos aqueles que de qualquer modo adquiriram fortuna entre nós, bem ou mal ganha, entendem que são eles, eles os que têm que perder, quem deve governar e dirigir este país!

Não preciso dizer-vos quanto essa pretensão tem de absurda. Eles são uma insignificante minoria, e vós, do outro lado, sois a nação inteira. Eles representam a riqueza acumulada, vós representais o trabalho, e as sociedades não vivem pela riqueza acumulada, vivem pelo trabalho. (*aplausos*) Eles têm, por certo, interesse na ordem pública, mas vós tanto como eles, porque para eles mesmo grandes abalos sociais resultariam na privação de alguns prazeres da vida, de alguma satisfação de vaidade, de algum luxo dispendioso tão prejudicial à saúde do corpo como à do caráter — e vós, perdendo o trabalho, vos achais diante da dívida que é uma escravidão também, diante da necessidade, em cuja noite sombria murmuram os demônios das tentações mercenárias, os filhos sem pão, a família sem roupa, o mandado de despejo nas mãos do oficial de justiça, o raio da penhora trazendo sobre a casa todos os horrores da miséria! Quem tem à vista desse quadro mais interesse em que a marcha da sociedade seja tão regular e contínua como a de um relógio ou a das estações — o capitalista ou o operário? (*aplausos*)

Quanto a mim, tenho tanto medo de abalar a propriedade destruindo a escravidão quanto teria de destruir o comércio acabando com qualquer forma de pirataria. Por outro lado, não tenho receio de destruir a propriedade fazendo que ela não seja um monopólio e generalizando-a, porque onde há grande número de pequenos proprietários a propriedade está muito mais firme e solidamente fundada do que onde por leis injustas ela é o privilégio de muito poucos.

Eleitores de São José, não é a minha causa que está em vossas mãos neste momento. Eu vos repito o que disse aos eleitores de Santo Antônio: já cheguei em nossa pátria à posição que, sem ousar aspirar a ela, me pareceu sempre a maior das medidas de uma ambição verdadeiramente patriótica, a de ser ouvido pela nação como um conselheiro leal e desinteressado.

Essa função de dizer o que me parece ser a verdade ao meu país, posso exercê-la onde quer que me ache. Se eu pudesse fazer uma distinção dentro de mim mesmo entre o particular e o homem público, eu diria que a derrota deste seria a vitória daquele, mas não posso porque o indivíduo desapareceu no abolicionista, fez dos entusiasmos, das esperanças, das tristezas deste os seus entusiasmos, as suas esperanças e tristezas próprias, desde que entrou em campanha contra a escravidão. (*adesão*)

Liberais, conservadores, republicanos, abolicionistas, vós tendes hoje duas únicas bandeiras diante de vós. A inscrição de uma é este brado da civilização: "Abaixo a escravidão!". A inscrição da outra é um sofisma: "Respeitemos o direito de propriedade", quando o objeto possuído é um homem como nós. Entre essas duas bandeiras a vossa consciência não deve hesitar — ela não há de sancionar por mais tempo os abusos e os horrores da escravidão que mancha a história da América; ela não há de ter compaixão de um regímen que degrada com uma das mãos o escravo na senzala e com a outra esmaga o operário nas cidades; ela não prolongará por um dia o prazo fatal dessa instituição que forma um império no Império; para a qual vós, artistas e operários, não sois mais do que os substitutos dos escravos, e que se atreve a querer avassalar o eleitorado desta capital, juntando a todas as suas opressões mais esta: a opressão da consciência de homens livres, e a todos os seus tráficos da dignidade humana mais este: o tráfico do voto. (*ruidosos aplausos*) Sim, senhores, vós mostrareis que a escravidão não há de produzir neste país depois do mercado de escravos o mercado de eleitores. Ela pode ter por si todos os votos de partido, e além desses todos os votos venais e todos os votos que possam ser obtidos pela compressão, mas os votos livres, os votos independentes, hão de salvar na hora suprema o nome pernambucano.

Senhores, um antagonista meu, o qual só poderia prejudicar-me inutilizando o grande esforço que está fazendo o Partido Liberal unido e dando ganho de causa ao Partido Conservador, alegou para merecer a vossa escolha o muito que tem sido preterido e o muito que tem esperado em vão... Mas há neste país quem tenha sido mais preterido, quem tenha esperado em vão, mais, infinitamente mais do que ele... São os escravos que esperam há três séculos (*longos aplausos*), é o povo brasileiro preterido desde a Independência (*continuam os aplausos*), e é como representante dessa enorme massa de vítimas da escravidão que eu vos peço que me mandeis ao Parlamento... Votando por mim não votais por um indivíduo, não votais somente por um partido... votais pela libertação do nosso território e pelo engrandecimento do nosso povo, votais por vós mesmos, e vos elevais neste país de toda a altura da liberdade e da dignidade humana. (*prolongadas aclamações e vivas*)

Discurso na Madalena[1]

Meus Senhores,

Suponho que grande parte dos que me ouvem nesta praça estiveram presentes à conferência que, há poucas horas, tive a honra de fazer no teatro Santa Isabel. Esses podem avaliar a fadiga que sinto neste momento. Eu não devia entretanto adiar para o próximo domingo a reunião convocada para hoje. Já que não vos cansais de escutar-me, espero não cansar de vos falar, agradecendo aos milhares de pessoas que vieram ouvir-me tão longe, e depois que acabavam de ouvir-me longamente, a adesão de que me cercam em toda parte. Felizmente estou convencido de que o povo pernambucano não precisa mais explicações minhas. Pode haver curiosidade de saber como eu procederei no caso de ser eleito deputado, mas não pode haver a mesma curiosidade em saber o que prometo fazer porque a tenho plenamente satisfeito. (*adesões*)

Falo, hoje, no bairro da riqueza do Recife, como domingo passado falei no bairro da miséria. Seja-me permitido dizer que essa riqueza não parece digna de entusiasmo ou admiração a quem contemplou a riqueza dos povos livres (*aplausos*), a quem descobre o contraste das duas e sabe que esse simulacro de opulência, com que nos querem deslumbrar, não exprime senão a miséria e o aviltamento da nação brasileira (*muito bem!*), não é senão uma forma ainda dessa pobreza a que estão fatalmente condenadas as nações que não trabalham, mas que fazem trabalhar! (*aplausos*)

Sim, senhores, os que têm visto a riqueza dos povos livres, de nações antigas, em que todos trabalham, em que não recai sobre o trabalho a mesma maldição que aqui parece pesar sobre a cor, não podem comparar essa simulação, esse fantasma de riqueza que vemos nas nossas grandes cidades, com a verdadeira riqueza, tal como existe nos países que se libertaram do cativeiro e dos monopólios, e onde as forças nacionais são todas aproveitadas para o bem-estar da comunhão, e não paralisadas e desperdiçadas como nos países de escravos. (*aplausos*)

Mas, desde que fiz referência ao bairro aristocrático do Recife, devo dizer que são os homens ricos do país os que mais deveriam auxiliar o movimento abolicionista, porque são os que mais interesse têm, interesse material, está visto, em dirigir — e para dirigi-lo é preciso estar disposto a acelerá-lo — aquele movimento. Se não o fazem é porque neles a riqueza não substitui a inteligência e não corrige a ignorância. (*aplausos*)

Não é falta simplesmente de patriotismo, porque, se o interesse fosse claro, eles o satisfariam, sendo, como são muitas vezes, os homens do interesse; mas é que esse interesse não se lhes mostra de modo claro e terminante; é que eles não leem nem estudam, não conhecem o valor das leis sociais de liberdade e igualdade, e por outro lado acreditam que a escravidão está viva, que ela ainda pode produzir benefícios, que ainda pode servir de base à fortuna pública e particular, quando a escravidão está morta tanto como exploração de riqueza quanto como regímen social, e a sua manutenção importa a ruína e a bancarrota de todos e de tudo. (*aplausos*)

Não é de admirar que os homens de capital e de fortuna não vejam senão desastres e perdição fora do navio apodrecido da escravidão em que navegam, quando uma sociedade, que pretende dirigir a lavoura e pôr-se à frente dela, a Sociedade Auxiliadora da Agricultura, não acha como qualificar o projeto Dantas senão de comunista. Não creio que dessa forma a associação pernambucana, a que me refiro, auxilie a lavoura, como não creio que a lavoura sustente a tal sociedade. (*hilaridade*) Sob a escravidão nem uma nem outra poderiam prestar-se o menor auxílio. Não está no espírito da lavoura escravista auxiliar coisa alguma, e não está ao alcance dos seus diretores espirituais auxiliá-la de qualquer forma. Vede por exemplo o Centro da Lavoura e Comércio do Rio. Os lavradores e comissários do Sul gabavam-se de ter feito na Europa esplêndidas Exposições de Café. Todos acreditávamos que era à custa deles, mas no Rio de Janeiro tive ocasião de descobrir o segredo desse primeiro cometimento de uma classe entorpecida pela escravidão e incapaz de esforço mesmo em proveito próprio. As célebres Exposições de Café do Centro da Lavoura e Comércio eram feitas pelo Ministério da Agricultura sem que o Parlamento tivesse votado fundos para esse fim. Eram pretextos para títulos e condecorações, custosamente elaborados à custa da subvenção secreta. (*sensação*) Assim, sim; mas fora dos dinheiros públicos a agricultura como classe não realizou ainda coisa alguma, nem em benefício dos seus produtos, nem em benefício do território que possui ou da comunhão a que pertence. É por isso que eu não creio na prosperidade de sociedades fundadas para auxiliarem a agricultura e dependentes da agricultura... a menos que recebam doações do Estado.

Mas, dizia eu, num manifesto recente da Sociedade Auxiliadora, o qual está sendo diariamente publicado nos jornais, mas que, eu creio, não poderá deslocar um único voto mesmo de agricultor em toda a província (*hilaridade*), se diz que o projeto Dantas é um projeto comunista. Pois bem, eu pergunto: o que quer dizer essa linguagem na boca de homens responsáveis, de homens que deviam medir o alcance de suas palavras? Comunista, por quê? De que forma o projeto introduz neste país a menor sombra de comunismo? Será porque no artigo 10 trata de libertar os escravos de sessenta anos? Mas, senhores, em que se contém aí a ideia do comunismo? O Estado não vai tomar esses escravos para reparti-los entre nós, mas para dar-lhes a liberdade a que eles têm direito. (*aplausos*)

Qual é o princípio do comunismo? É a negação da propriedade individual. O que é a escravidão? É a negação da propriedade a mais individual que exista no mundo — a propriedade de si mesmo. (*ruidosos aplausos*)

Ora, se alguma coisa se assemelha ao comunismo não vos parece que é a escravidão, comunismo da pior espécie — porque é comunismo em proveito de uma só classe? (*aplausos*)

Sim, pernambucanos, se há homens que sejam interessados — acreditai bem na sinceridade com que falo —, diretamente interessados na abolição pelo interesse material, como o devemos ser todos pelo interesse da dignidade humana, são os que representam a riqueza acumulada, quer seja a propriedade da terra, quer seja o capital. Esses é que são mais diretamente interessados na abolição, e, se não o compreendem, é que são tão ignorantes, sinto dizê-lo, na generalidade, quanto se supõem ricos. (*aplausos*) Entre tantas instituições úteis imagináveis nenhuma entre nós seria mais proveitosa ao Estado do que uma escola em que se ensinasse aos nossos homens de fortuna os deveres da propriedade e as relações da riqueza particular com as ideias de justiça e de solidariedade e o nível moral da população toda. (*aplausos*)

Com efeito, seria um grande serviço o de educar para a comunhão e o patriotismo a esses que representam a propriedade, e que assim representam, na sua maior parte, uma geração que desapareceu, porquanto a propriedade honestamente adquirida no Brasil, hoje é adquirida a muito custo, e a que existe é quase toda resto do trabalho de outra época, de outra geração diversamente educada e muito menos agitada e inconstante do que a nossa. Educar a nossa enfezada e raquítica plutocracia, a qual já não suporta a armadura de qualidades viris dos que lhe edificaram a fortuna (*muito bem*), quer dizer antes de tudo fazer-lhe compreender um dos dogmas sociais do nosso tempo: que ela não tem somente direitos, mas tem também deveres (*aplausos*) e deveres para com o território que ela possui, para com a população que dela depende, para com a sociedade que a protege e garante, e a comunhão de que ela faz parte, e ao abrigo de leis imemoriais e de favores imprescritíveis, parte preponderante e absorvente. (*longos aplausos*)

A minha convicção, senhores, é que formado perante a história o processo das nossas classes proprietárias, havia-se de reconhecer que elas, quer na posse da terra, quer no gozo do capital, haviam durante gerações consecutivas faltado completamente aos seus deveres sociais e usado com usura dos seus direitos. (*sensação prolongada*)

Pois, meus senhores, haverá indiferença mais criminosa do que a indiferença com que a classe única, que dirige os destinos deste país desde que ele se fundou, tem assistido ao crescimento desamparado da nossa população, à promiscuidade no nosso povo, à miséria que se espalha por todo o país, à degradação dos nossos costumes, só se preocupando dos seus interesses de classe, de manter o jugo férreo dos seus monopólios desumanos e atentatórios da civilização universal, aumentando ao mesmo tempo no seu interesse exclusivo e para seus fins particulares as responsabilidades do Estado, levando-nos ao orçamento que hoje temos, isto é, hipotecando o futuro do país, que não lhe pertence, aos seus credores e aos seus parasitas? (*aplausos ruidosos*)

Acredito ter estudado com a maior atenção e a máxima profundeza que a minha inteligência me permite o orçamento do Império, e penso que temos chegado a uma situação financeira sem remédio. É triste ser forçado a admitir tal conclusão, mas seria falta de lealdade não confessá-lo, tendo chegado a ela. Vós vos queixais da situação da província! Mas essa situação não é mais do que o resultado da situação geral do Império, que absorveu todas as economias e todos os recursos do povo e não deixou às províncias uma só fonte de rendimento, porquanto o próprio manancial está esgotado. (*muito bem!*)

O país chegou ao extremo da sua força taxativa; os impostos não podem ser aumentados. O nosso orçamento tomou proporções colossais, que assentam, como eu já disse, sobre estes quatro pilares carcomidos: a apólice, a dívida externa, o papel-moeda, o *deficit*. (*aplausos*)

Como podeis remediar semelhante situação? Os impostos não podem ser elevados, a dívida não pode ser reduzida; as províncias vão caindo em bancarrota, umas após outras; o nosso crédito, essa fonte de confiança que parecia inesgotável no estrangeiro, está começando a ser afetado, e já se descobriu que, há muito tempo, nós pagamos as nossas dívidas com os empréstimos que fazemos!

Nessas condições, pergunto se as finanças da escravidão (porque são as finanças da escravidão), as finanças de uma classe única, exclusiva detentora da riqueza nacional e senhora do Parlamento; duma classe que entendia que este país era rico bastante para realizar os sonhos de todos os especuladores, não chegaram a um estado de bancarrota adiada dia a dia com expedientes de empréstimo, e se todos não sentem que uma catástrofe pende sobre o crédito público, catástrofe que só poderia talvez ser obviada por um sacrifício colossal de todos nós — mas sacrifício que o regímen atual, que a presente direção e organização da sociedade não nos levaria por certo a fazer, porque seria em pura perda, e os abusos, crimes e excessos recomeçariam no dia seguinte. (*aplausos repetidos*)

A que meio recorrer? Ao papel-moeda? Seria depreciar ainda mais o crédito, a firma, a moeda do Estado. A apólice? — Já se começou a desconfiar de que a apólice não é tão seguro emprego de capital como parecia, além de que se compreende que o Estado não pode continuar nesse papel de sugar, por meio das apólices, todas as economias da produção para desperdiçá-las, em vez de deixar que elas sejam aplicadas a melhorar as condições do nosso solo, a beneficiar o interior e a desenvolver as nossas indústrias.

O que resta a um país nessas condições é uma política ousada, mas severa, e sobretudo consciente, dirigida por uma bússola invariável através de todas as correntes. Sim, senhores, as nossas finanças há muitos anos que são governadas, mais do que pela ignorância, pela inconsciência. O general delas tem sido esse general que Turenne tanto admirava — o Acaso. (*aplausos*) O que nos pode salvar, mas que me parece um remédio impraticável, seria uma política firme e perseverante, que consistisse em restringir as despesas públicas primeiro, exceto a da amortização da dívida, e depois em aplicar ao aumento de produção as sobras da produção, em criar indústrias, em variar os nossos produtos coloniais e sobretudo em empregar no trabalho rural toda essa população inativa, privada do trabalho e para gozo da qual nós devêramos reconquistar a terra de que a escravidão fez um monopólio, por meio de um novo imposto que é uma necessidade da situação — o imposto territorial. (*muito bem!*)

Mas essa, senhores, é uma política financeira que não depende só do governo, mas da nação; que o Parlamento não pode decretar, porque sois vós mesmos que a podeis pôr em prática, e para a qual o Estado teria que concorrer menos com uma boa lei de orçamento do que com grandes reformas sociais. (*aplausos*) Nessa política há imenso interesse para o proletariado — porque ele só precisa de ter trabalho —, mas há também imenso interesse para o rico, para o capitalista, porque a continuar este estado de coisas, em breve as apólices em que eles depositam tanta confiança não valerão mais do que o escravo, essa outra ilusão fatal, esse outro abismo em que desapareceram tantas fortunas. (*muito bem!*)

Longe, portanto, de serem comunistas, são os abolicionistas os que querem salvar da riqueza pública aquilo que ainda pode ser salvo, os que querem manter o crédito do Estado, e evitar uma bancarrota, que será inevitável se não houver uma reação em nossos costumes e em nossa política, se o Estado não abandonar completamente o caminho de aventuras e de indiferença em que entrou por causa da escravidão!

Falando hoje neste bairro da Madalena, que se ufana de ser a porção rica do Recife, era do meu dever chamar a atenção do capital e da riqueza para o interesse vital que a meu ver eles têm na transformação segura e pacífica do atual regímen... Não é só aos "que nada têm a perder", como nos chamam, que o abolicionismo se dirige. Não há uma classe social que não tenha nele o máximo interesse e que não venha a tirar vantagem da sua pronta e completa vitória, mas nenhuma dessas classes tanto como a que representa a propriedade existente, quando mais não fosse, e nada procedesse do que tenho dito, porque com a escravidão toda a fortuna e prosperidade têm caráter provisório, é social e moralmente instável. (*aplausos*)

Discurso no Corpo Santo[1]

Meus Senhores,

Sinto que a Associação Comercial me tenha recusado sob o fundamento de que não é associação política o privilégio que eu reclamava de fazer esta conferência nos seus salões, isto é, de dizer o que tinha que dizer aos eleitores deste bairro comercial do Recife na sede oficial do comércio pernambucano. É estranho que os representantes delegados do comércio nesta cidade suponham ainda que podem separar o comércio da política, que pode haver prosperidade comercial sem boas instituições sociais, e não se atrevam, eles que acolheram nas salas da Associação o recente Congresso Agrícola, simples demonstração do escravagismo, a acolher da mesma forma o movimento abolicionista! (*aplausos*)

Pois, senhores, terá sido tão demorada a evolução do comércio pernambucano que no fim do século XIX os negociantes do Recife não vejam que comércio e escravidão são termos incompatíveis? (*aplausos*) Será possível que eles ignorem que a escravidão quer dizer monopólio, e que a missão do comércio em toda parte é destruir os monopólios? (*aplausos*) Há nos arquivos da história pernambucana um documento que serve para mostrar quanto semelhante compreensão por parte do comércio provaria o vagar da sua marcha. É uma carta dirigida aos administradores da Companhia, no domínio holandês, pela Câmara da vila de Olinda.

> Será patente engano, dizia a câmara, cuidar que toda grossura e riqueza que o povo pode adquirir por meio do comércio livre, podem restringindo-se vir a cair na bolsa da Companhia porque nunca houve coisa particular que pudesse equivaler o que é geral que tem vezes de infinito; donde não só se segue que ficará este povo pobre e miserável reduzido a esta estreiteza e privado da esperança de poder engrossar em cabedal e riqueza, senão ainda fraco e indefensável, e o que mais é, que estas riquezas que ele havia de lograr, não poderá alcançá-las a Companhia por ser seu cabedal (suposto que grande) limitado e o de livre comércio (por ser geral) como infinito.

Já no século XVII os comerciantes de Pernambuco compreendiam que o que é limitado, ainda que grande, não pode competir com o que é geral, que é infinito, e por isso opunham-se às restrições feitas ao comércio. Seriam precisos dois séculos, senhores, para estender-se essa noção tão simples à escravidão e dizer que o capital da escravidão, que é limitado, não se pode comparar ao do trabalho livre que é geral? (*aplausos*)

Com efeito, não é mais preciso mostrar como a escravidão entorpece, limita, paralisa e arruína o comércio. Se o que o comércio do Recife tem em vista é o interesse destas e daquelas firmas em relações com estes e aqueles senhores de engenho, a questão é muito diversa, mas nenhuma classe tem o direito de impedir o progresso do país em nome das transações que fez e dos seus lucros pendentes. Não se tem o direito de alegar um interesse particular de ordem pecuniária contra o interesse público de ordem moral. Mas se o comércio tem em vista o desenvolvimento do próprio comércio, a estabilidade das transações, a consolidação do crédito, a prosperidade e a riqueza da comunhão de que ele é por assim dizer o aparelho circulatório, seria quase perder tempo insistir que a escravidão é o seu maior inimigo, a causa da sua decadência e da sua apatia. (*aplausos*)

Tomai qualquer dos grandes ramos da profissão mercantil. De que é que precisa o que chamarei o grande comércio açucareiro, o que mais se identifica com a escravidão? Precisa antes de tudo de uma regularidade inflexível de pagamento; que os adiantamentos que faz lhe voltem logo em açúcar, que a safra se preste a grandes transações... Pois bem, senhores, não quererá essa parte do comércio compreender que à escravidão é devido o estado ansioso da agricultura, que o crédito pessoal da lavoura está quase destruído pelos hábitos e pela educação do regímen de trabalho que ela adotou, que o seu crédito real oferece uma base muito restrita ao capital que podia fecundar o solo, porque a incerteza do valor do homem anulou o valor da terra, e que desse estado de coisas agravado pelo preço baixo do açúcar, para a lavoura, e pela baixa do câmbio, para o comércio, resulta uma taxa alta de juro que é a ruína mesmo do agricultor, que ele não tem possibilidade de pagar — o que tudo produz esse desamor pela sua profissão, essa indiferença pela população circunvizinha, esse provisório sem fim, condições em que a agricultura se torna uma calamidade para o país, para os que vivem nela, os senhores de engenho, e os que vivem dela, os capitalistas da praça? (*muito bem, muito bem!*)

É isso porventura o que quer o grande comércio de açúcar do Recife? Não vê ele, não sente ele, que a emancipação traria pelo menos o resultado de destruir essa incerteza e de criar uma situação estável quando não trouxesse, o que afirmamos trará, um aumento do valor da terra, o que dará desde logo base mais segura à dívida hipotecária, e uma vez adquirindo valor a terra arável, o parcelamento se faria rapidamente, aparecendo a pequena propriedade do lavrador — forma natural da cultura da cana hoje que a iniciativa dos grandes engenhos centrais está determinando a divisão do plantio e do fabrico?... É um erro, é um grande erro, supor que tolerada a escravidão por mais tempo a crise atual da lavoura e do comércio resolver-se-ia de modo fácil... A escravidão, eu o tenho dito por vezes, mas devo repeti-lo, não pode salvar nada do que já está comprometido, só pode comprometer muita coisa que, talvez, se pudesse ainda salvar. Ela é literalmente a ruína de classes inteiras, e enquanto se não fechar esse falso caminho da fortuna que conduz disfarçadamente ao precipício, a desgraça da comunhão toda será de dia em dia maior. (*aplausos*)

Vede outro ramo do comércio, o de consumo, e para simplificar tomemos indistintamente o de importação e o de retalho. Do que é que precisa todo o comércio que vive de vender para o país e não de comprar para o estrangeiro? Precisa, está visto, de aumentar as suas transações, de vender em larga escala e com as maiores facilidades possíveis. A tudo isso a escravidão se opõe, porque ela é inimiga do comércio, não o quer dentro das suas porteiras, vê nos únicos agentes dele que entram em contato com as suas *fábricas*, o mascate e, mais recentemente, o vendeiro, um aliciador de escravos, um cúmplice de furtos. Além disso a escravidão restringe o dinheiro a poucas mãos que o vêm derramar na cidade, é certo, e isso impede a formação de pequenos centros de comércio no interior, outros tantos meios de desenvolver e multiplicar as relações comerciais; ao passo que pelo caráter mesmo do sistema escravista grande parte do capital produzido pelo escravo está condenado a ser exportado, ou como lucros de estrangeiros, ou como despesa de brasileiros ricos na Europa. Tudo isso, senhores, diminui as oportunidades e impede o crescimento do comércio, que precisa sobretudo de que todos os brasileiros sejam seus consumidores, e consumidores diretos, e que veria pela emancipação multiplicar-se o número destes por toda a população que pudesse viver do seu trabalho. (*aplausos*)

Eu iria muito longe se quisesse neste momento estudar convosco o efeito que tem sobre o comércio a tarifa da escravidão. Sim, se como eu disse, as finanças hoje arruinadas do Brasil são as finanças da escravidão, a tarifa de importação, base principal dessas finanças, deve também ser chamada a tarifa da escravidão. Mas todos vós conheceis o mecanismo, que por vezes eu mesmo vos tenho exposto, graças ao qual chegamos a arrecadar anualmente a cifra colossal do nosso orçamento. Nenhum financeiro nosso parou um momento diante desta simples questão: se nós podemos gastar o que gastamos. Um dos axiomas deles em matéria de finanças é este: o país pode gastar quanto se puder arrecadar. Esse axioma eles o completam com outro: deve-se gastar (além do que se arrecada) quanto se puder tomar emprestado. Graças a esses axiomas nós comprometemos já não somente a vida das gerações atuais, condenadas *in perpetuum* ao jugo pesado do imposto máximo, mas as gerações futuras, que não nos hão de esquecer. Pois bem, essa tarifa que eleva extraordinariamente pelas suas flutuações, juntas às flutuações do câmbio, assim como pelos seus altos preços, o valor de todos os artigos de que precisamos, causa muitos estorvos ao comércio e diminui, quanto mais cresce, o desenvolvimento natural das transações. E até onde subirá ela? O que há além desses preços? Não tenhais dúvida alguma — eles hão de subir ainda muito. O Brasil é um território vastíssimo, tem necessidades de toda ordem, a sua despesa não pode ficar estacionária, por mais que se a restrinja, ao passo que o recurso único admitido está nos impostos indiretos, já esgotados. Deixai continuar o sistema da escravidão que é um só todo, do qual o papel-moeda depreciado, a apólice sugadora, o *deficit* permanente são partes tão essenciais como a hipoteca, a usura, a bancarrota, e estas como o tronco e o chicote, e

assim por diante — tudo preso, ligado, inseparável —, e
vereis a que fica reduzido o comércio e que expansão ele
terá sobretudo em províncias como esta, em que a escravidão já está falida. *(aplausos)*

Não, senhores, é preciso pensar virilmente, afoitamente, e não querer sacrificar a algumas pessoas comprometidas um interesse nacional como é o comércio, que precisa da liberdade, como do ar, da liberdade em todas as relações sociais. *(aplausos)*

Eu não farei à inteligência do comércio brasileiro a injúria de supor que ele não compreende o valor mercantil da liberdade, da dignidade e do direito. *(aplausos)* Com efeito, o passivo nacional da escravidão reduz a nada o ativo de que ela se jacta... Fazei a conta de lucros e perdas, calculai o valor do homem livre, o valor do imigrante, o valor do trabalhador, o do pequeno proprietário, o do consumidor, o do aluno da escola primária, o do artista, e vede que fração desse valor é o valor do escravo! Não, não há que comparar, e ver isso e não se decidir; ter uma ideia disso e não fazer dessa ideia o centro da nossa vontade e da nossa iniciativa é lançar o futuro todo do país na herança jacente da escravidão!

Mas, senhores, quando eu não tivesse outro argumento que empregar, bastar-me-ia este para convencer uma classe como o comércio, ao mesmo tempo ciosa do seu patriotismo e cônscia da vaidade de resistências inúteis. Pode alguém, pode o capital disponível todo desta praça e deste país, deter a velocidade da avalanche abolicionista? Não sentis que a escravidão está morta e que mesmo com o imperador, o Parlamento, o Exército, a Marinha, a magistratura, o concurso dos cidadãos — forças que já perdestes ou que ides perdendo uma a uma — junto do seu túmulo não a poderíeis ressuscitar? Para que então, dizei-me, obstinarde-vos a manter um provisório que não pode ser remediado, uma situação anômala de incerteza quando tendes, como nós, uma grande e única certeza? A inteligência do comércio está em reconhecer as situações e adaptar-se a elas, em não consumir-se, como os partidos do passado, em lutas desesperadas, em não sacrificar o que pode ser salvo para salvar o que está irremissivelmente perdido. (*aplausos*)

E quanto ao vosso patriotismo a que aludi, sabeis que quando o senhor Dantas propôs ao imperador a dissolução da Câmara, o chefe do Estado teve que estudar o conflito entre o Parlamento e o governo e perguntar a si mesmo se a nação estaria com os ministros ou com os deputados, com o projeto emancipador ou com a escravidão... Foi por pensar que o país desejava ir além da lei de 28 de setembro treze anos depois dela, que estava com o movimento emancipador e não com a imobilidade escravista, que o imperador decidiu-se a assinar o decreto de dissolução. Se não foi por isso, foi, então, por entender que era preciso forçar a nação a caminhar, mostrando-lhe, com a iniciativa e a decisão do poder que ela, na sua má educação política, se tem costumado a seguir, que o caminho da emancipação gradual estava livre e desembaraçado.

Pois bem, senhores, quereis hoje que o mundo inteiro diga num caso que o imperador fez crédito à nação de sentimentos generosos que ela não tinha; em outro que o imperador é mais liberal do que a nação! (*longos aplausos*)

Acreditai-me, e com estas palavras vou concluir, tão fatigado me sinto, é um espetáculo triste esse que damos de ter medo da liberdade e de aderir como um povo sem vontade e sem confiança em si mesmo à escravidão, que se lhe prova todos os dias ser uma causa de inferioridade, de enervação e de atraso. Temos medo do trabalho livre! Temos medo da liberdade de contrato! Não podemos desprender-nos do que sabemos ser um vício que nos degrada, um crime que nos desonra, uma inépcia que nos arruína! No entanto, senhores, defronte de nós fechados no círculo estreito a que a escravidão limitou a atividade e a energia da nação brasileira, está encoberto um mundo novo, virgem como a América quando Colombo apenas a sonhava. Lembrai-vos dessa expedição heroica; da fé e do gênio de um só homem planejando essa invasão do infinito à busca de uma terra que só existia no mapa do seu cérebro; as léguas e léguas de mar percorrido, e para o fim, depois do prazo marcado para a descoberta, o desânimo, a revolta da tripulação, a resolução de voltarem ainda que fosse preciso sepultar no oceano o louco que os havia levado tão longe dentro do naufrágio e da perdição, e de repente os primeiros sinais de vida, galhos flutuantes, aves que aparecem, o perfume longínquo das florestas até que dos mastros do navio soa o grito sublime de *Terra!*... o maior transporte que o coração humano sentiu através dos séculos...

Ah, senhores, possamos nós, brasileiros, que temos fé no futuro, que acreditamos na existência além dos limites da escravidão de um mundo desconhecido, ouvir também na manhã do 1º de dezembro esse grito de *Terra!* levantar-se dos mastros dos nossos navios e encher os corações dos escravos e dos livres ao despontar da nova pátria! (*longos e repetidos aplausos*)

Discurso aos artistas do Recife[1]

Artistas pernambucanos,

Eu não podia deixar encerrar-se a campanha eleitoral neste distrito sem dirigir-me especialmente a vós, que, não pelo que sois, mas pelo que devíeis ser e estais destinados a ser, representais a principal força política moderna, a soberania do trabalho. (*aplausos*) Digo — não pelo que sois — porque infelizmente o desenvolvimento das classes operárias tem sido retardado entre nós pela escravidão de modo a não serdes ainda hoje senão uma fração pequena, quase insignificante, do eleitorado das cidades, no Recife como na Bahia e no Rio.

Eu vejo que os candidatos contrários recomendam-se quase sempre ao comércio e à lavoura, como se neste país quem não tem negócio ou não possui *terras não* merecesse em eleições a honra de ser mesmo lembrado. Vós sabeis que, para eles, o comércio são os grandes negociantes de açúcar, e a lavoura não compreende os cultivadores, mas somente os proprietários do solo. Mesmo nas capitais não há recomendação igual à de candidato dessa aristocracia do comércio e da lavoura, dois aliados que em tempo de paz se detestam e não cessam de mostrar a má opinião que um tem do outro. Pois bem, eu se pudesse, do eleitorado todo, invocar o auxílio de uma só classe e identificar-me com ela, não o faria nem com o comércio e a lavoura, poderosos pela sua riqueza e sua clientela, nem com os funcionários públicos, formidáveis pelo número, nem com os proprietários e os profissionais; fá-lo-ia com a mais insignificante de todas as parcelas do eleitorado — com os operários que vivem do seu trabalho de cada dia. (*aplausos*)

Eu sei bem que vós não pesais pelo número, e não influís pela fortuna, e além disso estais desarmados por falta de organização; mas, como na frase revolucionária de Sieyès, podeis desde já dizer: "O que é o operário? Nada. O que virá ele a ser? Tudo". (*aplausos*) É que o futuro, a expansão, o crescimento do Brasil está em vós, depende de vós, e enquanto não fordes um elemento ativo, enérgico, preponderante, vós que sois a democracia nacional, (*aplausos*) enquanto grandes correntes de ideias não vos moverem e não tiverdes consciência da vossa força, não teremos chegado ainda ao nível das nações emancipadas.

Comparado convosco é imenso o número dos funcionários eleitores. O funcionalismo afogaria o trabalho, mas quem não prefere estar identificado com os artistas a representar os funcionários? Entre nós o funcionalismo é uma doença, e doença mortal. Todos querem ser empregados públicos; artistas de talento estão prontos a deixar a oficina pela repartição. A esse respeito circulam as noções mais extravagantes e promessas escandalosas. Como tive ocasião de dizer em Afogados, onde essas promessas, *para quando o Partido Conservador subir*, são oferecidas em maior escala ao aceite de eleitores necessitados e crédulos, se todo mundo fosse empregado público cada qual teria que pagar a si mesmo o seu próprio ordenado... Vós compreendeis que quem sustenta os empregados públicos são os produtores, os contribuintes: se o funcionalismo chegasse para quantos o procuram, o ordenado de cada empregado teria que sair da sua própria algibeira. (*riso aprobativo*) Mas nós temos um tão pequeno número de empregos disponíveis que é duro ver o jogo que se faz com eles para desmoralizar e corromper os que deviam viver do seu trabalho manual, os que deviam ser forçados às artes. Vós tendes interesse na barateza de todos os artigos e cômodos necessários à vida, e portanto em que os impostos sejam brandos e não elevem os preços acima das vossas posses. O funcionalismo, pelo contrário, ou melhor, a empregomania só pode viver com um grande orçamento, grandes impostos e grandes *deficits*. No entanto, senhores, a representação dos artistas é quase nenhuma, e a dos funcionários públicos é enorme. Não serei eu, porém, quem se preste a desmoralizar as artes e as profissões mecânicas, prometendo empregos públicos e estimulando assim uma propensão nacional, que é uma forma da incapacidade moral para o trabalho e da inferioridade em que ele é tido, ambas efeitos da escravidão... e que efeitos! de que tristes, duradouras e multiformes consequências! que terrível causa de atraso e de retrocesso!

É por isso que vos repito, se eu tivesse que escolher uma classe com a qual devesse identificar a minha candidatura, não procuraria nem os proprietários do solo a quem chamam — a lavoura; nem os descontadores de safras, a quem chamam — o comércio; nem os empregados públicos, que representam a enfermidade nacional por excelência; nem as profissões científicas, que formam uma aristocracia intelectual, grande demais para um povo tão deprimido como o nosso; escolheria, sim, o insignificante, o obscuro, o desprezado elemento operário, porque está nele o gérmen do futuro da nossa pátria; porque o trabalho manual, somente o trabalho manual, dá força, vida, dignidade a um povo, e a escravidão inspirou ao nosso um horror invencível por toda e qualquer espécie de trabalho em que ela algum dia empregou escravos. (*aplausos*)

Mais de uma vez tenho mostrado, nesta campanha, a simpatia que sinto pela principal classe de nossa comunhão, a que cultiva a terra, ou sem salário, como os escravos, ou sem garantia de ordem alguma, como os *moradores* livres do interior. Por uma série de circunstâncias serão precisos talvez trinta anos para se fazer compreender a essa classe, a qual é uma população, que ela também tem direitos. Vós, porém, artistas das cidades, não levareis todo esse tempo a adquirir a noção da vossa dignidade e dos vossos direitos, e em minha opinião não há neste momento medida mais urgente do que a de educar-vos para a posição que ocupais — não somente de cidadãos a cujo alcance a Constituição pôs todos os cargos públicos, mas também de classe chamada nada menos do que a salvar o país pela reabilitação do trabalho. (*aplausos*)

Para isso o primeiro passo é abolir a escravidão. Escravidão e trabalho repelem-se tanto como escravidão e liberdade. O que é a escravidão senão o roubo do trabalho e a degradação, desde o berço, do trabalhador? O que é o senhor de escravos senão um patrão que reduziu a coisas, e possui como coisas, os seus operários? Vede bem, vós, homens do trabalho, que a escravidão é um atentado contra vós mesmos! Além disso, o trabalho manual que existe em nosso país é quase todo de descendentes de escravos, de homens em cujo sangue cristalizou algum sofrimento de escravo. Ora, vós sabeis que a escravidão passa de geração em geração: que ela força os músculos da primeira, paralisa os movimentos voluntários da segunda, enerva o coração ou deprime o cérebro da terceira, e assim por diante. (*aplausos*)

A escravidão, a história natural o mostra, não é uma instituição exclusivamente humana. Há outra espécie animal que a adotou nas suas repúblicas subterrâneas: é a formiga. (*riso*) Pois bem, entre as formigas, como entre os homens, ela produz os mesmos efeitos. Os observadores das formigas descobriram que as espécies dentre elas que empregam escravos não podem sequer alimentar-se por si mesmas... Nesses pequenos animais, que são entretanto o símbolo da atividade incessante, a qual nada desanima, a escravidão produziu durante séculos esse mesmo efeito infalível: o de inabilitar os que se costumaram a ela para viver sem socorro estranho... É assim, nas sociedades humanas: os povos que vivem da escravidão não sabem, não podem trabalhar, e os povos que não trabalham vivem por favor alheio... (*aplausos*)

Eu sei bem que em tais condições, abolida a escravidão no Brasil, o organismo paralisado não adquiriria de repente a energia que levou gerações a consumir; mas, já que a salvação única possível está no trabalho, quanto antes começar a reação e quanto menos adiantada estiver a decomposição da vontade e da força, mais esperança haverá de que os efeitos da doença não sejam mortais...

Mas não é somente essa enervação que prejudica o desenvolvimento do trabalho já emancipado. É o estigma lançado sobre ele. Esse estigma precisa, não de anos, mas de séculos para apagar-se. Ainda hoje na Europa, em países mesmo onde a escravidão acabou na Idade Média, a causa de certos desprezos e inferioridades, de preconceitos e desigualdades, entre ramos diversos do trabalho, é um resto da escravidão, sepultada entretanto sob profundas camadas sociais... Por muitas gerações ainda a nódoa infamante que a escravidão lançou sobre o trabalho em toda a América e principalmente no Brasil há de continuar a ser a maldição da nossa pátria, mas, por isso mesmo, quanto antes revogarmos a condenação do trabalho manual, quanto antes ferirmos de morte o poder que a fulmina, mais cedo teremos libertado as classes operárias da inferioridade em que estão colocadas. (*aplausos*)

Vede, senhores, que passos agigantados vai dando essa repulsão pelo trabalho, consequência da escravidão! Já entre nós muitos preferem mendigar a trabalhar. A mendicidade, chaga dos governos despóticos e dos países congestos, começa a aparecer em nossas capitais. Em

parte na aparência a mendicidade é de emprego, breve sê-
-lo-á exclusivamente de dinheiro. Nessa mendicidade têm
caído descendentes de antigas famílias, netos de morgados. Para a aristocracia, educada na escravidão quando
não hoje, gerações atrás, pedir é menos humilhante do
que trabalhar! (*aplausos*)

    Vós sabeis como as artes nasceram entre nós e que
vida difícil elas têm tido. O seu nível pouco tem subido
do que era no tempo colonial, a sua organização é ainda
rudimentar. As altas tarifas, necessárias para sustentar a
fantasmagoria das nossas finanças, não bastam para
dar-lhes impulso, para habilitá-las a lutar com a indústria estrangeira. Os altos preços da vida, a falta de economia, a frouxidão dos princípios sociais, tudo opera
para elevar o custo da mão de obra, e isso, junto à nenhuma educação mecânica do operário, impossibilita o
que todos devêramos tanto desejar — a nacionalização
das indústrias essenciais à vida.

    Pensou-se muito tempo entre os artistas, mesmo do
Recife, que a nacionalização do comércio a retalho produziria o milagre de espalhar entre eles a abundância.
Não há maior erro. Qualquer restrição à liberdade de comércio só teria o efeito de arruinar este país. Seria uma
desonra e uma calamidade, ainda que não fosse mais do
que uma restrição ilusória. Afastar o estrangeiro estabelecido, repelir o capital, criar um privilégio para alguns
brasileiros à custa da comunhão toda, quem pensaria
hoje em cometer tal suicídio? Mas a nacionalização do
comércio não deixa de ser um ideal patriótico uma vez
que seja realizada naturalmente, por meio da livre concorrência, pela vitória da atividade, do espírito mercantil, da solidez do crédito, do comércio nacional. Assim
também com as artes, nada mais patriótico do que todos
concorrermos para que os artigos produzidos em nossas
oficinas possam substituir e dispensar a importação estrangeira. Para esse fim, senhores, estou pronto a promo-

ver todos os meios de proteção às artes, que eu julgar legítimos e equitativos.

Começarei por dizer-vos francamente que não acredito na proteção das tarifas. Pelo nosso sistema tributário, apoiando-se sobre as fraquezas psicológicas do nosso povo, sobre a ignorância e a covardia do contribuinte, o qual só paga impostos não sabendo quanto paga, os impostos do Brasil são na sua maior parte indiretos. Em tal sistema a tarifa é sempre protecionista, e a nossa está caminhando para ser proibitiva. Não creio que se pudesse mudar de repente a incidência geral da nossa taxação e recorrer a outros impostos, e por isso não pedirei que se tire às artes e indústrias nacionais a proteção de que já gozam, mas também não concorrerei para constituir monopólio e criar indústrias de falsificação tornando a tarifa proibitiva. Essa espécie de proteção é o roubo do pobre e, num país agrícola, é um contrassenso. Não, senhores, não será elevando o preço de todos os produtos, tornando a vida mais cara, obrigando a população a pagar impostos exagerados a cada fabricante, que eu me hei de prestar a proteger as artes... A proteção que prometo reclamar é outra, e quase que toda indireta. As indústrias a que devemos entregar-nos são as indústrias naturais do país, aquelas em que o estrangeiro não possa competir conosco, as que deixem ao produtor lucro razoável saído do produto mesmo e não da equivalência aos direitos da tarifa que obrigam o consumidor a pagar-lhe. Mas, senhores, criado o mercado de salário no país, aberta a terra ao pequeno cultivador, nascendo os centros locais, começando-se a destruir o estigma lançado sobre o trabalho, o progresso das artes acompanhará a transformação do país e elas crescerão com ele. (*aplausos*)

Do que vós precisais é principalmente de educação técnica, e se eu entrar para a Câmara tratarei de mostrar que os sacrifícios que temos feito para formar bacharéis e doutores devem agora cessar um pouco enquanto for-

mamos artistas de todos os ofícios. (*aplausos repetidos*)
É tempo de pensarmos na educação do operário de preferência à educação do bacharel. (*riso*) É tempo de cuidarmos do nosso povo, e pela minha parte pelo menos não pouparei esforços para que o Estado atenda a esse imenso interesse do qual ele parece nem ter consciência! (*aplausos*)

É essa a dupla proteção que vos prometo promover; a primeira, leis sociais que modifiquem as condições do trabalho, como ele se manifesta sob a escravidão, e façam da indústria nacional a concorrente vitoriosa da estrangeira em tudo que for seu legítimo domínio, e a segunda, o que o Estado vos deve e tem tardado demais a vos dar: a educação de cidadãos e de artífices. (*aplausos*)

Mas vós também, pelo vosso lado, podeis ajudar-vos muito, unindo-vos, associando-vos. Não sois muitos, é certo, mas ligados um ao outro pelo espírito de classe e pelo orgulho de serdes os homens do trabalho num país onde o trabalho ainda é malvisto, sereis mais fortes do que classes numerosas que não tiverem o mesmo sentimento da sua dignidade. Vós sois a grande força do futuro, é preciso que tenhais consciência disso, e também de que o meio de desenvolver a vossa força é somente a associação. Para aprender, para deliberar, para subir, é preciso que vos associeis. Fora da associação não tendes que ter esperança.

Amanhã, meus senhores, falarei ainda uma vez antes da eleição sobre a minha candidatura. Vós sabeis o alcance imenso que teria vosso pronunciamento a favor dela. Homens do trabalho, mostrai que a escravidão, se ainda possui as senzalas, já não possui as oficinas (*aplausos*); protestai contra esse poder implacável que tendo feito ouro com o sofrimento e a vida de trabalhadores, como vós, quer hoje empregar esse ouro manchado de sangue em corromper o voto de homens livres. (*aplausos*)
Há entre vós homens de cor, mas neles não haverá um só

desses Judas que por trinta dinheiros vendem a sua raça, sua mãe. (*aplausos*) Esse último ultraje da escravidão à dignidade humana não partirá de vós, artistas pernambucanos. Identificados com a causa da liberdade, o vosso voto será no dia 1º de dezembro ao mesmo tempo uma petição e uma ordem ao Parlamento convocado, para que liberte, levante e proteja o trabalho em toda a extensão do país, sem diferença de raças nem de ofícios... a escravidão retardou de dois séculos a emancipação do proletariado nacional, mas hoje, que ele começa a pensar e a querer, é preciso que a sua primeira intimação aos poderes delegados seja a favor dos escravos, de cuja classe em sua maior parte ele saiu... (*aplausos*) Sim, senhores, é preciso que as primeiras palavras desse proletariado, que hoje surge em nossa política, sejam de liberdade, de justiça e de igualdade, porque nenhum povo pode ser grande sem ser livre, feliz sem ser justo, unido sem ser igual. (*aplausos unânimes e repetidas aclamações*)

Discurso de encerramento[1]

Senhores,
Amanhã a cidade do Recife terá que pronunciar-se sobre a única questão nacional que até hoje foi sujeita ao exame e deliberação do povo brasileiro. (*aplausos*) Estamos assim na véspera da maior batalha política da geração atual, e devemos preparar-nos para entrar nesse grande combate com a força de ânimo que transforma a coragem de qualidade animal na primeira das qualidades viris — calma e dignidade. (*muito bem!*)

Se vencermos como contamos vencer, como tudo nos garante que venceremos, não nos esqueçamos de que a nossa vitória é parcial e que não é definitiva. Não é o Recife, não é Pernambuco, só por si que há de decidir do apelo feito à nação, ao passo que a escolha dos nossos nomes significa apenas uma investidura solene, o direito que adquiristes, vós, abolicionistas pernambucanos, de fazerdes ouvir a vossa voz no Parlamento.

Mas não é só isso... Se a nossa vitória fosse completa e decisiva, ainda assim o melhor uso que poderíamos fazer dela seria oferecê-la como um penhor de reconciliação aos nossos adversários, porque a pátria que queremos ver fundada não há de ser nossa somente, há de ser também deles e dos seus filhos (*longos aplausos*), e por isso o que se figura hoje como uma vitória dos abolicionistas seria logo no dia seguinte reconhecido como patrimônio da nação inteira, escravos e senhores (*aplausos*), como a conquista de todos nós que neste momento parecemos inimigos implacáveis! Sim, mais ainda dos nossos antagonistas do que nossa, porque a parte deles seria infinitamente maior sendo eles os que maiores interesses têm na propriedade estabelecida, na riqueza nacional acumulada pela escravidão, propriedade e riqueza que desde então ficariam assentadas sobre a justiça e a moral. (*aplausos*)

E que motivo teríamos nós amanhã para nos entregarmos a uma dessas explosões de alegria popular que acompanham a reivindicação de grandes direitos, a destruição de opressões seculares? Quando estivéssemos festejando o nosso triunfo, quantos escravos não estariam passando pelas torturas da escravidão? Sim, senhores, enquanto houver um escravo no Brasil nós, abolicionistas, devemos trazer em nossos corações o luto da pátria... (*muito bem, muito bem!*)

Mas se toda a nossa esperança for iludida, se em vez de vencedores, formos amanhã os vencidos, que importa que haja no Parlamento um ou dois abolicionistas de menos hoje que a nossa causa está triunfante na consciência nacional ? (*aplausos repetidos*)

Preparemo-nos, pois, para a batalha no recolhimento das nossas almas de brasileiros e patriotas... Como os soldados cristãos que entravam em combate rezando e com a fé posta num instrumento de suplício convertido em símbolo de redenção, levemos no coração a fé na virtude misteriosa das lágrimas dos escravos, que não podem hoje como desde três séculos, infiltrar-se no solo deste país senão para abençoá-lo como pátria dos seus filhos... (*aplausos*)

Sabemos todos onde está o inimigo. Deixai de lado as vossas superstições e preconceitos... Como Cambises ao invadir o Egito punha na primeira linha de batalha os animais sagrados dos egípcios, sabendo que eles não ousariam atacar os seus próprios deuses, os nossos adversários combatem por trás dos sentimentos que sabem ser-nos sagrados e invioláveis... Mas não tenhais medo de ferir esses princípios com que eles se protegem dos nossos golpes... Nem o direito de propriedade, nem a vida e a segurança das famílias, nem o crédito do Estado, nem a união dos brasileiros, nem a integridade da pátria, sofrerão a mais leve ferida. Esses interesses, esses princípios nada têm que ver com a escravidão, que é o inimigo de nós todos e de todos eles. (*aplausos*) Os vossos ídolos ficarão intactos; ainda mais, no ardor do combate vós os vereis sustentando a boa causa que é a nossa. (*aplausos*)

Senhores, quando a majestade desta reunião, como creio que ainda não houve igual no Recife, não bastasse para tornar imperecível em mim a lembrança da campanha eleitoral que deve terminar amanhã, estou certo de que a todo tempo os que me escutastes daríeis testemunho de que empreguei todos os esforços da palavra e da persuasão ao meu alcance para conquistar o voto, a opinião, da capital de Pernambuco, em favor da ideia abolicionista. Quanto a mim estou satisfeito com ter proclamado os princípios cardeais da nova propaganda e por ter começado a vê-los germinar... Essas grandes verdades que tratei de passar para os vossos espíritos, com a mesma força e evidência com que elas se impuseram ao meu, hão de ficar profundamente gravadas no patriotismo e na consciência de todos vós. A primeira foi que há brasileiros ainda sem pátria, e que a nação brasileira, com o regímen servil, está posta fora da lei no interior, abaixo da lei nas cidades... (*aplausos*) A segunda foi que a propriedade não tem só direitos, tem também deveres, e que ela tem faltado a todos os seus deveres, dos quais não chegou ainda a ter sequer consciência. (*aplausos*) A terceira foi que a solução do problema da miséria nas cidades, da ociosidade e da indiferença no interior, só pode ser produzida por uma lei agrária, que, por meio do imposto territorial ou da desapropriação, faça voltar para o domínio público toda a imensa extensão de terras que o monopólio escravista não cultiva nem deixa cultivar. (*aplausos*) A quarta foi que nós precisamos de reformas sociais que tenham por centro esse *único* interesse nacional — o trabalho — (*aplausos*): liberdade do trabalho, amor ao trabalho, instrução técnica e cívica do trabalhador, voto do operário, proteção ao trabalho, criação de indústrias etc., e que precisamos desse grupo de reformas sociais de preferência a mudanças e reformas políticas que não afetam o nosso povo, mas tão somente a oligarquia criada pela escravidão. (*aplausos*)

Essas verdades podem parecer novas, arriscadas e injustas... mas, assim como a pedra da Kaaba que de branca tornou-se preta pelo toque de gerações sucessivas de crentes, elas hão de ser cada vez mais reverenciadas pelo povo brasileiro, a cujas necessidades mais palpitantes e vitais correspondem, hão de ser os dogmas de uma crença política diversa daquela em que fomos educados no período de superstição e de ignorância, em que a nação se resume na classe governante e deixa-se o povo crescer na degradação, no cativeiro e na miséria... (*longos aplausos*)

Pitt dizia ao duque de Devonshire: "Estou certo de que eu posso salvar a Inglaterra e de que ninguém mais o pode". Não posso falar como o grande estadista, porque só depois de arrancadas as raízes da escravidão é que se poderá avaliar a extensão do mal que ela nos fez e o que ela não solapou... mas posso dizer com a mesma fé e segurança: "Se não estou certo de que a abolição possa salvar o Brasil, estou certo de que nada mais o pode". (*aplausos*) Falo do presente, porque quanto ao futuro, a abolição o pode e o há de salvar. (*novos aplausos*)

Sim, senhores, essa prosperidade, essa fertilidade de que a escravidão se ufana, é apenas a ironia da esterilidade nacional. (*muito bem!*) A escravidão só existe, só produz porque nós não produzimos, (*aplausos*) porquanto se houvesse trabalho livre não havia escravidão... (*aplausos*), e nós só não produzimos, porque ela existe e produz, porquanto se não houvesse escravidão haveria o trabalho livre, o trabalho nacional... A fertilidade dela é assim, como eu disse, a nossa esterilidade... É como no Gênesis, quando a esposa estéril julgava-se fecunda, julgava-se mãe, se uma de suas escravas concebia do patriarca e, na frase da Bíblia, paria sobre os joelhos dela... Sim, senhores, é a escravidão que pare há três séculos sobre os joelhos da nossa pátria! (*longos aplausos*)

Como é triste esse espetáculo de um país novo reduzido à decrepitude por um sistema que deixa sem trabalho, que impede de trabalhar, à massa válida da população nacional. Eu tive ocasião de ver o reflexo triste que ele projeta, até mesmo no coração das nossas cidades, nas minhas visitas ao eleitorado. Em que condições de pobreza, de dependência, de abandono, encontrei parte do povo que entrou no eleitorado.

Que admirável coragem, a desses homens que criam uma família, contribuem para o aumento da população nacional, nas condições de vida a que estão sujeitos! Quantas vezes, à porta dessas casas, hesitei em entrar, pensando que era um sarcasmo ir pedir o voto a esse povo que nenhum interesse tem na política desde que a política nenhum interesse tem por ele! Parecia-me na posição em que me acho que era aumentar a aflição ao aflito pedir que tomasse parte na eleição a homens carregados de filhos e que não têm em parte alguma trabalho, cuja vida é uma lamentação perpétua e hereditária, e aos quais a sociedade não mostra a mínima simpatia e não dá a mínima proteção! Sim, senhores, parecia-me um sarcasmo essa visita, e mais de uma vez só tive coragem para atravessar o limiar da porta além da qual eu ia encontrar sempre o mesmo triste espetáculo, ver o mesmo horizonte, o mesmo futuro de uma de nossas famílias pobres, o mesmo abandono de nosso povo à necessidade que o oprime, a angústia da fome adiada de hora em hora pela caridade alheia — além da qual eu via a mendicidade, doença das nações decrépitas e das populações congestas, despontando como uma nódoa na face deste país novo e ainda não povoado, a fisionomia, enfim, de uma raça que vai perdendo a esperança, tendo tanto esperado em vão!... (*sensação*)

Mais de uma vez, dizia eu, só tive coragem para entrar como candidato no lar de famílias que via reduzidas à condição de nada ter e de nada poder esperar, porque entrava ali em nome de uma classe ainda mais infeliz do que a dos nossos proletários, a dos escravos, porque eu representava por indicação nacional desgraças ainda maiores, sofrimentos, talvez de outra natureza, porém ainda mais cruciantes. (*sensação prolongada. Pausa*)

Hoje que temos chegado ao termo dessa campanha é direito nosso proclamar o modo como a dirigimos. Foi como vistes uma luta travada com um adversário que fugia à publicidade e manobrava somente no segredo e no silêncio da cabala. (*aplausos repetidos*) Nessa luta tudo o que dissemos e fizemos foi perante vós, diante de milhares de testemunhas. Também por isso não travamos o combate no terreno pessoal, discutindo indivíduos, mas no terreno impessoal, discutindo ideias. (*aplausos*) Preferi à cabala a propaganda; preferi conquistar a opinião a mendigar votos. (*aplausos*) Neste mês de novembro falei quase dia por dia. Os meus discursos foram ouvidos por milhares de pessoas. Elas que digam se falei duas linguagens, se encobri o meu pensamento, se prometi alguma coisa que não estivesse de acordo com as promessas, ou melhor, com os compromissos do movimento abolicionista... Vede pelo contrário a atitude falsa e coacta dos nossos adversários, a desconfiança que têm do povo, o medo que têm das ideias, e o silêncio profundo em que atravessam como sombras o cenário das lutas eleitorais! (*aplausos*)

Na véspera da batalha é preciso calcular as contingências todas da ação, e isso nos coloca, aos abolicionistas, diante de diversas hipóteses parlamentares. A primeira é constituirmos maioria abolicionista, o que importa a votação do projeto Dantas. A segunda é sermos minoria abolicionista numa Câmara liberal; a terceira é sermos minoria abolicionista numa Câmara conservadora. Devo dizer que essas duas hipóteses se resumem numa só: a necessidade de uma dissolução. Nem a maioria conservadora há de ser tão grande que os conservadores possam governar com a próxima Câmara, nem o Partido Liberal há de consentir em ter a sua política frustrada e muito menos dirigida por qualquer pequeno grupo que se queira ligar à oposição. Nos dois casos o imperador terá novamente que escolher entre os liberais e os conservadores, e eu acredito que o chefe do Estado não há de divorciar a monarquia do movimento abolicionista... (*aplausos*)

Os conservadores intimam já ao imperador a alternativa célebre de Gambetta a Mac-Mahon: "Submeter-se ou demitir-se". Em uma das sessões mais agitadas da última Câmara eu observei um deputado conservador, vendo o relevo que eles davam nas suas censuras à influência da Coroa, que o Partido Conservador parecia estar abrindo mão da monarquia e fazendo oferecimentos à República. "E quem lhe diz, foi a resposta, que já não temos pensado nela?" Mas, no meu entender pelo menos, se a monarquia tivesse que consultar o seu interesse somente e não os seus deveres para com a pátria — que o é também da dinastia e que continuará a sê-lo quando mesmo ela deixe de reinar —, ainda assim o verdadeiro caminho a seguir seria o de estar ao lado dos inimigos da escravidão até à destruição completa desse regímen... (*aplausos*)

Ao estudar o caráter e o alcance das novas eleições para à vista delas tomar uma deliberação sua, se preciso for, o imperador não se deve cingir ao exame único dos algarismos e aos resultados finais do escrutínio. Se o

Partido Conservador triunfasse de modo a poder governar com a sua maioria sem o recurso da dissolução, a hipótese seria outra, mas como essa é impossível, é inútil discutir os deveres da Coroa para com a nação em tal caso. Do que eu trato neste momento é de cada um dos dois partidos precisar do decreto de dissolução para governar, isto é, de apelar para a prerrogativa. Em tal caso é que eu digo, o imperador não deveria olhar para o resultado puro do voto, mas ter em vista diversos fatores importantes que concorreram para ele. O dever da Coroa seria procurar conhecer antes de tudo a vontade da nação para não contrariá-la. As eleições de amanhã vão mostrar em que minoria a opinião conservadora está no país... o segundo escrutínio é a coalizão dos ódios intestinos e pessoais com as divisões políticas, e não poderia servir de base sólida a uma restauração conservadora. (*muito bem! muito bem!*)

Mas o imperador, além de atender à maioria numérica das opiniões liberais, em estado de liberdade como se acham no primeiro escrutínio, se quisesse realmente conhecer o sentimento e as tendências do país, deveria ter em vista: primeiro, o censo alto do eleitorado; segundo, o monopólio da escravidão; terceiro, o estado de divisão do Partido Conservador; quarto, a iniciativa e os sacrifícios do Partido Liberal, e quinto o momento atual.

O censo alto, senhores, quer dizer que a nação está fora do eleitorado, que este não a representa suficientemente, e que, portanto, se numa questão que interessa o que se chama propriamente povo como é a da emancipação, esse eleitorado censitário desse com exclusão do povo a maioria, a metade, ou a quase metade, do Parlamento ao partido da reforma, não podia haver dúvida de que a nação estava com esse partido nessa reforma (*grandes aplausos*), e seria ir de encontro à evolução nacional chamar os seus adversários ao poder por um golpe de Estado. (*novos aplausos*)

O monopólio da escravidão significa que esmagado o país pela posse exclusiva da terra e pela dependência em que está dos proprietários toda a população do interior, e dividido este em feudos impenetráveis à agitação e ao movimento das ideias livres, se a escravidão não conseguiu triunfar, não pôde pelo terror e pela perseguição apossar--se do Parlamento, a nação, livre dessa pressão odiosa e aviltante, ter-se-ia pronunciado de modo muito mais franco e decidido pela liberdade e pelo direito. (*aplausos*)

O estado de divisão do Partido Conservador tem este alcance — que, se fosse chamado ao poder depois de uma vitória duvidosa, ou, pior ainda, depois de uma derrota manifesta, a oposição subiria para dividir-se e dividir-se--ia para cair. (*longos aplausos*) Sim, senhores, a emancipação seria, como eu já disse, a inevitável Farsália dos duúnviros do Norte e do Sul. Eu faço desta tribuna ao senhor João Alfredo a mais grave de todas as acusações: a de ter entrado na grande e histórica eleição de 1884 escondendo dos eleitores e da nação a ideia de que os seus turiferários o fazem adepto e com a qual o recomendam ao chefe do Estado, e de escondê-la para poder subir ao poder em certas contingências por uma surpresa praticada contra os seus próprios amigos. Eu o acuso de não ter consentido que a deputação conservadora pernambucana manifestasse de forma alguma em oposição a divergência em que estava da deputação conservadora do Rio, São Paulo e Minas, explorando assim uma grande reforma nacional para fins de partido, ele que sabe como em 1871 o Partido Liberal apoiou o ministério Rio Branco e desinteressadamente concorreu para que os seus adversários realizassem uma medida da qual tinham antes feito arma de destruição contra ele. (*aplausos*) Mas, senhores, o que seria do Partido Conservador dividido? Não estamos mais no tempo das Câmaras unânimes como a de 1871. Por mais bem escolhidos que fossem, os procônsules conservadores não fariam nenhuma das metades do seu partido levar de vencida a outra e mais o Partido Liberal e o Republicano... Imaginai o senhor João Alfredo apelando como o senhor Dantas para o país e tendo que lutar contra todos os seus inimigos externos e a dissidência do seu partido! Que eleições faria ele? (*aplausos*)

Por isso também mencionei em quarto lugar a iniciativa e os sacrifícios do Partido Liberal. Quando se tratou da eleição direta o imperador disse que, a fazer-se, a reforma devia ser realizada pelo partido do qual ela era programa. O que dizer hoje da emancipação depois que os conservadores uniram-se como um só homem para derrotá-la nas urnas?

Notai bem, senhores. Os conservadores resistem a todas as reformas pela mania de resistir, que é uma verdadeira enfermidade neles desde que resistem aos seus próprios interesses.

A eleição direta, muito mais sendo censitária, era do interesse deles e eles resistiram até à última. A emancipação é do interesse deles e eles resistem ainda. Em tais condições haverá igualdade de circunstâncias? Não deve o imperador ao dar a sua confiança para realizar as grandes reformas liberais preferir o partido que as inicia e se sacrifica por elas ao partido que especula com elas e as explora? (*ruidosos aplausos*)

Por último, e em quinto lugar, falei do momento atual. Seria este o momento da resistência e da reação hoje que o movimento já libertou três províncias, que o entusiasmo abolicionista comunicou-se ao Exército e à Armada, que o nome do Brasil está comprometido perante o mundo a uma reforma séria, que a ansiedade pública irrompe de todos os lados e todos sentimos estar na véspera da redenção do nosso país? (*aplausos*)

Assim, senhores, não tenhais medo de que o Partido Conservador se recomende mais à confiança do imperador do que o Liberal, a cujo programa de reformas, à realização de cujas ideias parece-me dora em diante ligada a sorte da monarquia no Brasil. O imperador imitará o rei Humberto e não a Afonso XII, certo de que sustentar o Partido Liberal no poder é fortificar a monarquia, e derribá-lo é lançá-lo num caminho de aventuras que só pode levar à revolução, desde que a alternativa — o despotismo — é impossível no Brasil e contrário a todas as tendências históricas da nossa raça e da própria dinastia brasileira. (*aplausos*)

Eu sei que os nossos adversários procuram deter-nos o passo invocando contra nós um homem que hoje estaria conosco a menos que ele quisesse destruir a sua própria legenda, o visconde do Rio Branco. Senhores, o visconde do Rio Branco, Paranhos, viveu e morreu no serviço do Estado, deixou o seu nome inscrito em inúmeros atos legislativos e administrativos do reinado, foi ministro repetidas vezes, com a exceção notável da missão Saraiva escreveu por assim dizer a história da nossa diplomacia no Rio da Prata durante toda a sua vida política, e no entanto o que é que o povo sabe, o que é que o mundo sabe do visconde do Rio Branco? Que ele fez a lei de 28 de setembro. (*aplausos*) Isso quer dizer que não foi o nome de Paranhos que fez grande a emancipação dos escravos, mas que foi a emancipação que fez grande o nome de Paranhos. (*grandes aplausos*)

Mas, senhores, esqueço-me que estamos na véspera do combate e que vós e eu devemos reservar as nossas forças para o dia de amanhã. Amanhã com efeito a cidade do Recife vai ser chamada a pronunciar-se num julgamento solene, entre duas ideias irreconciliáveis, entre dois espíritos que, como o do bem e o do mal nas teogonias do Oriente, estão em perpétuo conflito na marcha do mundo. (*aplausos*) Vede o sombrio préstito com que a escravidão pretende disputar os vossos votos, o cortejo com que se apresenta em vossos comícios. Olhai para essa multidão que desfila atrás do carro triunfal do Moloc americano, que há três séculos se alimenta entre nós de vítimas da África, sacrificadas à sua sede de sangue! (*aplausos*) São os velhos de sessenta anos carregados de velhice e de trabalho, que não deram somente ao seu senhor inexorável grandes safras de açúcar e de café, mas lhe deram filhos e netos, essa outra colheita que o enriqueceu; os galés de uma vida cuja história toda é a tragédia da senzala, sem uma consolação, sem um apoio fora de si mesmos e do seu próprio coração torturado, da sua consciência esmagada, sem nenhum desses apoios estranhos que nós todos temos na vida, nem a família, nem os amigos, nem o magistrado, nem a religião, nem a lei; portadores de uma vida assim roubada toda a si mesmos, ao seu corpo e à sua alma, vida cujos dias um por um caíram fundidos em moedas de cobre nas mãos do proprietário... e vós imaginais que sofrimentos devem ser os do homem cujos dias são assim vazados um por um, sem respeito às necessidades físicas e morais do ser pensante, que nós somos, em moedas de cobre... Vede todo esse cortejo de inválidos, seguidos dos seus filhos e netos escravos como eles, primícias do seu próprio sangue que eles ofereceram à cupidez de seu senhor sem por elas todavia resgatar-se da escravidão (*aplausos*) — porquanto a escravidão é isso mesmo: é o tráfico do que há mais santo, mais misterioso, mais inexplicável na natureza: a maternidade! (*sensação*); é essa lei bárbara e atroz que diz à mulher que concebe: "Teu filho vai ser um escravo como tu, tu vais enriquecer o teu opressor com o produto do teu seio"... Não se diga que entre nós está abolido esse monstruoso princípio, porque não está; é em virtude dele tão somente que existe a escravidão em nosso país, e aboli-lo, seriamente, seria decretar a emancipação de todos os escravos, presente gratuito e involuntário, às vezes filho do crime e da violência, que as escravas fizeram aos seus senhores! (*prolongada emoção*) Ah, senhores, por que não aconteceu para honra da natureza humana em nosso país que, como se diz de certas espécies animais, a espécie humana também não se reproduzisse no cativeiro! (*nova emoção*) Parece que não poderei chegar ao fim das minhas frases, tanto sou arrebatado pela torrente das impressões que me causa esse regímen que quando não foi pirataria tornou-se em lei de Herodes... Mas não são somente os velhos de sessenta anos que apelam para vós: são todas as gerações escravas, a contar do *ingênuo* — escravo até aos vinte e um anos! De que massa humana sois feitos, pernambucanos, se tão grande injustiça não vos revolta e tão grande sofrimento não vos comove! Vós, homens pobres, como quereis que os poderosos se compadeçam de vós, se não tendes compaixão para entes ainda mais infelizes e desamparados do que vós mesmos! Não... isso não é possível. Não será com os vossos votos que se manterá por mais tempo uma instituição desumana e cruel, violação perpétua de todas as verdades fundamentais da ciência como da religião, da jurisprudência como da moral, causa de atrofia que pesa durante séculos sobre o desenvolvimento das nações, instituição que destrói e avilta tudo o que as instituições sociais têm por fim edificar e engrandecer! (*aplausos prolongados*)

Não, senhores, a cidade do Recife acordou do sono profundo de tantos anos de indiferença e de insensibilidade e neste lugar donde falo, do centro de tantas tradições e de tanto heroísmo, que se não fora a escravidão seria hoje uma República forte e respeitada e que com a escravidão começa a esquecer o passado e a descrer do futuro, dir-se-ia que nós ouvimos uma voz que nos brada: "Basta de perseguição, basta de sofrimento!". É a voz que sobe do solo das vossas batalhas nacionalistas, das vossas revoluções liberais, e é, escutando-a e articulando-a, que eu denuncio neste momento solene a escravidão ao povo pernambucano com todas as forças de minha alma. (*aplausos*) Sim, em nome do passado e do futuro, denuncio ao povo do Recife reunido nos seus comícios aquela instituição que para ser condenada pela consciência humana basta ser chamada pelo seu nome — de escravidão (*aplausos*); eu a denuncio como incursa em todos os crimes do código penal, em todos os mandamentos da lei de Deus. (*longos aplausos*) A vós, artistas, eu a denuncio como o roubo do trabalho; a vós, sacerdotes, como o roubo da alma; a vós, capitalistas, como o roubo da propriedade; a vós, magistrados, como o roubo da lei; a vós, senhoras, como o roubo da maternidade; a vós, pais, filhos, irmãos, como o roubo da família; a vós, homens livres, como o roubo da liberdade; a vós, militares, como o roubo da honra; a vós, homens de cor, como o roubo de irmãos; a vós, brasileiros, como o roubo da pátria... sim, a todos eu denuncio essa escravidão maldita como o fratricídio de uma raça, como o parricídio de uma nação!

(*Longos e estrepitosos aplausos. Durante muitos minutos o auditório aclama o orador.*)

DOIS OPÚSCULOS

I

O erro do imperador

Se há alguém neste país a quem o resultado das últimas eleições deva particularmente desagradar, é o chefe de Estado. É provável que até hoje a vitória conservadora só tenha causado satisfação no Paço, mas há de haver no fundo da consciência do imperador partículas luminosas que não tardem a esclarecê-la como o dia. Neste momento o que se vê é somente prestígio do Partido da Ordem, e como a atmosfera dos tronos é, em toda parte, reacionária e inconscientemente simpática a um sonho impossível dos conservadores, deve ter sido tão agradável ao elemento monárquico como foi ao elemento aristocrático.

Nem o imperador, nem sua família, distinguem entre Partido Conservador e monarquia. A experiência de outras casas reinantes não basta para separar nas testas coroadas essas duas entidades diversas. Napoleão também não conceberia Exército francês como noção distinta do Império. Entretanto monarquia e Partido Conservador são forças não só diferentes, mas muitas vezes opostas. Os inimigos de uma instituição são, em sentido vulgar, os que as combatem, mas, em sentido exato, os que as destroem. O parasita está longe de ter ódio, deve ter mesmo amor, ao organismo que o alimenta e que ele arruína. A monarquia não pensa poder viver sem Partido Conservador, o Partido Conservador sabe que pode viver sem monarquia. Em todo o mundo vão-se soberanos e ficam os partidos. É duvidoso até que a forma monárquica seja forma conservadora. A forma conservadora é a oligarquia, da qual a realeza é instintivamente inimiga. O imperador, porém, está convencido do contrário e surpreendê-lo-ia muito quem lhe dissesse que se amanhã viesse a República, os primeiros republicanos seriam os conservadores, porque a República seria o fato consumado, que eles adoram; a força, que eles veneram; os empregos e as posições.

Mas passado esse momento de regozijo, proveniente da confusão das duas noções, o imperador há de considerar a vitória do chamado *seu* partido por outras faces, para onde até agora não lhe lembrou olhar.

Em primeiro lugar ele indagará do valor dessa transformação reacionária do país, e do modo como ela foi obtida, e então começará a despontar-lhe a ideia de que esse triunfo não foi talvez do Partido Conservador, mas dele mesmo, e só resultou da sua intervenção pessoal em nossas lutas políticas. Essa primeira descoberta tão fácil despertará umas reminiscências esquecidas; uma página inteira do seu reinado lhe voltará à memória, alumiada pelo clarão infalível dos fatos posteriores, isto é, do seu desenvolvimento lógico, e ele meditará não sobre o que fizeram os eleitores, elegendo a nova Câmara — porque esse foi um simples fenômeno reflexo, um movimento automático do país —, mas, sim, o que ele mesmo fez, chamando os conservadores ao poder.

Em 1867, no ministério Zacarias, ao mesmo tempo que se empenhava, e empenhava o país, por insistência do imperador em uma luta pessoal de morte com o presidente López, o Partido Liberal iniciou a ideia da emancipação gradual dos escravos. Um ano depois, procurando ostensivamente um pretexto, como era a escolha em situação liberal de um conservador para o Senado, o imperador, que não precisava mais dos liberais para a sua guerra *à outrance*, chamava ao poder os conservadores, e assim, deliberadamente, *motu proprio*, paralisava o movimento emancipador, que ele provavelmente, posso dizer, seguramente, havia instigado o Partido Liberal a criar no país.

Em 1884 Sua Majestade chama ao governo o sr. Dantas. Quer aprovasse, ou desaprovasse *a maneira* de governar deste, o imperador, quando ele perde a confiança da Câmara, sustém-no por meio da dissolução, prova suprema de sua confiança. O sr. Dantas lança o país numa fase abolicionista beneficamente revolucionária, em que a escravidão parecia suprimida de direito, moralmente abandonada de fato, entregue aos seus próprios recursos. Essa atitude tinha ao que parece a simpatia do imperador: ele via a esperança crescer, o espírito público emancipar-se, a nação despontar através das fendas da classe governante, os escravos sentirem-se homens, quase cidadãos.

Tiveram lugar as eleições. O marechalato do partido retraiu-se em parte; em parte foi à batalha com reservas mentais para depois da vitória; e em parte rompeu com o general promovido ao comando em chefe. Em muitos pontos o partido dividiu-se, e sendo as influências eleitorais grandes proprietários de escravos, surgiu um liberalismo híbrido, aliado ao escravagismo, e que em toda parte excedeu em zelo e audácia de vituperação os próprios conservadores, os quais não precisavam de tanto esforço para se recomendarem à escravidão.

Aproveitando a divisão dos liberais, os conservadores elegeram uma grande minoria, sob o censo atual, que se pode chamar o censo de senhor de escravo. Os liberais escravistas, por seu lado, foram eleitos em diversos distritos. Formou-se então o pacto entre dissidentes e conservadores. Um entusiasmo estranho animava essa aliança, *pro aris et focis*, da escravidão invadida. Era preciso salvar o chão sagrado das fazendas; tal grito elevou o sr. Moreira de Barros, com oito votos liberais, à presidência da Câmara; fez o sr. Afonso Pena o oráculo das depurações, e deu ao sr. Andrade Figueira o comando das forças aliadas.

Ao mesmo tempo que o Partido Conservador adquiria o contingente de que precisava para os seus fins, o ministério recebia do povo as maiores demonstrações de simpatia. Os nobres e aristocráticos adversários do sr. Dantas, descendentes quase todos de senhores de engenho e fazendeiros, quando chegavam às janelas da Câmara e viam uma dessas manifestações populares, não descobrindo chapéus altos nem sobrecasacas, mas, num relance, pés no chão e mangas de camisa, diziam somente: *"Aquilo* não vale nada, é a *canalha".*

Talvez, mas o nosso povo é isso mesmo, é um povo *de pés no chão* e *mangas de camisa,* e não é um povo branco. Nesta cidade, se se visse uma grande *manifestação* popular segundo as ideias dessa nobreza de tolerância, seria uma manifestação de estrangeiros. Refratária como ela é às ideias liberais, por ser o mercado do café escravo, encravada na única província verdadeiramente escravista do Império, e além disso fornecedora da lavoura, de escravos e mantimentos, esta capital, no Segundo Reinado, não tem feito senão desnacionalizar-se. Na grande contextura das suas ruas e bondes, as correntes de sentimento público são todas frias, plutocráticas, comerciais; o Rio de Janeiro não é uma cidade como o Recife ainda é, e como ela foi até a Guerra do Paraguai; hoje o coração brasileiro só bate aqui forte, livre, e também inconsciente, nessas camadas espontâneas e quase infantis, que os conservadores, os quais não respeitam senão o dinheiro, qualquer que seja a sua origem, chamam a *canalha.*

Era com efeito um escândalo! Depois de três séculos de escravidão, sofrida sem um murmúrio, o povo brasileiro — descendente de escravos em sua máxima parte — chegou a ter a ousadia de dar *vivas* à abolição!

Tais orgias não podiam continuar. A paz pública estava perturbada. O presidente da Câmara foi objeto de uma vozeria nas ruas. E que há de extraordinário em que, à mínima excitação malévola, os analfabetos, os escravizados, os esquecidos da nossa sociedade cheguem ao extremo de apupar? O rei de Espanha entrou em Paris debaixo de uma tempestade de assobios; mas era somente o rei de Espanha, e por isso o gabinete Ferry continuou. Em nenhum outro país se daria a uma ligeira pateada pública o alcance de uma revolução, nem se faria de uma *vaia* o objeto teatral da maior solenidade do Parlamento — a moção de desconfiança.

Mas por isso mesmo foi o que aconteceu. Alguns irrefletidos, quando saía da Câmara um deputado, atiraram-lhe uns projéteis. Aqueles falsos amigos do abolicionismo não sabiam que estavam lançando a faísca à mina que nos havia de fazer saltar todos. Nos dias seguintes o Senado e a Câmara apresentavam o aspecto mais ridículo possível. A legislatura estava em convulsões. A Convenção francesa, invadida pelas seções, não se teria sentido mais ameaçada. Dir-se-ia que os escravos tinham se apoderado da capital; que uma esquadra inglesa estava no porto de morrões acesos; que o sr. Dantas fizera o imperador prisioneiro e ia decretar a abolição imediata.

A falsa indignação dos conservadores e a ingênua indignação dos dissidentes explodiram primeiro, juntas, no Senado. O sr. Soares Brandão foi quem deu o sinal do pânico fingido, desenrolando a história das cenas selvagens preparadas pelo sr. Dantas para influir na verificação dos poderes! O nobre senador pedia uma espécie de *habeas corpus* moral para os depuradores da Câmara e dava às ridículas vaias da rua Primeiro de Março o caráter de uma tragédia, como o assassinato de Apulcro de Castro. O sr. Paulino de Sousa levou para o Senado a narração do presidente da Câmara, fez um alto elogio ao deputado desrespeitado, descreveu o estado da capital entregue às manifestações abolicionistas — mais degradantes para a nossa civilização do que as surras de escravos no interior das casas — e aos assobios da *canalha* — mais horripilantes do que o silvo do azorrague — e estabeleceu a sua teoria do governo das classes altas. O sr. Teixeira Júnior, num exórdio catilinário, apelou para o Senado, dizendo que precisava imperiosamente partir para a Europa no dia seguinte e não podia deixar sua mulher e seus filhos confiados à guarda do sr. Dantas, o qual, além do mais, estava fazendo o câmbio baixar vertiginosamente! O Senado ouvia tudo isso ansioso, com palpitações que deviam ser dolorosas para um coração atrofiado, e quando o réu ministerial levantou-se e começou com um certo desdém a sua defesa, todos compreenderam que o ardil surtira o efeito, que o ministério abolicionista estava por terra, a escravidão vingada, e o espantalho da ordem pública cuidadosamente recolhido pelos conservadores para afugentar outra vez do poder os pássaros liberais. No dia seguinte, o sr. A. de Sequeira mudou de bancada na Câmara, e, como tudo dependia de um voto, esse peso deslocou o ministério.

Derrotado o gabinete Dantas, por um voto, o imperador mandou chamar o sr. Saraiva. Dentro de poucos dias tudo estava mudado em nossa política. O ministério Saraiva era a reação no momento mais aceso da luta. Na véspera estava a emancipação no poder; no dia seguinte estava a escravidão. Esse foi o primeiro, o grande, o fatal erro do imperador — o erro de arrepender-se, de inutilizar a obra começada, de paralisar o movimento nacional.

Quando a Câmara derribou o sr. Dantas, o imperador devia tê-lo sustentado, senão por ele mesmo, por sua ideia — a bandeira sob a qual se tinha travado a luta eleitoral em urnas levantadas defronte das fazendas e dos engenhos, no Campo Santo onde descansam esquecidos milhões de vítimas inocentes!

Todos sabíamos que a dissidência e os conservadores desejavam um gabinete Saraiva. Esse homem de Estado, a história o dirá, teve em suas mãos a sorte dos escravos, a solução honrosa do maior problema da nossa pátria! O seu prestígio — o maior prestígio político desta geração — teria envolvido no seu brilho a dedicação e a popularidade do seu predecessor e o nome de todos que temos lutado no mesmo terreno, precursores, iniciadores, propagandistas da abolição, se ele tivesse querido plantar o marco redentor no ponto somente a que já havia chegado a nossa conquista! Infelizmente o sr. Saraiva subiu prevenido contra o seu antecessor, contra os que haviam por um dever de honra sustentado a este, e contra todo o movimento da opinião durante o ministério Dantas.

Não tenho o mínimo dado para especificar o motivo dessa prevenção, que me limito a afirmar. Essa matéria é muito delicada e eu não tenho vontade de improvisar uma teoria psicológica, para explicá-la, sobre o eminente senador, a quem não quisera fazer uma injustiça em ponto tão grave. É preciso, porém, justificar-nos a nós mesmos.

Em 1884, quando caiu o ministério Lafayette, o imperador chamou o sr. Saraiva, que desde 1878 tem no país a posição de um homem necessário. O sr. Saraiva não aceitou, alegando que não podia com a Câmara existente fazer passar uma lei de emancipação. O motivo era grande, o pretexto era fraco. O que queria ele recusando? Que subissem os conservadores? Que outro fizesse uma Câmara para ele? Que o imperador lhe oferecesse a dissolução? Ninguém sabe.

Mas desde que o sr. Saraiva não aceitou o poder, e foi chamado o sr. Dantas, o que havia de fazer este? O sr. Dantas organizou [o ministério], para que o governo não passasse aos conservadores, e porque se sentia com forças para prestar um grande serviço ao país. Com o sentido nas eleições, alguns queriam que ele guardasse o seu projeto para depois delas: do ponto de vista moral, teria sido um estratagema indigno; do ponto de vista político, teria sido uma ingenuidade; mas do ponto de vista abolicionista teria sido o maior dos erros. Apresentado o projeto, o que aconteceu foi muito natural. A esse primeiro abalo o partido fendeu-se de alto a baixo (sobretudo no alto, embaixo a fenda foi quase nenhuma); aos delirantes aplausos de um lado responderam as recriminações excessivas do outro; travou-se uma guerra civil de ódios e de injúrias, e o primeiro-ministro achou-se envolvido num turbilhão de paixões contrárias e furiosas, como teria sido qualquer outro *liberal*, que fizesse o que ele fez, ou muito menos do que ele fez, *no momento em que ele o fez*.

A um estadista desse alto patriotismo, o Partido Abolicionista não podia deixar de prestar o seu ilimitado concurso. O ponto a que ele pretendia levar o país ficava no começo da nossa estrada, mas se era a boca mesma da rua que estava defendida pelas melhores peças da escravidão, por que não o ajudarmos a destruir essa primeira resistência que, se nos figurava, também seria a última? Pelo seu lado, vilipendiado pelos proprietários, cujos interesses ele tinha religiosamente consultado e querido salvar, abandonado pelos melhores dentre os seus amigos, combatido por uma aliança que no sistema eleitoral direto colocava o governo em toda parte à mercê dos desertores do partido, o que podia fazer o sr. Dantas senão aceitar o concurso, incondicional, ainda que um tanto adventício, desses voluntários que corriam, sem laços de partido ou pessoais com ele, a defendê-lo da hoste dos seus inimigos selváticos e mentirosos?

Quaisquer que fossem os seus motivos íntimos, o sr. Saraiva levou isso a mal, e formou o gabinete com o espírito não só de desconfiança, mas de agressão, e hostilidade a toda a política, e a cada um dos auxiliares e defensores do anterior ministério. Isso o obrigava desde logo a apoiar-se no Partido Conservador, e portanto a afastar-se do Liberal, que em massa se havia identificado no país com o sr. Dantas e lastimava a sua queda como um desastre nacional.

O que se seguiu todos sabem. A maioria liberal da Câmara assistiu à apresentação do gabinete Saraiva como a um triunfo conservador. Desde o princípio o presidente do Conselho voltou as costas aos liberais e mostrou que ele representava energicamente a coalizão triunfante. As depurações continuaram, provando que a aliança sobrevivia, encarnada agora no gabinete. A Mesa da Câmara liberal era eleita por votos conservadores. A direção da Câmara era conservadora. A escravidão sentira que era preciso fazer alguma coisa, ceder algum terreno, tirando o maior proveito possível da transação, e por isso, com as emendas restritivas do triunvirato e a resistência resignada do sr. Andrade Figueira, que somente queria salvar a sua coerência (sem pensar ainda na candidatura do seu filho por Goiás), passou afinal na Câmara o projeto Saraiva a nova lei.

Antes mesmo de votada a redação, o presidente do Conselho, surpreendendo os seus colegas e lançando a maior confusão entre os seus aliados, demitiu-se. O motivo dessa demissão também não é conhecido, mas o sr. Saraiva não teve a ideia, demitindo-se, de fazer a lei passar tal qual, nem mesmo podia prever, com toda a sua experiência, que tal seria o resultado prático da demissão. Ele retirou-se, eu suponho, desgostoso de sua lei e dos seus auxiliares. Um homem da sua têmpera não podia sucumbir à oposição que ele mesmo deliberadamente provocou, e muito menos a agressões pessoais, de que ele foi menos vítima do que outro qualquer liberal.

Muito provavelmente ele viu que se estava gastando em uma obra inexequível e odiosa, e que os seus aliados, uns eram intitulados liberais, que o tinham ido procurar no seu retiro para desacreditarem com o prestígio dele a fase mais brilhante do partido, e os outros eram os conservadores — os quais consideravam a lei uma fantasia legislativa, organicamente imprestável para a emancipação. De fato, como monumento do liberalismo construtivo dos nossos estadistas, esse labirinto africano pode ser conservado ao lado do pagode chinês como o A e o Z do nosso alfabeto democrático. O ilustre primeiro-ministro sentiu que não valia a pena continuar a promover uma lei que não seria executada; que era em relação à liberdade ao mesmo tempo um subterfúgio e um estelionato; que prometia aos senhores o que não podia dar-lhes, somente para tirar aos escravos o que se lhes tinha prometido; que a escravidão inteira do país aceitava como letra morta em tudo que a restringia e uma reivindicação em tudo que a ampliava.

Esse desânimo do homem de Estado, que vê a sua ação individual aproveitar não aos que ele queria beneficiar, mas aos adversários de suas ideias, convertidos por interesse próprio em auxiliares de sua política, atuou, penso eu, no espírito do sr. Saraiva quando ele se demitiu, mais pelo menos do que a *segunda vista*, o sentido profético que lhe emprestam, de ter querido garantir com a sua retirada a votação integral do projeto.

Quando o sr. Saraiva deixou o poder, o imperador achou-se no ponto a que desejava chegar — naturalmente, ou melhor, queria que a opinião o levasse, isto é, frente a frente com os conservadores. Os srs. Cotegipe e Fleury foram ao Paço, conversaram com Sua Majestade, tiveram ordem de ir conversar com os seus amigos; o sr. Paranaguá, ministro do gabinete caído, foi chamado, recusou como era natural, previsto e sabido; o sr. Cotegipe foi encarregado de organizar, e o Partido Conservador recebeu o prêmio de boa conduta por ter apoiado o projeto Saraiva.

O ministério conservador só não governou com a Câmara liberal *porque não quis*. A aliança de 1885 havia desmoralizado profundamente o nosso partido dentro do Parlamento. Se os conservadores alegassem qualquer pretexto mais ou menos decente, teriam achado os votos de que precisavam. Um grupo em suas feições cearense, mas de inspiração alagoana, tinha manifestado as maiores afinidades para os conservadores que lhe deviam a sua ascensão. O Partido Liberal, uma vez em oposição, teria naturalmente que agitar grandes reformas, o que bastaria para explicar o prolongamento da aliança. Mas o governo tinha necessidade de outra Câmara, e, ainda que disposto a ser generoso nas eleições com aqueles bons amigos, não queria mais depender deles.

Antes de dissolver o ministério, obteve do Senado a lei. O Senado não podia emendar: estava vinculado ao pacto anterior! A discussão, apesar de notáveis discursos dos srs. Afonso Celso e José Bonifácio, não teve dignidade. A lei passou tal qual. Nomearam-se os presidentes e fizeram-se as eleições. Foi eleita uma Câmara quase unânime, na qual talvez a maioria dos poucos liberais seja dos mesmos que prepararam a subida dos conservadores, ou que a aceitaram de bom grado para castigar o abolicionismo do partido. Essa é a situação de hoje.

Agora o resumo.

Os fatos que aí vão fielmente narrados e os que para não alongar deixei de referir com eles são principalmente os que se seguem.

Primeira fase: O imperador em 1884 chama o sr. Dantas ao poder; dissolve a Câmara a pedido dele; vê as eleições travadas no terreno, exclusivamente, da emancipação; observa que a escravidão divide o Partido Liberal e une o Partido Conservador, e só desse cimento negro resulta a segurança da alvenaria oposicionista; vê do outro lado a esperança nacional manifestar-se de todos os modos, por um entusiasmo novo no país. É a fase da luta.

Segunda fase: As eleições têm lugar: o imperador vê a falange escravista unida como um só homem constituir a Câmara e derribar o ministério Dantas, e chama ao poder o sr. Saraiva. A escravidão, abalada, triunfa; os conservadores sentem-se no poder; a aliança consolida-se e resulta em um projeto de lei satisfatório para a lavoura e opressivo para os escravos; quando esse projeto passa na Câmara, o sr. Saraiva demite-se. É a fase da capitulação.

Terceira fase: O imperador, depois de uma tentativa liberal manifestamente fingida, chama os conservadores e impõe-lhes desde logo um programa: fazer passar o projeto tal qual foi votado na Câmara. A lei passa nas duas casas. O movimento abolicionista decresce em todo o país. O período eleitoral é em toda parte a livre vindita da escravidão. Os escravos são perseguidos. A lei não é executada. As eleições dão uma Câmara conservadora quase unânime. É a fase da reação.

Quem escreve estas linhas não é inimigo partidário nem desafeto do imperador, muito pelo contrário, e assim como sempre fala respeitosamente do chefe de Estado, desejara poder ocupar-se da política do país sem envolver a alta personalidade que a Constituição neutralizou, tornando-a irresponsável. Mas seria evidente hipocrisia comentar os grandes fatos, a arquitetura do reinado, sem considerar a ação do imperador, que se não é tudo em nossa política, é quase tudo. O presente opúsculo é pequeno demais para conter o desenvolvimento da seguinte ideia, mas do que eu acuso o imperador quando me refiro ao governo pessoal, não é de exercer o governo pessoal, é de não servir-se dele para grandes fins nacionais. A acusação que eu faço a esse déspota constitucional é de não ser ele um déspota civilizador; é de não ter resolução ou vontade de romper as ficções de um parlamentarismo fraudulento, como *ele sabe* que é o nosso, para procurar o povo nas suas senzalas ou nos seus mocambos e visitar a nação no seu leito de paralítica.

Eu mesmo tenho feito justiça (vide *O abolicionismo*, p. 74) aos pálidos e intervalados esforços do imperador, tanto para a supressão do tráfico como para a libertação dos nascituros. O que se tem feito por lei é devido *principalmente* a ele, mas o que a lei tem feito é muito pouco, é realmente nada, quando vemos que esse é o resultado de 46 anos de reinado e comparamos o que se salvou do naufrágio com o que se perdeu e se está perdendo! A história há de dificilmente conciliar a inteligência esclarecida, a vasta ciência do homem com a indiferença moral do chefe de Estado pela condição dos escravos no seu país. A esse respeito eu não podia agora senão repetir o que disse de Sua Majestade na Câmara dos Deputados, comentando a queda da situação liberal:

Ele, senhor presidente, disse eu, nunca teve que se preocupar, como o czar da Rússia, com a vida dos seus filhos: como o rei constitucional da Espanha com a explosão simultânea do carlismo no Norte e da República no Sul, como os reis de pequenos Estados, a Bélgica e a Holanda, a Dinamarca, com o crescimento de uma grande nacionalidade vizinha; como a rainha da Grã-Bretanha, com o separatismo e o nacionalismo irlandês; como os outros imperadores, com as combinações de forças rivais e alianças possíveis. Não, entre nós não existem nem carbonários nem niilistas; não temos receio de absorção, nem de desmembramento, nem de coligações. Um único problema, social, e portanto individual para quem representa a sociedade como ele, foi imposto à atenção do monarca brasileiro: o de governar sobre um país sem escravos. O que se lhe pedia é o que o mundo tem pedido ao sultão da Turquia, ao vice-rei do Egito, ao imperador de Marrocos, ao régulo de Zanzibar. Desde 1840 ele não teve outra missão, não foi chamado a outra tarefa, e, no entanto, senhor presidente, o indiferentismo do imperador pela escravidão não podia ser maior. Ele habituou-se a ela; perdeu de vista o ideal de uma nação livre; esqueceu-se de que seu genro foi libertar os escravos do Paraguai; que o mundo lhe dava a reputação de um Marco Aurélio; não invejou a glória de Leopoldo II da Bélgica — ele que foi tanto comparado a Leopoldo I — de fundar, pela iniciativa e seu esforço, um Estado livre no coração da África para extinguir eternamente as fontes da escravidão da cor. Esse problema, que é de dignidade para a nação mas de vergonha para o trono — essa tarefa divina e humana, que os dois grandes libertadores, o do absolutismo e o da República, Alexandre e Lincoln, resolveram em 24 horas, o imperador do Brasil não lhe deu um minuto de suas preocupações, não correu para ela o menor risco, e passou 45 anos sem pronunciar sequer do trono uma palavra em que a história pudesse ver uma condenação formal da escravidão pela monarquia, um sacrifício da dinastia pela liberdade, um apelo do monarca ao povo a favor dos escravos.

Nada, absolutamente nada, e hoje que os dez próximos anos, os últimos da escravidão, serão provavelmente também os últimos do reinado, nesse espaço de tempo que equivale ao antigo *interregnum* das monarquias eletivas, porque nas monarquias populares, a despeito de todas as Constituições escritas, é então que se firma definitivamente o direito de sucessão, o imperador, no meio da agitação abolicionista, e no dia seguinte ao das eleições mais disputadas que já houve neste país, substitui o partido, que se apresentou ao eleitorado, em nome da liberdade, chamando a si o patrocínio dos escravos, pelo partido que não se propôs outra coisa neste Parlamento senão ser o agente e o defensor da escravidão, isto é, volta-nos as costas, a nós, que fomos acusados de ter feito um pacto com ele, no dia da derrota que devia ser comum e falar à lealdade de um poder... que não pode deixar de ter consciência de que, sacrificando-nos pelo país e pelos escravos, estávamos servindo direta, ainda que desinteressadamente, à causa do único trono americano. (Sessão de 24 de agosto de 1885)

A conduta dos pensadores da escravidão, votando a lei Saraiva, foi um plano de defesa admirável.

O Partido Conservador revelou verdadeiro gênio estratégico, e ao mesmo tempo grande superioridade de superstições da honra política, em todos os seus movimentos na questão abolicionista. Quem quer que seja o espírito diretor desse partido, é forçoso admitir que ele conhece bem a orografia do poder, e só leva consigo a bagagem moral precisa para viajar nessas montanhas. Não pode haver, na simples política do sucesso, nada mais perfeito do que foi: levantar, primeiro, a escravidão inteira contra o abolicionismo, receber o apoio solidário e compacto da agricultura unida, sacar ilimitadamente sobre a riqueza nacional acumulada, e depois da vitória dessa intransigência da propriedade contra o comunismo, dessa cruzada dos homens de bem contra os que não têm nada a perder, ceder de repente, apresentar uma reforma como ainda mais adiantada que o projeto que originou a guerra civil, tudo para galgar o poder e cunhar moeda para a escravidão com os próprios sentimentos abolicionistas do país! A Providência é indiferente, neste mundo, à prosperidade do mau; ela mesmo para não tocar na beleza da virtude, diria Renan, parece alegrar-se em deixar os prêmios da vida (quaisquer que sejam as recompensas da morte) não aos bons, mas aos espertos. O Partido Conservador sabe que a nossa Providência política é da mesma escola, talvez para não diminuir a soma do desinteresse nacional que sustenta a monarquia.

A política não entrará na arte de furtar, mas é a arte de aproveitar, e dessa arte a obra-prima ficará sendo a maneira como o Partido Conservador utilizou-se dessa questão dos escravos; a soberba indiferença com que ele viu, em toda essa grande humilhação e ainda maior dor dos brasileiros, apenas uma feliz oportunidade para si; a certeza de visão longínqua com que se despenhou sobre a carniça humana estendida pelo nosso território e a serenidade com que a está digerindo no seu esconderijo tumular. A segurança de todos esses movimentos faz crer que ele teve sempre quem o guiasse inspiradamente, consultando o oráculo.

O eclipse do abolicionismo na reação conservadora era inevitável, também a prostituição eleitoral, a perseguição dos escravos, a paralisia da lei.

A situação liberal, é preciso dizê-lo, foi um período de apostasia e desfalecimentos no poder, mas foi também um grande período de agitação no país. Ela perdeu-se pelo que produziu, mas há de ser salva pelo que semeou. Apesar de tudo foi uma época de vida e de movimento, em que os governos pelo menos aparentavam respeitar a opinião. Hoje o espírito que sopra sobre o país é um espírito de mercantilismo, de estupidez, e de indiferença moral. O ideal conservador entre nós é a estagnação no embrutecimento, o rancor no exclusivismo, o silêncio na corrupção. A nação ia despontando, hoje não se atreve mais a murmurar. É o reinado da escravidão soberana, da autoridade discricionária, da força bruta e irresponsável.

O Brasil voltou a ser um mercado de escravos, em alta; os cativos perderam o começo de apoio que iam encontrando na magistratura; a agitação dos espíritos está sendo substituída pela sombria resignação ao triste destino do brasileiro; as finanças ficarão reduzidas ao que lhes pode dar o espírito conservador, que é unicamente uma liquidação ruinosa, porque somente grandes reformas sociais podem restabelecer o crédito público; a centralização terminará sua obra de ruína das províncias, ao passo que a intolerância facciosa do governo tratará em toda parte, na Marinha como no Exército, na engenharia como na magistratura, na vida pública como na privada, os liberais independentes como excomungados da Idade Média.

Pois bem, o culpado de tudo isso é principalmente o imperador, porque quando era preciso caminhar resolutamente para diante, ele voltou para trás; quando o país ansiava por ideias novas e um espírito de governo novo, ele só pensou em dar arras à escravidão e em reconciliar--se publicamente com ela, sujeitando-se à penitência humilhante que ela lhe impôs como ao seu primeiro vassalo.

Quem reflete que o trono do Brasil descansa, como todas as instituições do país, sobre camadas de gerações inteiras de cativos, custa a compreender que o homem de bem que nele se assenta não tenha às vezes uma impressão de tristeza ou de misericórdia, pensando no que a nossa escravidão continuará a ser por muito tempo ainda — *somente porque ele o quis*. Em 1885 um ato, uma palavra do imperador teria vencido a resistência enfraquecida do escravagismo, que se extenuou derribando o ministério Dantas. Em vez desse ato ou dessa palavra, Sua Majestade fez exatamente o contrário: dissolveu a Câmara com a resolução formada de entregar o país à reação escravista, sacrificando assim à desforra da escravidão a honra do seu reinado!

O que está acontecendo: essa Câmara quase unânime, esse abatimento do ânimo público, essa multidão de novos conservadores, que nas províncias pululam como vermes, essa paralisação súbita da esperança, e apenas, como contraste, o novo êxodo de tantos liberais para a República, são o desenvolvimento natural da ação direta e exclusiva da Coroa — suspendendo o movimento abolicionista e reanimando as pretensões, mesmo as caducas e prescritas, do escravagismo, ao ponto de revogar a lei de 28 de setembro em seus mais sagrados compromissos.

Ao ato majestático de 19 de agosto de 1885, ao testamento imperial que, deserdando os escravos, fez do Partido Conservador o fideicomissário da monarquia, ao golpe de Estado que restituiu ao espírito escravista a posse da geração contemporânea, que se havia quase libertado dele, eu chamo — o erro do imperador. É possível, porém, que a história, contemplando a soma *incalculável* de injustiças, sofrimentos, opressões e martírios, que hão de assinalar à sombra da nova lei esta fase de recrudescência da escravidão, e observando diante desse espetáculo enlouquecedor a tranquilidade olímpica de quem preside a ele diariamente, pense que o erro político, quando envolve uma infinidade de crimes dessa ordem, é o maior de todos eles.

II

O eclipse do abolicionismo

Entre os serviços de que o atual presidente do Conselho há de gabar-se, ao conversar com o imperador, o principal é seguramente o de haver suprimido a agitação abolicionista. Ele pôde, com efeito, expor a Sua Majestade o contraste notável daquela agitação com a tranquilidade que hoje reina no país.

A lavoura está calma, tanto que se não ouve mais falar no sr. Ramalhão Ortigão, em quem encarnou, em uma grande crise, o espírito de resistência de uma sociedade toda. Isso é altamente honroso para ele. Na história não se terá visto muitas vezes essa singularidade das classes conservadoras e dirigentes de um país moverem-se à inspiração de um estrangeiro, que não fosse o seu rei. Os clubes do comércio e da lavoura que tinham, alguns deles, em seus estatutos, a execução da lei de Lynch e vomitavam fogo e pedras calcinadas contra o imperador abolicionista, dispersaram-se mansamente.

O movimento provincial, que libertou o Ceará e o Amazonas, deixando também o Rio Grande do Sul muito perto do fim, parou e retrocede. Os *ingleses* desapareceram da imprensa para dar lugar aos anônimos. Clarkson (Gusmão Lobo), Grey (Rui Barbosa), Rodolfo Dantas, Barros Pimentel, que emulavam nos entrelinhados do governo em eloquência e ardor apaixonado pela abolição a todo transe, veem o evangelho que eles pregavam traduzido em linguagem conservadora, isto é, em editais contra escravos sexagenários ou africanos do Segundo Reinado, e anúncios pondo a prêmio — porque a apreensão pelo capitão do mato pode dar lugar ao assassinato do escravo fugido — a cabeça de entes humanos. Quando algum escritor oficial aparece é para doutrinar esta capital nos mandamentos da escravidão. Em toda parte os abolicionistas sentem que a opinião está sendo resfriada por uma forte corrente glacial que desce do polo de São Cristóvão. O povo está indiferente à sua própria cor. Nem mesmo o sinal visível de que a escravidão dormiu com ele no berço lhe traz reminiscências dela. Vê-se em todo o país o cansaço que sucede a um esforço superior à elasticidade do organismo, à concentração do espírito em uma obra de desinteresse.

Dois anos, ou três, de abolicionismo, isto é, de preocupação da própria dignidade, parecem ter gasto a reserva moral da nação, a sua capacidade de ressentir. E que maior serviço para um governo do que presidir a essa volta do país no seu contentamento habitual? Que satisfação igual à de ver de repente, pelo efeito da subida do Partido Conservador, a face da nação que parecia arder com a chama do pudor, revelando a excitação do cérebro sob a pressão da honra, descorar de novo em sua palidez caquética?

Eu não creio que o imperador agradeça nada ao sr. Cotegipe tanto como essa metamorfose nacional. Por todos os motivos, o imperador não pode estimar que se fale muito em escravidão. Eu, por exemplo, há oito anos quase não me ocupo de outra coisa, e assim reduzi minha inteligência, errática por natureza, não felizmente a fixar-se nessa ideia única, porque isso a teria morto num cárcere, mas a nada produzir que não tivesse relação imediata e direta com a enfermidade orgânica do país, o seu mal incurável. Quem é homem de letras avalia bem esse sacrifício de concentrar as "faculdades criadoras" do pensamento em uma obra exclusiva, da qual se começa por fazer uma religião e se acaba tendo feito uma vida. Eu, porém, não fiz da abolição uma coisa, e não estou fazendo outra, por prazer, nem por vocação de apóstolo, mas por dever, obedecendo ao simples *imperativo categórico* da minha nacionalidade, ao fato unicamente de ser brasileiro; e como eu há tantos! É evidente que a escravidão não fere a retina moral do imperador como fere a nossa, e portanto o desejo de Sua Majestade não pode ser outro senão que lhe tirem da vista esse quadro de horrores que o desgosta sem o preocupar.

Nascido no trono e governando o Brasil desde 1840, o imperador estimaria que a posteridade esquecesse a escravidão entre os fatos menores do seu reinado. O seu biógrafo ideal seria aquele que pondo em alto relevo todas as suas qualidades, o seu amor às letras e simplicidade de maneiras, falasse dele como de um Marco Aurélio, ou de um Washington, não dando mais importância do que a história tem dado ao exaltar qualquer desses grandes homens à existência da escravidão sob o seu governo.

Mesmo em relação aos escravos, o biógrafo poderia, partindo da minha admissão de que tudo que existe por lei é devido *principalmente* ao imperador, estabelecer um contraste entre o chefe de Estado e a sociedade do seu tempo; poderia contar (e para isso dom Pedro II faria bem em começar as suas memórias) as suas insistências com os ministérios do primeiro decênio para a abolição do tráfico, do terceiro decênio para a libertação dos nascituros e do quarto para medidas complementares. Estudos sobre os contemporâneos com quem o imperador lidou ilustrariam bem a história: esses estudos poderiam versar sobre as ideias abolicionistas de cada um deles em diversas épocas, a espécie de senhores que foram, as relações que tiveram com os traficantes poderosos, as suas dependências diretas do capital escravista, e ramificações de família entre os grandes proprietários. Um documento interessante para a justificação do imperador seria, por exemplo, o recenseamento dos escravos dos chefes políticos, sem excetuar os republicanos — ainda na hora presente da escravidão, e a atual estatística de escravos dos ministros, membros do Parlamento, magistrados, sacerdotes etc. Depois de tudo o biógrafo acrescentaria aos títulos humanistas de Sua Majestade um título humanitário: o de emancipador dos escravos. Imaginando-se que a escravidão acabe em vida de dom Pedro II, ele diria que a extinção dela coroou um reinado que levou a nação, sem abalo nem legados de ódios entre raças e classes, e sim no meio da paz pública, não sentindo ela mesmo para onde era conduzida, a liquidar, com a maior abnegação possível, um capital de milhões de contos e a desfazer-se de uma instituição de três séculos em um breve período de tempo.

Apesar, porém, de acréscimo de fama que lhe possa advir, em mãos de um futuro panegirista que o saiba desenvolver, do argumento épico acima colocado, eu estou certo que o imperador prefere não ouvir falar em escravidão. Ele sente que, mesmo quando os seus sentimentos contrastassem com a indiferença empedernida dos ministros, dos senadores, padres, juízes etc., o que ele fez é nada ao lado do que ele podia ter feito, se a observação das senzalas lhe causasse tanto interesse como, por exemplo, a contemplação do céu. É certo que de 1840 até bem proximamente a ideia abolicionista tinha despontado em muito poucas consciências, mas não lhe há de ser indiferente esse mesmo fato: de não ter sido a dele uma dessas em que a concepção moral do Estado brasileiro se fez espontaneamente. Mas, em seguida, o imperador *sabe* que ele é insensível à escravidão; *sabe* que nunca perguntou aos milhares de pequenos senhores feudais possuidores do território do povo da sua monarquia, quando lhe iam humildemente beijar a mão, e ele os fazia barões e viscondes: *Como estão seus escravos?* Sua Majestade sempre foi um bom limítrofe: suserano de cada um deles, vassalo de todos eles juntos, o representante da realeza nunca atravessou a linha divisória entre a soberania do Estado e a soberania da escravidão.

O imperador além disso conhece a dureza do costume que se constituiu lei do país pela pusilanimidade e cumplicidade da magistratura. Ele não ignora que um galé de volta de Fernando de Noronha pode tornar-se senhor de uma rapariga de vinte anos, que o magistrado mesmo que o sentenciou lhe entrega corpo e alma, sem nenhuma proteção, e sabe que o braço da nossa justiça não é nem bastante longo nem bastante forte para abrir as porteiras das fazendas; que o júri chegou em tudo que respeita a escravos ao último grau de abjeção, tornando-se o auxiliar dos linchadores, e que o seu ministério, o seu Senado, a sua Câmara dos Deputados, o seu Conselho de Estado, a sua aristocracia, as suas faculdades de direito, a sua magistratura, o seu clero, a sua polícia — de senhores de escravos — constituem juntos e com ele mesmo um como sacerdócio egípcio da escravidão, um cárcere hierárquico em que escravos são sepultados vivos.

Por tudo isso nada é mais desagradável para Sua Majestade do que ouvir falar sempre na instituição homicida que temos no país, e para cujas desumanidades e extorsões seria preciso além do atual código penal, que se aplica a ela em quase todos os seus artigos, um código especial dos crimes obsoletos da história.

Sua Majestade quisera ver a eloquência nacional, a que penetra no coração do povo, empregar-se em outros misteres que não o de agitar aos olhos do país a camisa ensanguentada do escravo. Ele preferia talvez que a escravidão não existisse; mas, desde que existe, que não se falasse nela, para essa nódoa de sangue não ser visível em sua coroa, nem na fronte do país. Ora, a agitação abolicionista é o grito vibrante, eterno, e sempre doloridamente compassivo do Abel brasileiro. Que serviço podia o Partido Conservador prestar, igual ao de abafar esse grito quando ele começava a ser ouvido do mundo?

Entretanto esse eclipse do abolicionismo, produzido pela posição de um corpo opaco — o Partido Conservador — entre o Brasil e a humanidade, essa escuridão foi um dos mais tristes e fatais resultados da mudança política de 19 de agosto. Não é sem pesar que eu releio hoje os prognósticos de esperança que nós, abolicionistas, fazíamos em 1884, os hinos que entoávamos à velocidade crescente da onda de justiça, reparação e magnanimidade, que se desenrolava sobre toda a nação brasileira naquele ano de entusiasmo e ilusão.

Uma vez, por exemplo, no Teatro Santa Isabel, no Recife, eu não pude deixar de saudar a marcha poderosa dessa torrente moral e humana, que fazia o orgulho do nosso país.

"Para qualquer lado que me volto", disse eu,

> vejo o horizonte coberto pelas águas dessa inundação enorme. Eu vi essa corrente, que hoje alaga o país como um rio equatorial nas suas cheias, quando ela descia como um fio de água cristalina dos cimos de algumas inteligências e das fontes de alguns corações, iluminados umas e outros pelos raios do nosso futuro. Eu o vi, esse rio já formado, abrir o seu caminho, como o Niágara pelo coração da rocha, pelo granito de resistências seculares. Viu-o quando, depois das cataratas, ele ganhou as planícies descobertas da opinião e desdobrou-se em toda a sua largura, alimentado por inúmeros afluentes vindos de todos os pontos da inteligência, da honra e do sentimento nacional; mudando de nome no seu curso como o Solimões — chamando-se primeiro Ceará, depois Amazonas, depois Rio Grande do Sul e hoje o vejo a despejar-se no grande oceano da igualdade humana, dividido em tantos braços quantas são as províncias, levando em suas ondas os despojos de cinco mi-

nistérios e a represa de uma legislatura, e eu vos digo, senhores, não tenhais medo da força dessa enchente, do volume dessas águas, dos prejuízos dessa inundação, porque assim como o Nilo deposita sobre o solo árido do Egito o lodo de que saem as grandes colheitas por forma que se disse que o Egito é *um presente do Nilo*: assim também a corrente abolicionista leva suspensos em suas águas os depósitos de trabalho livre e de dignidade humana, o solo físico e moral do Brasil futuro, do qual se há de dizer um dia que ele na sua prosperidade e na sua grandeza foi um presente do abolicionismo.

Felizes os tempos em que se podia falar assim, acompanhando o mais nobre dos esforços do país até ser quase coroado pelo sucesso, sentindo crescer o pulso da dignidade nacional, vendo diminuir no mapa do mundo a mancha negra do Brasil, esperando o raiar de um dia em que todos nos sentíssemos limpos como os leprosos do Evangelho depois da palavra de Jesus.

Mas o eclipse do abolicionismo já tem durado demais. É preciso sacudir esse torpor e recomeçar a campanha. Nós devíamos estar preparados para ver alguns conservadores, que, dizendo-se abolicionistas, combateram conosco os ministérios liberais escravocratas, abandonarem-nos logo que se formasse o primeiro ministério escravocrata conservador. Eles achavam que nós, pela ideia abolicionista, podíamos guerrear sucessivamente (excetuando o gabinete Dantas) todos os governos do partido, mas em combaterem eles um governo conservador pela mesma ideia, nunca pensaram seriamente. Fazendo-se de abolicionistas na situação liberal, estavam apenas trabalhando para a elevação do seu próprio partido! Alcançado o fim, quem se lembra mais de tudo o que eles disseram e escreveram durante o seu disfarce? Nem eles mesmos. O exemplo dessa defecção começou na Câmara com os abolicionistas cearenses.

Por outro lado também o desânimo era natural. Depois de uma propaganda pela liberdade como nunca se tinha visto em nosso país, depois de termos levado a quase todas as consciências a convicção de que a escravidão é um *crime*, depois de termos criado um interesse palpitante pela sorte dos escravos, o que resultou de todos os nossos esforços?

A escravidão apoderou-se do movimento abolicionista por meio de uma simulação, e conseguiu, em nome das nossas ideias, duplicar, triplicar, quadruplicar o valor dos seus escravos, constituir para si mesmos um fundo de amortização lançando impostos sobre os seus adversários e as suas vítimas, e, o que é pior, retocar a lei de 28 de setembro na parte que a constrangia: o modo do resgate, violando o direito mais valioso do escravo, o único por meio do qual ele podia chegar a ser tratado como um homem e ter uma família, também humana, e não animal, em nosso país.

Quem quer aquecer com o seu próprio ardor moral uma sociedade enregelada, há de sentir-se penetrado do frio exterior nos momentos de inércia e de repouso. Mas basta de estupefação e desgosto.

Hoje o dever de continuar a lutar resulta mesmo da segunda lei de 28 de setembro. Não é este o momento de estabelecer nestes opúsculos o contraste das duas leis. Mas direi sempre: uma, na frase de Sales Tôrres Homem, atacou "a pirataria em roda dos berços"; a outra estabeleceu a mesma pirataria em roda dos túmulos. É uma lei de coveiros para chacais! Se durante a ação da primeira, o movimento abolicionista chegou a ser o que vimos, depois da segunda, é de nossa honra que ele tome ainda maiores proporções. É preciso que a nova legislatura, escravista como é, representando entre os seus diversos membros milhares de escravos e as tradições sinistras do tráfico, vote uma lei que apague a do ano passado. Para isso devemos fazer um grande apelo aos espíritos liberais que o Partido Conservador tenha no seu seio, sobretudo, os representantes de províncias onde o abolicionismo tem feito maiores conquistas. A estes pertence o papel que nós, abolicionistas-liberais, tivemos na situação passada no seio do nosso partido. O Brasil tem caminhado bastante para o Partido Conservador poder tornar-se, pelo menos em sua fronteira liberal, tão inimigo da escravidão como o é o Partido Conservador da Inglaterra ou da França.

Mas o principal recurso de todos nós, para ser contínua e incessantemente repetido sob todas as formas imagináveis e de todos os pontos do país e do mundo, deve ser ao imperador. O ministério é dele, o Partido Conservador é dele, e é preciso que ele não seja da escravidão, e que uma vez pelo menos se sirva da força nacional, que representa, para um grande fim nacional.

Há um prazer que eu sinto ao reler o que escrevi há anos: o prazer de ser o mesmo. A linguagem que emprego hoje é exatamente a que usei em 1871, quando o imperador fez a sua primeira viagem ao exterior. Imaginando-o nos Estados Unidos, eu escrevia, há já quinze anos, um espaço relativamente longo, na *Reforma* de 28 de março de 1871, em artigo assinado Jefferson:

> Ali veria ele de quantos sacrifícios um grande povo é capaz para resgatar do domínio de crimes seculares sua reputação e sua honra. Cada um desses campos, hoje renascentes, onde a cana e o algodoeiro brotam dos sulcos das balas; uma por uma, essas ruínas amontoadas, a desolação da parte meridional do território, tudo falaria das últimas grandes batalhas que a escravidão se atreveu a pelejar. O Ohio, separando o campo da liberdade do campo da servidão, regando de águas fecundas o primeiro, cobrindo de charcos o segundo, apresentar-lhe-ia os frutos do trabalho livre e os do escravo frente a frente, como os apresentou ao insigne pintor da *Democracia*

na América; e vendo mais longe, como no assassinato de Lincoln, o punhal ou o revólver escravocrata iminente sobre si, isso mesmo o animaria à obra, se ele aspirasse o ar forte desses climas e se ao tocar "na terra da Liberdade" ganhasse a virilidade dos seus primeiros filhos. Então, de volta, esse poder sem limites que a indiferença pública e geral descalabro político foram lentamente acumulando em suas mãos, esse poder de que até hoje ele se tem servido para derribar os partidos gastos e gastar os partidos fortes, aplicado à luz, e não à sombra constitucional, com coragem e não com artifícios, realizaria a grande obra da emancipação dos escravos.

Não se me acuse de otimismo incurável por eu ainda me dirigir ao imperador, pedindo que ponha termo à barbárie do seu reinado. O poder é ele, a responsabilidade deve ser dele. Nós, abolicionistas, pelo menos, devemos ver claro no que concerne à escravidão. O projeto Saraiva deixou de existir constitucionalmente no dia em que o sr. Saraiva se demitiu, e se hoje é lei do Império foi somente porque o imperador o ressuscitou, porque o imperador o quis. O sr. Saraiva é, por certo, uma individualidade, e o sr. Cotegipe também tem vontade própria, mas se eles unidos e um após outro fizeram passar aquela lei, foi porque o imperador entendeu que devia chamá-los para fazê-la passar, e se depois de promulgada ela deixou de ter execução foi porque o imperador fechou os olhos. A reação atual é conservadora, tem a responsabilidade do Partido Conservador, mas quem ideou essa reação, quem fez retroceder a sombra do sol no disco da segunda Independência brasileira foi o imperador. A ele pois é que devemos pedir misericórdia para as vítimas.

As estátuas imperiais eram em Roma refúgio para os escravos, como os altares das igrejas. No Brasil o trono está completamente isolado, numa eminência nua e deserta. O escravo brasileiro, nos pensamentos que precedem o suicídio, acharia mais fácil chegar a nado ao navio de guerra estrangeiro que ele avista no alto-mar do que subir aquela montanha inacessível. Mas é possível que o imperador ressinta uma vez a nossa indignação. É possível que o Memnon imperial, ferido no seu granito pelos raios nascentes de uma consciência, exale pela primeira vez o gemido de 1 milhão de peitos. É possível que o brasileiro que se senta no trono compreenda por fim que o Brasil não deve figurar até ao fim do século como o representante da idade fóssil do escravo, o mamute colossal da escravidão.

Eu poderia dizer que procedendo dessa forma, ele, que ocupa no Instituto de França a cadeira de Pedro, o Grande, teria feito tanto com um simples ato humanitário para elevar a posição moral do seu país no mundo como aquele com as suas conquistas nos três mares para transformar a Rússia em grande potência. E poderia acrescentar que semelhante iniciativa, se fosse individual e ousada, equivaleria a lançar em sinal de aliança o anel da dinastia nas profundezas do nosso povo, como os doges de Veneza lançavam no Adriático o símbolo da sua união com o mar.

Mas eu prefiro pedir ao imperador, representante coroado da raça branca, que, dando um pequeno valor a cada vida humana passada do berço ao túmulo em cativeiro, a cada açoite sofrido por não trabalhar a contento de outrem, a cada criança morta por se ter impedido a mãe de aleitá-la, a cada mulher violada em seu pudor, a cada pecúlio de lágrimas, a cada família dispersa para sempre do Norte ao Sul nesta Sibéria tão implacável em suas distâncias para os escravos como a Sibéria russa para os niilistas, a cada morte por maus-tratos e perseguição diária, a cada suicídio por excesso de sofrimentos, a cada crime para trocar o cativeiro pelas galés, a cada indivíduo explorado minuto por minuto em suas aptidões, sua saúde, e até em sua dedicação e seu amor, forme de todos esses valores morais, e muitos outros semelhantes, uma quantidade que eu chamarei A.

Depois eu pediria a Sua Majestade que formasse com os valores correspondentes à subtração de cada uma dessas parcelas de sofrimento, do fundo de moralidade, população, riqueza, trabalho e liberdade da outra raça, uma quantidade simbólica dos prejuízos nacionais da escravidão, que eu chamaria B, e sendo X os 46 anos do seu reinado, me desse o resultado desta simples equação, A + B = X.

Ah! essa incógnita, se o imperador, que lê a *Divina comédia*, a procurasse, o século de Pedro II lhe lembraria o segundo recesso do sétimo círculo do Inferno: parecer-lhe-ia estar na floresta das harpias, onde as árvores eram almas em cujas copas elas faziam seus ninhos, de cujas folhas elas se alimentavam, e de cujas feridas saíam ao mesmo tempo palavras e sangue... *Parole e sangue*! Não lhe seria possível quebrar o menor dos ramos dessa vegetação de lágrimas sem que toda ela gritasse, como a alma ferida pelo Dante. "Por que me dilaceras? Não tens sentimento algum de compaixão? Nós fomos homens, e hoje não somos senão troncos. Tua mão deveria ser menos cruel quando mesmo fôssemos almas de serpentes."

Uomini fummo, ed or sem fatti sterpi:
Ben dovrebb' esser, la tua man più pia,
Se state fossim anime di serpi.

E tendo aberto as primeiras feridas e quebrado os primeiros galhos, o imperador faria como o poeta: movido pelo amor do seu torrão natal, *...la carità del natio loco*, ele apanharia no chão as folhas gotejantes para restituí-las ao tronco ensanguentado da pátria, e fazê-lo emudecer.

DISCURSOS PARLAMENTARES

Projeto de monarquia federativa
[discurso de 21 de setembro de 1885]

O SR. JOAQUIM NABUCO (*movimento de atenção*): — Agradecendo a esta augusta Câmara a urgência que me concedeu, serei o primeiro, senhor presidente, a não ver nesse ato, por parte dos conservadores, dos poucos conservadores que tiveram a generosidade de associar-se a ele, outra coisa mais do que uma deferência entre adversários que se despedem na véspera de uma batalha. Da parte do Partido Liberal, porém, esse ato significa a sua resolução de, no momento em que o recinto do Parlamento é ocupado pelas forças do governo pessoal, deixar uma grande bandeira nacional como a da Federação plantada nas ameias deste edifício. (*apoiados; muito bem. Apartes*)

Peço aos meus nobres colegas que me façam a honra do seu silêncio.

O assunto que tenho de atravessar é tão grave que me impõe necessidade de medir cada uma de minhas palavras, é tal que realmente sinto como os oradores antigos que a tribuna é um lugar sagrado, porque neste momento estou assumindo a maior responsabilidade que um brasileiro, homem público ou particular, possa tomar sobre si: a de tocar na integridade do seu país, para pedir que ela seja refundida em um molde diverso daquele que existe desde que nos constituímos em nação independente. Com efeito, senhor presidente, venho propor, nos limites que terei ocasião de justificar, a federação monárquica do Brasil. Isso quer dizer que revive hoje nesta Câmara o projeto que, em outubro de 1831, o Partido Liberal mandou ao Senado, e que expressa a qualidade do liberalismo forte, másculo e patriótico da geração que fez o Sete de Abril.

O artigo único desse projeto dizia assim em começo: "Os eleitores de deputados à seguinte legislatura lhes conferirão nas procurações especial faculdade para reformarem os artigos da Constituição que forem opostos às proposições que se seguem: 1ª O governo do Império do Brasil será uma monarquia federativa."

Foi esse projeto que deu origem ao Ato Adicional (*apoiados*) e é substancialmente esse projeto — porquanto as suas outras partes cabem todas no vasto plano de uma nova Constituição federal — que eu tenho a honra de enviar à mesa assinado pela maioria do Partido Liberal desta Câmara.

Isso mostra, senhor presidente, que às grandes ideias destinadas ao governo do mundo acontece o mesmo que a Júpiter infante: elas podem ser escondidas, quando no berço, às cóleras do poder que são chamadas a destronar um dia, podem ter que procurar refúgio em algum ponto obscuro da terra e em corações humildes, e precisar de que os Kuretas lhes abafem os vagidos com o estrondo dos seus escudos para que eles não sejam escutados; mas no dia marcado pelo destino o novo poder há de apresentar-se em toda a sua força e virilidade para reclamar o império que lhe pertence. (*muito bem!*)

Até hoje se podia supor, senhor presidente, pelo silêncio relativo que reinava em torno dessa ideia, por ela não ter uma imprensa sua, por não haver homens públicos que com ela se identificassem, que a autonomia local tinha morrido na consciência do país; mas o fato de ela aparecer hoje, revestida das assinaturas da maioria dos membros do Partido Liberal desta casa, mostra, como eu disse, que ela não morreu de todo, e o eco imenso que o procedimento do Partido Liberal há de despertar em todas as províncias, as quais vão compreender agora a causa da sua atrofia, encontrará muito mais simpatia, muito mais interesse, muito mais entusiasmo, quero dizer mais generalizado, do que encontrou esse imenso grito a favor da emancipação de uma raça escravizada.

Emerson, o grande pensador americano, escreveu uma vez estas palavras: "Cada revolução, por maior que seja, é no começo apenas uma ideia no espírito de um só homem".

A federação é uma revolução contra as velhas tradições monárquicas e contra as modernas tradições latinas; mas seria impossível dizer no espírito de que homem essa ideia despontou em nossa história. O que sabemos é que ela a ilumina toda, e que pode apontar não só para os cadafalsos dos seus mártires, mas também para o campo da batalha de seus heróis, para mostrar que ela foi irmã gêmea da Independência; e que, se a Independência ao triunfar procurou esmagá-la no berço, é porque foi feita sob uma forma de governo, que, por educação errônea e preconceitos antigos, repele instintivamente a autonomia local. (*apoiados*)

De fato, senhor presidente, ao passo que o abolicionismo, com raras exceções, é um fenômeno recente em nossa história, a federação é um fenômeno do nosso passado todo. Nós a encontramos no crescimento gradual e lento do nosso país, encontramo-la associada às antigas capitanias; encontramo-la antes da Independência, e a despeito dela, durante todo o Primeiro Reinado, durante toda a Regência e para perdê-la de vista é preciso atravessar os 45 anos deste Reinado, em que a centralização se aperfeiçoou e fez desaparecer completamente da superfície o espírito que aviventa toda a história brasileira.

Com efeito, senhor presidente, as ideias federais acompanham inteiramente as esperanças de emancipação nacional. A Independência foi feita a favor delas, à sombra delas, mas a Constituição outorgada pelo imperador abafou-as desde o começo. A essa Constituição responderam naturalmente movimentos como a Confederação do Equador, suprimido nas execuções de Pernambuco e do Ceará; mas o sentimento local, indistinto e inconsciente, como todos os fortes sentimentos populares, não morreu ainda dessa vez: dom Pedro I encontrou-o na sua viagem ao Rio Grande do Sul, pressentiu-o na repercussão que teve em todo o país a queda de Carlos X, fugiu diante dele em Ouro Preto, até ser esmagado por ele, no campo de Sant'Ana, sem saber quem o derribava, na tarde de 6 de abril.

Essa é a história do nosso Primeiro Reinado. Com a Regência, com a minoridade do imperador, com esse ensaio de República, viu-se naturalmente um verdadeiro caos, e esse caos não foi mais do que a invasão do particularismo contra o jugo da nova metrópole, transportada de Lisboa para o Rio, contra o sistema todo da nossa coesão política que, por ser de força e de autoridade somente, ainda não tinha produzido a verdadeira unidade nacional.

O Ato Adicional, concessão feita às tendências da opinião, não satisfez às necessidades provinciais; o Rio Grande do Sul levantou a bandeira da República; entretanto, apenas foi lei do Estado, os conservadores da monarquia, que já se preparavam para o futuro reinado, entenderam dever inutilizá-lo, interpretando-o, e o interpretaram quase sem resistência. Nesse dia morreu a autonomia. (*apoiados*) No dia em que por telegrama o senhor visconde de Paranaguá suspendeu os impostos provinciais de Pernambuco, não foi a autonomia que morreu: nesse dia apenas pôde-se ver que o espírito local não tinha podido sobreviver à anulação das conquistas da Regência. (*apoiados*)

Pois bem, senhor presidente, nós, liberais, entendemos que chegou o tempo de parar nesse caminho e que é urgente voltar às formas antigas e primitivas do desenvolvimento natural do Brasil.

Pelo que me diz respeito pessoalmente, se até hoje me tenho particularmente identificado com a ideia abolicionista, entendo que é chegada a ocasião de começar uma outra propaganda, para que não aconteça com as províncias o mesmo que aconteceu com os escravos.

Com efeito, senhor presidente, por mais agradável que seja para as recordações de toda a nossa vida podermos reconhecer que nós, abolicionistas, chegamos a tempo de apressar o movimento nacional, por tal forma que o brasileiro, que antigamente olhava para o dia da libertação completa do território como um sonho apenas do seu patriotismo, pode hoje contar o intervalo que nos separa dele por alguns anos prestes a passar; somos também obrigados a confessar que o abolicionismo apareceu uma geração mais tarde do que era preciso, para impedir a escravidão de completar a sua obra. Essa obra está consumada, nas províncias como no caráter nacional, na fortuna do Estado como em toda a nossa vida pública e privada; e é relativamente quase que um fato insignificante que os últimos escravos sejam agora convertidos em dívida perpétua do Brasil, porque as consequências piores da escravidão já foram todas produzidas, e nós por séculos ainda teremos esse vício em nossa constituição social.

Mas, por isso mesmo é preciso que em todas as outras causas da atrofia e da decadência nacional, o partido da reforma chegue a tempo; e, portanto, neste momento, em que ainda é possível salvar o futuro das províncias, o Partido Liberal está no seu posto, querendo levar ao fim simultaneamente as duas grandes reformas, que são uma o complemento da outra, que se associam entre si, que se dão força mutuamente, e que representam juntas esse ideal nacional de uma pátria reconstituída. (*muito bem!*)

Se nós, que somos abolicionistas porque somos patriotas, nos condenássemos a ter as nossas vistas perpetuamente voltadas para o sofrimento dos escravos e para os suplícios da escravidão, teríamos abandonado uma parte principal do nosso dever para com esta pátria, que é também o escravo, que é principalmente o escravo enquanto ele for o mais sofredor de todos nós, mas que não é somente ele.

A propaganda federal não diminui; pelo contrário estimula o movimento abolicionista. É na emulação das províncias que o abolicionismo tem encontrado o seu principal fator. (*apoiados*)

Foi a emulação do Amazonas pela iniciativa do Ceará, foi a emulação do Rio Grande do Sul que constituíram os principais elementos da libertação do nosso solo, ao ponto de se poder pisar em três províncias sem medo de encontrar a sombra da escravidão. (*apoiados*)

Mas exatamente, em honra e pelo interesse desses escravos, cujos filhos, se não proximamente eles mesmos, hão de ser cidadãos brasileiros, é que nos cumpre apresentar medidas que acautelem a sorte desta pátria, que não pertence à geração de hoje, que pertence mais às gerações futuras; que não tem só presente, que tem uma duração indefinida, e que, portanto, é assim um depósito de honra, ainda mais do que um patrimônio.

Há quatro razões para que a independência das províncias se imponha ao espírito de todos os brasileiros. Há em primeiro lugar, só por si suficiente, a razão das distâncias enormes que as separam.

Há em segundo lugar a diversidade de interesses, diversidade sobre a qual seria ridículo insistir, porque é tão absurdo sustentar-se a identidade de interesses do povo que habita as margens do Amazonas e do que habita as margens do Paraná como afirmar-se que não são diferentes os interesses da costa da Grã-Bretanha e os da costa do mar Negro.

Há uma terceira razão, e é que, enquanto o governo das províncias for uma delegação do centro, ele não poderá ser verdadeiramente provincial.

Há ainda quarta razão, que é a impossibilidade de impedir, sem a autonomia absoluta, a absorção das províncias pelo Estado, cada vez maior, porque, quanto mais o organismo central se depauperar, exatamente, na razão da fraqueza que ele impõe às províncias, tanto mais os recursos provinciais serão absorvidos pelo *eu* coletivo chamado — Estado.

Cada uma dessas razões constitui, senhor presidente, um fundamento de direito, com o qual o legislador seria obrigado a decretar a federação brasileira; mas, unidas, elas formam um conjunto de sentimento nacional como nenhum povo, que até hoje tenha tomado armas pela sua independência e pela sua autonomia, apresentou na história nem mais legítimo, nem mais urgente, nem mais vital. (*apoiados*)

Tomemos primeiro conjuntamente a distância e a diversidade de interesses, que eu disse serem uma e a mesma coisa.

Sobre este último ponto é inútil insistir particularmente.

Não é preciso a uma Câmara como esta demonstrar que os interesses da bacia do Amazonas são diversos dos da bacia do São Francisco, dos da bacia do rio da Prata.

Basta olhar para o mapa-múndi para ver-se que o Brasil é um país que não pode ter uma administração centralizada. (*apoiados*) Oito milhões de quilômetros quadrados formam uma superfície que só por não ser povoada não exclui desde logo a ideia de uma nacionalidade única.

Quando esse imenso território estivesse todo ligado entre suas partes, como os Estados Unidos, pelos vapores, pela eletricidade e pelas estradas de ferro, ainda assim as suas dimensões só por si tornariam revoltante essa concentração de todos os recursos e de todas as necessidades em um ponto único.

Mas todos sabem o que se passa entre nós: não há nem pode haver esses telégrafos, esses caminhos de ferro e esses vapores. O nosso país apresenta, em uma enorme parte, uma região quase desconhecida.

De um ponto, a 23 graus ao sul do Equador e que serve de meridiano ao país, partem para os limites de Venezuela, para os limites do Peru, para os limites da Bolívia, para os limites do Paraguai, para os limites da Confederação Argentina e para os limites do Estado Oriental, os únicos fios condutores da atividade nacional. É esse o pequeno centro que serve de cérebro a esse incomensurável todo: é como se tivessem adaptado, senhor presidente, o coração de uma rã ao corpo de um elefante, a musculatura de um pombo às asas de uma águia.

É esse o nosso sistema social contra o qual protesta a própria geografia do Império e cujo poder plástico é transmitido não ainda pela eletricidade e pelo vapor, mas nos surrões dos sertanejos, no fundo das canoas dos índios e costas de mulas, através dos imensos embaraços da nossa natureza física. É um sistema contra o qual protesta o perímetro dos nossos 8 mil quilômetros de costa, junto ao imenso curso do Amazonas, ligando-se ao curso do Madeira, descendo pelo do Paraguai, e fechando-se no mar pelo Paraná e pelo Prata. E isso desenvolvido do modo mais vagaroso, porque a nossa *burocracia* se move por um território dessa dimensão através do protesto da frequência das nossas serras, do relevo do nosso solo, da largura dos nossos rios, das nossas lagoas, das nossas florestas virgens, do nosso imenso planalto interior, em uma palavra, da formação física de um país onde realmente o homem até hoje não conseguiu possuí--la, nem afeiçoá-la.

Tomemos o Amazonas por baixo e acima do Equador. Se eu provar que esse sistema não serve para o Amazonas, terei provado a minha tese, e tê-la-ei igualmente provado se o conseguir mostrar que ele não serve para Mato Grosso.

É difícil calcular a grandeza do vale do Amazonas, porém ela pode ser imaginada pelo mediterrâneo que o atravessa. Lerei à Câmara o que um sábio naturalista, o senhor Agassiz, observou sobre a centralização de todo aquele vale (*lê*):

> A delimitação atual das províncias do Pará e do Amazonas é inteiramente contra a natureza. O vale todo é cortado em duas partes de alto a baixo, de forma que a metade inferior fica fatalmente oposta ao livre desenvolvimento da metade superior; o Pará torna-se o centro de tudo por assim dizer, esgota toda a região sem vivificar o interior, e o grande rio, que devia ser uma estrada interprovincial, torna-se um curso d'água local. Suponhamos por um instante que, pelo contrário, o Amazonas, assim como o Mississippi, se torne o limite entre uma série de províncias autônomas, situadas nas suas duas margens; que na vertente meridional tenhamos, da fronteira do Peru ao Madeira, a província de Tefé, do Madeira ao Xingu a província de Santarém, e que a província do Pará seja reduzida ao território compreendido entre o Xingu e o oceano, acrescentando-se-lhe a ilha de Marajó, cada uma dessas divisões sendo ao mesmo tempo limitada e atravessada por grandes rios, assegurar-se-ia a toda a região uma atividade dupla, pela concorrência e emulação nascida de interesses distintos. Da mesma forma, seria preciso que os territórios situados ao norte fossem divididos em várias províncias independentes; a de Monte Alegre, por exemplo, indo do oceano ao rio Trombetas; a de Manaus entre o Trombetas e o rio Negro, e talvez a de Japurá compreendendo toda a região selvagem entre o rio Negro e o Solimões.

O SR. MAC-DOWELL: — é uma generosa aspiração do sábio viajante; porém, se V. Exª. conhecesse a localidade, veria quanto ele exagerou.

O SR. JOAQUIM NABUCO: — V. Exª. proíbe-me de tocar nesse assunto porque não conheço a localidade. Eis aí, senhor presidente, um argumento a meu favor. Ocupo-me com esse assunto do vale do Amazonas desde muito; desde menino a grandeza dessa região e as suas maravilhas fascinaram-me o espírito e a imaginação; eu tenho lido quase tudo o que há escrito sobre a natureza e o estado atual desse admirável território, e entretanto o nobre deputado julga-me incapaz de formar juízo a respeito. Mas a ser assim, não vê ele praticamente demonstrado que a sua província não pode ser governada de tão longe por uma Câmara composta de homens como eu? (*apoiados*; *muito bem!*) Mas continua Agassiz:

> Não se deixará de objetar-me que tal mudança acarretaria a criação de um estado-maior administrativo desproporcional ao efetivo atual da população. Mas o governo dessas províncias, qualquer que fosse o número dos seus habitantes, poderia ser organizado como o dos territórios que entre nós são o embrião dos Estados; ele estimularia as energias locais e desenvolveria os recursos, sem estorvar a ação do governo central. Demais quem estudou bem o funcionamento do sistema atual no vale do Amazonas deve estar convencido de que, longe de progredirem, todas as cidades fundadas há um século nas margens do grande rio e dos seus tributários entraram em ruína e decadência. É isso sem contestação possível o resultado da centralização no Pará de toda a atividade real da região inteira.

Aí está, senhor presidente, na opinião de um sábio eminente, que conhecia praticamente também as vantagens da descentralização, porque suíço de nascimento morreu cidadão dos Estados Unidos, o efeito prolongado da centralização entre nós, e note V. Ex³. que ele aponta as desvantagens tão somente da concentração da atividade do Amazonas na sua capital do Pará. Imagine-se agora a centralização nesta Corte das duas províncias, a província suserana e a província tributária.

Mas quero ainda tomar em consideração o aparte do nobre deputado, senhor Mac-Dowell. Quando fiz parte desta Câmara na primeira legislatura, senti-me obrigado, senhor presidente, a combater um projeto de lei que aprovava um contrato feito pelo governo concedendo o vale do Xingu a alguns particulares. Esse simples contrato mostra exatamente qual é o estado ainda da nossa administração política. Doze anos depois da abertura do Amazonas o governo do Rio de Janeiro doava nas suas margens um império a uma companhia. Nós ainda não saímos do regime dos donatários, não saímos ainda do regime das antigas metrópoles: ainda é possível a um governo distante fazer concessões de territórios em que se poderia fundar um país como a França, territórios que ele não conhece, que nunca mandou explorar e com o qual tem tanta relação quase como o governo inglês com a ilha de Bornéu. (*apoiados*)

Somente o patriotismo romântico do nosso tempo, em que a ideia de independência, de autonomia, tem perturbado tantas imaginações, poderia fazer acreditar ao Pará que ele se governa a si mesmo porque manda seis deputados e três senadores ao Rio de Janeiro!

As diferenças são estas: os princípios hoje são liberais, ao passo que antigamente eram os princípios da obediência passiva. Temos hoje direitos constitucionais, ao passo que não tínhamos senão os direitos das ordenações. Mas quanto à autonomia, a verdade é que o Pará é governado de fora do mesmo modo por um poder estranho, que nunca lá põe o pé, e que tem tanto conhecimento das suas necessidades, das suas aspirações e das suas tendências como tinha o governo de Lisboa. (*apoiados*)

O SR. CANTÃO: — Agradeço muito a V. Exª o ter-se ocupado de minha província no seu projeto.

O SR. JOAQUIM NABUCO: — E V. Exª apoia o que estou dizendo.

O SR. CANTÃO: — Agradeço a sua boa vontade.

O SR. JOAQUIM NABUCO: — Se não me apoia, a província não lhe agradecerá o seu aparte. Ela, estou certo, tem sede do governo próprio e sente, colocada debaixo do equador, que não pode ser governada do trópico de Capricórnio. Mas, senhor presidente, se V. Exª passar do Pará para Mato Grosso, província que é representada por seu distinto irmão, verá que é preciso também muita superstição constitucional da parte do povo de Mato Grosso para supor que se governa a si próprio, só porque manda à Câmara dois representantes, um dos quais diz Não, quando o outro diz Sim, e que por consequência se anulam. (*riso*)

Mas o atual sistema é tão absurdo, para o Amazonas e para o Pará, como para o Rio Grande do Sul.

Não sei, senhor presidente, quem nesta Câmara, exceto os membros da bancada rio-grandense, pode ter a pretensão de governar de tão longe, por si ou por meio de um ministro de Estado, uma província como o Rio Grande, cuja aproximação do Prata, cuja produção, cujo clima, cuja imigração constituem problemas completamente diversos daqueles que são agitados nesta Corte, e que têm necessidade de governo próprio e verdadeira autonomia, para promover seus interesses, formar as suas milícias, aviventar o seu patriotismo, e por meio de leis adiantadas que o seu espírito liberal aceita, atrair a imigração europeia, conseguindo assim um crescimento paralelo ao do rio da Prata, o que seria mais uma garantia de paz e mais um laço de união entre as duas democracias limítrofes. (*apoiados*)

É preciso confiar demais em nossa ignorância com relação à topografia, à economia, e a todas as condições diversas do império, para se nos dizer que devemos estar satisfeitos e considerar garantidos o desenvolvimento e os interesses de cada uma das províncias com a centralização da vida ativa do país.

A autonomia, senhor presidente, eis o grande interesse de todo ele (*apoiados*); o interesse dessas províncias novas, onde estão sendo lançadas as primeiras sementes da população do futuro; e o interesse dessas outras províncias, como a do Ceará, onde o antigo sistema já produziu todos os seus perniciosos efeitos.

É o interesse das províncias pobres, que têm de fazer imensos sacrifícios para sustentarem a sua organização, como das províncias ricas, que se gabam de estarem sustentando as outras. (*apoiados*) É o interesse das províncias do Rio Grande do Sul, Santa Catarina e Paraná, onde predomina a população branca, como das províncias do Amazonas, onde predomina a população cabocla, como das províncias onde predomina a população mestiça. É o interesse da região atlântica, da região amazônica, da região platina e do vasto interior do país.

Nenhuma província, por mais comprometida que esteja, será sacrificada pela autonomia. A província do Rio de Janeiro, por exemplo, que se supõe erradamente interessada na centralização, teria um futuro grandioso, uma vez organizada em província autônoma.

Confesso que para mim é uma causa de maravilha e espanto que as províncias se resignem ao governo que têm. É preciso muito boa vontade para acreditar-se que a administração inteiriça desta Corte possa favorecer igualmente os interesses do Amazonas e os de Pernambuco, os da Bahia e os de Mato Grosso, os do Rio de Janeiro e os de Minas, os do Maranhão e os do Rio Grande do Sul. Eu não teria tempo para mostrar ainda mesmo os mais notáveis absurdos de semelhante uniformidade, mas, senhor presidente, não posso deixar de admirar ou a credulidade ou a paciência dos meus compatriotas de todas as províncias.

Não há uma só província à qual o sistema atual não prejudique e não lhe cave a ruína: ele é tão fatal à província do Rio como à do Piauí, ao Rio Grande do Sul como ao Pará, a Mato Grosso como a São Paulo, e no entanto as províncias não têm consciência de que a centralização lhes está colocando sobre o corpo um peso cada vez maior e que elas poderão cada vez menos levantar.

É um fato que se deve imputar à superstição do patriotismo em seu estado de ignorância.

Acabei, senhor presidente, de referir-me a duas grandes razões que chamarei razões capitais; mas devo aludir a duas outras que já apontei. A primeira, senhor presidente, é a impossibilidade absoluta de converter em governo provincial um presidente representante desta Corte. Quando falo desta Corte, falo do centro nominal desse sistema pernicioso de centralização, do qual a cidade do Rio de Janeiro é a primeira vítima.

É absolutamente impossível, mesmo quando se alterassem as condições atuais da delegação, fazer de um governo, com raízes nesta Corte, um governo verdadeiramente provincial de espírito e de coração.

Não me refiro neste momento ao nível baixo em que caíram as presidências de províncias, nível que por certo não será alteado de forma permanente pelo esforço eleitoral que acaba de ser feito pelo Partido Conservador.

Não acredito que o esforço feito ultimamente pelo governo para colocar, para fins eleitorais, homens de certa ordem nas administrações eleve o nível das presidências.

Os presidentes, que são em geral? São homens sem independência, nem a independência da fortuna, nem a outra única que a substitui, a independência do caráter; são homens que se encarregam de uma certa missão, que vão às províncias passar um certo número de meses, que obtêm essas vilegiaturas ou esses empregos, e que voltam deles, distinguindo-se menos ainda pela sua ignorância de tudo que respeita à fisiologia de um estado, ainda que pequeno como é a província, do que pelo desprezo que afetam pela opinião das regiões que administram.

Eles sabem perfeitamente que o telescópio da Boa Vista penetra e alcança com a mesma segurança nos igarapés do Amazonas e nas florestas virgens de Mato Grosso, como nas confeitarias da rua do Ouvidor, e o seu único desejo é merecer a proteção do imperador. Para isso governam as províncias sempre tendo a vista distraída para o poder central, em vez de tê-la fixada nas circunscrições territoriais que lhes foram entregues.

O atual governo presidencial é, assim, de todas as formas de administração a pior. Delegados demissíveis de ministérios anuais, os presidentes são administradores coatos-transitórios, automáticos, criaturas políticas de um dia improvisadas por ministros que não têm a mínima ideia das condições, nem sequer topográficas quanto mais econômicas, das províncias para onde os despacham.

Como acontece com a escravidão, quando vemos 10 milhões de brasileiros reduzidos à mais triste dependência a que um povo qualquer já se viu reduzido, em um país fértil e mal povoado, não compreenderem que é a escravidão que os mantém nesse estado, pela força do seu tríplice monopólio: da terra, do capital e do trabalho; assim também as províncias não compreendem que o seu atraso, o seu abatimento, a decadência de muitas, a ruína de algumas e o futuro tenebroso de todas resultam de um sistema de governo de fora e de longe, organizado para depauperá-los, cuja função é a da sanguessuga, cujo talento é o da aranha, que não deixa em ponto algum do país aparecer uma superioridade qualquer que não arrebate, que lhes estiolou o patriotismo e o espírito público, e que se consolidou e engrandeceu, sacrificando a comunhão com a sua política de desigualdade e de absorção, de guerra no exterior e de mercantilismo no interior, tendo a escravidão por aliado, e a *burocracia* por exército.

Não creio, senhor presidente, que, em parte alguma do mundo, um povo civilizado tenha sofrido por tanto tempo um semelhante governo de drenagem sistemática de todas as economias, energias e aptidões locais, em uma tão prodigiosa área, sem sequer irritar-se contra ele, tornando-se pelo contrário cúmplice desse sistema de depredação, acreditando, talvez, que nesse acampamento colossal, levantado no meio do deserto, há lugar para todos os ambiciosos e para todos os famélicos, e que desse empobrecimento do país hão de resultar a grandeza e a opulência de uma capital rica bastante para renovar indefinidamente a magnificência da Roma antiga, nas vésperas da sua morte: distribuindo socorros às províncias que ela esgotou.

Em tais condições, senhor presidente, o delegado há de representar o sistema que arruína e não a província arruinada.

Representante de um poder diverso e superior, com interesse constituído em antagonismo permanente aos interesses locais, ele representa esse antagonismo entre as províncias sem defesa e o poder central sem limites.

Mesmo filho da província, ele não poderia romper o laço de solidariedade que o prende a esta Corte, e teria que fazer parte do sistema desde que se tornara um instrumento dele aceitando a delegação.

Sim, senhor presidente, é absolutamente impossível, sob o regime constitucional existente, termos presidentes que se identifiquem com as províncias, em vez de identificarem-se com o governo geral.

A natureza deste governo é antipática ao livre desenvolvimento provincial. O que ele quer é dinheiro para gastar, empregos para distribuir, e das províncias só quer que a receita geral não diminua e que a ordem pública se mantenha. Um governo central, estabelecido nesta cidade, primeiro dotado da capacidade de atender à totalidade do serviço que pesa sobre ele, e depois possuindo o desejo de governar cada província no interesse dela mesma e não no interesse de uma abstração chamada Estado, é uma utopia. Semelhante governo, se fosse possível, seria um grande melhoramento político, ainda que não solvesse as dificuldades todas e portanto não bastasse, mas imaginá-lo é o mesmo que supor uma revolução em todo o nosso clima e em todo o nosso solo, de um extremo ao outro.

Não, senhor presidente, o atual sistema não pode ser mudado enquanto não tivermos a autonomia provincial, enquanto não tivermos governantes representantes dos seus governados, eleitos por eles, obrigados a ganhar o que puderem ter de estima pública e de respeito público em sua vida, dentro dos limites das suas províncias; e não enquanto, por mais que se melhore, os interesses destas forem planejados e decididos em um centro que pretende dar o molde pelo qual devem crescer províncias de que ele não forma ideia, populações que ele não conhece, e um molde adaptado às necessidades da absorção central cada vez maior.

A absorção foi a última razão que apresentei, mas ela é outro ponto em que não é preciso insistir com grande desenvolvimento.

Tenho ouvido falar em delimitações da receita e da despesa. É inútil classificar impostos, é absolutamente inútil dizer quais são as fontes de receita provincial e quais são as fontes de receita geral, enquanto não se constituir a autonomia e a independência das províncias. (*apoiados*) Desde que o Estado tiver, como continuará a ter, o poder de taxar ilimitadamente, pouco importa saber quais são as ventosas que lhe ficam, o importante para ele é poder extrair a última gota de sangue. (*apoiados*)

Todas as populações têm naturalmente um limite de taxação: os povos, como os indivíduos, não podem ir além dos seus próprios recursos. Desde que o Estado guardar o poder de taxar privilegiadamente esses recursos até ao último vintém, lhe será indiferente deixar à província este ou aquele imposto, uma vez que ele não se desfalque em nada da renda de que precisa.

Se, em relação à receita se dá isso, em relação às despesas, ainda quando fosse possível organizar o custeio dos serviços públicos, delimitando a área da jurisdição dos dois poderes, geral e provincial, ainda seria baldado o esforço, porque entre nós a moralidade é literalmente o que cabe no domínio do sofisma, e nenhum poder se contém a si mesmo.

É preciso criar forças externas, que mantenham a autonomia das províncias, porque o Estado é incapaz de limitar-se a si próprio.

Dividir os serviços sem organizar autonomicamente a província é desconhecer a natureza absorvente, invasora e irreprimível do poder central, assim como a impossibilidade de limitar-lhe a expansão viciosa senão por meio de uma força externa efetiva e real. O que uma ordinária lei fizesse, outra desfaria logo; o que uma revolução abatesse, outra levantaria; o que fosse hoje deixado à província, amanhã ser-lhe-ia tirado, e não se faria assim mais do que anarquizar a administração toda, lançando-a em uma estrada de aventuras e mudanças constantes e destruindo a fixidez essencial a qualquer soberania: a dos limites da sua jurisdição.

Eu poderia multiplicar *ad infinitum*, senhor presidente, argumentos para demonstrar a inutilidade de classificar impostos e serviços em gerais, provinciais e municipais, enquanto não se tiver organizado a independência da província dentro do Estado, e a do município dentro da província, mas devo de preferência apontar o maior de todos os perigos da absorção.

No caminho em que vamos, eu perguntarei ao nobre deputado pelo Rio de Janeiro, o senhor Andrade Figueira, que parece velar sobre a sorte do Tesouro, qual é o futuro reservado às nossas finanças?

Eu vou mostrar-lhe.

Para isso tomo, senhor presidente, ao acaso, um relatório da Fazenda, não muito antigo, o do ano de 1858, do senhor Sousa Franco, e tomo também o relatório último do senhor Saraiva do ano de 1885. Há entre os dois somente o intervalo incompleto de uma geração — que infelizmente não é a minha, mas que é a de alguns membros desta Câmara, como o honrado deputado pelo 20º distrito de Minas, que tem assim o privilégio de representar neste recinto uma dupla juventude: a da nova geração, porque a ilustra, e a do espírito humano, porque é exata.

No relatório de 1858, a despesa é fixada em 43 mil contos (números redondos), no de 1885 em 143 mil, isto é, exatamente 100 mil contos mais, aos quais é preciso acrescentar o que não havia naqueles tempos 8 mil contos da tabela C.

Agora, comparemos esta despesa: Império 8 mil contos incluindo Agricultura — hoje Império 9 mil e Agricultura com a tabela C 45 mil ao todo 54 mil; Justiça 4, hoje 7 mil; Estrangeiros setecentos, hoje mil; Marinha 6, hoje 11 mil; Guerra 11, hoje 15 mil; Fazenda 13, hoje 63 mil.

Agora vejamos mais claramente nessas cifras: ao passo que a nossa despesa mais do que triplicou, nem na Marinha, nem na Guerra, nem em Estrangeiros, nem nas despesas administrativas de natureza geral, isto é, em toda parte do orçamento vivo que corresponde à unidade do Império, houve movimento naquela proporção. É na parte morta do orçamento, a dívida pública envolvida no Ministério da Fazenda e nas despesas de caráter local, que se verifica essa formidável proporção de 1 para 3 e mais.

A dívida pública em 1858 não alcançava 200 mil contos, em 1885; com a taxa de câmbio e o capital garantido, excede de 1 milhão de contos. Isso quer dizer, senhor presidente, que o atual sistema sujeita a nacionalidade ao perigo do desmembramento, porque não somente avassala todo o território, comprimindo-o, mas também expõe as províncias a não poderem viver dentro de um Estado que se move vertiginosamente para o precipício, esquecendo-se que ele se compõe delas.

Devemos hoje para cima de 1 milhão de contos de réis. Não quero imaginar o que deveremos daqui a vinte anos, mas posso afiançar que, mantendo-se o atual sistema de taxação ilimitada, e irresponsável para com os contribuintes, as províncias, dentro de vinte anos, não poderão carregar com a despesa do Estado. Ora, nenhuma população se sujeita a viver sob um governo que a arruína: a dívida, isto é, a miséria, constituirá para a população brasileira um vexame maior do que para a europeia, que emigra e vai fundar ou buscar uma nova pátria onde seus filhos possam lutar pela vida.

Ora, senhor presidente, desafio o nobre deputado pelo Rio de Janeiro, o senhor Andrade Figueira, a que, fora da autonomia provincial, encontre um meio de aliviar o futuro das províncias desse peso de morte, dessa causa de separação — o desenvolvimento prodigioso da dívida pública.

Apresentando este projeto, temos em vista, nós, liberais, estes diversos pontos:

1. Queremos organizar a responsabilidade efetiva da administração neste país, tornando-a em toda parte e em todas as suas partes eletiva e responsável para com os governados. (*apoiados*)

2. Queremos deixar onde eles são produzidos, os recursos nacionais; onde a atividade é grande, os frutos dessa atividade; onde o trabalho prospera, as vantagens dessa prosperidade; de forma a fazer com que cada geira desta terra fique entregue às mãos dos que vivem dela e a beneficiam, porquanto é simplesmente desse consórcio

real e efetivo do homem com o solo que se deriva a prosperidade das nações, porque essa é a grande lei do desenvolvimento da humanidade.

3. Queremos extinguir o beduinismo político; acabar em todos os sentidos com essa política de administração em que o país figura como um deserto, onde cada um pode levantar a sua tenda; com essas *aves de arribação e de rapina*, as quais substituindo a ideia de rapina para si mesmas, pela ideia de rapina para o Estado, merecem que se lhes apliquem as seguintes palavras de Burke aos magistrados ingleses na Índia:

> Eles passam uns após outros, onda após onda, e não há nada diante dos olhos dos naturais do país senão uma perspectiva sem esperança e sem fim de novos bandos de aves de rapina e de arribação com apetites continuamente renovados, por um alimento que continuamente diminui, e quando voltam para a Inglaterra carregados de despojos, os gritos da Índia são entregues aos mares e aos ventos para serem soprados cada vez que se levanta a monção por sobre um oceano remoto e sem ouvidos.

4. Queremos extinguir, nos limites em que é possível, sem cercear o que não pode ser cerceado, o enorme tributo que esta capital levanta sobre toda sorte de superioridades provinciais; acabar com esse sistema de absenteísmo por um lado e por outro de engrenagem, que faz com que todos os recursos do Brasil sejam esgotados, não em favor desta capital, mas em favor de um ente abstrato chamado Estado, a fim de que, quando o patriotismo brasileiro ressuscitar, ressuscite como existiu em outros tempos, isto é, ligado não a uma ideia somente, mas a um pedaço da nossa terra e a uma porção do nosso povo.

Agora, senhor presidente, respondo a uma observação que ouvi ao nobre deputado pelo Pará, o senhor Mac-Dowell, quando S. Ex.ª disse que podia citar diversos povos, no atual mapa do mundo, governados como o Brasil.

Pretendo que não há povo nenhum do mundo governado assim, povo livre, bem entendido, pois não me refiro a esses grandes sistemas de governo despótico, como a China por exemplo.

Digo que o nobre deputado pelo Pará terá de remontar-se a outro planeta para apresentar uma região da vastidão do Brasil, com um sistema de governo que ainda longinquamente se pareça com o nosso. Seria preciso devassar, com o mesmo telescópio que já descobriu canais em Marte, esse ou outro planeta, para se descobrir uma área da extensão do Brasil governada como nós pela mesma centralização, a não ser um governo despótico, cuja fonte e ponto de apoio estão exatamente no sistema de centralização absurda como nós temos.

Não, senhor presidente, nem o nobre deputado nem ninguém encontrará no globo um só país verdadeiramente livre, como é o Brasil, onde a distância não seja corrigida pela mais ampla autonomia local, a menos que as porções afastadas sejam simples possessões, como a Argélia o é da França.

Sei que a imensa expansão do nosso território é uma causa de legítimo orgulho para todos os brasileiros, e que é uma extraordinária fortuna nacional ocuparmos a parte talvez mais prometedora de todo o globo em uma extensão que permite que centenas de milhões, constituindo a nacionalidade brasileira dos séculos futuros, vivam e prosperem dentro do seu próprio país...

Eu não quisera diminuir de uma polegada o domínio incomparável que nos coube na partilha do mundo e que é só por si uma garantia de que, no solo que habitamos, há de existir um dia uma das mais fortes e poderosas sociedades humanas. O que eu digo é que não encontrareis em toda a terra um país livre da extensão do Brasil governado pela mesma centralização absurda.

O fato de sermos uma nação não justifica semelhante regime, pelo contrário, o torna ainda mais odioso. Ser governado por um poder que está longe de nós, um ou dois meses de viagem, e cujas comunicações redondas com a periferia nacional, para ultimar o mais simples dos negócios, consomem quase um ano, havendo pressa na máquina burocrática, que se move muito descansadamente, se não é estar na posição política de colônia, por certo é possuir um governo que tem o pior de todos os defeitos coloniais — o de governar-nos de longe e para si.

Somente a federação torna possível a existência, neste século, de grandes países como os Estados Unidos. Se não houvesse o sistema federal, aqueles Estados já se teriam repartido em diversas porções. (*há um aparte em que alude à homogeneidade das raças*) Nem se diga que a sua população é mais homogênea do que a nossa, eles têm quatro raças em todo o seu desenvolvimento. (*interrupção*) A nossa população também não é homogênea, também tem diversos fatores, diversas correntes subterrâneas, diversos temperamentos, diversas consciências.

Chamarei a atenção da Câmara para o que está acontecendo na Inglaterra, onde as colônias as mais longínquas, como a Austrália, estão procurando federar-se, onde o Canadá se federou, onde uma parte do Partido Liberal pede a federação total do Império, e onde entretanto a liberdade de cada uma das colônias é tal que elas podem taxar até as importações do Reino Unido; o que prova que o vínculo que as liga à Inglaterra é apenas o vínculo nominal da monarquia.

Um ilustre professor de Cambridge, cujo livro acaba de dar um imenso impulso às ideias federalistas inglesas, livro que foi um verdadeiro acontecimento nacional nos últimos dez anos, o senhor Seeley, estudando o fenômeno, que ele chama "Expansão da Inglaterra", mostra como na Antiguidade os Estados de tipo superior eram verdadeiramente cidades. Mesmo Roma, quando se tornou império, teve de sujeitar-se a um governo de tipo inferior. Na Idade Média, os Estados maiores foram também de governo inferior.

"A invenção do sistema representativo, porém", continua ele,

> fez com que esses Estados se elevassem a um nível superior. Nós vemos hoje nações dotadas de um poderoso espírito político ocupando territórios de 200.000 milhas quadradas com uma população de 30 milhões de almas. Um novo melhoramento sobrevém.
> O sistema federal vem juntar-se ao sistema representativo e, ao mesmo tempo, o vapor e a eletricidade fazem a sua aparição. São esses progressos que tornam possível a criação de Estados de organismo superior em territórios ainda mais vastos. Os Estados Unidos mostraram-se capazes de conciliar as mais livres instituições com a expansão sem limites.

Pois bem, aplicando essas palavras, eu direi: O organismo atual do Brasil, nominalmente representativo, é um organismo inferior, e somente com o sistema federal poderemos ter, em tão vasta extensão, um tipo superior de Estado, isto é, um Estado que se desenvolva tão livremente em uma extremidade como em outra, e que se governe a si mesmo em cada uma de suas partes.

Isso quer dizer que, sem a federação, não existe a democracia real. A nação pode ter um caráter representativo, desde que de toda parte são enviados homens a um Parlamento que delibera para todo o país, mas não tem a realidade de governo próprio. Sacrifica-se o que é perpétuo ao que é provisório.

Perpétuo é a terra, é a população; provisório o são as comunhões sociais em que uma e outra se dividem.

Sacrificar, por exemplo, o vale do Amazonas à existência de uma comunhão chamada Brasil seria conservar sempre ao patriotismo o caráter sentimental que no século XIX ele está perdendo. A prova é a imigração, que faz a grandeza dos Estados Unidos e mostra que a pátria, ao contrário do que dizia Danton, o homem a leva nas solas dos pés para colocá-la onde encontra a liberdade, a remuneração do seu trabalho, o respeito dos seus direitos individuais e o futuro da sua família. (*apoiados e apartes*)

A nossa atual forma de governo centralizado é uma forma grosseira de sociedade política, uma falsa democracia dando em resultado uma falsa independência. Essa burocracia que só serve para falsificar, na transmissão para o centro, as impressões da nossa vasta superfície, essa organização forasteira e espoliadora que, em vez de ajudar a viver, esgota em nome e com a força do Estado a atividade de cada uma de suas partes, não iludirá por muito tempo a inteligência da nossa época.

As províncias hão de compreender dentro de pouco, senhor presidente, que o que constitui governo colonial não é a falta de representação parlamentar, nem a de Constituição, nem o nome de colônia, nem a diferença de nacionalidade. O que constitui o governo colonial é a administração em espírito contrário ao do desenvolvimento local. O que os territórios que se rebelam pela independência querem não é desde logo representação nem democracia: é autonomia, isto é, que cesse a exploração de fora.

Dentro do mesmo território, da mesma língua, da mesma religião, do mesmo povo, a necessidade do crescimento livre e independente de cada uma das partes componentes de uma comunhão social qualquer é tão imperiosa que, em não sendo respeitada, cria logo um patriotismo local separatista e começa a desenhar os contornos e os órgãos de uma nação diferente. Enquanto o Brasil com a extensão que tem for um governo centralizado, e, exceto nos grandes momentos nacionais, em que o país deve todo ter a mesma vibração, as províncias tiverem que aguardar as ordens e o favor da Corte; enquanto uma só vontade irresponsável de uma abstração chamada Estado se estender soberanamente por 38 graus de latitude e 32 de longitude, poder-se-á dizer que somos uma nação que ainda não se constituiu definitivamente, que ainda não chegou ao período do seu metamorfismo democrático e está ainda na fase colonial.

Todos nós somos brasileiros, 1º para unidade nacional, 2º para a defesa do nosso território, 3º para o desenvolvimento da nossa civilização; estamos prontos a fazer o último sacrifício, ainda que o modo como o poder central concorre para manter a unidade nacional seja quase contrário a ele; a defesa do nosso território perca em vez de ganhar com a centralização seguida; e quanto ao desenvolvimento da civilização, os processos adotados quase todos tenham sido em direção oposta.

Mas, respeitado esse tríplice compromisso, que corresponde aos três fatos — da existência, da dignidade e do crescimento — da comunhão, eu, pernambucano, desconheço o direito pelo qual, invocando-se o título de cidadão brasileiro, se vai pedir a Pernambuco que em vez de governar-se a si mesmo e de dirigir os seus destinos, abandone essa direção a um poder distante, que só é nacional para os fins do compromisso, e para tudo o mais é estrangeiro.

Propondo a forma federal, senhor presidente, devo acentuar os limites dentro dos quais me parece desejável a federação. Como acabo de dizer, todos esses planos generosos que foram, durante toda a vida do Partido Liberal, engendrados para produzir certa autonomia provincial, e aos quais entre outros está associado o grande nome de Tavares Bastos, não podem dar resultado algum. Só a independência dos governos eletivos provinciais corresponde à gravidade do mal, mas por isso mesmo é preciso que o grande plano da federação acautele também grandes perigos.

Deve ser reservada para a Constituinte que tiver algum dia de tomar conhecimento dos votos e desejos das províncias a solução desse problema, mas desde já devemos esclarecer as nossas ideias a respeito para que se veja que demos a esse grave assunto toda a atenção que ele impõe.

A Constituinte, a nosso ver, deverá evitar, entre todos, estes perigos: o perigo do desmembramento, pela criação do governo nacional forte; o perigo da oligarquia, pela constituição forte das democracias provinciais; o perigo da retrogradação de algumas províncias, pela proteção da unidade nacional e da civilização adiantada do país; o perigo do particularismo, mantendo a unidade da comunhão brasileira; o perigo da bancarrota provincial, este só se pode remediar da mesma forma que o da bancarrota geral, limitando o poder taxativo da província pela criação autonômica, independente do município dentro dela; finalmente, o perigo de conflitos entre o geral e o particular, pela constituição de uma magistratura nacional que mantenha essa que Bismarck disse dever ser a única soberania — a soberania da lei, de modo tão patriótico e satisfatório para todas as partes da comunhão como o tem feito nos Estados Unidos a magistratura federal, que tem sido o verdadeiro eixo da União Americana.

Utilizando e considerando todos os grandes interesses que apontei, estou certo, senhor presidente, de que a forma federal impor-se-á à Constituinte brasileira.

Ela é em primeiro lugar a forma americana. É a forma que, exceto nos países onde está implantado o vírus teológico, e em países onde o despotismo e a ditadura têm reinado constantemente, prevalece em toda a América. É preciso ir ao Chile para procurar um país livre que não a tenha adotado; mas o Chile é uma nesga de terra ainda que dotada de um forte espírito. É a forma do Canadá, dos Estados Unidos, do México, como foi a da América Central; é a forma da Colúmbia, é a forma da República Argentina.

É uma forma que convém ainda mais às províncias que principiam, aos territórios ainda por nascer, porque, eu já disse em começo, não há nada mais importante para a vida futura de qualquer país do que a natureza das primeiras sementes lançadas no seu solo. (*há diversos apartes*)

Não creiam os nobres deputados, porque a vegetação do Amazonas é colossal, porque as suas águas perdem-se à vista, que seja ali indiferente o princípio pelo qual a sua imensa região comece a ser colonizada. É muito importante, dentro mesmo de uma muito pequena área, a natureza dos primeiros contactos do homem com a terra, do espírito com o barro que ele tem de transformar durante séculos.

Os grandes estados, como o Brasil, têm forçosamente que ser pelas suas distâncias estados federais. Basta olhar para o nosso território para ver-se que dentro de cem ou duzentos anos, cada um de seus grandes rios ter-se-á tornado a artéria vivificante de uma região fortemente coesa e ligada em todas as suas partes, assim como ao longo da sua imensa costa e espalhados pela sua vastíssima superfície haverá uma série de centros de comércio e indústria em competência e rivalidades uns com os outros, e que necessariamente as aptidões, as variedades, as energias todas e diferentes de uma área em que cabem centenas de milhões de almas, ter-se-ão acentuado e especificado, em constituições e organizações locais diversas.

Pois bem, quem não pensará que, sendo esse o futuro de todas essas regiões em vinte, em cinquenta, em cem ou duzentos anos, nós, que não somos senão os depositários temporários de todo este território, devemos fazer com que ele seja administrado de forma a não ser prematuramente estragado como o tem sido, mas que os germes de Estados que há espalhados por ele desenvolvam-se pela liberdade, em vez de atrofiar-se pela absorção?

Agora, senhor Presidente, que expus a natureza, a necessidade e o alcance da medida proposta, consinta V. Ex.ª que eu faça algumas observações finais.

Acredito ser de vantagem para o país que o ensaio da federação, julgo uma fortuna para o país, seja feito sob a forma monárquica. Penso que, em vez de preceder a república à federação, a federação deve preceder à república; que, no momento em que se ensaiar o sistema republicano em vinte estados diferentes, deve existir um poder central forte bastante para corrigir os excessos ou os desvios da organização federal e do espírito separatista que pudessem abalar a unidade nacional. (*apoiados e apartes*)

Não sei, porém, se para a monarquia é vantajosa ou desvantajosa a organização federal. Inclino-me a crer que é vantajosa; inclino-me a crer que, se a monarquia pudesse ter a intuição das reformas nacionais, se pudesse, por exemplo, pôr-se à testa do abolicionismo, pôr-se à frente da federação, e acompanhasse assim as aspirações nacionais até chegar a constituir-se, como é na Inglaterra, nada mais do que o primeiro servidor do povo, tendo por única missão, quando a nação quer, substituir um governo por outro, a monarquia escudaria assim o seu futuro muito melhor do que condenando-se a resistir a todos os movimentos, até ser forçada a sujeitar-se a eles por uma capitulação que não pode deixar de ser dolorosa. (*apoiados e apartes*)

O SR. CAMPOS SALES: — A monarquia havia de opor-se com todas as forças à federação.

O SR. JOAQUIM NABUCO: — O nobre deputado imagina em todas as províncias federais a monarquia, ou o poder central, conspirando com os imensos recursos de que dispõe para o descrédito da forma federal.

É claro que isso seria um perigo, ainda que a monarquia dessa forma conspirasse contra si mesma, mas não é perigo que deva fazer recuar diante da necessidade de ensaiar a reforma federal, e uma vez ela ensaiada, todos os esforços e sacrifícios devem ser empregados, para que em cada província dê os melhores resultados, deixando ao futuro a solução do outro problema, que é o problema monárquico. (*apartes*)

O único perigo, senhor presidente, que pode haver para uma dinastia patriótica, como é, por exemplo, a de Saboia, em dirigir a transformação democrática do seu tempo, é que um dia, pelo desenvolvimento natural do país, em consequência mesmo dessas reformas que ela promoveu, a monarquia chegue a ser desnecessária. (*apoiados e apartes*)

Mas todo príncipe digno de sentar-se em um trono deve estar pronto a perdê-lo quando essa perda resultar do próprio desenvolvimento que ele tenha dado à liberdade em seu reinado. Uma dinastia assim, senhor presidente, ficaria sendo a primeira, mais respeitada e mais influente das famílias brasileiras — desde que vivemos em um país onde não haverá partido restaurador — e qualquer homem de patriotismo que ela produzisse havia de exercer uma dessas ditaduras da opinião que formam o governo democrático moderno e que valem mais do que um trono. Essa perspectiva é por certo melhor do que a de ser uma família de pretendentes ou a de se julgar interessada no atraso e na morte do país que a sustenta, receosa da expansão das ideias democráticas. (*apoiados*)

Nesse terreno, o Partido Republicano daria prova de falta de sinceridade e inteligência se não se juntasse conosco, para formarmos uma união democrática federal que reservasse a questão da forma do governo do Estado para depois que as províncias tivessem adquirido a forma eletiva pura, e que ela houvesse produzido resultados de liberdade em vez de oligarquia, de moderação em vez de vindita, de engrandecimento em vez de retração.

O mesmo direi do partido abolicionista. O abolicionismo e o provincialismo têm quase os mesmos fundamentos. O abolicionismo significa a liberdade pessoal, ainda melhor a igualdade civil de todas as classes sem exceção — é assim uma reforma social; significa o trabalho livre, é assim uma reforma econômica; significa no futuro a pequena propriedade, é assim uma reforma agrária, e como é uma explosão da dignidade humana, do sentimento da família, do respeito ao próximo, é uma reforma moral de primeira ordem.

No todo, o que se pretende com ele é elevar o nível moral e social do povo brasileiro.

Pois bem, em mim pelo menos a origem do meu provincialismo de hoje é a mesma. Não se trata de criar diversas pátrias, mas de fortalecer o sentimento da pátria; não se quer destruir a unidade moral do nosso povo, tão fortemente acentuada, mas pelo contrário fazer com que essa unidade corresponda a um alto apreço do valor da nossa nacionalidade; o que se quer sobretudo é tornar em toda parte o território brasileiro vivo, animado, independente, para que o Brasil readquira a sua expansibilidade e se desenvolva, em vez de retrair-se sobre si mesmo, como está acontecendo; e que neste incomparável domínio de terra não cresça uma abstração chamada Estado à custa de um território e de uma nação, e que um governo, isto é, um nome, não esterilize e atrofie essas duas grandes realidades: um povo e um mundo.

Agora, senhor presidente, volto-me para o Partido Liberal e com estas palavras pretendo terminar o meu extenso discurso, de cujas proporções peço desculpa à Câmara, agradecendo-lhe a devotada atenção com que me ouviu.

O Partido Liberal, como hoje se acha e como hoje comparece perante o país, sujeito à autoridade de diversos chefes inimigos entre si, obedecendo às inspirações de um Senado, onde, como foi eloquentemente dito, há liberais, mas não há Partido Liberal (*apoiados*), voltando-se para perscrutar os sentimentos do imperador, cujo lápis desenha os limites possíveis das reformas necessárias e cujo olhar parece domar os grandes lutadores, como se domam serpentes venenosas, preparando-se para voltar ao poder para representar os mesmos papéis, sujeitar-se aos mesmos homens, praticar as mesmas apostasias e sofrer as mesmas humilhações, o Partido Liberal, assim constituído, não tem nenhum fim útil e, pelo contrário, ilude a todos que aderem a ele pelo nome falso e falsa bandeira que levanta, ilude a democracia nacional, que se sacrifica por ele e seus homens, quando a sua intenção era somente sacrificar-se por nobres ideias. (*apoiados*)

Mas, ao lado dessa disposição de espírito de muitos liberais, há a disposição de outros que acreditam, senhor presidente, que, se a união efetiva do partido se realizar em torno de ideias e não de chefes, mas de ideias que sejam grandes aspirações nacionais, o último dos soldados, quando todos os marechais nos abandonassem em caminho, seria capaz de levar a democracia à vitória e de mostrar que os partidos, como os povos que sabem o que querem, não precisam, como precisavam os exércitos romanos, de serem acompanhados à batalha por um grupo de sacerdotes para lhes interpretarem os presságios celestes.

Mas, para isso, é preciso que o Partido Liberal coloque a sua força, não em alguns indivíduos que se sentam no vértice da pirâmide social, mas nas extensas camadas populares sobre que ela se levanta. (*apoiados*)

Convença-se o Partido Liberal disso, hasteie a grande bandeira da abolição, da federação e da paz: a abolição, que é o trabalho e a terra; a federação, que é a independência e o crescimento; a paz, que é o engrandecimento exterior e a expansão legítima de todos os estímulos da atividade nacional; e esse partido há de mostrar, qualquer que seja o seu número, que é a maior força deste país, porque o coração do país está ainda são, é ainda profundamente liberal e democrático.

Todos se recordam deste país quando a monarquia era uma verdadeira adoração, e o imperador era por assim dizer adorado por meio de cerimônias quase religiosas como o beija-mão. Todos se lembram do tempo em que o escravo ainda não tinha sentido as primeiras esperanças de liberdade; em que uma política de tradições suspeitosas tinha os brasileiros constantemente voltados para o rio da Prata, onde os governos de uma classe que nunca se bateu sacrificavam, em carnificinas inúteis, a flor da população e o exército do trabalho; em que o fanatismo não tinha sofrido os primeiros golpes da liberdade do pensamento.

Hoje os tempos são muito diversos: a adoração monárquica está viva apenas no espírito de alguns subservientes; o fanatismo acabou nas prisões dos bispos de Pernambuco e do Pará; a escravidão foi varrida do Norte ao Sul por um verdadeiro simum nacional; e já não há medo de que o fantasma da guerra se levante dos túmulos do Paraná e do Paraguai, para vir agoirar o nosso futuro pacífico, liberal e americano.

É por isso que eu digo: é desconfiar muito da coragem e do patriotismo do país supor que, entre a ideia liberal que se afirmasse com todas as suas forças em defesa do ideal de uma pátria reconstituída sobre os grandes alicerces modernos, o país, falando de um homem, preferisse o culto de algumas múmias, ou falando de instituições decadentes, o culto dos sarcófagos que guardam a poeira embalsamada do passado.

Eu pelo menos, senhor presidente, tenho ainda confiança no desenvolvimento e no poder das forças que hão de realizar a grandeza nacional, e entregando à Câmara, em nome da maioria do Partido Liberal, o projeto que estabelece no Brasil a forma federativa monárquica, faço-o com a maior certeza dos seus resultados. O navio que é hoje lançado ao mar há de encontrar no seu curso tempestades e tormentas; recifes e correntes contrárias; desânimos e traições a bordo; podem transformar-lhe a bandeira em bandeira de corsário, ou arriá-la diante de um inimigo que não ousaria lutar com ele, mas esse navio há de um dia avistar a terra que demanda, porque ele vai entregue ao Futuro, que é a maior das divindades nacionais. (*muito bem, muito bem! O orador é cumprimentado. Aplausos nas galerias*)

Em seguida o orador levanta-se de novo e pede licença para ler o projeto que vai mandar à mesa com as assinaturas de 38 deputados liberais representando dezesseis províncias e o município neutro (*lê*):

A Assembleia Geral Legislativa resolve:

Artigo único. — Os eleitores de deputados à próxima legislatura darão aos seus representantes poderes especiais para reformarem os artigos da Constituição que se opuserem às proposições seguintes:

O governo do Brasil é uma monarquia federativa.

Em tudo que não disser respeito à defesa externa e interna do Império, à sua representação exterior, à arrecadação dos impostos gerais e às instituições necessárias para garantir e desenvolver a unidade nacional e proteger efetivamente os direitos constitucionais de cidadãos brasileiros, os governos provinciais serão completamente independentes do poder central.

Sala das sessões, 14 de setembro de 1885. — *Joaquim Nabuco. — José Marianno. — Joaquim Tavares. — Carlos Affonso. — Vianna Vaz. — Alves de Araujo. — Adriano Pimentel. — Augusto Fleury. — Valdetaro. — Marcos Guia. — Dr. João Penido. — Bezerra Cavalcanti. — Paula Primo. — Mascarenhas. — Leopoldo de Bulhões. — Bezerra de Menezes. — Aristides Spinola. — Miguel Castro. — Affonso Celso Junior. — Diana . — Joaquim Pedro Soares. — Juvêncio Alves. —*

França Carvalho. — Segismundo Gonçalves. — Egidio Itaqui. — Satyro Dias. — Almeida Oliveira Schutel. — Joaquim Pedro Salgado. — João. — Dantas Filho. — Costa Rodrigues. — Thomaz Pompeu. — Moreira Brandão. — Silva Mafra. — Cesar Zama. — Leopoldo Cunha. — Candido de Oliveira. — J. Romero.

Apresentação do ministério
João Alfredo
[discurso em 7 de maio de 1888]

O SR. JOAQUIM NABUCO: — Senhor presidente, ao contrário do meu ilustre amigo, deputado pelo Rio Grande do Sul, cuja intenção ficou mais clara do que ele nos não disse e cujas ironias caíram sobre o ministério e a Coroa, eu levanto-me para oferecer ao honrado presidente do Conselho, para a realização do seu grande programa, o apoio desinteressado, se não de toda, de uma parte daquela fração do partido que foi sempre antes de tudo abolicionista. (*muito bem!*)

Eu, pelo menos, não faço questão da publicação da carta da princesa imperial, que o nobre deputado exige com tanta insistência. Basta-me saber, senhor presidente, que essa carta continha a demissão do chefe de polícia e com ela a do ministério solidário, para não querer fazer passar de novo, diante desta Câmara, as figuras de um período, que eu quisera ver tão apagadas de nossa memória, como o estão da memória do homem os monstros das épocas antediluvianas.

Não, senhor presidente, não é este o momento de se fazer ouvir a voz dos partidos. Nós nos achamos à beira da catadupa dos destinos nacionais e junto dela é tão impossível ouvir a voz dos partidos como seria impossível perceber o zumbir dos insetos atordoados que atravessam as quedas do Niágara. (*apoiados. Muito bem!*)

É este incomparavelmente o maior momento de nossa pátria, a geração atual ainda não sentiu coisa semelhante e precisamos lembrar-nos do que nossos pais, que viram o Sete de Abril, ouviram aos nossos avós que viram a Independência, para imaginar que nesta terra brasileira houve de geração em geração uma cadeia de emoções parecidas com esta. (*apoiados. Muito bem!*)

Dentro dos limites de nossa vida nacional e feito o desconto da marcha de um século todo, 1888 é um maior acontecimento para o Brasil do que 1789 foi para a França. (*apoiados. Muito bem, bravos!*) É literalmente uma nova pátria que começa e assim como à mudança de uma forma de governo caem automaticamente no vácuo as instituições que a sustentavam ou viviam dela, é o caso de perguntar, senhor presidente, se os nossos velhos partidos, manchados com o sangue de uma raça, responsáveis pelos horrores de uma legislação bárbara, barbaramente executada, não deviam ser na hora da libertação nacional, como o bode emissário nas festas de Israel, expulsos para o deserto, carregados com as faltas e as maldições da nação purificada.

A nação, neste momento, não faz distinção de partidos; ela está toda entregue à emoção de ficar livre, ela confunde no mesmo sentimento Dantas e João Alfredo, José Bonifácio morto e Antônio Prado vivo; ela não pergunta se quem vai fazer a abolição é liberal ou é conservador, como a repercussão estrondosa das vitórias contra o Paraguai, para deixar pulsar os seus corações de brasileiros, os conservadores não queriam saber se Osório, o vencedor de 24 de maio, era liberal, nem os liberais indagavam se quem tinha tomado Assunção, Caxias, era conservador. (*apoiados e bravos nas galerias*)

Quando a abolição estiver feita, senhor presidente, então sim, podem recomeçar essas nossas lutas partidárias que se travam de fato em torno das comarcas para juízes de direito e das patentes de guarda nacional (*riso*), parecendo que se travam em torno de ficções constitucionais; neste momento, porém, o termo é outro e muito diverso, porque do que se trata é nada menos do que de fechar a cova americana de que fala Michelet, *onde, por amor do ouro, foram atirados dois mundos, o negro por sobre o índio.* (*apoiados. Muito bem!*)

Depois da abolição, podem voltar os velhos partidos com os seus chefes aos quais, se eu tivesse que pedir alguma coisa, não pediria, por certo, senhor presidente, a coerência rigorosa que o meu ilustre amigo, no fim do seu discurso, exigiu como primeira condição para um político impor-se ao respeito da opinião; eu lhes pediria exatamente o contrário, isto é, uma incoerência tão grande que parecessem outros e a nação não os pudesse reconhecer pelos mesmos que fizeram o nosso povo perder a fé no governo parlamentar.

Sim, senhor presidente, se é o Partido Conservador que vai declarar abolida a escravidão do Brasil, eu digo-o sem recriminação, a culpa dessa substituição de papéis há de recair toda sobre essa dissidência liberal de 1884, que impediu o ministério Dantas de vencer as eleições daquele ano, de arrastar consigo o eleitorado todo do país, e de realizar uma reforma muito mais larga do que o seu projeto. (*apoiados*)

Houve, porém, sempre no Partido Liberal uma minoria de homens tímidos que fizeram com que os grandes nomes de nossa história, na questão que mais interessa ao Partido Liberal, a da abolição, isto é, da formação do povo brasileiro, fossem conservadores em vez de liberais: foram eles que impediram Antônio Carlos de fazer o que fez Eusébio, que impediram Zacarias de fazer o que fez Rio Branco e que impediram Dantas de fazer o que vai fazer João Alfredo, que nunca tiveram fé nem no povo nem nas ideias liberais. (*muitos apoiados*) Mas o escravo já tem sido por demais explorado...

Eu sei, senhor presidente, que os liberais estão sofrendo em todas as províncias do jugo conservador, mas estão sofrendo em suas garantias constitucionais apenas, ao passo que os escravos estão sofrendo em suas pessoas e no seu corpo. Antes de pensar nos nossos correligionários, temos que pensar em nossas vítimas, e os escravos o são, vítimas da política estreita até hoje de ambos os partidos... É exatamente porque esquecemos o que estamos sofrendo para salvá-los do cativeiro em que ainda estão por nossa culpa, mostrando assim sermos abolicionistas antes de sermos partidários, que há mérito no apoio que prestamos ao ministério conservador. Nós temos muito que nos fazer perdoar pela raça negra e eu acredito estar servindo os interesses do Partido Liberal, que não é outra coisa senão o povo, o qual não é outra coisa em vastíssima extensão senão a raça negra, tomando a atitude que tomo ao lado do gabinete no batismo da liberdade que ele vai agora receber...

Discutir, senhor presidente, se é o Partido Liberal ou o Partido Conservador que tem direito de fazer essa reforma é cair sob o rigor de uma etiqueta constitucional muito pior do que essa etiqueta monárquica, que fazia um rei de Espanha morrer sufocado por não se achar perto o camarista que tinha direito de tocar no braseiro. (*apoiados. Riso*) Porventura, os escravos são liberais? (*riso. Apoiados*) Fazem eles questão de serem salvos por este ou por aquele partido?

Não, senhor presidente, o que eles querem é ver-se livres do cativeiro, seja quem for o seu libertador, e eu coloco-me no mesmo ponto de vista que eles e penso que essa é a única verdadeira teoria constitucional, porque é a única de acordo com a urgência da salvação que eles esperam de nós...

Eu comparei em Pernambuco esta lei a uma capela dos jesuítas perto de Roma, onde se veem nas paredes, como troféus da religião, os punhais e as pistolas entregues pelos bandidos arrependidos, e disse que essa lei era a verdadeira igreja nacional onde o Partido Conservador vinha depor as armas com que combatera a abolição e os escravos e na qual ele tinha o mesmo direito de ajoelhar-se e rezar que os mais antigos abolicionistas... É que, senhor presidente, o exemplo dado hoje pelo Partido Conservador corresponde à noção do único verdadeiro conservantismo. Ainda recentemente um estadista inglês, em cujo procedimento eu procuro muitas vezes inspirar-me, o senhor John Morley, querendo exemplificar o que ele entendia pelo verdadeiro espírito conservador em política, tomava o exemplo de Lincoln. Ao subir à presidência, em 1860, Lincoln queria somente que a escravidão não se estendesse aos novos territórios da União, que se respeitasse o direito dos estados de tratar exclusivamente da questão, mas que, à medida que os acontecimentos se foram desdobrando, resolveu dar o golpe final e decretou a abolição no dia em que as vitórias de Grant puderam dar força de lei em todo o território americano à proclamação do governo de Washington.

Esse é o conservantismo nacional e político, senhor presidente, por oposição ao conservantismo doutrinário, que até hoje tem perdido todas as instituições que se confiaram à sua obstinação e à sua cegueira e que ainda não ressuscitou nenhuma com o seu despeito.

O meu ilustre amigo, deputado pelo Rio Grande do Sul, falou-nos da ilegitimidade do atual gabinete. O que é que constitui tal ilegitimidade? Ter a princesa imperial demitido um ministro que gozara até ao último dia da sessão passada da confiança da Câmara? Mas não o demitiu ela por fatos supervenientes e inspirando-se com tal segurança no pensamento da ilustre maioria que o novo gabinete veio encontrar o mais forte apoio nesta Câmara? Há muito tempo, senhor presidente, que eu abandonei o caminho das sutilezas constitucionais que se adaptam a todas as situações possíveis. Pelo estado do nosso povo e pela extensão do nosso território nós teremos por muito tempo, sob a monarquia ou sob a República, que viver sob uma ditadura de fato. Há de haver sempre uma vontade diretora, seja do monarca, seja do presidente. Esta é a verdade, tudo o mais são puras ficções sem nenhuma realidade a que correspondam no país.

Pois bem, todo o meu esforço em política, há bastantes anos, tem consistido em que essa ditadura de fato se inspire nas necessidades do nosso povo até hoje privado de teto, de educação e de garantias e que ela compreenda que a verdadeira nação brasileira é coisa muito diversa das classes que se fazem representar e que tomam interesse na vida política do país. É para as necessidades morais e materiais da vastíssima camada inferior que formam o nosso povo, e das quais a abolição é a primeira, sem dúvida alguma, que eu tenho trabalhado para voltar as vistas da ditadura existente.

Eu nunca denunciei o nosso governo por ser pessoal, porque com os nossos costumes o governo entre nós há de ser sempre por muito tempo ainda pessoal, toda a questão consistindo em saber se a pessoa central será o monarca que nomeia o ministro ou o ministro que faz a Câmara... O que eu sempre fiz foi acusar o governo pessoal de não ser um governo pessoal nacional, isto é, de não se servir do seu poder, criação da província que lhe deu o trono, em benefício do nosso povo sem representação, sem voz, sem aspirações mesmo...

Agora, porém, o que se vê, senhor presidente, é essa ditadura de fato assumir o caráter de governo nacional no mais largo sentido da palavra, promovendo a abolição, e é por isso que eu entendo que, longe de merecer as censuras, as ironias e até os ultrajes que estão sendo acumulados pelo despeito partidário sobre a sua cabeça, a princesa imperial merece a máxima gratidão do nosso povo. Nos meses em que o imperador lhe confiou o Império, ela achou tempo de fazer dele uma pátria, um país livre; com uma lágrima do seu coração de mãe ela cimentou em um dia essa união do trono com o povo que com toda a sua experiência dos homens e das coisas, seu pai não pôde consolidar inteiramente em 47 anos de reinado. (*apoiados*) Não há nada mais belo, senhor presidente. A simples intuição de uma brasileira, que não é mais do que qualquer de nossas irmãs, com a mesma singeleza, a mesma honestidade e o mesmo carinho, escreve a mais bela página de nossa história e ilumina o reinado inteiro de seu pai. 1871 é todo dele, mas 1888 é todo dela. Há neste momento uma manhã mais clara em torno dos berços, uma tarde mais serena em torno dos túmulos, uma atmosfera mais pura no interior do lar... Os navios levarão amanhã por todos os mares a bandeira lavada da grande nódoa que a manchava, os nossos compatriotas nos pontos mais longínquos da terra onde se achem sentirão que é um título novo de orgulho e de honra o nome de brasileiro... A quem se deve essa mutação tão rápida senão à princesa imperial? *Os grandes pensamentos vêm do coração*. Ao dito de Vauvenargues, senhor presidente, pode-se acrescentar — *e também os grandes reinados*, como esta curta Regência que em tão pouco tempo deu ao sentimento de pátria outra doçura e à palavra humanidade outro sentido... (*apoiados. Muito bem!*)

Há, senhor presidente, na *Salambô* de Gustave Flaubert, admirável reconstrução da vida cartaginesa, uma cena de grande poder descritivo. Ele nos pinta o chefe dos mercenários revoltados contra Cartago, penetrando, guiado por um escravo, no templo de Tánit e roubando o manto da deusa, ao qual estava ligada na crença popular a sorte da própria cidade... Coberto pelo manto sagrado, ele atravessa a multidão inumerável dos cartagineses impelidos pela vingança, mas dominados pelo terror que não ousavam tocá-lo porque tocá-lo seria atentar contra a deusa que o protegia, contra o símbolo sagrado para o qual era sacrilégio mesmo levantar os olhos. (*muito bem!*)

Pois bem, senhor presidente, eu quisera que o Partido Liberal neste momento compreendesse que o honrado presidente do Conselho vai também envolto no manto sagrado ao qual está ligada a fortuna do nosso partido. Esse manto confere o privilégio da inviolabilidade a todo aquele que se apossa dele.

O nobre presidente do Conselho mostrou compreender que o que faz o homem de Estado é a imaginação que penetra no mais fundo do coração do povo e lhe adivinha o segredo de que, às vezes, ele mesmo não tem consciência. Leis, grandes leis encomendam-se, senhor presidente, à ciência dos juristas; a eloquência acha-se às vezes em inspirações alheias, mas essa chama sagrada que a alma do povo acende de muito longe no coração do estadista, que põe o coração de Bismarck em contacto com o coração da Alemanha, o de Cavour com o da Itália, o de Gladstone com o da Inglaterra e hoje o de João Alfredo com o do Brasil (*apoiados*), inspiração do verdadeiro homem de Estado, senhor presidente, não se encomenda, não se aprende, não se estuda, é uma revelação divina dessa luz que ilumina o universo e que dirige a humanidade.

Eu, senhor presidente, tenho dez anos de vida política e nesse tempo tenho visto como neste país crescem e consolidam-se as reputações sociais solitárias dos homens que se inspiram somente nos princípios... Eu vi com que reputação subiu o senhor Dantas e com que reputação baixou ao túmulo José Bonifácio; eu vi com que reputação apareceu de repente o senhor Antônio Prado... em todos os casos eu tenho visto sempre a reputação política dos homens que se inspiram em si mesmos e não egoisticamente, mas como instrumentos desinteressados de uma ideia, crescer cada vez mais forte, ao passo que os outros, para ficar de pé, precisam encostar-se uns aos outros, apoiar mutuamente as suas ambições contrárias, e ainda assim um sopro da opinião os abateria, se o seu verdadeiro ponto de apoio não fosse essa grande e mentirosa ficção do Senado vitalício. (*muito bem!*)

Sim, senhor presidente, ao pensar na sessão de hoje do Senado, eu lastimava que o túmulo da escravidão não fosse largo bastante para conter tudo o que devera desaparecer com ela. Quando morre o rei de certos países africanos, o seu cavalo, o seu cão, os seus escravos favoritos são sacrificados sobre o seu túmulo e os seus herdeiros obrigados a matar-se ali mesmo para que nada reste dele. Pois bem, eu quisera que no túmulo da escravidão se fizesse pelo menos o sacrifício da vitaliciedade do Senado, para que ele não venha a herdar-lhe o espírito e, abrigado por trás de uma irresponsabilidade absoluta, tornar-se o foco da conspiração que deve ressuscitar o escravagismo político.

É duro para o Partido Liberal, senhor presidente, eclipsar-se neste momento em que se passa uma verdadeira apoteose nacional. Mas, como eu disse, a culpa é somente dele, a culpa é somente nossa. Fomos nós que não acreditamos que a abolição imediata pudesse ser feita, embora hoje todos a achem fácil. Não acreditávamos ainda, o ano passado! Faltou-nos fé na ideia e as ideias querem que se tenha fé nelas. Hoje, que a abolição imediata e incondicional é apresentada pelo governo, todos dizem que ele não podia ter apresentado outro projeto. É a mesma do ovo de Colombo! Por que não a fizemos nós? Por que não a propusemos, senão porque estávamos divididos no nosso próprio partido? Quando se olha para a situação passada, exceto o ministério abolicionista, o que resta de tantos governos liberais? O que resta do ministério Lafaiete, quando no país o movimento abolicionista já libertava províncias, além da cédula de cinco tostões que ele pedia como captação ao Império para fazer a abolição? (*muito bem!*)

O SR. MACIEL dá um aparte.

O SR. JOAQUIM NABUCO: — Eu falo somente da abolição, não falo da honestidade, porque para a honestidade é preciso um debate muito mais amplo, muito mais largo, em que não posso agora entrar.

O SR. MACIEL: — Mas deve entrar.

O SR. JOAQUIM NABUCO: — Não sei se o nobre deputado se refere neste momento ao atual ministério: não é meu dever defendê-lo. Mas a que vem a honestidade de um ministério, quando se fala unicamente da tradição abolicionista da série de governos liberais que tivemos? Ainda na última sessão do Parlamento, viu-se que a minoria liberal desta Câmara não julgava possível que se fizesse tão depressa a abolição imediata e incondicional. Eu acabei de dizer ao honrado deputado: não acredito aos meus olhos, não acredito aos meus ouvidos quando ouvi o nobre presidente do Conselho pronunciar aquelas palavras — *abolição imediata e incondicional.* Todos se transformaram, senhor presidente, não foram somente os conservadores; transformou-se o meu nobre amigo [o sr. Maciel], não pessoalmente, porque bem conheço os seus antigos sentimentos abolicionistas, mas como homem de partido, porque ainda há pouco ele por certo não julgava possível uma solução tão rápida; como eles, transformou-se o nosso partido todo que, apesar de ter caminhado muito desde 1884, não tinha chegado ao ponto de inscrever no seu programa de governo a abolição imediata e incondicional, e como o Partido Liberal e o Partido Conservador transformou-se a opinião toda, transformaram-se os próprios fazendeiros, cujas festas maiores são agora as libertações dos seus escravos: é a graça divina que, talvez pela intercessão do honrado ministro da Justiça (*riso*), desceu sobre nós todos.

Mas, senhor presidente, como falo com sinceridade ao Partido Liberal, e não tenho dentro do partido uma só desafeição pessoal, não desejo que um só dos seus membros fique retardado na sua carreira, e desejo que o mesmo partido volte ao poder o mais cedo possível, mas, como disse, transformado; que ele dispa esses andrajos, como me diz aqui o honrado deputado pela Bahia [o sr. Góis], comuns a ambos os partidos da época antiabolicionista; eu direi com toda sinceridade e franqueza o que se me afigura ser a única estrada que o nosso partido deva querer trilhar.

O que nós temos a fazer primeiro é sustentar o ministério para que ele realize o mais breve possível a obra da abolição e, depois de realizada essa obra, devemos levantar a grande bandeira da autonomia das províncias, sem a qual não teremos base possível para nenhuma política de futuro. (*apoiados*)

Mas, senhor presidente, isto não quer dizer que devamos mandar no mesmo dia aos escravos a notícia de que estão livres e a notícia de que derrubamos o gabinete que os libertou. Isto não teria senão uma significação: que o escravismo tinha tomado a sua desforra logo depois da abolição. Nós temos de ficar solidários até sua completa execução com essa política abolicionista representada pelo atual gabinete, e se com ela obtivermos outras reformas, se tivermos de fato por algum tempo o domínio liberal no país, teremos preparado o melhor terreno para as futuras eleições. No que não podemos pensar é em forçar o atual governo a uma dissolução que, depois da lei, não lhe seria por certo negada, antes de essa lei ter tido execução inteira, porque isto seria complicar com uma questão política e eleitoral a libertação efetiva da raça negra. Seria pôr em dúvida a verdadeira execução da lei, porque nós, senhores, sabemos o que são candidatos em véspera de eleições, não haveria nada que os candidatos liberais não prometessem aos senhores de escravos despeitados. Em um país em que todos os acontecimentos políticos estão nas mãos da grande propriedade territorial, depois que um golpe terrível como este é, torna-se altamente impolítico apelar para ela.

A sua ferida está ainda sangrando, ainda está vivo o momentâneo despeito, que ela há de guardar àqueles que fizeram a abolição.

Nós somos uma minoria nesta Câmara, não podemos subir ao poder pela escada das reformas liberais porque não temos votos para fazê-las; para derrotar o gabinete, teríamos, portanto, que nos unir a alguma conjuração, que surgisse no próprio Partido Conservador. Teríamos que ser os aliados do escravismo, entraríamos, por consequência, em combate com o mesmo vício de impopularidade que hoje caracteriza o Partido Republicano, somente porque teve a fraqueza de aceitar, em vez de repelir, o concurso da escravidão desvairada.

Hoje, senhor presidente, a situação é uma, no dia em que se fizer a abolição a situação será outra: — uma raça nova vai entrar para a comunhão brasileira.

É quando se entra na vida civil que se escolhe um partido. Isto aconteceu a cada um de nós quase... É agora que a raça negra vai escolher o seu partido, vai dar o seu coração, e se mostrássemos indiferença pela sua sorte ou preocupação exclusivamente de nós mesmos, eu tenho medo, senhor presidente, que a raça negra, que no fundo é o povo brasileiro, se filiasse ao Partido Conservador, acreditando que foi ele e não o Partido Liberal, se não quem mais concorreu, quem maior alegria teve na sua liberdade.

Eu falo, senhor presidente, como um homem que está habituado, no seu partido, a ver-se muitas vezes isolado e a ver outras tantas o partido reconhecer que a estrada na qual ele se achava era a estrada que levava ao coração do povo, ao passo que a outra só levava, quando levava, a um poder de que o partido não podia usar com liberdade e que em nada aproveitava às grandes causas liberais.

Sinto-me bastante fatigado, senhor presidente, mas creio ter dito bastante a favor da política abolicionista do gabinete, para ter o direito de exigir que ele execute a lei com a lealdade, que nos deve a nós, que o auxiliamos, como a deve a si mesmo...

O honrado presidente do Conselho foi o principal auxiliar da lei de 1871, e agora vai ser o autor da lei de 1888; através dos dezessete anos decorridos, esse fato mostra uma persistência da fortuna que, se entrar bem no fundo da consciência abolicionista dos últimos anos, S. Ex.ª reconhecerá que não foi de todo merecida.

Pois bem, é no modo de apressar a passagem do projeto nas duas Câmaras e depois no modo de executar a lei que S. Ex.ª poderá fixar para sempre no seu nome essa glória que hoje adeja em torno dele. Não seria possível neste momento prejudicar o prestígio sequer do honrado presidente do Conselho, sem prejudicar por alguma forma a perspectiva brilhante que se abre diante da nação.

Eu, pela minha parte, não tomo a responsabilidade de nenhum ato de tanta significação. O que faço, o armistício que eu proponho, a aliança abolicionista que eu sustento, tudo se passa à luz desta tribuna. Há raças que por não falarem não se entendiam no escuro. Eu espero que não se possa dizer dos partidos brasileiros que não se entendem na claridade, que não podem trazer para o Parlamento o fundo dos seus corações, que não há entre eles nenhum terreno comum, nem a pátria nem a humanidade...

O honrado presidente do Conselho, senhor presidente, tem direito neste momento de todo o povo brasileiro ao maior apoio que o povo americano dava a Lincoln na véspera da abolição, o maior apoio que a nação italiana dava a Cavour na véspera da sua unificação, ao maior apoio que o povo brasileiro dava a José Bonifácio na véspera da Independência. São três grandes objetos em uma só bandeira de que ele é o portador e é assim que eu lhe repito por outras palavras a saudação que lhe fez o grande jornalista do norte, Maciel Pinheiro:

"Pudeste ser meu inimigo ontem, hás de com certeza voltar a ser meu inimigo amanhã: mas, por enquanto, és o pontífice de uma religião sublime, vais coberto pelo pálio da comunhão nacional e levas nas mãos a hóstia sagrada da redenção humana!"

(*muito bem! Muito bem! Aplausos prolongados nas galerias*)

RESPOSTA ÀS MENSAGENS DO RECIFE E DE NAZARÉ

Meus caros comprovincianos,

Tive a honra de receber as mensagens que me dirigistes, chamando-me ao seio do povo pernambucano a trabalhar pela federação na República, assim como havia trabalhado na monarquia. Somente há dias foi-me entregue a mensagem do Recife, a cujos termos faz referência a de Nazaré recebida por mim no ano passado. É esta a explicação da longa demora de uma resposta que teria sido imediata se eu não devesse dirigir-me, conjuntamente, aos dois distritos que tive a honra de representar.

Agradeço-vos, com o mais profundo reconhecimento, este novo testemunho de confiança. Ele mostra, mais uma vez, que a vossa generosidade para comigo cresce sempre na razão das dificuldades em que nos achamos, reciprocamente, colocados.

Tenho a mais imperiosa consciência dos direitos que por ela adquiristes sobre mim. Conservo intacta, e hoje mais viva do que nunca, a minha aspiração autonomista. Aos dois compromissos de minha carreira pública — a emancipação do povo e a emancipação das províncias — guardo a fidelidade das obrigações morais espontâneas. Sou, entretanto, forçado a pedir-vos que me dispenseis de associar-me à fundação da República, porque me considero para isso política e moralmente impróprio.

Politicamente, porque tudo o que eu disse, na Câmara, perante vós, n'*O Paiz*, e, ainda no ano passado no rio da Prata, em preferência da monarquia, como a fiadora idônea da autonomia das províncias e a continuadora natural da obra de Treze de Maio, foi-me ditado pela mais profunda e desassombrada convicção que um espírito sincero possa formar sobre os problemas vitais do seu país. Moralmente, pela humilde parte que tive no movimento abolicionista, na semana histórica de maio, e na sustentação da monarquia duas vezes libertadora, depois do seu segundo *alea jacta est*, ainda mais nobre e mais generoso do que o do Ipiranga.

A minha adesão à monarquia teve quatro fortes razões, em fases históricas sucessivas.

Antes do movimento abolicionista eu era monarquista como liberal, por acreditar que a monarquia parlamentar, com o seu sistema de partidos, que mutuamente se fiscalizam e se limitam, e de responsabilidade ministerial perante as Câmaras, permitindo a ação imediata, livre de prazos, da opinião no governo, era para nós um sistema de garantias públicas e individuais superior à república presidencial, governo de um só homem, ou de um só partido, o que é talvez pior, nos povos de caráter ainda inconsistente e entre os quais a independência pessoal é uma rara exceção.

Desde a campanha da abolição, em 1879, fui monarquista, principalmente como abolicionista, pela razão negativa que a liberdade pessoal do homem deve preceder à escolha da forma de governo, e pela razão positiva da abstenção sistemática do Partido Republicano, precipitado político das duas leis de 1871 e 1888, que se desinteressou da abolição, declarando-a um problema exclusivamente monárquico.

Ao levantar a bandeira da federação em 1885, tive para sustentar a monarquia, a razão de que sem ela, sem um eixo nacional fixo e permanente sobre o qual girasse o sistema federal desimpedido, ver-se-ia no Brasil o perpétuo conflito, que se deu em toda a América, entre o unitarismo e o federalismo e do qual resultou a destruição deste último, exceto na União americana, que pôde sobreviver à maior guerra civil da história, causada por aquela luta de forças. Nesse período a monarquia era para mim a conciliação da unidade com a autonomia.

A quarta fase da minha adesão monárquica data de 13 de maio. A atitude da monarquia, nesse dia, criou entre ela e a parte do abolicionismo a que eu pertencia um laço de solidariedade que, no futuro, com o desenvolvimento da consciência moral no país, se compreenderá melhor do que hoje. *É um crime toda obra feita em proveito de ingratos*, li em um escritor cristão. Eu não tinha tanta certeza disso, mas tinha de que era um crime nacional a ingratidão, e seria ingratidão, um ano depois da lei de 13 de maio, derrubar a monarquia com o apoio da propriedade, injustamente ressentida. A regente, ao assinar aquela lei, podia dizer, lembrando-se da lenda do almirante holandês ao afundar em nossos mares: "A abolição é o único túmulo digno da monarquia brasileira". Mas as nações que aceitam sacrifícios desses vibram o mais profundo de todos os golpes no seu próprio cerne moral. Propagava-se a República fazendo os libertos dar *morras* à princesa no quadrado das senzalas que lhes serviram de prisão, no mesmo ano em que ela os libertou. Era isto cultivar o senso moral da raça negra? E que sorte seria a do Brasil quando as raças saídas do cativeiro sentissem que a sua liberdade estava manchada de ingratidão?

Adam Smith pretende que a sorte dos escravos e dos servos foi sempre pior nas repúblicas do que nas monarquias. Os dois últimos países de escravos da América, os Estados Unidos e o Brasil, a julgar pela força ativa do preconceito de cor em cada um deles, parecem confirmar aquela regra. O mesmo princípio deve estender-se às raças apenas emergidas do cativeiro, e, com muito maior razão, num país onde a escravidão revoltada tivesse tido força para vingar-se da monarquia, abatendo-a. Não há maior paradoxo do que pretender-se que uma revolução social como a de 13 de maio podia ficar feita num dia. Destruir, com o auxílio do antigo escravismo, a força nacional que livrou o último milhão de escravos, não seria a lógica do revólver de Booth, mas não era tampouco a da raça negra, que, até hoje nos Estados Unidos, se mantém fiel ao partido que a libertou, por saber que a abolição não resolveu senão o primeiro problema de sua cor.

Neste último período a noção da monarquia para mim era esta: a tradição nacional posta ao serviço da criação do povo, o vasto inorganismo que só em futuras gerações tomará forma e desenvolverá vida.

Benjamin Franklin, sempre que tinha um negócio importante a resolver, estudava as razões *pro* e *contra*, escrevia-as em duas colunas defronte umas das outras, e, apagando as que se anulavam, decidia-se pelo número e qualidade das restantes. A isto ele chamava sua *álgebra moral*. Mais de uma vez, posso dizer, fiz sinceramente esse balanço mental a respeito da monarquia, e sempre foi grande o saldo das razões a favor. Eu começava por inscrever alguns dos principais argumentos da propaganda republicana na coluna da monarquia, notavelmente, o da *exceção na América*.

Se não fosse o acaso, de termos no Brasil o herdeiro da Coroa e a singularidade desse príncipe de querer representar, com o seu próprio trono, o papel de Washington, com o trono de Jorge III, o domínio português na América, depois de uma luta prolongada e de sorte vária entre as diferentes capitanias e a metrópole, ter-se-ia fragmentado, como o espanhol, em diversos povos, a princípio irmãos, logo rivais, e mais tarde inimigos. Sem a ação da monarquia, antes e depois da Independência, teríamos tido uma República mineira, uma Confederação do Equador, uma República rio-grandense, e outros estados independentes, assim como do primitivo vice-reinado do Peru se formaram nada menos de seis nações. Em vez da monarquia parlamentar, civil, leiga e popular, que tivemos, em uma só pátria, o mundo teria visto, em uns daqueles países, o domínio dos caudilhos, em outros, o do fanatismo religioso e, em todos, um ambiente político de crueldade e de intolerância.

A vantagem da *exceção*, porém, não parava em ter sido ela o instrumento providencial da unidade da América portuguesa, no período dispersivo da independência do Novo Mundo.

Planta exótica, a monarquia tinha que manter em redor dela uma atmosfera de liberdade para poder existir na América, ao passo que a república medra neste continente em quaisquer condições, internas ou externas, e resiste ao despotismo, ao desmembramento e à conquista.

Eu inscrevia, é certo, na coluna republicana o argumento do *privilégio hereditário*, mas anulava-o pelas vantagens que este produzia: a permanência, portanto a imparcialidade da magistratura suprema, e a defesa popular contra a oligarquia política, ou o monarquismo espúrio, o caudilhismo da América.

Senti sempre, ouso dizê-lo, pelo ideal republicano a atração magnética do continente, mas se os corpos não podem corrigir a lei de sua própria gravitação, o espírito pode. Herbert Spencer, ainda há pouco, assinalava que a regra de conduta, em moral política, não é querer realizar um ideal absoluto, mas tê-lo diante de nós como um ponto fixo, de modo que caminhemos sempre para ele. Se o ideal do governo pudesse ser uma pura negação — a negação, por exemplo, da monarquia — eu teria, há muito, sido republicano. Não há, porém, ideal negativo. O ideal compõe-se de uma série de aspirações com relação a cada povo, e essas aspirações têm uma ordem em que devem ser realizadas e sem a qual, em vez de nos aproximarmos, nos afastaríamos dele, ideal. Como nos

Andes há grandes espaços entre as diversas cadeias, e das primeiras não se podem divisar as últimas, tínhamos que nos elevar muito antes de poder calcular a distância exata a que estávamos da cumeada do ideal republicano, isto é, a República.

A extensão entre a nossa condição social presente e os cimos nevados daquele ideal pareceu-me sempre grande demais para se aventurar sobre ela a ponte suspensa da República. Eu preferia que continuássemos com paciência a abrir o nosso velho caminho na rocha, que era a tradição, o costume, e a unidade brasileira.

Toda reforma precipitada era tempo perdido, podia importar em um desvio considerável do verdadeiro rumo. De que servia fazer uma república em que o ideal republicano, desprezado pelos republicanos como pura ideologia, brilhasse menos do que na tradição liberal do Império? Serviria somente para desacreditar a ideia. E qual seria a posição dos próprios republicanos no dia em que a forma republicana representasse aos olhos do país não mais uma aspiração abstrata, uma aventura generosa, um lance de futuro arriscado, porém brilhante, mas, sim, um conjunto de erros, de violências e de abusos, um jogo estéril de ambições, uma lista de nomes vulgares, uma literatura de servilismo, a estagnação de um partido no poder e o despotismo sem, ao menos, a glória, que compensa a liberdade na imaginação das raças ambiciosas?

Nada podia ser mais doloroso para mim do que a resistência que a minha razão opunha à corrente que arrastava a nova geração para a República, mas eu tinha a mais absoluta certeza de que era preciso um largo período de governo para o povo e com o povo antes de ser possível o puro governo do povo.

O caminho para o ideal republicano só pode ser a República, dir-se-á. De acordo, de certo ponto da estrada em diante, do ponto em que entram na marcha as raças consideradas até então inferiores, e em que os escravos e os senhores da véspera começam a formar uma só fileira democrática. Daí em diante o caminho para o ideal republicano é a República, mas somente daí.

Não se aprende a nadar sem entrar n'água. Também não se ensina ninguém a nadar atirando-o pela primeira vez no alto-mar em noite de tempestade.

Para habilitar um país nascente a bem governar-se a si mesmo em sua maioridade, o melhor regímen será sempre o que o fizer crescer em condições morais e materiais mais favoráveis e zelar mais honestamente pelo seu patrimônio.

Ninguém é livre, disse o poeta, *senão quem conquistou a liberdade para si mesmo.* A liberdade da monarquia não era senão tolerância, e não podia criar homens livres. Eu, porém, não chamo tolerância a liberdade que a monarquia criou e constituiu para ela mesma poder existir na América. Dava-se uma verdadeira compensação entre a contingência da instituição neste continente e a incapacidade do povo de combater pelos seus direitos, e esse equilíbrio permanente estava longe de matar a altivez do cidadão brasileiro. Pelo contrário, ele sentia que a liberdade era um direito seu hereditário e perpétuo, e esse estado de espírito podia não ser, mas parecia dever ser, mais favorável ao crescimento da democracia do que a supressão da liberdade, a título de salvar a República.

Não resolvi a questão da república, para norma de minha vida política, pensando no martírio de Tiradentes, no centenário de 1789, na juventude rio-grandense de Garibaldi, na unidade exterior da América, ou na humanidade de Augusto Comte. Não me preocupei de ombrearmos com os outros povos do Novo Mundo. Os liberais de todos esses países sabem pela mais triste das experiências que, entre a república e a liberdade, há espaço para os piores despotismos, e que não existe estelionato mais comum do que república sem democracia. Os governos centro e sul-americanos, apesar dos elementos liberais e progressistas de cada comunhão, aproximam-se quase todos de algum destes tipos: do caudilhismo, da teocracia ou da oligarquia territorial, a última variedade, o sindicato administrativo, não sendo um progresso, porque é a adjudicação do futuro nacional, por meio de emissões, bancos, empréstimos, concessões e privilégios a quem oferece menos.

Havia uma razão sumária para eu atender antes ao Brasil do que ao pan-americanismo. Uma vez que não fôssemos mais monarquia, a América deixaria de interessar-se por nós. Tendo entrado na regra comum, não sairíamos mais dela. Perdendo território, cindindo-nos, ou caindo no mais abjeto servilismo, seríamos sempre república.

Não me era indiferente, notai bem, aquele ponto de vista. Eu desejava que um dia completássemos a unidade exterior da forma americana de governo, mas quando essa forma, correspondendo ao nosso desenvolvimento, o garantisse e ampliasse, para que não se desse conosco a disparidade que se nota em tão grande parte da América Latina entre a democracia efetiva e a nominal.

Em política, nunca eu fui nominalista; não me movia a imaginação literária, muito menos a abstração filosófica, mas a compaixão concreta pela sorte do povo.

A América Latina teve um grande momento. Desde os primeiros clarões de Buenos Aires, em 1806 e 1807, até o sol de Ayacucho que iluminou a liberdade do Peru, ela assistiu ao desenvolvimento de um magnífico drama de liberdade cuja impressão aumenta pela grandeza do seu abrupto cenário. Nesse período, dominado pelas figuras de Bolívar, San Martín, Miranda, O'Higgins, a América era uma tenda de combate, que ora se armava no pampa, ora na cordilheira, sempre com a mesma bandeira. Parecem da história das cruzadas as grandes marchas de Bolívar, e faz lembrar titãs escalando os céus a subida dos Andes pelo exército de San Martín. Cidadãos de todas essas pátrias, que eles iam semeando com o seu sangue pela vastidão do domínio espanhol, os libertadores não calcularam que a epopeia da independência se converteria por tanto tempo numa dessas intermináveis peças do teatro japonês, exclusivamente composta de matanças e de vinditas.

Entre esses povos todos, a ordem está ganhando terreno, os intervalos do patriotismo tornam-se frequentes, mas pode-se dizer que a lei da América espanhola é ainda uma só *vae victis*, a lei do extermínio material ou moral do adversário, e que os seus personagens ou são cúmplices do despotismo ou suspeitos políticos.

Sem tradição republicana sobre que basear qualquer expectativa, porque não tínhamos nenhuma — os nossos movimentos republicanos no passado não foram senão a forma exterior da aspiração de independência, de nacionalismo —, qual era o ponto do nosso caráter, da nossa constituição social, a virtude, a força, a energia, que autorizava a esperança de que seríamos, como república, a exceção na América? Considerando o caráter civil e parlamentar do governo, a influência da opinião pela imprensa e pela tribuna, livres e garantidas, a mais completa publicidade, a colaboração governamental das oposições, a aplicação dos dinheiros públicos exclusivamente a fins públicos, a igualdade de todas as classes perante a lei, como aspirações republicanas; e, quanto à estrutura nacional, a autonomia dos estados respeitada pela neutralidade e abnegação do poder central. Que podia alimentar, em um espírito isento da superstição republicana, a crença de que não atravessaríamos como república a *via dolorosa* em que a América Latina se arrasta desfalecida?

Confesso-o, meus caros comprovincianos, era exatamente a análise das nossas condições individuais de povo, abstraindo das causas e origens do movimento republicano, que me fazia aceitar como se já fosse história escrita o perfil da República, que do atraso ou da marcha regressiva do ideal republicano em diversos países do Novo Mundo, eu induzia para o nosso.

Fui denunciado pelos zelotes da monarquia, hoje quase todos aderentes, como sendo um aliado da República pelo meu programa *Abolição, Federação, Arbitramento*. Não há dúvida de que as três reformas eram todas passos para o ideal republicano, mas também eu nunca sustentei que a monarquia tivesse outro papel senão o de conduzir a nação àquele ideal. Na geração presente, porém, esse conjunto de ideias só podia consolidar a monarquia. A abolição devia fortalecê-la, com o tempo, no coração do povo, mas enquanto o povo não pudesse protegê-la, com a sua gratidão contra o ódio levantado, a federação o fortaleceria no ânimo das províncias livres e o arbitramento na consciência da América.

As três ideias formavam uma só política. A monarquia foi tentada, por medo do republicanismo escravista, a seguir outra. Disso não me cabe a mínima responsabilidade.

A federação, entretanto, não lhe fez outro mal senão o de servir de carta de fiança à República, quando foi proclamada, para obter o reconhecimento das províncias elevadas a estados. Não é senão, por enquanto, um título, mas esse título teria servido mais à monarquia do que os que a fizeram distribuir. Quanto à abolição, não tenho que me justificar de a ter aconselhado.

No dia 13 de maio houve republicanos, abolicionistas sinceros, que não sabiam se era maior neles a alegria por ver a escravidão acabada ou a dor de ter cabido à monarquia a glória que eles sonhavam para legitimação absoluta da República no campo mesmo da revolução. Eu não me preocupava com a instituição, e sim com o povo. "Todo príncipe digno de sentar-se no trono", tinha eu dito na Câmara, "deve estar sempre pronto a perdê-lo quando essa perda resulte do desenvolvimento que ele tiver dado à liberdade no seu reinado."

Acabais de ver as sólidas e profundas raízes nacionais, populares e liberais da minha convicção monárquica. Por isso também, enquanto, em torno de mim, os que deviam tudo à monarquia falavam dela em linguagem sempre conciliável com as contingências do futuro, eu a defendia com a mesma altivez com que sustentei a causa dos escravos e o direito das províncias.

Convicções assim cônscias do desinteresse e da pureza das suas origens não se mudam num dia. Se eu vos dissesse que os acontecimentos de que temos sido espectadores desde 15 de novembro me converteram à República, dar-vos-ia o direito de duvidar da minha sinceridade no passado e, portanto, no presente.

Sou obrigado neste ponto a fazer uma retificação ao tópico da mensagem do Recife que alude a uma comissão do governo, em virtude da qual eu teria que partir para o exterior. Nenhuma comissão me foi oferecida, e estou certo de que se o meu nome fosse lembrado, o ilustre ministro das Relações Exteriores, defronte de cuja mesa trabalhei três anos n'*O Paiz*, e de quem fui obrigado a separar-me por minhas convicções monárquicas, teria apresentado uma exceção a meu favor, ou contra mim, conforme se entenda, ao juízo que o governo provisório possa formar dos antigos monarquistas.

Sustentei sempre, entretanto, a necessidade de um partido republicano, mas como partido de semeadores do futuro, não de segadores do presente, e auxiliar desinteressado da monarquia, enquanto ela fosse o melhor governo possível, ou mesmo provável, nas condições sociais do país. Nesse partido não sei se eu não mereceria também ser classificado, ainda que o fosse como um operário inconsciente dos fins ulteriores de sua tarefa. Parece, porém, que não pode haver em política partidos desinteressados e que trabalhem gratuitamente pelo futuro. Nas religiões políticas, como nos tempos antigos, são os sacerdotes que, para conservarem vivo entre o povo o culto dos princípios, se prestam a consumir por trás dos altares as iguarias oferecidas aos deuses.

Eu desejaria, posso dizer, que o sacrifício do trono feito a 13 de maio em tão magnânimo espírito fosse aceito como expiação nacional da escravidão, e que a República, desde que ela tem de ser a nossa forma definitiva de governo, ficasse-o sendo desde já.

Acreditai-me. Entre voltar atrás, a pedir socorro para a liberdade ao princípio monárquico, e seguir para diante, ainda que no meio de grandes sofrimentos, prodigalizando o nosso sangue, como o resto da América, na esperança de abater, com o ideal republicano somente, tudo que se lhe oponha, eu quisera aconselhar-vos desde já a renunciar de uma vez a todas as tradições, ao sistema artificial de proteção para a justiça e ao direito que tivemos até ontem da monarquia, e contar somente com o fervor e a energia crescente da consciência democrática no país.

Infelizmente, meus caros comprovincianos, não posso formar ideia alguma do que vai ser a República, nem discriminar quais, de tantas sementes espalhadas desde 15 de novembro, as que vão vingar e alastrar o nosso solo político.

Acredito na força da coesão nacional, e sei que o nosso povo não tem meios de resistir a nenhum governo. Isto me faz recear mais a perda da autonomia do que a da unidade, mais a supressão da liberdade do que as revoluções. O Brasil está sendo o campo das mais vastas experiências de cruzamento no mundo, e ninguém pode prever o resultado dessas novas combinações humanas. O caráter do povo, que há de sair da fusão de tantas raças, é uma incógnita como o da república que há de resultar da luta dos elementos heterogêneos que entraram na revolução: o ideal americano, o espírito militar e o ressentimento escravista. Não me atrevo a tentar indutivamente a síntese desse produto orgânico de uma sociedade amalgamada pela escravidão em uma nação criada e formada pela monarquia.

A República foi um fato de importância universal. Como essa ilha do mar de Sonda cujo nome o mundo só aprendeu no dia em que uma erupção quase a destruiu, o nome do Brasil entrou para a história no meio do estrondo e da poeira de uma explosão longínqua. A Portugal, à Espanha, à Itália, a Cuba, ao Canadá, à Áustria, por toda parte, chegou a vibração circular da nossa onda vulcânica. Há de animar o orgulho dos autores da revolução o terem assim feito história universal, eles podem estar certos, que achará em todo tempo milhares de admiradores. Os republicanos europeus aplaudiram o acontecimento com entusiasmo, porque ele lhes deu mais um poderoso instrumento para a sua obra: a unidade republicana da América. A América, pela superstição republicana que lhe tem custado tão caro, mas que ela por nada abandonaria, aplaudiu com simpatia sincera, mas não sem a ironia da experiência. Nós, brasileiros, temos porém que esperar algum tempo para conhecer os efeitos desse último fenômeno da coesão americana sobre nossa própria nacionalidade.

Quisemos ter o nosso 89, e sem nos preocuparmos do contraste entre a cópia, cujo motor social único era o despeito da escravidão, cuja forma foi o pronunciamento e cuja singularidade era a ausência de povo, e o original revolucionário do século passado, destruímos a última Bastilha americana. Felizmente, não se acharam dentro dela outros ferros senão os que ali mesmo foram partidos dos pulsos dos escravos. Comparando as duas revoluções, a social e a política, e as duas cenas em torno daquele palácio, a 13 de maio e a 15 de novembro, o futuro dirá qual foi o nosso verdadeiro 89, pelo menos o mais parecido com a Declaração dos Direitos do Homem.

Nós entrávamos no período da liquidação forçada da escravidão quando a monarquia caiu. Estávamos na grande crise da nossa vida de nação. Como nos terremotos e conflagrações, são esses os melhores momentos para os golpes ousados, porque todos só atendem à necessidade de salvar-se. Ninguém no meio de um naufrágio se põe a discutir sobre o melhor modo de construir um navio insubmersível.

Para compreender o abandono da monarquia é necessário fazer entrar a sua queda no quadro geral de que ela fez parte, isto é, no vasto desmoronamento da antiga sociedade por efeito da abolição. Em tais épocas, em que o sistema da propriedade se transforma, as fortunas mudam de mãos e desaparecem umas classes para surgirem outras, parece que ficam paralisadas a consciência, a energia e a vontade coletivas, e que nada liga ninguém a nada ou a ninguém.

Não tenho que julgar os homens e os fatos da revolução, e seria inútil qualquer juízo neste momento. Estou longe de admirar a generosidade do governo, mas também acredito que outros homens, senhores de tudo, teriam feito pior. Nunca escrevi uma palavra em política senão para persuadir, e sei que o país está resolvido a assistir com paciência, boa vontade, e até otimismo, às provas completas da República para então julgá-la. Não devia, por isso mesmo, haver a menor sombra de compressão na fase que um escritor chama *a lua de mel de toda tirania nascente*. Seria porém um paradoxo declarar-me eu convencido da possibilidade de uma república liberal somente pela supressão de todas as liberdades. Eu sei que elas foram suspensas com promessa de serem restituídas um ano depois, mais amplas e florescentes. Mas suprimir a liberdade provisoriamente para torná-la definitiva é como a medicina que matasse o doente para ressuscitá-lo são. A liberdade uma vez confiscada não pode ser restituída íntegra, ainda mesmo que a aumentem; ficará sempre o medo de que ela seja suprimida outra vez e com maior facilidade. A noção da legalidade contínua recebeu um golpe de que esta geração não perderá consciência, e nesse estado de pânico expectante, quanto maiores e mais brilhantes reformas o governo fizer, mais aumentará a incerteza.

A monarquia está morta, dir-me-ão, *não podeis ser um sebastianista*.

Eu poderia responder a esses que não compreendem que se pare um momento entre a convicção de uma vida inteira e o fato consumado da véspera para refletir desinteressadamente sobre o futuro da pátria: "Morta! Não vos fieis só nisso. Nós vivemos num século que Renan chamou o *século da ressurreição dos mortos*. Sebastianista! Oliveira Martins definiu o sebastianismo *uma prova póstuma da nacionalidade*. Eu espero nunca merecer esse título".

Eu, porém, não tenho que indagar se a monarquia está ou não para sempre enterrada sob este singelo epitáfio: *7 de setembro de 1822-13 de maio de 1888*. Isso não é comigo, é com a misteriosa loteria da história, na qual o prêmio sai ao absurdo tanto como ao verossímil, ao imprevisto muito mais do que ao infalível. Limito-me a não afirmar uma crença que ainda não tenho. É em matéria de convicções sobretudo que é verdadeiro o princípio: "Só se destrói o que se substitui". Não sei se não terei um dia na República a fé de Tomé; sinto-me, porém, incapaz de ter a fé de Pedro e de seguir o mestre desconhecido em um novo apostolado.

Para acreditar nela, eu só peço, como os árabes para acreditar em Maomé, que ela faça primeiro um milagre: o de governar com a mesma liberdade que a monarquia.

Que pensaríeis de mim se eu me propusesse para fundador, ainda que anônimo, da República, sem esperar que ela seja um progresso moral, um estádio democrático, quanto mais a meta do ideal republicano?

Destruída a monarquia, deve pertencer aos que têm fé na República dar-lhe as melhores instituições. Organizada por antigos monarquistas, a República seria uma lei de bancarrota votada pelos falidos. Todos temos interesse e direitos na comunhão, e os republicanos não conquistaram o país para poderem dispor da fortuna pública como se fosse sua própria. Mas a primeira condição para bem guardar qualquer depósito é o caráter, e eu considero duvidosa entre as provas de caráter a de pretenderem organizar a República os mesmos homens que, se ela tivesse sucumbido a 15 de novembro, estariam do lado dos vencedores.

Eu não sei mesmo como eles poderiam tomar a palavra perante os velhos *reduci delle patrie battaglie* ou a mocidade entusiasta da República, e os imagino, como o constitucional Sieyès da Convenção, votando sempre nas Assembleias com os mais exagerados com medo de parecerem *suspeitos*. Os republicanos do deserto devem, porém, estar surpresos de encontrar na terra da promissão essa quantidade de Cananeus que juram ter estado com eles no mar Vermelho, no Sinai e na passagem do Jordão.

— Abandonais então a federação?

Não, de certo. Não desconheço a obrigação que me incumbe de trabalhar pela autonomia de nossa província, hoje chamada estado. O programa que o ano passado sustentei perante vós, não era um *modus vivendi* para uma forma de governo, era o espírito da pátria pernambucana que deveria animar a nova e as futuras gerações de nossa terra. A federação não exprime senão o lado nacional do problema autonomista, e sou tão autonomista, isto é, tão pernambucano, e tão federalista, isto é, tão brasileiro, hoje como era ontem. Não é a mudança de forma de governo que podia alterar sentimentos sem os quais nada restaria da nossa identidade pessoal.

A primeira questão, porém, para os estados, do ponto de vista da sua autonomia, é a do caráter do poder central, isto é, de organizar um poder central capaz de respeitar lealmente o princípio autonômico em quaisquer limites que o restrinjam. De outro modo, seja qual for a Constituição, as fronteiras dos estados serão como o plano de Alexandria que, em falta de outro meio, Alexandre fez traçar no chão com farinha o que no dia seguinte as aves tinham devorado.

Devo entretanto dizer-vos, a neutralidade e o prestígio nacional da monarquia, como governo central, tornavam possível a federação com um sistema de garantias e defesas provinciais muito menos desenvolvido do que me parece ser indispensável para a proteção da autonomia na República.

Não pretendo desinteressar-me de nenhum dever de brasileiro ou de pernambucano. Sempre considerei a mais singular obliteração do patriotismo a declaração do Partido Republicano de que nada tinha com a abolição, proclamando-a um problema só da monarquia. O patrimônio, o prestígio e o crédito do Brasil, a integridade do território, a liberdade dos cidadãos, a autoridade da magistratura, a disciplina militar, a moralidade administrativa, não são interesses exclusivos de nenhuma forma de governo, como não é privilégio de nenhum partido o esplendor da nossa radiante natureza. Não é preciso ser republicano sob a República, como não era preciso sob a monarquia ser monarquista, para cumprir os deveres de um bom brasileiro. Basta ter clara a noção de que nunca se tem direito de prejudicar a pátria para prejudicar o governo.

Há um ponto, por exemplo, que nenhum republicano tem mais a peito do que eu. Desde a abolição, vendo as resistências apressá-la mais do que as concessões, convenci-me de que em nossa história Deus escreve direito por linhas tortas. Das linhas de 15 de novembro, a que eu posso decifrar está escrita direito. Eu julgo descobrir a providência especial que protege o nosso país contra a Nêmesis africana no fato de ter sido a revolução feita pelo Exército, de modo que nem um instante estremeces-

se a unidade nacional, e o meu mais ardente voto é que
se mantenha acima de tudo a unidade do espírito militar
que considero equivalente àquela.

Para mim não era objeto de dúvida que no dia em que
abandonássemos o princípio monárquico, permanente,
neutro, desinteressado e nacional, teríamos forçosamente
que o substituir pelo elemento que oferecesse à nação o
maior número daqueles requisitos, e esse era exatamente
o militar. A prova está aí patente. No dia em que se fez a
República viu-se a nação pedindo o governo militar, para
salvar a sua unidade, por ser o espírito militar o mesmo
de um extremo ao outro do país, isto é, nacional, e para
conservar um resto da antiga tolerância, por ser o Exército superior às ambições pessoais em que se resume a luta
dos partidos, a qual sem a monarquia teria barbarizado o
país. Estranho como isso pareça, o governo militar é, nos
períodos em que o Exército se torna a única força social e
adquire consciência disso, o meio de impedir o militarismo, vício dos exércitos políticos e sem espírito militar,
assim como a monarquia era o único meio de abafar o
monarquismo, que desde o próprio Bolívar até hoje sobrevive no sangue depauperado das nações americanas.

Ninguém mais do que eu respeitou nunca a farda do
nosso soldado. Ainda o ano passado subi o Paraguai até
Assunção, levado pelo desejo de fixar a minha imaginação nos próprios lugares da sua glória e de recolher vinte
e tantos anos depois o bafejo imortal de patriotismo que
se desprende daquele imenso túmulo para vencedores e
vencidos igualmente.

Por isso ninguém mais ardentemente do que eu deseja que a revolução de 15 de novembro não atinja o único
substituto *nacional* possível do prestígio monárquico: o
militar, o qual depende antes de tudo da união das duas
classes, depois da unidade da disciplina, e por último de
abnegação, isto é, de colocar o Exército, a pátria acima
de toda e qualquer superstição política, e de não abdicar

a sua responsabilidade em nenhuma classe, muito menos na classe política, exploradora de todas.

Vós, eleitores de Nazaré, me elegestes por impulso próprio dentro do mês em que a Câmara anulara o meu diploma de deputado do Recife, e vós, eleitores da capital, me elegestes a 14 de setembro de 1887 contra o ministro do Império, numa eleição que por isso influiu na sorte dos escravos, e em 1888, quando, por ter sustentado o gabinete conservador de 10 de março, entendi não poder aceitar dos meus correligionários senão um mandato não solicitado, me elegestes ainda por uma verdadeira unanimidade moral.

Foram grandes nessas e em outras eleições os sacrifícios que fizestes para mandar-me ao Parlamento. Somente para ter uma posição, eu não teria tido a coragem de ser candidato depois de ter visto, de casa em casa de eleitor, de que sofrimentos e privações no presente e no futuro das famílias pobres são feitas as vitórias e as derrotas dos partidos. A classe política parece ter contraído, na bancarrota das promessas e dos compromissos, a faculdade de tornar-se insensível diante da miséria alheia. Era preciso, porém, que eu representasse uma dessas causas que cegam inteiramente os homens para os sacrifícios que fazem ou que pedem, para ter disputado tantas eleições sem me sentir culpado do mesmo criminoso egoísmo.

Procurei corresponder a tanta abnegação, único modo que me era dado, praticando a política, sem uma exceção durante os dez anos em que exerci ou aspirei exercer o vosso mandato, como uma carreira de completa renúncia pessoal. Posso dizer que considerei a posição a que me elevastes como um fideicomisso do povo, e não tirei dele o mínimo proveito individual para mim, nem para outrem. A incompatibilidade que me impus dentro e fora do Parlamento, no país e no exterior, para com tudo de que a administração pudesse dispor direta ou indiretamente, foi tão absoluta como a dos republicanos mais intransigentes. Posso, portanto, prestar-vos sem medo as minhas contas de representante. Se a gratidão está em dívida, a consciência está quite.

Era intenção minha deixar, somente, os meus atos vos provarem no decurso de minha vida a sinceridade do humilde papel que desempenhei em nossa política. Talleyrand escreve numa de suas cartas: "É preciso falar a cada um a sua língua. É com 150 mil homens que nós falamos às potências do Norte, e seria preciso uma esquadra para falar à Inglaterra". Antes de falar ou escrever sob a República, eu precisava ver se ela entendia somente a língua da força e a do fanatismo. Vós, porém, me interpelastes com o direito que tínheis para isso, e eu vos respondi com a franqueza que vos devia. Milton, durante a sua estada em Roma, formou a resolução de não ser nunca o primeiro a falar dos seus sentimentos puritanos, mas também de confessar a sua fé sempre que o interrogassem.

A grandeza das nações, disse eu aos estudantes do rio da Prata, provém do ideal que a sua mocidade forma nas escolas, e as humilhações que elas sofrem, da traição que o homem-feito comete contra o seu ideal de jovem.

Sabeis agora qual foi o meu ideal, podeis julgá-lo; conheceis a minha vida pública, podeis verificar se jamais o traí.

Rio de Janeiro, 12 de março de 1890

SEGUNDA PARTE
Textos políticos e historiográficos

BALMACEDA

Ensaio geral da ditadura

Ibáñez, já vimos, anunciara o projeto de reforma que devia estabelecer a independência perfeita do Executivo, substituindo as instituições parlamentares do Chile por uma adaptação do sistema norte-americano. De fato, ao abrir o Congresso a 1º de junho de 1890, Balmaceda faz na mensagem a mais ardente apologia desse plano. É uma revolução completa no governo do Chile, o que ele quer. Sob pretexto de fundar a descentralização, por uma organização provincial muito menos extensa do que nós tínhamos no Império, ele propunha praticamente a onipotência do Poder Executivo e a degradação do Congresso, ao qual chegava a tirar a prerrogativa de votar os impostos, desde que tornava permanente a autorização para cobrá-los. Era um retrocesso considerável na marcha do Chile, o abandono das liberdades adquiridas, a confissão da incapacidade do país para se governar por si, para o funcionamento de instituições que são o último progresso a que atingiu a representação dos povos livres. Em nossos países, onde a nação se mantém em menoridade permanente, as liberdades, os direitos de cada um, o patrimônio de todos, vivem resguardados apenas por alguns princípios, por algumas tradições ou costumes, que não passam de barreiras morais, sem resistência e que o menor abalo deita por terra. A esses países, onde a liberdade carece do amparo do poder, onde a lei é frágil, não se adaptam instituições que só pode tolerar uma nação como a norte-americana, cuja opinião é uma força que levaria de vencida qualquer governo, cujos partidos são exércitos que dentro de horas se levantariam armados sob o comando de seus chefes, e que, por isso mesmo, se respeitam como duas grandes potências.

É singular que, nessa mensagem, Balmaceda tenha recordado tudo o que o Chile conseguiu ser sob a Constituição que ele pretendia destruir. "O Chile", disse ele,

> foi no período da sua organização uma exceção entre as repúblicas fundadas no século XIX, e nos últimos trinta anos ele oferece um exemplo sem igual no continente das duas Américas e talvez sem paralelo no resto do mundo. Enquanto as outras nações sofreram graves agitações sociais e políticas, mudanças imprevistas de governo e profundas revoluções, a República do Chile, apesar da situação extraordinária criada por uma formidável guerra externa, não sofreu um único transtorno, um único motim militar. Nem por um instante perturbou-se a marcha de sólido progresso realizado por uma e outra geração.

O presidente que dizia isso, com o característico amor-próprio chileno, devia prever, dados esses precedentes do seu país e a têmpera nacional, a resistência que havia de encontrar a sua iniciativa demolidora. Para recomendar, porém, a subversão total de um regime, não deixa de ser curiosamente inconsciente — só essa inconsciência explica tudo o que se seguiu — tão brilhante apologia. A teoria da mensagem parece ser que o regime daí em diante seria estéril. Chegara o momento histórico — evidentemente à precisão do momento não era estranho para Balmaceda o fato de estar o seu partido no poder — de substituir o governo parlamentar pelo que ele chama representativo, como se o governo parlamentar não fosse precisamente o governo da representação nacional. "Se queremos a República", diz a mensagem, "como expressão da ciência e da experiência do governo de liberdade, é necessário reformar, desde a sua base, a Constituição de 1833." É a propaganda científica contra o parlamentarismo que se reflete no Chile no seio do partido chamado Liberal, antiteticamente, porquanto foi o liberalismo que ideou e aperfeiçoou, peça por peça, o sistema parlamentar até torná-lo, como na Inglaterra, um relógio que marca os minutos da opinião, e não somente as horas, como o governo presidencial americano.

Não há em política pretensão mais fútil do que essa apresentada em nome da ciência. A ciência pode tanto criar uma sociedade como a glótica pode inventar uma língua, ou a filosofia uma religião. A política chamada *científica* propõe-se poupar a cada sociedade as contingências da experiência própria, guiá-la por uma sabedoria abstrata, síntese das experiências havidas, o que seria enfraquecer e destruir o regulador da conduta humana, que é exatamente a experiência individual de cada um. Certas leis existem em política que se podem chamar científicas, no sentido em que a economia política, a moral, a estatística, são ciências, mas a política em si mesma é uma arte tão prática como a conduta do homem na vida. O estadista que aprendeu a governar nos livros é um mito, e provavelmente os Pitts, os Bismarcks, os Cavours do futuro hão de se formar na mesma escola que eles. Conhecer o seu país, conhecer os homens, conhecer-se a si mesmo, há de ser sempre a parte principal da ciência do homem de Estado. Era um rei sábio o que dizia que para castigar uma província o melhor seria entregá-la a filósofos políticos. Entre o espírito de reforma levado mesmo à utopia e o de sistema, há a mesma diferença que entre a fisiologia e a matemática. Há até diferença de temperamento. Os reformadores pertencem principalmente a duas classes, os sentimentais e os juristas. A tradição toda da palavra *reforma*, tomada primeiro à mais tranquila de todas as histórias, a dos mosteiros, é conservadora, e encerra em si dois grandes sentimentos: o de veneração e o de perfeição. Perguntaram a Pausânias por que entre os lacedemônios não era permitido a ninguém tocar nas antigas leis: "Porque as leis", respondeu ele, "devem ser senhoras dos homens e não os homens senhores das leis". Esse é o espírito de imobilidade voluntária, espírito enérgico de uma raça forte. "Há um povo", diziam os deputados de Corinto, "que não respira senão a novidade, que não conhece o repouso, e não pode suportá-lo nos outros." Esse é o espírito de inspiração transbordante e de eterno movimento das raças de gênio, como a ateniense, a florentina, a francesa. Entre os dois extremos há o espírito combinado de conservação e aperfeiçoamento, privilégio superior das instituições muitas vezes seculares, como é, por exemplo, o papado, na ordem religiosa, e, na ordem política, a Constituição inglesa, ou a democracia suíça.

Entre esse espírito de aperfeiçoamento gradual e o espírito sistemático, científico, radical, não há afinidade; há pelo contrário antagonismo, mesmo, como eu disse antes, de naturezas. O reformador em geral detém-se diante do obstáculo; dá longas voltas para não atropelar nenhum direito; respeita, como relíquias do passado, tudo que não é indispensável alterar; inspira-se na ideia de identidade, de permanência; tem, no fundo, a superstição chinesa — que não se deve deitar abaixo um velho edifício, porque os espíritos enterrados debaixo dele perseguirão o demolidor até a morte. A natureza intransigente é exatamente o oposto; mesmo o racionalismo jacobino de 1793 não é porém sistemático, arrasador, como o metodismo científico. Não há paixão, por mais feroz, que se possa comparar em seus efeitos destruidores à inocência da infalibilidade. Os terroristas de Paris "massacravam" brutalmente como assassinos ébrios; os teoristas inovadores amputam com a calma e o interesse frio de cirurgiões. Estes não conhecem a dificuldade que sentia Catarina da Rússia; escrevem as suas constituições na pele humana tão bem como no papel; lavram suas utopias na sociedade, a tiros de canhão, quando é preciso.

Essa sugestão científica a que obedece Balmaceda mostra a superficialidade da segunda natureza que ele adquiriu no governo. O espírito dos estadistas chilenos não pode deixar de ser refratário a saturações dessa ordem, sobretudo quando alheias a toda a sua formação anterior. Uma vez eu observava ao meu querido mestre, o barão de Tautphoeus, o que me parecia ser uma inferioridade na raça inglesa, a sua dificuldade de apreender ideias estranhas. Ele fez-me a esse respeito, com a vivacidade e prontidão do seu espírito que não envelheceu nunca, uma brilhante demonstração de que essa impermeabilidade era exatamente a qualidade mestra dos ingleses, a causa de sua primazia, o característico de sua originalidade e do seu gênio. Também os chilenos, quer-me parecer, devem parte da sua força à resistência que oferecem a ideias de importação, a modos de pensar e de sentir alheios.

A atitude assumida por Balmaceda era um precedente cheio de grandes perigos. Dado que a nação chilena sentisse a necessidade de fortalecer, contra o Congresso, o Poder Executivo — praticamente absoluto —, a alteração constitucional devia ser iniciada pela nação, e não pelo presidente. Não era este o mais apto para propor em benefício do seu cargo semelhante mudança. A alegação de que sem a intervenção das Câmaras haveria dois partidos "de ideias", ao passo que no regime parlamentar o que havia eram numerosos grupos pessoais, não tinha base na experiência. Os partidos tanto se fracionam em um regime como em outro, e tanto em um como em outro se uniformizam. A existência de dois partidos únicos é um fato que teve explicação histórica na Inglaterra e nos Estados Unidos, mas que hoje não corresponde à fragmentação da opinião. Nem a subdivisão dos partidos é necessariamente um mal; pelo contrário, muitas vezes a minoria independente é que salva o bom princípio e causa a reforma do partido. Em tudo isso a irregularidade era visível. Não cabia ao Poder Executivo anular o Congresso para o fim de normalizar a função dos partidos. Em países, como o Chile, onde a opinião não pode ainda tanto como o governo, o regime presidencial, esse sim, é que só produziria partidos pessoais, de ocasião, que seria preciso refazer a cada nova presidência. Nem o caráter pessoal atribuído por Balmaceda aos partidos contrários provava, a ser exato, senão essa mesma influência presidencial, que ele procurava aumentar. Esses partidos eram com efeito remanescentes das diversas administrações.

A revolução

O contraste é grande entre o que se passa na Moneda e o que se dá em Iquique. Na Moneda a ação é triste, desalentada, acabrunhadora, trata-se de salvar o poder de um homem; o balmacedismo não conta um estímulo capaz de levantar o espírito; algum entusiasmo que possa causar encerra-se no estreito raio de uma classe; a ação revolucionária, pelo contrário, tem todo o caráter de uma eletrização nacional. É certo que a revolução não foi, a princípio, um movimento popular; nos primeiros meses o povo mostrou-se indiferente.[1] O governo do Chile não era uma democracia que tivesse associado as massas à vida política do país. Elas conservavam-se fora da organização, e o que sentiam pelas classes governantes era o respeito de quem sempre obedeceu. Quando se manifesta a guerra civil, o povo não imagina nenhuma oportunidade para si, não pensa em aproveitar-se da crise para tomar a sua parte, fica imóvel diante desse rompimento, como ficará o Peru, ao qual não ocorre nenhum modo de utilizar a profunda dilaceração intestina do inimigo que o desmembrou.

Naturalmente a dissensão na oligarquia enfraquecia o exclusivismo do seu domínio e abria espaço a novas aspirações; a antiga "sociedade" rompera com Balmaceda, de modo que o partido do governo tinha forçosamente que se formar com elementos desconhecidos, anônimos, democráticos, a começar pela forte argamassa que o segurava, o Exército, tirado todo do povo. As circunstâncias faziam assim do balmacedismo o núcleo de uma nova fundação política, e, se de fato a oligarquia pesava sobre o país, as massas deviam inclinar no conflito para o lado do governo. Pela força das coisas, a inovação social seria Balmaceda.

O poderio político do antigo Chile tinha, porém, ainda raízes fundas, mesmo populares. O povo não estava minado pela inveja, estava longe da teoria, não conhecia o ressentimento que torna simpáticas as ideias de cunho socialista. A aristocracia chilena, que é real e que existe em virtude principalmente de grandes fortunas territoriais, tem alguma coisa do espírito nacional da aristocracia inglesa; mantém-se em contacto, em comunhão de interesse, com as camadas populares, e procura de cada vez mais apoiar-se nelas. Os processos da ditadura tornavam-se odiosos ao povo, nesse estado de espírito. Em França, durante a Revolução, os camponeses aplaudiam a venda dos antigos castelos à burguesia enriquecida; no Chile, os *inquilinos* não estão no ponto da cobiça ou do rancor. Havia também pela revolução a influência do clero, incluído pela imprensa balmacedista no número dos inimigos a combater. Essa guerra indistinta à propriedade, à Igreja, às posições, encontra grande resistência nas massas; não há simpatia por nenhuma forma de confisco ou de apropriação; o povo é desinteressado, o seu pouco desenvolvimento intelectual não permite que se enxerte nele a cultura revolucionária de 93. Do lado de Balmaceda há uma enorme e constante distribuição de dinheiro, tudo se faz por esse meio, que presume o mercenarismo em todos, mas a guerra civil e as emissões trazem a carestia; por outro lado, o recrutamento funciona como uma perseguição incessante, uma caçada humana, não poupando ninguém.

Era possível que de tudo isso saísse depois a democracia, mas o processo era tão duro e intolerável que o povo instintivamente preferia o caminho mais longo. Daí, pouco e pouco, a impopularidade real, positiva, da ditadura e a popularidade da revolução. O pessoal da ditadura era, aos olhos de todos, inferior ao que se separou dela; o povo sentia essa diferença, diferença não só de posição social e de cultura, diferença moral também, de patriotismo, de caráter, de abnegação. Depois a história, as tradições, a ambição nacional, tudo que fazia o orgulho chileno, o povo indistintamente o percebia, estava com a revolução. O encontro mesmo de tantos homens de política contrária em um só exército, o sacrifício que faziam de tudo, a sua vida de emigrados, de proscritos, de condenados, o abandono de suas grandes fortunas e vastas propriedades, o perigo que deixavam suas famílias correr como reféns, a formação popular, quase voluntária, desse exército de Iquique, cujos soldados são mineiros, cuja oficialidade era a primeira sociedade de Santiago, tudo isso no sentir do povo, eram outras tantas provas da superioridade da revolução. Desse modo a aristocracia e as massas acabaram coincidindo no mesmo pensamento. As grandes páginas da história de um país são quase todas escritas assim, e somente essa coincidência explica a vitória da revolução. Se Balmaceda tivesse por si o interesse, o sentimento, a intuição popular, a sua causa teria vencido, ou pelo menos ele teria podido sustentar-se. A sua derrota é a melhor prova de que o Chile não se dividiu.

Vejamos, em um só quadro, a marcha dessa revolução restauradora. Logo que Balmaceda assume a ditadura, a 1º de janeiro de 1891, o Partido Congressista decide-se pela revolução. Foi na casa do senador Irarrázaval, o eminente pensador político que serve de oráculo ao Partido Conservador, que se assinou a ata preliminar da deposição de Balmaceda.

> O honrado sr. Irarrázaval recebia no salão principal de sua esplêndida biblioteca os seus colegas, introduzidos se-

cretamente nessa peça da casa, e aí, tirando a ata de dentro de um dos livros da estante, apresentava-a a cada um dos signatários, à medida que iam chegando, para que a subscrevessem em dois exemplares, destinado um ao Exército de terra e o outro a ser remetido para Valparaíso e dado a conhecer aos chefes e tripulação da esquadra.[2]

Essa ata, notável pelas assinaturas, é uma espécie de *Libro de oro* chileno. Nela o Congresso designa a Jorge Montt para *restabelecer o império da Constituição*.

A tragédia

Foram cruéis os vinte dias que Balmaceda passou oculto na legação argentina. Confesso não conhecer bem as circunstâncias desse final. A escolha da legação parece ter sido em mais de um sentido infeliz. A legação argentina não oferecia segurança contra um ataque súbito de exaltados que adivinhassem que Balmaceda estava refugiado nela. O sr. Uriburu far-se-ia matar no limiar da sua casa, como homem de honra e de alto cavalheirismo que é, mas isso só serviria para tornar mais odiosa a execução popular. Aconteceria o mesmo na legação norte-americana? Por minha parte duvido.

Decerto, o novo governo revolucionário não consentiria que a multidão pretendesse arrancar Balmaceda de dentro da casa do sr. Uriburu, mas entre o povo chileno e o argentino existe uma antipatia agressiva inexplicável, a menos que o Chile esteja sendo insensivelmente arrastado para o Atlântico — o que seria uma imensa mudança; os argentinos, esses não têm interesse em se afastarem para o Pacífico. Durante a guerra civil o governo de Buenos Aires, se não favorecera a Balmaceda, pelo menos não lhe criara dificuldades; deixara até passar pelo seu território, em ordem e aparato militar, ainda que sem armas, as duas divisões Camus e Stephan. O sr. Uriburu, pessoalmente, era um grande amigo dos congressistas, mas isso era um segredo da revolução e não podia influir sobre as massas de Santiago. Estas, quer me parecer, por todos os motivos, mais facilmente se conteriam diante do escudo norte-americano do que do argentino.

Foi no interesse do seu hóspede que o sr. Uriburu tomou extraordinárias precauções de segredo, mas essas precauções mesmas não podiam deixar de abater o ânimo de Balmaceda. Ele não era de fato um asilado do direito internacional, era um acoitado, um escondido; para um chefe de Estado da véspera, que ainda nem tinha concluído o seu período, tal posição era cruel e lancinante. Não era decerto culpa do sr. Uriburu, que tratava só de salvar Balmaceda, mas na legação norte-americana, cheia de asilados políticos, este teria de certo achado um ambiente menos depressor. Acontecia ser nesse tempo ministro dos Estados Unidos no Chile um dos chefes proeminentes do partido revolucionário irlandês, Mr. Patrick Egan. Nomeando-o para um lugar de ministro na América do Sul, Mr. Harrison quis reconhecer a importância do voto irlandês no triunfo da sua candidatura. Quem sabe a qualidade de homens que são os revolucionários norte-americanos da Irlanda pode avaliar se Mr. Egan não teria feito sair incólume da legação dos Estados Unidos o ex-presidente do Chile, a menos que se desse dentro dessa legação, defendida por marinheiros dos cruzadores então em Valparaíso, uma cena de todo indigna na civilização chilena, e que levantaria como um só homem o povo americano.

Onde está, Balmaceda vive todo o tempo na apreensão de uma desgraça que possa envolver a família Uriburu. Suas manifestações nesse sentido são numerosas. Aos irmãos, na carta de despedida, diz ele: "Já se fala da casa onde estou, e pode chegar um momento em que meus inimigos lancem partidas de povo (*pobladas*) ou do exército revolucionário, e façam uma tragédia, com dano irreparável nos que me serviram com tão generosa e boa vontade". Ao sr. Uriburu mesmo ele escreve: "A exacerbação de meus inimigos é capaz, se descobrem minha residência, de extremos que evitarei mesmo com o maior sacrifício que possa fazer um homem de ânimo inteiro". Decerto o sr. Uriburu tranquilizou-o a esse respeito, mas todas as seguranças do seu hóspede argentino não valiam um seco e autoritário *Don't mind*, de Mr. Egan, pronto a receber, se preciso fosse, os invasores da legação americana com a marinhagem dos seus navios.

Como quer que seja, o espírito de Balmaceda, solitário, encerrado em um quarto, no alto da casa, começa a enfraquecer; perdido o movimento, sem poder renovar-se, estagna-se e corrompe-se. Ele chega a pensar em entregar-se. O sr. Uriburu o refere em carta ao presidente da Junta, dando conta do suicídio:

> Nos dias seguintes manifestou-me ele o propósito de pôr termo ao asilo, apresentando-se à disposição da Exma. Junta para ser julgado conforme a Constituição e as leis. A fim de prevenir qualquer conflito pessoal, convencionou-se que depois de informar eu a Exma. Junta do governo, e aceitando ela a proposta, eu o conduziria em carruagem a um lugar de detenção, podendo fazer-me acompanhar dos srs. Concha y Toro e Walker Martínez para não chamar atenção e evitar que se dessem atropelamentos e conflitos. Por minha parte propunha-me, chegado o momento, a dirigir-me à Exma. Junta e solicitar dela, interpondo os meios mais eficazes que me fossem possíveis, que no caso de condenação, no processo que se houvesse de instaurar, a vida do sr. Balmaceda fosse salva pelo exercício da alta atribuição de comutação das penas, que a Constituição conferiu à autoridade suprema da República. Quando acreditava que a solução adotada teria lugar mui proximamente, fui surpreendido na manhã de hoje pela detonação de um tiro de revólver.

Essas negociações para a entrega de Balmaceda encobriam alguma tentativa para fazê-lo escapar com segurança. A responsabilidade do sr. Uriburu e do seu governo seria muito grande se acontecesse na prisão alguma desgraça ao hóspede que acolheram sob sua bandeira. Se ele insistia em entregar-se, a posição do ministro argentino era difícil; de qualquer modo que procedesse, expunha o nome de seu país a comentários pouco escrupulosos, sendo parte em negociações que o governo revolucionário talvez não pudesse cumprir. A ideia de entregar-se era porém absurda e Balmaceda logo desistiu de confiar a guarda de sua pessoa aos seus inimigos da Junta. "Estes não respeitam nada", escreve ele aos irmãos; "zombariam de mim e encher-me-iam de imerecidos opróbrios."

A outra solução era a fuga. Balmaceda, segundo diz na sua carta ao sr. Uriburu, teve possibilidade de evadir--se. "Sabe o senhor que desdenhei o caminho da evasão vulgar, porque o julgo indigno do homem que regeu os destinos do Chile, sobretudo para evitar a mão da revolução triunfante." Não havia porém nada de indigno nessa evasão, se era possível. Balmaceda decerto receou alguma circunstância adversa, ou alguma traição. Pela cordilheira, quem sabe se ele não teria a sorte do pobre Demetrio Lastarría, quando fugia à ditadura? Pela costa, se fosse reconhecido, tê-lo-iam morto como ao seu ministro Aldunate, tê-lo-iam desfigurado mesmo. Todo o ódio dos vencedores condensava-se contra ele, estava convencido. "Poderia evadir-me, porém não correria jamais o risco do ridículo ou de um desastre que seria o princípio de vexames e humilhações que não posso consentir que cheguem até a minha pessoa e ao nome dos meus."[1] É essa a ideia que o domina, a crueldade dos inimigos nas guerras civis da América do Sul. "Todos os fundadores da independência sul-americana morreram nos calabouços, nos cadafalsos, ou foram assassinados, ou sucumbiram na proscrição e no desterro", dirá ele nas suas últimas palavras ao país. "Só quando se vê e apalpa o furor a que se entregam os vencedores nas guerras civis compreende-se por que em outros tempos os vencidos políticos, mesmo quando tivessem sido os mais insignes servidores do Estado, acabavam por se precipitarem sobre as suas espadas."

Todas essas impressões atuam sobre o seu espírito, e preparam o desfecho. Entregar-se, era-lhe vedado pela sua honra; fugir, seria arriscar a sua pessoa aos piores ultrajes; conservar-se asilado na legação, era expor a casa e a família dos seus hóspedes a um ataque popular; ao incêndio, quem sabe. O que restava era talvez mudar de esconderijo, refugiar-se em casa de algum partidário obscuro e dedicado. Mas quanto tempo duraria essa posição angustiosa, e que segurança havia? O seu espírito, desde que começara a render-se à fascinação da morte, via tudo escuro. A vitória da revolução era completa, absoluta, irreparável. Em breve não haveria quem ousasse pronunciar o seu nome; a sua pessoa estava banida da comunhão chilena, criminosa, carregada de responsabilidades tremendas, aos olhos dos que o combateram, fatídica, causa da ruína de todos, perante os que o acompanharam. "Sempre se necessita nas grandes crises ou dramas um protagonista ou uma grande vítima."[2] A solução era sair do Chile, sob a proteção das nações amigas em esforço comum, se o sr. Uriburu, reunindo os seus colegas, conseguisse garantir de alguma forma o embarque. Isso tinha Balmaceda o direito de esperar, como chefe de Estado que fora, do cavalheirismo dos representantes estrangeiros acreditados perante ele, e que, se não tinham o dever, tinham o direito de o fazer, porquanto todos, ou quase todos, tinham asilado e salvado, em suas legações, chefes revolucionários proscritos. É provável que pensassem nisso e que o suicídio tenha inutilizado todo o trabalho feito pelo próprio sr. Uriburu. Isso, porém, não lhe cabia, a ele, Balmaceda, sugerir nem ativar, e ao seu amor-próprio não sorria talvez essa retirada espetaculosa para fora do Chile sob a guarda de nações estrangeiras. Mais fácil do que tudo para um espírito prostrado pela derrota era mesmo o tiro de revólver, *refugiar-se a um maior altar*, como diz Plutarco da morte de Demóstenes.

Desde que se insinua nele, a ideia de suicídio faz todo o dia caminho; parece que ele a afaga, a idealiza, a aperfeiçoa, como o seu último ato público, a sua derradeira mensagem ao país; ele trabalha essa ideia politicamente, literariamente, trata de pôr nela tudo que pode dar o seu cérebro de estadista e a sua energia de chileno. É uma resolução amadurecida para a qual concorrem todas as impressões, como nas horas de inspiração tudo converge para produzir a obra-prima. Uma vez assentada a solução da morte, é preciso justificá-la, depois utilizá-la politicamente, por último escolher o momento. O coração do pai, do esposo, do filho, é estoicamente reprimido; o político tem de representar o seu papel até o fim.

A data de 19 de setembro é escolhida porque expira na véspera o prazo de sua presidência. Não é um presidente do Chile que se mata, é um simples particular. "Junto com a terminação constitucional do mando que recebi em 1886, tive que estudar a situação que me rodeia."[3] A justificação, é a impossibilidade de fugir, sem se expor a ser despedaçado pelos inimigos, se fosse reconhecido; é a impossibilidade de prolongar o asilo sem comprometer os seus *generosos amparadores*; por último, é a impossibilidade de entregar-se aos adversários, *"um ato de insânia política"*.[4] A morte é só o que lhe resta, e por que há de recuar desse passo, se a sua morte pode ser benfazeja ao seu partido, à causa comum? "Com meu sacrifício os amigos acharão em pouco tempo modo de reparar o seu infortúnio."[5] "Estou certo que com o meu sacrifício os amigos se verão menos perseguidos e humilhados."[6] "Estou convencido de que a perseguição universal é em ódio, ou temor a mim. Dada a ruína de todos e sem poder servir a meus amigos e correligionários, julgo que o meu sacrifício é o único meio de atenuar a perseguição e os sofrimentos, e a maneira também de habilitar os nossos amigos a voltarem em época próxima à vida do trabalho e da atividade política."[7] Balmaceda sente-se devedor para com a multidão dos sacrificados, dos arruinados por terem seguido a sua fortuna; como saldar essa dívida para com milhares de famílias em cujas casas reina agora a desolação e paira a ameaça? O suicídio era, se não o resgate dessa dívida enorme que em consciência lhe pesava, a única satisfação que ele podia dar a tantos infortúnios. "Só lhes posso oferecer o sacrifício de minha pessoa."[8] Matando-se, ele deixava livres os partidários de sua causa. De fato, tirava o pretexto a novas perseguições; morto ele, não havia receio de que se pudesse organizar uma revolução com os restos do Exército e o prestígio do seu nome; tornar-se-ia mais fácil a volta do seu partido à vida política, suas vitórias parciais na eleição, que de fato se deram. O efeito do sacrifício era bem calculado.

Agora que a resolução extrema lhe parece justificada e ele sente que só pode resultar da sua eliminação, completa e pronta, benefício para os que foram envolvidos na sua desgraça, passa ele a cuidar do seu nome. Nesses últimos momentos, preocupa-o a ideia de comparecer perante a posteridade na mais perfeita atitude. Essa é a grande questão para ele. "Escrevi uma carta a Vicuña e a Bañados... É um documento histórico que se deve reproduzir íntegro na América e na Europa, para que se compreenda a minha situação e a minha conduta. Façam-no reproduzir. Não o deixem de publicar."[9] Além disso, já vimos, ele dava a Bañados Espinosa a tarefa de escrever a história completa da sua administração.

Na carta aos amigos, chamada hoje o Testamento de Balmaceda, há três partes: uma é a revista do procedimento da Junta Revolucionária, para mostrar que não lhe era permitido esperar justiça de seus inimigos e que por isso não realizava a sua primeira ideia de entregar-se a eles; outra é a sua defesa dos pontos de acusação que lhe ficaram mais sensíveis; a última é um brado de esperança na vitória ulterior de sua causa.

"O regímen parlamentar triunfou nos campos de batalha", diz ele,

> mas esta vitória não prevalecerá. Ou o estudo, a convicção e o patriotismo abrem caminho razoável e tranquilo à reforma e à organização do governo representativo, ou novos distúrbios e dolorosas perturbações terão de produzir-se, entre os mesmos que fizeram a Revolução unidos e que mantêm a união para garantia do triunfo, mas que por fim acabarão por se dividirem e se chocarem... Se a nossa bandeira, encarnação do povo verdadeiramente republicano, caiu dobrada e ensanguentada nos campos de batalha, será de novo levantada em tempo que não está longe e, com defensores numerosos e mais felizes do que nós, flutuará um dia para honra das instituições chilenas e felicidade da pátria, que amei acima de tudo.

Ele não queria entrar na história sem uma legenda; esta seria a do governo presidencial contra o parlamentar. Estava aí a sua justificação aos olhos de um numeroso partido e, um dia, esperava, aos olhos do país. Quando o Chile mudasse o eixo das suas instituições, seria ele proclamado o fundador da segunda República. Nesse dia ninguém perguntaria se ele estivera no seu papel servindo-se da presidência para torná-la onipotente; senão era preferível deixar a reforma amadurecer na opinião a arrostar por causa dela uma guerra civil. Seria ele o precursor, o estadista de vistas largas, que de tão longe adivinhara o único meio de salvar a República, e nesse dia o Chile havia de honrar, no ditador-mártir, o profeta do grandioso futuro nacional.

Não se pode estranhar que Balmaceda escolha por si mesmo o terreno em que prefere ser enterrado na história do Chile e componha o seu epitáfio político. Por mais singular que seja essa revelação — que só lhe foi feita na presidência mesmo —, de que o futuro do Chile depende de substituir pelo sistema norte-americano, nunca ensaiado com sucesso em povo latino, as instituições que o fizeram chegar ao maior grau de ordem, de liberdade e de desenvolvimento, é incontestável que a ele Balmaceda pertence a iniciativa desse movimento retrógrado. O que mais interessa, porém, o que mais comove, é a preocupação que ele tem de que não adira ao seu nome nenhuma parcela de tirania. Por isso ele escreve esta página que transcrevo em sua parte essencial por dever de lealdade depois dos juízos que por vezes emiti.

> As pessoas que formaram o elemento civil da revolução, que a dirigiram e ampararam com seus recursos e esforços, foram inabilitadas pela prisão, por desterro provisório, ou enviadas às fileiras do Exército revolucionário. Procurou-se evitar quanto possível procedimentos que fizessem mais profundas as cisões que dividiam a sociedade chilena. A ação do governo alcançou na realidade um número reduzido de pessoas comprometidas na revolução.

É com esses eufemismos que Balmaceda se refere ao sistema de terror que durante oito meses reinou em todo o Chile. Agora o modo por que alude às execuções militares que não ousou impedir:

> Os delitos de conspiração, suborno ou insubordinação militar foram julgados pela ordenança unicamente em casos provados e gravíssimos, pois na generalidade dos casos não se formou processo, ou fingiu-se ignorá-los, ou não prosseguiram os processos iniciados. Pensando o governo em sua própria conservação, não julgou prudente comprometer, sem razões provadas, públicas e irrecusáveis, a confiança que lhe merecia o Exército que guardava a sua existência.

Aqui há um evidente descarregar da responsabilidade do jogador sobre o autômato: a comutação não podia ferir a suscetibilidade do Exército mais do que entregar Balmaceda as duas divisões de Concepción e Coquimbo aos seus ministros Bañados e Aldunate; de fato, o Exército era ele. Agora, o ponto mais sensível de todos, Lo Cañas.

Quanto às *montoneras* que o direito das gentes põe fora da lei e que pela natureza das depredações que são chamadas a cometer, teriam sido causa de desgraças sociais, políticas e econômicas, julgou-se sempre que deviam ser batidas e julgadas estritamente segundo as disposições da ordenança militar... Se as forças destacadas em perseguição das *montoneras* e em defesa dos telégrafos e da linha férrea da qual dependia a existência do governo e a vida do Exército, não observaram estritamente a ordenança militar e cometeram abusos ou atos contrários a ela, eu os condeno e os execro...

Os preparativos da morte, pode-se dizer, estavam acabados, a sua defesa estava feita, a medida extrema justificada, o sacrifício oferecido à reconciliação do Chile, "que amei, dirá ele, sobre todas as coisas da vida". Não há propaganda pelo suicídio, ele o sente bem; a um homem de sua cultura não acode como recurso político essa espécie de *hara-kiri* do japonês, que se mata para desagravar a honra, do mesmo modo que o europeu se bate. Ele morre por não poder viver, por se sentir em um desses momentos *"en que el único sacrifício es lo único que queda al honor del caballero"*.[10] É o *caballero*, com a elevação, a estreiteza, os preconceitos, desse tipo que absorveu uma raça; sombrio de pundonor; casuísta da honra, que é no fundo a sua única teologia; indiferente a tudo que não é o perfil exterior da sua pessoa, do seu caráter; é o *caballero* que arrasta o chileno, frio, prático, positivo, pelo despenhadeiro das ficções que são para ele os mandamentos supremos. E, desse modo, tendo levantado essa fantasia lógica do suicídio inevitável, obrigatório, expiatório, na vasta solidão do seu espírito deprimido, onde não penetra mais uma impressão exterior de bom-senso, uma corrente de esperança que lhe refaça o moral destruído, um sopro de verdadeira coragem, de verdadeira consciência, de verdadeiro amor, na manhã de 19 de setembro, Balmaceda põe termo à vida, disparando um tiro de revólver contra a fonte direita.

Para mim esse fim trágico é a última prova de que a consciência de Balmaceda desde o golpe de Estado esteve sempre em dúvida e flutuação. Se ele tivesse vencido, teria tratado de serená-la por um desses expedientes heroicos com que os inversores da sociedade procuram tranquilizar-se a si mesmos ainda que perturbem o mundo, como é, por exemplo, uma guerra de conquista. No ponto duvidoso da consciência teria ele posto um grande remendo de glória, como Napoleão. Na boa fortuna, a subserviência de um grande partido adventício teria continuado a enganá-lo; homens de talento fariam dele o destruidor popular da oligarquia, o criador do novo Chile. Na adversidade, ele pode pensar só. Se tivesse uma convicção sólida, calma, segura, de que só tinha feito o seu dever, essa convicção o teria sustentado contra todas as depressões. Até o procedimento das nações estrangeiras, deixando de interessar-se pela sua sorte, mostrava que para o mundo ele tinha atravessado imprudentemente a linha que separa o chefe de Estado do aventureiro político. O suicídio nunca se ofereceria ao pensamento de um presidente que se tivesse mantido estritamente no seu dever, na zona indisputável da lei, por maior que fosse o tripúdio em torno dele de seus inimigos triunfantes. A ideia da morte só ocorre ao seu sentimento porque ele jogara, em uma cartada terrível, a tranquilidade sua, dos seus, do seu país, tudo que tinha acumulado, tudo que recebera do Chile, todos os afetos que possuía, a posição social inabalável que ocupava.

O seu suicídio é indiretamente uma homenagem à solidez do antigo Chile que o havia vencido. O sr. Bañados refere que, momentos antes da morte, Balmaceda esteve a contemplar da umbreira da janela a cordilheira dos Andes, coberta de neves perpétuas. Como é que esse espetáculo não lhe sugeriu, por um contraste com as coisas humanas, a ideia de que a sua situação angustiosa seria passageira e que ele poderia ainda um dia olhar para o panorama familiar dos chilenos com o sentimento em que tantas vezes se engolfara? É talvez porque ele visse na cordilheira a imagem da antiga sociedade que pensara destruir, a sua formação áspera, a sua elevação lenta, por último a glória, a cultura, a riqueza que lhe revestira os cimos, como essa neve brilhante. Que fora na vida dessa sociedade, ele, o seu partido, a guerra civil? Uma avalanche — nada mais, que se desprendera com fragor dos cimos nevoados, deixando o panorama exatamente o mesmo aos olhos do observador, envolvido no mesmo silêncio e na mesma luz. Nesse momento ele deve ter-se sentido uma vítima da orgulhosa sociedade de que fora o chefe, uma espécie de Marino Falieri moralmente executado nos degraus daquela Escadaria dos Gigantes e com o seu lugar vazio na galeria dos presidentes chilenos.

Num instante, porém, o seu nome vai elevar-se acima da competição efêmera dos partidos, e entrar para a tragédia, a mais alta região humana — que o poeta disputará sempre ao historiador, e que de fato lhe pertence por uma prescrição imemorial. O seu suicídio revestirá então o caráter de uma expiação voluntária, excessiva — de uma paz com o Chile.

Balmaceda e o Chile

A vitória da revolução deu lugar em Santiago ao saqueio das residências dos principais balmacedistas. Baquedano, investido provisoriamente do governo, não tendo autoridade real no dia do triunfo, porque se conservara neutro, teve receio de que as represálias, se ele interviesse com a tropa de Balmaceda, tomassem caráter pior recaindo sobre as pessoas. É preciso em nossos países ter bem presente esta noção: — o governo é o único meio de defesa das sociedades. Todos os jacobinos reunidos não chegam a 300 mil; como é que eles se impõem, pergunta Taine, a uma nação de 26 milhões, como era a França de 1792? "É porque contra a usurpação no interior, assim como no exterior contra a conquista, as nações não se podem defender senão por meio do seu governo. Este é o instrumento indispensável da ação comum; desde que ele não exista ou falte, a maioria deixa de ser um corpo, torna-se uma poeira."[1]

No Chile deixara de haver governo; tudo que se passa nesse interregno é consequência da ausência do órgão de direção e defesa social.

Em diversos pontos deram-se vinditas, que chegaram até o linchamento, como com o redator do *Comercio* de Valparaíso, León Lavín, e com o ministro do Exterior Aldunate, mas sobre esses fatos, que parece terem partido de partidários extremados, como o assassinato de Lincoln, não quisera eu emitir juízo incompleto, na falta de informações insuspeitas. O que surpreende a quem vem acompanhando a marcha da revolução é que a sua vitória não tenha dado ocasião às explosões que se temiam, aos desvarios inseparáveis, na América do Sul, dos triunfos partidários, mesmo quando é o governo quem vence. Depois de uma luta tão encarniçada, a vitória nacional pode-se dizer que foi assinalada por outra ainda maior: a do temperamento chileno sobre si mesmo.

Há uma página na *História da moral europeia* de Lecky que se poderia aplicar ao Chile; é um estudo sobre a crueldade: "Há duas espécies de crueldade", diz esse grande fisiologista da história,

> uma procede de um fundo brutal, outra de um fundo vingativo. A primeira é própria das naturezas duras, pesadas, um tanto letárgicas; aparece mais frequentemente entre nações fortes e conquistadoras, em climas temperados, e é devida em alto grau à falta de imaginação. A segunda é antes um atributo feminino, e usualmente se mostra em povos oprimidos e sofredores, em naturezas apaixonadas, e em climas cálidos. A crueldade que provém da vingança alia-se, às vezes, a grande ternura, e a que provém da dureza alia-se com grande magnanimidade; mas uma natureza vingativa é raramente magnânima, e uma natureza brutal ainda mais raramente é terna. Os antigos romanos oferecem uma combinação notável de grande endurecimento e grande magnanimidade, e, por um contraste curioso, o caráter italiano moderno tende a realizar a combinação oposta.

Quanto a mim, a combinação chilena é, no todo, a dos romanos. Os traços salientes de uma e outra são os mesmos. O chileno é também um povo áspero, animoso, calejado, sério, letárgico, conquistador, habitando um país temperado, destituído de imaginação. Essa espécie de crueldade, resultante da incapacidade de imaginar o sofrimento alheio, é própria das raças de grande resistência, modifica-se, pensa o historiador irlandês, pelo desenvolvimento intelectual, que produz a sensitividade das imaginações cultivadas; não é um verdadeiro defeito nacional, pode-se dizer, porque a cultura a converte em uma grande e boa qualidade. Foi essa cultura da imaginação que modificou na raça anglo-saxônia a sua brutalidade primitiva, até fazê-la chegar ao grau talvez o mais elevado de sensibilidade que uma nação tenha atingido.

A crueldade dos caracteres nacionais fracos é de outra ordem, não entra nas duas classes estudadas por Lecky. Nós, brasileiros, por exemplo, não possuímos o organismo preciso para sermos impunemente cruéis; em nós, a crueldade não poderia proceder nem da falta de imaginação, porque a temos em grau excessivo, nem da vingança, que não sentimos; só poderia ser uma perversão literária, um plágio de 1793, ou uma idiotia sanguinária, o que tudo quer dizer uma séria doença do cérebro ou do coração, o fim da raça.

O que resta nos dois volumes do sr. Bañados é a crítica da aliança vitoriosa e do parlamentarismo restaurado, mas essa não pode servir de base para um juízo, porque não dá ideia do plano de reconstrução adotado, nem do espírito que anima a nova situação chilena. Sobre a defesa de um advogado hábil, que alega em favor dos seus associados tudo que os pode justificar, eu me arrisquei a formular uma sentença, ainda que apelando dela; da acusação apaixonada de uma das partes, eu não poderia nada concluir.

O livro do sr. Bañados não habilita a conhecer o círculo íntimo de Balmaceda, o ambiente moral da Moneda no seu tempo, nem o caráter da nova sociedade que devia substituir a antiga; sobretudo não dá a conhecer interiormente o homem. O escritor procurou apenas fotografar o político, mas o político não é senão o papel, um dos papéis, que o homem representa na vida. Há alguns traços, entretanto, apanhados naturalmente pelo sr. Bañados, que são sugestivos para o crítico. "Qualquer ideia que caía em seu cérebro", diz ele de Balmaceda,

> germinava e florescia aí como semente em terra tropical. Bastava insinuar-lhe problemas políticos, econômicos ou de ciência, para que logo se apossasse da ideia ou do projeto, que crescia em seu cérebro com raro poder de expansão... Tinha uma iniciativa devoradora... Era orador sem querer e sem o saber, em casa, nas tertúlias políticas e até nas reuniões de completa confiança... Era um falador (*charlador*) infatigável, ameno, de todas as horas...

A impressão que ele causa, em uma primeira entrevista, é a de um *"enthousiaste à froid"*.[2] Ao que parece, é um espírito amigo da novidade, ao qual não ocorreu nunca a frase de Burke: "Há uma sorte de presunção contra a novidade, tirada da observação profunda da natureza humana e dos negócios humanos". A versatilidade desses espíritos alvissareiros não é um simples vício intelectual, ou uma doença atáxica do espírito. A novidade que os fascina é a que eles podem lançar em circulação como moeda sua, com a sua efígie. Se acontece ser a ideia nova lançada contra eles, qualquer superstição nacional, por mais antiga, lhes serve de reduto contra ela.

No fundo, o fenômeno é um relaxamento causado pela desordem das leituras; é a atrofia das defesas naturais do espírito; um gasto contínuo, inútil, de atividade mental, inabilitando o espírito para qualquer produção forte, o coração para todo sentimento seguido. O homem torna-se uma espécie de títere de biblioteca; deixa de pensar por si, de contar consigo; é o eterno sugestionado, em cujo cérebro se sucedem rapidamente em combinações extravagantes as quimeras alheias, os sistemas antípodas; não é mais, em sentido algum, uma individualidade, é um feixe de incompatíveis. Um espírito assim, posto no governo do Estado, é o mais perigoso de todos; a sua marcha política só pode ser um perpétuo zigue-zague, as suas construções um perfeito labirinto, até que de repente se vê sem saída, e então, se é um homem de ação e de vontade, além disso de orgulho, ele bater-se-á como um fanático até a morte, isto é, fará, sem o sentir, da última novidade que o seduziu a sua fé definitiva e imortal.

Daí talvez o naufrágio de Balmaceda como chefe de Estado. O sr. Bañados não conseguiu mostrar que antes dele existisse no Chile outra coisa senão o sistema parlamentar, inteiramente desenvolvido; nem sequer insinuou que a substituição das instituições chilenas pelas norte-americanas tivesse sido nunca pensamento de algum partido ou individualidade notável. Pelo contrário, o que uniformemente se pensou sempre é que no Chile o governo era de fato onipotente. Sendo assim, não se compreende que o remédio para os males de um país onde o Executivo não tem limites, fosse, ainda por cima, suprimir a responsabilidade dos ministros perante o Congresso e, com ela, as garantias de publicidade e fiscalização, que são o principal título do regímen parlamentar.

O Chile tem sido sempre descrito como uma oligarquia, mas ninguém nunca imaginou que essa chamada oligarquia tivesse a forma veneziana, e que, ao lado do presidente, houvesse uma espécie de Conselho dos Dez, incumbido de vigiá-lo dia e noite. Era ele, pelo contrário, quem podia tudo; e que esse poder ilimitado lhe estava exclusivamente entregue, Balmaceda mesmo encarregou-se de o mostrar. Se havia no estado político do Chile alguma coisa que mudar, nada absolutamente indicava que o vício existisse na responsabilidade ministerial ou no governo parlamentar; mas, quando fosse assim, quando o Congresso fosse o instrumento da oligarquia, e o regime presidencial — se não alguma forma de cesarismo, que seria evidentemente a cura radical — parecesse o meio enérgico de destruí-la, o processo não podia ser o atropelamento das leis, a inversão social pela guerra civil. Não havia outro meio — dirão os partidários de Balmaceda. Se essa é a defesa, se realmente não havia outro meio, o que se conclui é que essa guerra civil necessária foi artificialmente produzida. É preciso, entretanto, desconfiar de uma empreitada política que se diz ao mesmo tempo antioligárquica e salvadora do princípio da autoridade. A mim, pelo menos, não parece sincero esse movimento em duas direções opostas, pretendendo destruir a oligarquia, e reconstruir de modo inabalável a ação do governo. Ação antioligárquica, partindo do governo; ação restauradora da autoridade, a que se associam os elementos radicais socialistas, são igualmente suspeitas.

Decerto Balmaceda, se tem transigido e esperado até às eleições, fiando-se em homens como o sr. Covarrubias, teria tido, em março, o Congresso de que precisava para demolir o antigo regímen e esculpir sem sangue as suas recentes teorias. "A revolução teria vindo do mesmo modo", dirão os balmacedistas, mas não era pouco tirar-lhe a sua grande razão constitucional. A esquadra, sem o decreto ditatorial de janeiro, não se movia; pelo menos foi isso o que Jorge Montt disse aos que primeiro o convidaram em nome do Congresso. Não é tão insignificante, como parece, mesmo para homens dispostos a tudo, a natureza do motivo; é ao contrário da maior importância. Em toda a América do Sul, há neste momento, como tem havido sempre, uma porção de revoluções à espera somente de um pretexto para rebentar. Os golpes de Estado são ocasiões preciosas, de primeira classe, que despertam o maior entusiasmo revolucionário, e por isso o presidente que fornece aos ânimos já mal refreados dos seus contrários um motivo dessa ordem lança a um paiol de pólvora o morrão aceso.

Afastado tudo que seja questão de técnica constitucional, se Balmaceda não previu o efeito do seu ato — e eu creio que não previu —, pode-se dizer que ele não conhecia o Chile, ou então que vivia na atmosfera de onipotência em que o político perde a sua agudeza. Se previu e não recuou, é que estava sob a influência dessa atmosfera desmoralizadora. Não podia ele ter convicção de que estava com a lei e o direito, a ponto de não admitir uma dúvida; quando mesmo a tivesse nesse grau, o que era estreiteza de espírito, o senso moral não lhe permitia resolver a questão pela força. Era esse exatamente o caso de um arbitramento nacional, desde que o Congresso entendia diferentemente. Querendo impor a sua opinião, ele podia ter contra si, além da representação nacional, os tribunais do país, como os teve. Que valor objetivo tinha o seu parecer individual contra todos os outros? O que distingue as sociedades e as pessoas cultas é que nas grandes divergências de boa-fé, que só se podem resolver pela ruína de ambas as partes se lutarem, elas sujeitam-se a um laudo, ou, de alguma forma, transigem. Em 1787, por exemplo, os Estados Unidos só evitaram uma segunda guerra civil por terem consentido os dois partidos em submeter a eleição disputada do presidente à decisão de um tribunal *ad hoc*, que a Constituição não imaginara. Era porventura de menor importância a guerra civil chilena?

Admitamos que não fosse prevista. Desde, porém, que rebentou, e pela forma como foi iniciada, Balmaceda devia calcular que se tratava de uma dilaceração profunda. Primeiro que tudo, estava ele obrigado a destruir a poderosa Marinha chilena, defesa essencial do Chile, base de sua supremacia. Quer isto dizer que ele tinha que preferir a vitória da sua facção, da sua autoridade, digamos, à consolidação do poder chileno. Depois, ele via que a "sociedade" inteira estava unida contra ele; que ela oferecia a sua adolescência, para o Exército de Iquique uns, outros para as *montoneras*; que ela punha as suas riquezas ao serviço da causa revolucionária, como Edwards, que assina 1 milhão de pesos, dona Juana Ross, que dá um cheque em branco, Irarrázaval e Barros Luco, que afiançam 30 mil libras; que ela empregava a súplica, as obrigações de amizade, com as suas relações militares, como as senhoras e as filhas de don Julio Lira, as quais, agarrando-lhe as mãos, imploravam com lágrimas ao diretor da fábrica de cartuchos que não fizesse munição Mannlicher para Balmaceda; de fato, com 25 mil espingardas Mannlicher, ele não pôde utilizar uma só por falta de munição.

Para vencer ele tinha que destruir essa "sociedade", porque ela havia de bater-se bem. Se era uma oligarquia, tanto pior; as oligarquias em regra sabem defender as posições em que se encastelam; não lhes falta coragem. Mas essa "sociedade" era a sua, a mesma de que ele fazia parte; com que pessoal ia ele atacá-la, que gente ia pôr no lugar dela? É visível que ele tinha que aceitar para isso todos os elementos adventícios; que não podia fazer escolha; que tomaria até os piores, a quem viesse. Ele conhecia bastante o Chile para saber que a oligarquia, socialmente falando, era ainda indestrutível, e, politicamente, que ela não passava de uma escola de governo. A força do Chile, a sua sólida estrutura, já não está na grande propriedade, está no desenvolvimento progressivo, na propaganda insensível, da *hijuela* cobrindo o chão das grandes *haciendas*. Socialmente, a "oligarquia", que não é mantida artificialmente por privilégios e leis de exceção, mas que resulta da formação histórica do país e conserva a sua influência sob um código liberal, e em virtude dos costumes e da forma da propriedade, não é uma usurpação. Politicamente, o que se chama a "oligarquia" chilena é apenas a tradição de governo transmitida de uma a outra geração pelos processos e com as cautelas que constituem a educação dos homens de Estado, em outras palavras, não é senão o *controle* indispensável à porta de cada instituição para que não entre indistintamente toda a gente.

Entre nós a política era acessível a todos; quase sem exceção, os nossos estadistas foram homens que se fizeram por si, sem nome de família, sem fortuna, sem relações no Paço; o nosso Parlamento, onde, durante cinquenta anos, se trataram os negócios do país e nada ficou oculto, não era decerto a Câmara dos Comuns; mas o historiador dessa instituição que acompanhar o seu desenvolvimento desde 1828 dirá que era impossível aparecer ali um Vasconcelos, um Alves Branco, um Paula Sousa, um Paraná, que não chegasse um dia à posição que lhe competia pelo seu mérito. No entanto, a queixa contra a oligarquia, em um sentido, era real: quem não tivesse, em certa época, a boa vontade de Eusébio de Queirós, de Torres e de Paulino de Sousa desanimaria da carreira política. Qual é o modo entretanto de curar esse defeito do patronato, que não é do sistema parlamentar só, mas de todo e qualquer governo? O método radical é mandar abrir as portas para que todos entrem, como a República fez a 15 de novembro. Desde que fora há público desejoso de assistir também ao espetáculo, o meio de não haver descontentes parece que é retirar as cancelas. Infelizmente o gabinete, o Parlamento, a administração, tudo tem uma lotação certa, como os teatros. Da primeira vez, escancarando as portas, o que se consegue é fazer entrar para o edifício renovado um pessoal inteiramente diverso, o dos que não receiam o atropelo, dos que não sabem esperar a sua vez, dos que podem abrir caminho à força; desde, porém, que a sala estiver outra vez completa, ninguém mais entrará; os que tomaram lugar não quererão mais sair. É a princípio uma multidão, de todas as procedências, pessoas ou que não se conhecem umas às outras, ou admiradas de se verem juntas naquele lugar, mas que em breve se tornam um partido, adquirem o tom de classe diretora, e ficam sendo, eles — os *parvenus* — a oligarquia.

Para resultado tão negativo, valia a pena subverter o Chile? "Eu não hesito em dizer" — é ainda uma lição de Burke — "que a estrada que leva da condição obscura às alturas do poder não deve ser tornada demasiado fácil... O templo da honra deve estar colocado em uma eminência." De que se tratava, efetivamente? Seria de trazer uma classe mais numerosa ou de maiores qualidades para o governo do Chile, ou somente de destruir a antiga iniciação nos mistérios do governo, a educação das novas ambições pelas velhas experiências?

Se o governo parlamentar, que tornara o país forte, livre, respeitado, se estava esfacelando, que se conseguiria com uma mudança violenta? Decerto, é fácil substituir artificialmente a classe diretora de um país, até mesmo a sua aristocracia territorial. Com uma grande emissão de papel-moeda, que reparta de repente a fortuna dos que acumularam com os que são incapazes de enriquecer pela atividade ou pela economia, faz-se passar hoje a grande propriedade territorial das mãos de uma categoria de indivíduos para as de outra com maior facilidade do que Guilherme, o Conquistador, fez passar a terra inglesa para os seus vassalos normandos.

Que podia, porém, esperar Balmaceda ao lançar fora da direção do país todos os que conheciam o segredo dessa ciência difícil? Repudiar a colaboração dos melhores; fazer nascer entre eles o descontentamento, o abandono pessimista, como nos Estados Unidos, dos mais altos interesses públicos, os quais passariam aos ambiciosos que fazem profissão da política; forçá-los, quem sabe, à conspiração permanente? Se o Chile estava realmente minado por uma séria doença orgânica, então dava-se a lei histórica de Döllinger, que uma vez citei:[3] — que as repúblicas não têm a força precisa para eliminar por si mesmas as causas de sua ruína, como não teve a República Romana, não teve a República Polaca, não teve a França sob o Diretório. Que milagre imaginava Balmaceda, do sistema presidencial? *O arxé tou prótou andrós*, o governo do primeiro cidadão? Era isso o que ele esperava? Se era, esquecia que esse governo do melhor homem, que foi o ideal da democracia grega,[4] tinha por primeira condição o ser uma oferta popular espontaneamente feita e livremente renovada. Esquecia que nos tempos modernos é no governo parlamentar, ou então nas monarquias temperadas, que se tem visto essa espécie de ditadores da opinião, como são os chefes de partido na Inglaterra, como foi Cavour, como foi, ou é ainda, Bismarck.

O Chile tinha um governo forte como nós nunca tivemos. Durante cinquenta anos a liberdade brasileira é uma teia de uma tenuidade invisível, possuindo apenas a resistência e a elasticidade da seda, que a monarquia, como uma epeira doirada, tirou de si mesma e suspendeu entre a selva amazonense e os campos do Rio Grande. O governo do Chile era obra mais sólida do que essa construção aérea delicada. A diferença das duas formas de governo é que uma, a república chilena, supõe o homem forte e justo, e a outra, a monarquia brasileira, fraco e bom. Destruir um governo que tem dado os mais admiráveis resultados para pôr em lugar dele uma mera teoria é ausência de senso prático. Os chilenos não fariam facilmente o que nós fizemos; eles gabam-se de ter o ponto de vista anglo-saxônio, o que em política é a melhor das educações.

A primeira objeção ao Balmaceda do sr. Bañados é ter sido, na frase de Antônio Carlos, um "teorista cru"... Dir-se-ia que ele não aprecia bastante o valor de uma tradição, como a chilena, capaz só por si de conter, de governar, de dirigir, de satisfazer um país; que ele acredita mais nas suas inspirações do que no inconsciente nacional. Em segundo lugar, é impossível não se notar a sua atitude no momento da ruptura; não é a maneira grave de um estadista, é o desafio de um caudilho. Por último, é lastimável não haver ele traçado para si mesmo uma linha além da qual não se prestasse a levar a repressão. A meu ver, faltou-lhe um alto objetivo, compreensão de si mesmo, o sentimento de que era um mero depositário da grandeza do Chile, por último, humanidade.

O valor dos chefes de Estado sul-americanos tem que

ser julgado pelo resultado de sua administração; não deve ser medido pela sua tenacidade — em tenacidade quem se compara com López? —, nem pelo seu orgulho patriótico — em patriotismo agressivo quem se parece com Rosas? —, nem mesmo pela sua honestidade — em honestidade quem excede a Francia? Para julgá-los é preciso comparar o estado em que receberam o país e o estado em que o deixaram, o inventário nacional quando entram e quando saem. O presidente que recebe um país próspero, unido, pronto a auxiliá-lo, e o deixa, por sua culpa, dividido, dilacerado, enfraquecido, não tem direito à gratidão. Eles podem dizer, quando vencem, que salvaram a república, mas salvaram-na de uma crise que eles mesmos provocaram, ou, pelo menos, não quiseram evitar, e salvam-na quase sempre de modo a não poder ser salva segunda vez. Para mim a verdadeira elevação moral de um chefe de Estado estará sempre nas velhas palavras de Péricles no seu leito de morte, quando os amigos, à moda grega, imortalizavam suas vitórias e a grande autoridade que ele exercera quarenta anos: "O que há melhor em minha vida é que nenhum ateniense tomou luto por minha causa".

"A pátria... que eu amei acima de todas as coisas da vida!" foram as últimas palavras que Balmaceda firmou; entretanto, o amor que ele teve ao Chile não é o verdadeiro amor de pátria — sentimento talvez o mais raro que exista. A Igreja quer que se ame a Deus acima de tudo, mas são Paulo ensina que Deus não aceita o amor que nós lhe mandamos diretamente, mas somente o que lhe mandamos por meio do próximo. Amar o país acima de tudo, também, só é meritório quando a pátria que se ama não é uma abstração, mas, nos termos precisos do poeta português, a *terra* e a *gente*. O mais é uma forma comum de egoísmo, uma paixão política, quando não é uma simples postura. "Amar o Chile acima de tudo" quer dizer amar mais que tudo os chilenos — para Balmaceda, o povo que o elevara, e no meio do qual ele vivia —, e essa espécie de amor, feito de dedicação, de ternura, de sacrifícios varonilmente aceitos, se não reclamados, é incompatível com a aposta de extermínio que ele fez com o Chile.

Não há mais bela ficção no direito constitucional do que a que imaginou Benjamin Constant com o seu Poder Moderador. O que a América do Sul precisa é um extenso Poder Moderador, um poder que exerça a função arbitral entre partidos intransigentes. De muitas doenças graves costuma-se dizer que foi no princípio um resfriamento mal curado; a história da América do Sul parece não ter sido outra coisa senão uma revolução mal curada. O meio, entretanto, de curar as revoluções que nascem dos erros e abusos de todos os partidos não é a perseguição. É a reforma de cada um, o abandono das pretensões exageradas, antissociais, que, mesmo do ponto de vista do mais estreito e calculado egoísmo, são um erro, porquanto elas não destroem somente a paz, o prestígio, o crédito, a grandeza da nação; ferem individualmente o filho do país, sobretudo se é chefe de família, com a ruína de sua existência — se não para todos a ruína material, sempre a ruína moral. A revolução vencedora compreendeu que, sobretudo em nossos países, ou há a anistia ou, de fato, continua a guerra civil, e não teve medo do perdão, fosse ou não fosse o esquecimento. Desde muito não há no Chile um só proscrito. A política, porém, de reconstrução, ou mais propriamente de apaziguamento, seguida depois da restauração do regímen parlamentar, excederia os limites deste estudo sobre Balmaceda.

Post-scriptum
A questão da América Latina

Não dei no *Jornal do Comércio* todos os motivos que me sugeriram este estudo sobre Balmaceda. Posso completar agora o meu pensamento. Sempre que, antes e depois de 15 de novembro, algum partidário do regímen monárquico pretendia que entre nós a república dificilmente seria um governo responsável, por não termos a têmpera dos países que modelam os seus governos à sua feição, a resposta era: "E o Chile?". Não tinha o Chile a mesma antiga estabilidade que nós? não gozava da mesma liberdade? não assistia à transmissão da primeira magistratura, como se ela fosse hereditária, na maior paz e sossego? não havia entre os quartéis e o governo a mesma camada sólida, impermeável, de consciência, de instinto, digamos de superstição civil, que no Brasil monárquico? e todavia não era o Chile uma república?

A mim figurava-se tão paradoxal animarem-se os republicanos com os resultados do Chile como o se animarem com os da América do Norte, porque o Chile, ainda que de raça espanhola, era tanto uma exceção como os Estados Unidos — exceção que se podia considerar um capricho de ordem moral na formação da América do Sul, como há aparentemente tanto capricho na sua estrutura geológica. Eu estava, porém, longe de pensar que em pouco tempo se estabeleceria um confronto tão perfeito entre a idoneidade de um e outro país para as instituições republicanas, e que se tiraria a prova real, a demonstração objetiva, da tese que os monarquistas sempre sustentaram contra os republicanos de boa-fé — isto é, os desejosos de obter para o nosso país o maior grau possível de liberdade. A nossa estimativa realizou-se assim inteiramente, a respeito do Brasil e do Chile.

 É natural a hipertrofia do poder nas sociedades onde ele não encontra nada que o possa limitar. O Brasil era e é uma dessas; no Chile, pelo contrário, a sociedade pode conter o governo, dentro de certos limites extremos. Se tivemos a liberdade na monarquia, foi só porque o poder se continha a si mesmo. Isso era devido à elevada consciência nacional, que por herança, educação e seleção histórica, os soberanos modernos quase todos encarnam. O respeito à dignidade da nação, o desejo de vê-la altamente reputada no mundo, era natural na monarquia, que era o governo pela força moral somente; mas não seria natural no substituto que lhe deram, o poder militar, que é a força material. Desde que o despotismo se manifestasse entre nós, eu sabia que ele levaria tudo de rojo, pela completa falta de resistência. A nossa submissão seria maior do que a das outras nações sul-americanas, porque estas, devastadas como estão pela guerra civil, ficaram também endurecidas por elas; os seus homens públicos, como os cônsules romanos, sabem todos manobrar legiões. Entre nós, declarada a ditadura, haveria de um lado o despotismo militar, do outro a passividade, a inércia do país. Se a ditadura assumisse o tipo sul-americano, a sociedade brasileira, criada na paz e na moleza da escravidão doméstica e da liberdade monárquica, enervada por uma ausência total de perigo em mais de cinquenta anos, habituada à atenção que o imperador sempre mostrou a todos, muito maior do que a que ele recebia, tomada de pânico, faria renúncia da sua liberdade, dos seus interesses, das suas propriedades, como nos últimos tempos do Império a velha sociedade romana abandonava os seus palácios dourados da cidade e as suas vilas de mármore, todo o seu sibaritismo refinado, para aparecer como escravos suplicantes diante dos chefes bárbaros.

Tudo isso se verificou, e muito mais. Com efeito, nenhum de nós previra o tipo que tivemos de ditadura e as atrocidades dos seus procônsules militares — que lembram tão vivamente as do major Caminos e do padre Maiz em San Fernando, que se nos pode hoje aplicar, invertendo no sentido da vitória da dureza e da barbaria sobre as artes e a civilização o

Graecia capta ferum victorem coepit,
porque a tirania paraguaia reviveu entre nós na ponta das mesmas baionetas e lanças que a derribaram.

Por outro lado, tudo que nós dizíamos do Chile, e muito mais, ficou igualmente demonstrado pela revolução. Ninguém que a tenha acompanhado duvidará hoje da capacidade do Chile para a república, nem do bem que a forma republicana fez ao Chile, da escola de educação, da influência sã, varonil, patriótica, que foi para ele. A revolução do Chile, como para a União Americana a Guerra de Secessão, não serviu somente para revelar ao mundo o vigor dos alicerces e a perfeição do plano do seu edifício nacional; serviu, mais ainda, para cimentá-lo de novo e dar-lhe a sua estabilidade definitiva.

Outra razão tive para escrever este ensaio. O interesse que antes já me inspiravam as coisas sul-americanas aumentou naturalmente depois da revolução de 15 de novembro. Desde então começamos a fazer parte de um sistema político mais vasto. Com efeito, ninguém procura justificar a nossa transformação republicana por motivos tirados das condições e conveniências do nosso país, mas somente pela circunstância de estar o Brasil na América. Desse modo o observador brasileiro, para ter ideia exata da direção que levamos, é obrigado a estudar a marcha do continente, a auscultar o murmúrio, a pulsação continental. Como a própria data do centenário o indica, muito concorreu para o fato de 1889 a influência literária da Revolução Francesa sobre a imaginação da nossa mocidade, mas não foi menor o arrastamento americano. Quaisquer que venham a ser os acidentes da República, seja o militarismo, a corrupção, o desmembramento, a anarquia, e, pior que tudo, o opróbrio da raça, é crença fatalista de muita gente que seria um esforço inteiramente estéril para o resto de razão e de bom-senso do país querer lutar contra o ímã do continente, suspenso, ao que parece, no Capitólio de Washington. Muitos acreditam mesmo que se trata de uma força cósmica, como se o oxigênio e o azoto formassem na América uma combinação especial dotada de vibrações republicanas.

Desde que é preciso aceitar o inelutável, o estudo da revolução chilena tem grande interesse para nós do ponto de vista da evolução política do hemisfério. De fato, dado o progresso da moral universal, não é possível que a civilização assista indefinidamente impassível ao desperdício de força e atividade humana que se dá em tão grande escala em uma das mais consideráveis seções do globo, como é a América Latina. A manutenção de um vasto continente em estado permanente de desgoverno, de anarquia, é um fato que dentro de certo tempo há de atrair forçosamente a atenção do mundo, como afinal a atraiu o desaproveitamento da África. Como se fará a redenção dos países centro e sul-americanos? Onde acharão eles amparo contra os seus governos extortores? Como se fará nascer e crescer em cada um deles a consciência do direito, da liberdade e da lei, que neles não existe, porque não podem ter sanção alguma?

Um problema de tal complexidade não poderá ser resolvido pela própria geração que o formular. À distância em que estamos do tempo em que ele há de amadurecer, a forte refração dos preconceitos atuais não deixa imaginar o modo que a civilização há de encontrar para se introduzir no nosso continente. O que esse modo não há de ser, pode-se, porém, ver em parte. Não será a absorção pela Europa, a menos que se a entenda no sentido de uma recolonização europeia da América com elementos que assegurem o predomínio das novas aluviões, porque é mais do que provável que a imigração se realize no próximo século em escala tal que os nossos organismos anêmicos, alguns mesmo raquíticos, não tenham capacidade para assimilá-la.

Quanto ao protetorado, é difícil imaginar uma alteração no equilíbrio europeu que forçasse a Europa a reconquistar a América ou a sujeitá-la, como fez com a África e a Ásia, à sua direção e ao seu governo. Pode-se ter como certo, a menos que se operem grandes mudanças no sistema geral do mundo, que a Europa deixará o Novo Mundo fazer bancarrota com os capitais e interesses que ela lhe houver confiado, sem pensar um só instante em compensações territoriais ou em estender, através do Atlântico, a sua área de influência.

Se a solução não pode ser o protetorado europeu, será por acaso o monroísmo? Os Estados Unidos, que já assumiram a proteção do continente, desde que se comprometeram a defendê-lo contra as invasões da Europa, sentirão um dia que essa garantia lhes dá direitos ou que lhes impõe deveres?

No fundo que é o monroísmo? O monroísmo parecia ser a promessa feita à América toda pela União Americana, de que a Europa não adquiriria mais um palmo de terra no Novo Mundo; depois, porém, do fato do México, e agora recentemente do Brasil, quer-se entender o monroísmo como uma garantia dada não só à independência, mas à forma republicana em todo o continente. Seria preciso desconhecer o caráter nacional do povo americano para se supor, por exemplo, que se o Brasil restaurasse a sua monarquia os Estados Unidos impugnariam essa volta às nossas antigas instituições. Se eles impedissem o Brasil de ter o governo que lhe parecesse melhor, estariam moralmente obrigados a governá-lo sob sua responsabilidade; não tinham o direito de condenar um povo ao despotismo e à anarquia por causa de um tipo de instituições, para as quais só eles possuem a resistência e o corretivo preciso. Governá-lo, porém — como?

Os Estados Unidos nunca se decidiram a ter colônias e rejeitariam para estados da União cada um dos candidatos da América Latina. A nação americana está convencida de que todo acréscimo de população, de hábitos, crenças, e índole inteiramente outras, causaria um profundo desequilíbrio em seu sistema de governo e uma incalculável deterioração de sua raça.

Mesmo como esfera de influência, a América Latina não conviria aos Estados Unidos. Os estadistas americanos sabem que os protetorados só produziriam uma nova espécie de *carpet-baggers* — praga cuja natureza compreende bem quem sabe o que foi, durante a conquista de Grant, a invasão dos estados do Sul pelos aventureiros políticos do Norte. Antes do *carpet-bagger*, viria preparar-lhe a entrada o "flibusteiro", e a América do Sul ficaria coberta de um enxame de especuladores da pior classe, os quais, dentro dos seus "sacos de tapete", trariam os germens de uma profunda corrupção, que havia mais tarde de se estender ao *lobby* do Congresso.

A solução do problema tem assim que ser procurada dentro mesmo de cada um dos nossos países, mas depende da formação em torno deles de uma opinião interessada em seu resgate, que auxilie os esforços, ou, quando mais não seja, registre os sacrifícios dos que em qualquer parte lutarem pela causa comum. Em todos esses países há homens cuja cultura rivaliza com a mais brilhante cultura europeia e que podem formar a Liga Liberal do continente. A causa é, de fato, comum. A liberdade argentina tornou-se um interesse direto para o Brasil, como era para os argentinos a liberdade chilena no tempo de Rosas. É do interesse do boliviano e do peruano que o Estado mais vizinho lhe ofereça um asilo seguro, e sirva ao seu país de estímulo, se não mesmo de vexame. Não é, porém, somente na fronteira que a irradiação se exerce; ela alcança o continente todo. O efeito de um governo moralizado é ilimitado e, de modo indireto, universal.

Por isso, se o Chile politicamente se esfacelasse; se perdesse as noções de moral social que formam a sua coesão, a perda seria de toda a civilização sul-americana. Desde que as nossas antigas instituições, em vez de serem aproveitadas com avareza, foram desdenhosamente lançadas fora, as do Chile ficaram sendo as únicas que na América Latina merecem realmente o belo nome de instituições. Vê-las desaparecer quase em seguida às nossas seria mais uma tristeza para os que acompanham a terrível dança macabra do continente. Felizmente o Chile mostrou, por instinto, apreciar, como o grande segredo da sua força, a continuidade da sua liberdade, imemorial hoje, desde que as gerações atuais não lhe conheceram a origem.

O fato devia ficar registrado em cada um dos países da América do Sul. Pela minha parte o assinalei no Brasil. O exemplo não será inútil na era republicana para um país do qual, mesmo no apogeu da liberdade e da ordem, dizia, no Parlamento, seu mais fecundo jornalista:[5]

> O espírito revolucionário ligou-se à existência da nação brasileira como o verme, desde que ela nasce, se liga à fruta, que apodrece antes de passar pela madureza. Eu considero esta luta do espírito revolucionário com a autoridade no Brasil como uma luta permanente, como uma moléstia crônica, que atacou o doente desde a sua infância, cujos acessos têm sido reiterados, que nessas ocasiões é combatida, mas nunca perfeitamente curada.

A INTERVENÇÃO ESTRANGEIRA
DURANTE A REVOLTA DE 1893

O marechal Floriano

Nos últimos dias da Comuna, conta Maxime du Camp, Thiers recebeu a visita de três personagens que vinham fazer uma suprema tentativa de conciliação: "Vós sereis vencedor", diziam-lhe eles, "não temos dúvida: entrareis em Paris, ao rufar dos tambores, pela brecha aberta, nós o sabemos, e a gente da Comuna o sabe também; mas o Louvre será queimado, queimado o Hôtel de Ville, queimada Notre Dame; queimarão tudo, e não entregareis ao país senão um montão de cinzas." Thiers relutou ainda, mas, insistindo eles, afinal lhes disse: "Pois bem! ainda que eu não possa acreditar no que me dizeis, quero fazer um esforço para salvar esses desgraçados. Eis as minhas três condições: os insurgentes deporão as armas; eu não farei nenhum processo abaixo do grau de coronel; as portas de Paris ficarão abertas durante três dias". A Comuna não aceitou essas condições e prendeu os intermediários, mas Thiers tinha mostrado que não levava a intransigência à indiferença pela destruição mesmo do que era impossível à arte moderna reproduzir.

O Rio de Janeiro não tinha os tesouros artísticos e literários, a riqueza acumulada em Paris pelo gênio da França, nem os seus sacrários históricos; ainda assim, para o marechal Floriano havia muito que salvar, preferindo a transação ao extermínio. Havia pelo menos a susceptibilidade do país, a quem a própria imprensa estrangeira advertia: "Não chameis o estrangeiro em vosso socorro!".[1]

Falando em absoluto, um governo colocado na posição em que se achou o marechal Floriano Peixoto deveria julgar preferível a conciliação com os revoltosos a tornar-se, de fato, o protegido das potências. Diante delas o almirante Melo, que sofria uma imposição, estava melhor do que o governo, que lhes aceitava o socorro. Fala-se constantemente em Juarez. Mas o que constitui a reputação de Juarez é exatamente a resistência à intervenção estrangeira. Fala-se em Lincoln... Imagine-se, porém, no Congresso americano, depois da Guerra de Secessão, um projeto semelhante ao que foi apresentado no nosso Senado, mandando cunhar "em memória da guerra civil brasileira" duas medalhas de ouro e paládio: uma, com a efígie do presidente Cleveland, para ser oferecida ao marechal Floriano Peixoto, e outra, com a efígie de Floriano, para ser oferecida a Cleveland? Que mostra essa união simbólica dos dois presidentes na medalha de uma guerra civil senão que no próprio instinto de susceptibilidade nacional houve um profundo desequilíbrio, uma confiança crédula no apoio desinteressado do estrangeiro, um impulso para envolvê-lo em nossas questões internas? — o que tudo é ignorar que a proteção, a intervenção, o socorro é sempre na história o modo como primeiro se projeta sobre um Estado independente a sombra do protetorado.

Não entra no meu assunto apurar se o marechal Floriano podia vencer apelando somente para o entusiasmo da nação e para os seus recursos de estratégico, de que aliás não ficou um só padrão, nem nas campanhas do Rio Grande, de Santa Catarina e do Paraná, nem nesta baía nas suas operações contra a esquadra.

É certo que todas as imperfeições dos seus planos se explicariam pela mesma causa a que lord Wolseley recentemente atribuiu a fraqueza de Napoleão depois de Smolensk, depois de Dresda, depois de Ligny, quando podia ter aniquilado os Aliados, a saber: a depressão do seu organismo, minado por uma doença fatal. Da parte de um homem que visivelmente estava adiando a morte no seu posto, como um soldado de prontidão, não se podia esperar que o cérebro funcionasse com a espontaneidade e a inspiração dos organismos sãos, em plena fase criadora. Não quero negar, ignorando o gênio e o relance do general em chefe, que o marechal Floriano tivesse revelado no Itamaraty algumas qualidades de primeira ordem. Foram estas, porém, a tenacidade, a solidez férrea com que ele, em uma época de frouxidão e diante de uma revolta senhora da baía, apurou a obediência, a fidelidade, a submissão do Exército, desde as mais altas patentes, até convertê-lo no instrumento que foi em suas mãos. Uma reserva há que fazer: que ele conseguiu esse prestígio empregando processos incompatíveis com o próprio instinto militar; não fiando-se no ascendente da sua categoria, da sua pessoa, ou da sua causa, nem no espírito de classe; mas, como Balmaceda, dando em uma guerra civil soldos de campanha; atribuindo ao elemento militar uma partilha política injustificável: por deposição, ele fizera de majores, capitães, tenentes, governadores de dez estados; afetando perante o Exército o mais estudado desdém pelo Congresso, pelos seus ministros, pelo Supremo Tribunal como, depois, pelo seu sucessor, a quem deixou um palácio deserto; criando ao lado das forças regulares um exército revolucionário de segurança; dando às últimas patentes preponderância sobre as mais elevadas, das quais eram os guardas e os fiscais, tanto no quartel-general e outras repartições como nos acampamentos, nas fortalezas e a bordo dos navios: o que tudo quer dizer que ele inverteu de alto a baixo a hierarquia dos postos, as leis da obediência; que subordinou o Exército não pelo espírito de disciplina, nem pelo amor da glória, mas por uma adesão pessoal mantida à custa de todos os princípios e obrigações do espírito militar. A verdade é que ele exerceu o mando incontestado, absoluto, como ninguém antes dele, mas que o adquiriu mediante uma transação que nenhum general em uma grande luta poderia deixar de considerar fatal à sua autoridade: a de governar um exército à maneira como os tribunos governam os partidos revolucionários e que um deles definiu na célebre frase: "Chamam-me seu chefe, porque eu os acompanho".

A decisão, a atividade e a resolução extremas não eram característicos até então conhecidos do marechal Floriano. O papel secundário, ainda hoje enigmático, que ele representou no Quinze de Novembro e no golpe de Estado Lucena e a sua quase subalternidade no começo da presidência não deixavam suspeitar aquela têmpera. O episódio da mudança da bandeira positivista, decerto, não é significativo de vontade firme e inabalável, e basta para mostrar que o *jacobinismo* que ele afetou mais tarde foi um recurso de ocasião. É difícil dizer se foi a ambição,[2] ou o papel que lhe atribuíram, ou a vingança jurada, o que lhe emprestou uma alma que antes ele nunca imaginaria caber em si, diferente de tudo que até então se tinha visto em nossa raça, que por isso a impressionou profundamente, sendo, entretanto, a fibra ordinária dos antigos caudilhos do Prata.

Ao lado da tenacidade do soldado há que lembrar a sua impassibilidade, mais extraordinária ainda — a sua inércia, pode-se dizer —, capaz de lançar nos cubículos da Correção, como nos Piombi e nos Pozzi de uma outra Veneza, os seus ministros da véspera, os seus camaradas do Paraguai, presidentes de província sob quem servira, os seus colegas do governo provisório, senadores e deputados que o elegeram ou conspiraram com ele, os seus amigos de todas as épocas, sem que se soubesse a súplica capaz de o mover. Nesse traço, em que se acentua fortemente a influência que o cercava, tão diversa do ambiente social em que fez toda a sua carreira e que produzira outrora a generosidade, por exemplo, de um Caxias,[3] deve-se talvez reconhecer também o indiferentismo característico das primeiras retrações da vida nos organismos sujeitos a choques, abalos e vibrações maiores do que podiam tolerar. É fato singular que quase todos os principais atores da República, Deodoro, Benjamim Constant, Floriano Peixoto, tiveram que representar um papel para o qual não só não estavam talhados, como também não tinham a precisa reserva e economia de forças, e que por isso os fulminou na cena. Com o 89 brasileiro repete-se a imagem girondina, o caso da Revolução Francesa de "Saturno devorando os seus próprios filhos".

Essa insensibilidade, que será a mesma, depois da vitória, diante dos massacres, esclarece a frase com que o marechal Floriano entrou na história da República, quando respondeu, em 15 de novembro, ao visconde de Ouro Preto que lhe perguntava por que não fazia tomar à baioneta a artilharia do general Deodoro e lhe lembrava o que os nossos soldados tinham feito no Paraguai: — "Sim, mas lá tínhamos em frente inimigos e aqui somos todos brasileiros".[4]

A essas qualidades inteiramente excepcionais de força e domínio, que foram nele a criação tardia e final do meio ou da morte, é preciso acrescentar três qualidades políticas mestras, e que estas eram próprias e estão de acordo com o que se sabe dele no 15 de novembro, no 23 de novembro e no 10 de abril: a sagacidade, o desdobramento gradual e a aparente negligência do diplomata que negociava com os revoltosos, por intermédio das potências, o acordo do desarmamento para à sombra dele levantar as fortificações da cidade; que, salvo pela intervenção europeia, fazia crer aos Estados Unidos que a Europa procurava intervir contra ele em favor da restauração; que, sustentado e defendido pela esquadra estrangeira, espalhava — para despertar o amor-próprio nacional e ameaçar a população estrangeira suspeita de simpatia pela revolta — que aquela esquadra era o auxiliar eficaz com que esta contava. Este livro mesmo não é senão a história da dualidade, da astúcia e das adaptações dessa diplomacia dilatória à qual acima de tudo ele deveu o triunfo.

A despeito de toda a ruína, sofrimento e luto legados pela guerra civil; com as forças econômicas do país tão depauperadas que o câmbio, pulso do nosso estado financeiro, não se reanima com a injeção do melhor ouro esterlino nem com a ligadura da artéria do Rio Grande; sem mais Armada, porque só o espírito de classe a poderia ressuscitar, e este está morto, o partido que carrega com as responsabilidades criminais da vitória e sobre o qual pesa a eliminação de tantos adversários políticos, de tantas vítimas inocentes, julgou a anistia ampla, impolítica e imprudente, não tendo aliás uma justiça militar insuspeita a que sujeitar os adversários. Nessas circunstâncias os revoltosos têm dobrado direito a que o país inteiro saiba que eles foram vencidos principalmente pela Intervenção e pelo Terror. O benefício, a tolerância, o apaziguamento que essa convicção há de forçosamente produzir será talvez a primeira pedra para o altar do Esquecimento, que as repúblicas sul-americanas, à maneira de Atenas, deveriam todas levantar no proscênio das suas lutas civis.

O marechal Floriano e a revolta

A legenda positivista do marechal Floriano ficará sendo que ele matou no gérmen a reação monárquica e salvou a República do perigo da restauração. Podemos estar certos de que essa tradição ficará incorporada ao credo republicano pelo menos enquanto durar a influência dos atuais diretores do positivismo. A legenda não é só positivista, é também *"jacobina"*; mas por esse lado a sua duração seria curta: o jacobinismo não é mais do que uma moda da época, um *pastiche* histórico. Vejamos porém os elementos da legenda.

Floriano Peixoto recebeu em 1891 a presidência da República em condições em que lhe era fácil administrar com a simpatia de todos e deixar ao seu sucessor um poder benquisto. Bastava-lhe para isso encerrar o período, como se chamou, das orgias financeiras, restringir a despesa pública, disciplinar o Exército. Em vez disso, ele arriscou-se a perturbar quase todos os estados com o sistema das "deposições", cada uma das quais era uma conspiração do governo central, uma missão militar secreta, incompatível com a disciplina. A desculpa dos seus sectários é que não foi ele. Essa desculpa não é decorosa. Ele é que era o chefe de Estado responsável. No Rio Grande do Sul, abrigado excepcionalmente pelas suas fronteiras do Uruguai e da Argentina, a repetição da mesma cena, que se tinha representado sem acidente nos demais Estados mais pacíficos, criou uma situação por tal modo violenta que deu em resultado uma guerra civil. Não é ponto duvidoso que essa guerra civil foi causada pela política local do marechal Floriano, tratando de colocar no poder os partidários do golpe de Estado de 3 de novembro. Se foi na guerra civil rio-grandense que se enxertou, como tática de ocasião como recurso extremo de guerra, a ideia do *referendum* ou de consulta à nação, foi ele mesmo, ele só, quem desnecessariamente criou para as instituições republicanas o perigo, aliás imaginário, que se diz que elas atravessaram.

A causa daquela guerra, é preciso não esquecer, foi a crença de que não havia lugar na política do Rio Grande para Silveira Martins. Esse notável político chegara da Europa em janeiro de 1892 com tenção feita de trabalhar com o marechal Floriano, de associar-se aos republicanos e chamar para a República os últimos elementos conciliáveis do partido monárquico. A personalidade, porém, do postulante fez crer que ele podia fazer sombra à própria República. Se passamos pela tirania, que deixa sempre na geração que a conheceu o tremor da incerteza, quando não o próprio estigma da degradação; se perdemos a nossa Marinha de guerra; se tocamos a raia da insolvabilidade, foi somente, pode-se afirmar, por terem os republicanos pensado que o ostracismo de um homem valia tudo isso, e ainda agora há quem pense que valia muito mais. Era o medo que tinham as democracias antigas dos homens que se individualizavam soberanamente.

Quem sabe se não foi também essa a verdadeira causa de nunca se ter podido organizar politicamente a revolta e se entre os motivos *políticos* do almirante Melo para fazer o Seis de Setembro não prevaleceu a ideia de dirigir, no sentido desejado por Demétrio Ribeiro e seu grupo, o movimento revolucionário do Rio Grande, neutralizando a influência de Silveira Martins? Àquele almirante o Seis de Setembro deve ter-se figurado, segundo todas as probabilidades, um segundo 23 de novembro, uma ação tão fácil e tão pronta como a desse dia e que absorveria politicamente o movimento federalista rio-grandense do mesmo modo que o 23 de novembro absorveu o movimento do Rio Grande contra a dissolução do Congresso a ponto de entronizar mais tarde Júlio de Castilhos.

Uma vez declarada a guerra civil no Rio Grande e feita a invasão, o marechal Floriano procederá como um antigo terrorista e não como o chefe de Estado de uma nação moderna. Os seus telegramas, as suas palavras respiram o ódio, a animosidade de Rosas contra os *salvajes asquerosos unitarios*, suscitam a ideia de mazorca, repercutem na campanha do Rio Grande como um toque de *degolar*.

Em vez de fazer um apelo ao país, de ocupar militarmente o Rio Grande, se preciso fosse, contanto que em terra brasileira não se vissem as atrocidades que a barbarizaram, ele deixa reinar naquele estado, aos olhos do rio da Prata e até o fim da sua presidência, o sistema das represálias assassinas, e, sem apurar responsabilidades nem escolher processos, põe o Exército e o Tesouro da União às ordens de Júlio de Castilhos.

Isso quanto ao Rio Grande. A luta da República contra a apregoada restauração não apresenta ali nenhum caráter de heroicidade, que faça recordar a guerra dos mexicanos contra o Exército francês; o nenhum resultado que obtém sobre as guerrilhas federalistas, apesar de toda a sua superioridade de recursos, de armamentos, de dinheiro, de posições, só serve para mostrar que o governo não tinha capacidade para defender o Rio Grande de uma invasão estrangeira. A lição de coisas que ele dá ao rio da Prata, no próprio teatro de qualquer guerra entre nós, foi a mais deplorável que era possível do ponto de vista militar.

Resta a campanha contra a "Revolta Restauradora" na baía do Rio. É certo que a República correu grande perigo com o levante de 6 de setembro, mas não foi perigo de ordem monárquica; foi o perigo do esfacelamento militar pelo rompimento entre as duas classes que "em nome da nação" fizeram o Quinze de Novembro, segundo a fórmula do governo provisório.[1] Ainda aqui é grande a responsabilidade pessoal do marechal Floriano. Somente pela importância primordial que ele ligava a firmar absolutamente no Rio Grande a autoridade de Júlio de Castilhos, poderia ele, que além de chefe do Estado era o representante do Exército, considerar secundário o perigo daquele rompimento e correr esse perigo de preferência a atender a conselhos de moderação no Rio Grande. Não há dúvida, entretanto, que semelhante perigo não só ele o correu, mas o afrontou e, mais ainda, o provocou.

Com efeito, o que sobressai com a maior evidência da história da revolta é a unanimidade da Marinha, porque só a unanimidade teria feito intervir o espírito de classe, e que este interveio é um fato, porquanto só o espírito de classe podia reunir na mesma revolução Custódio de Melo e Saldanha da Gama, e só ele podia reduzir o marechal Floriano, como o reduziu e ele o declarou ao Congresso,[2] a ir buscar fora do pessoal ativo da Armada um oficial general que se prestasse a aceitar o comando da sua esquadra. Para criar aquela unanimidade na Marinha,[3] unanimidade expressa nos três graus: revolta, neutralidade e abstenção, e confessada pelo marechal Floriano,[4] era preciso nada menos que o sentimento da dignidade ofendida. Foi esse sentimento que o marechal suscitou em toda ela com a sua desconfiança contra a oficialidade, a marinhagem e os navios desde a retirada de Custódio de Melo do gabinete e a tentativa de Wandenkolk contra a barra do Rio Grande.

Uma vez conhecido o levante da Marinha, ele não procurará diminuir, restringir o conflito; respeita, é certo, a neutralidade de Saldanha e de Villegaignon, mas para futuro ajuste de contas, e deixando a imprensa legalista, sob a censura do estado de sítio, persegui-los com os ultrajes mais infamantes, exacerbar cada vez mais a classe desgostosa,[5] e, desde que se sente protegido e guardado pela esquadra estrangeira, só tem um pensamento: aniquilar a esquadra rebelde, afundar os navios, eliminar, como eliminou quanto pôde depois, os elementos suspeitos da Armada, e destruir para o futuro toda possibilidade de rivalidade entre as duas classes, fazendo da Marinha uma dependência do Exército. Foi nesse sentido que surgiu a ideia de se fundirem as escolas militar e naval;[6] que as fortalezas do interior da baía passaram para a repartição da guerra; que os marinheiros foram incorporados aos batalhões de terra, e os navios guardados por tropa de confiança.

Nessa revolta da Armada não aparece, entretanto, a monarquia: há somente, em dezembro, o Manifesto Saldanha, expressando a opinião individual de um homem que julgou ter o direito, ao oferecer a sua vida, de fazer aquele testamento da sua fé política. Não querendo, por um lado, envolver-se em uma revolução cujo caráter político desconhecia, nem, por outro lado, associar-se a uma vitória que ele sabia ser a perseguição e o extermínio da sua classe, não podendo servir com a sua espada a um poder que oferecera à cobiça estrangeira os navios de guerra brasileiros e que se colocara sob a proteção da esquadra das potências, o almirante preferiu a qualquer dessas hipóteses reservar-se para a hora da transação entre o Exército e a Armada, que lhe parecia a única solução patriótica. Ele não viu de um lado Custódio e do outro Floriano; viu de um lado a Armada e do outro o Exército, e desejou um acordo entre eles, em vez da humilhação do que se mostrasse mais fraco. Foi essa visivelmente a sua política. A própria neutralidade de Saldanha da Gama era a prova de que a revolta não tinha caráter monárquico. Se tivesse, se fosse possível dar-lhe esse caráter com probabilidade de êxito, com adesões na força de terra, e ela se impusesse ao seu patriotismo como o meio de reorganização do país anarquizado, ele é que se teria posto à frente dela. O seu pronunciamento em dezembro é já uma adesão a uma causa vencida; apesar da confiança que ele aparenta, das ilusões que por vezes parece abrigar, o que se vê é que o ponto de honra militar é a coragem de cair com a sua classe, e não a ambição, o sentimento que o trabalha interiormente.

Nem a aliança política de Saldanha, à frente da esquadra no Rio de Janeiro, com Silveira Martins, inspirador principal do movimento rio-grandense, bastava para imprimir à revolução caráter monárquico. Se a preferência de ambos era pela monarquia, para quem decompõe os elementos ativos da revolução e sabe a feição que o seu triunfo ia tomando e a situação política que se formava espontaneamente em cada um dos estados, é evidente que eles nunca teriam força para tentar, se vencessem, a reação monárquica, porque só a revelação de semelhante pensamento traria a anarquia, a confusão dos vencedores com os vencidos. Seria contrário a toda a experiência da história quererem os vencedores no dia da vitória inutilizar o seu triunfo, provocando uma nova guerra civil contra si mesmos. O movimento era evidentemente de caráter e forma revolucionária, desses, como a história de toda a revolta o demonstra, em que o papel dos chefes é acompanhar à frente.

A simpatia dos monarquistas pela revolta foi um fato, mas igual simpatia tiveram eles pelo 23 de novembro e até pelo golpe de Estado: o que quer dizer que eles viviam na esperança de um Termidor que amortecesse o espírito revolucionário e eliminasse os terroristas. Eles iludiam-se esperando, e ao governo cabia ver que eles se iludiam, e não tratar um cálculo otimista, uma pura quimera de proscritos, como um perigo nacional que justificasse até o apelo ao estrangeiro.

Se houve, entretanto, uma guerra civil em que a transação fosse fácil, foi essa, e desde que se tratava de um duelo entre o Exército e a Armada, e o governo precisava apelar para o estrangeiro, a transação, *militarmente*, devia ter intervindo. O marechal Floriano não podia ter invencível repugnância em tratar com o chefe da revolta de 6 de setembro. Fora este que o colocara na presidência em 23 de novembro; que restaurara o Congresso dissolvido; que restabelecera a Constituição. Fora ele que, respondendo pela esquadra, tinha tornado possível a sufocação da revolta de Santa Cruz só com os batalhões suspeitos de fidelidade a Deodoro. Por último, fora ele que chamara sobre si o odioso, que em primeiro lugar devia caber ao chefe de Estado, do triângulo mortífero do Amazonas para onde foram mandados os presos de 10 de abril. A neutralidade de Saldanha da Gama e de grande parte da Marinha facilitava uma transação honrosa, cujo resultado seria apenas adiantar de meses a eleição do novo presidente, e o marechal Floriano prestava à sua classe, compondo-a com a Marinha, melhor serviço do que deixando em nossa história militar a página dos morticínios do Rio, do Desterro e do Paraná.

Na revolta, a monarquia não aparece nem com os seus homens, nem com a sua bandeira, nem com a sua dinastia: tudo se faz sob a República, em nome da República. A herdeira do trono mostrará durante toda a guerra civil o mais perfeito, o mais absoluto desprendimento da luta, vendo nela apenas o costumado vaivém da República. Os fuzilados e os que escaparam de o ser não foram príncipes da família imperial, que tivessem vindo reconquistar no campo de batalha o trono perdido; foram republicanos, como Lorena, Plácido de Abreu, Patrocínio, Rui Barbosa, que tinham sido autores do Quinze de Novembro. Se o marechal Floriano tem que ser considerado o Juarez brasileiro, foi ele um Juarez que, em vez de ter um exército estrangeiro que combater, teve uma esquadra estrangeira para o sustentar; um Juarez ao qual faltou um imperador, e cujo Querétaro foi um massacre de republicanos.

Cai assim a teoria dos seus glorificadores de que a revolta foi o encontro das duas opiniões, a monárquica e a republicana, encontro adiado desde 15 de novembro, mas inevitável e fatal, e que nesse encontro ele salvou para sempre a integridade do princípio republicano na América. Só a princesa imperial teria o direito de desenrolar a bandeira monárquica e de envolvê-la nos tremendos azares de uma guerra civil. A verdade é que as duas opiniões não se encontraram ainda, e se elas têm um dia que se encontrar, pode-se ter certeza de que não será num campo de batalha; não será como inimigas, nem armadas; será cobertas do mesmo luto, feridas pelo mesmo golpe, prostradas pelo mesmo infortúnio, apelando sinceramente, desinteressadamente, corajosamente, uma para a outra, talvez infelizmente tarde demais, como os patriotas italianos que só ouviram a voz de Dante e de Petrarca pregando a união, quando já os franceses e os espanhóis tinham invadido o país e as tropas alemãs se apossado de Roma.[7]

A verdade é outra: é que todos os perigos que podem ainda ser fatais à República foram aumentados em escala extraordinária pelo marechal Floriano; que nem um só foi eliminado ou diminuído por ele. O perigo da bancarrota, da carestia, da miséria pública, ele o agravou com a prodigalidade da sua administração militar, com a irresponsabilidade financeira que chegou a reivindicar para si e os seus agentes, com a cifra fantástica da guerra civil, com a desorganização que introduziu no Tesouro e em todos os serviços. O perigo da tirania, que torna odiosas as instituições, pode-se dizer que foi ele quem o criou. O perigo do militarismo e ao mesmo tempo o perigo do esfacelamento militar, ao qual se seguiria o esfacelamento nacional — aqueles perigos não são antitéticos, porque o militarismo pode existir sob a forma pretoriana da anarquia, tanto quanto sob a forma da união e da disciplina —, o perigo militar sob todas as suas faces cresceu consideravelmente com os precedentes e a lição viva do que se pode chamar o "florianismo". Por último: o perigo revolucionário, aumentado pelo predomínio e ascendente de um elemento que se chama a si mesmo "jacobino", e o perigo estrangeiro, tornado palpitante pela abdicação temporária do princípio de soberania (intervenção da esquadra estrangeira, apelos repetidos à proteção norte-americana) e pelo sacrifício completo de todas as defesas do país: a sua fronteira aberta e anarquizada, a sua Marinha de guerra destruída, as suas finanças arruinadas, a sua união abalada, a sua altivez humilhada pela sensação da tirania.

Eu não contesto que o marechal Floriano tivesse o direito de defender a sua autoridade; não tinha, porém, o direito de apelar para o estrangeiro; nem de recorrer ao terror e à tirania; nem de executar, ou deixar executar, os seus inimigos, clandestinamente, sem que ficasse vestígio, como se o Brasil no século XIX tivesse retrogradado ao estado de Roma no reinado dos Bórgias. A República brasileira devia defender-se como a República norte-americana pelos meios de que dispõem usualmente os governos livres, respeitando a civilização e a humanidade do país.

Parece uma ironia da parte do presidente, em cuja administração se vitimaram nas prisões de Santa Catarina o chefe do governo provisório, capitão de mar e guerra Lorena, oficiais do *Aquidabã*, como os irmãos Carvalho, e de quem se diz que fez executar nas ilhas da baía marinheiros deixados por Saldanha, esta lamentação da sua mensagem ao Congresso: "Contristou-me ver naquele dia oficiais da minha pátria irem assim, envergonhados e súplices, pedir proteção à bandeira de outra nacionalidade nas próprias águas do seu país e, o que é mais triste, abandonando infelizes marinheiros, instrumentos inconscientes de seus desmandos, de suas ambições". Não faz honra ao ajudante-general do visconde de Ouro Preto, ao general que se mostrava dedicado ao imperador a ponto de pedir para ser o guarda da sua pessoa,[8] dizer na mensagem: "O que sobrelevava em ignomínia a tudo era o pensamento perverso de fazer a pátria voltar ao jugo monárquico de que se havia libertado em 15 de novembro de 1889". O chefe de Estado que solicitou a intervenção estrangeira, que aplaudiu a ação do almirante Benham conduzindo os seus cruzadores para meter a pique em nossa baía a esquadra revoltosa, devia poupar ao Congresso, desde que as não podia precisar, as queixas que externou contra "pretensões indébitas e exigências exorbitantes que o poder público encontrou na sua ação".[9]

Ao lado da legenda do marechal Floriano há de crescer em nossa história a legenda do almirante Saldanha da Gama, e perguntar qual das duas há de matar a outra, e perguntar qual os brasileiros hão de admirar mais: se a força destituída de todos os atributos de humanidade, se o valor revestido de todos eles. Nada separará nunca da tradição do marechal Floriano a lembrança dos morticínios de Santa Catarina, do Paraná e do Rio de Janeiro, ao passo que nenhum procedimento, não digo de desumanidade, mas de indiferença pela condição dos seus adversários prisioneiros, foi sequer imputado a Saldanha. O marechal não traz à imaginação um chefe de Estado moderno defendendo a sua autoridade apoiado nas leis e na opinião, não lembra Abraham Lincoln nem o padre Feijó. Misteriosamente encerrado no Itamaraty, desconfiando, com razão, de quase todos, da traição de uns, da sensibilidade de outros, enchendo as prisões pelas listas dos delatores, desencadeando sobre a sociedade apavorada um partido, imitação da Revolução Francesa, chamado "jacobino", ele traz ao pensamento uma combinação de Robespierre e Francia.[10] Não é um grande general que ele recorda, é um grande carcereiro, um grande inquisidor. Ninguém mencionará entre os seus grandes traços os de César: magnanimidade para com os adversários; desejo de cercar-se dos mais elevados talentos de sua época; deferência pela opinião dos melhores homens.[11]

O almirante, pelo contrário, aparece à frente da Marinha revoltada, sempre no ponto mais perigoso, tão natural e tão fidalgo na maneira e na distinção, como poderia aparecer o chefe mais bravo, mais generoso e mais humano da mais adiantada nação do mundo. Nada importa que Saldanha pareça ter tido a morte de um Larochejaquelein, ele que podia aspirar a morrer em um Trafalgar. A fé monárquica, que foi obrigado a confessar como ressalva da sua consciência e da sua sinceridade, quando teve que acompanhar Custódio de Melo, vencido pelo amor da sua classe — mais ainda pelo seu amor a ela — e convencido pela tirania, foi uma circunstância acidental da sua morte. O que o inspira, o alenta e o arrebata, é a honra, é o nome da Marinha brasileira, de cujo brio e brilho ele fazia com razão depender em grande parte a união, a integridade nacional, e nos quais via uma proteção contra as mais baixas formas de militarismo que o futuro ainda nos reserva. Tudo que a aspiração militar tem de nobre, elevado, legítimo, nacional em uma fase criada pelo Exército, ele o representava; todas as responsabilidades militares, ele as compreendia e sentia com a lucidez do seu patriotismo: o que repelia era, sim, a aliança do sentimento e do dever das classes armadas com o espírito jacobino de tirania e com o espírito positivista de seita. Em tudo em que a aspiração da Marinha é uniforme com a do Exército ele foi o partidário da união das duas classes, união que teve mais do que nenhum outro a peito porque sabia ser essencial, vital para a defesa e a liberdade do país. Dessa união pela qual fez o maior de todos os sacrifícios, a sua chamada *neutralidade* ficará sendo a mais elevada e corajosa de todas as afirmações.

A sujeição da sua individualidade ao dever militar em uma época revolucionária, quando se pensa no que aquela individualidade podia, foi uma vitória esplêndida sobre si mesmo. Se o cavalheirismo, na mais alta acepção da palavra, naquela de que Bayard é o modelo, é a qualidade por excelência, é em Saldanha da Gama que o Brasil pode apontar nesta época o seu mais nobre tipo. Os vis sangradores de Campo Osório fizeram mais do que profanar o cadáver de um grande marinheiro. O corpo mutilado de Saldanha da Gama quer dizer a fôrma quebrada da antiga Marinha de guerra: nada pode haver mais difícil do que reunir os fragmentos dispersos e fundir nela outro que seja seu igual.

UM ESTADISTA DO IMPÉRIO

O Sete de Abril

No fundo a revolução de 7 de abril foi um desquite amigável entre o imperador e a nação, entendendo-se por nação a minoria política que a representa. Havia de parte a parte uma perfeita incapacidade de se compreenderem, um desacordo que só se podia resolver pelo despotismo ou pela abdicação. O despotismo era repugnante ao temperamento liberal do imperador e ao seu papel histórico de "herói dos dois mundos".

O interesse absorvente de Pedro I, quando se deu a revolução, era assegurar o trono de Portugal a dona Maria II. O seu pensamento em abril de 1831 estava principalmente na Europa,[1] nos meios de aproveitar em benefício da causa de sua filha, de que chegara a desesperar sob o legitimismo de Wellington e Polignac, o grande influxo da revolução de julho. Essa deslocação do interesse do imperador para a questão da Coroa portuguesa, a sua contínua correspondência com os emigrados, as relações com Palmela, Saldanha, Vila Flor, a presença no Rio de Janeiro de dona Maria II atraindo parte da "emigração" para o Brasil, tudo dava ao imperador grande popularidade entre os residentes portugueses e a estes uma importância, toda ocasional e transitória, no mundo oficial brasileiro de que a suscetibilidade nacional injustamente se ressentia.

Nada mais natural, com efeito, do que o esforço que Pedro I fazia em favor da filha. Daí não podia vir detrimento algum ao Brasil. Receou-se que ele quisesse a reunião das duas coroas, mas mesmo quando se tivesse dado essa anomalia de ser o imperador do Brasil regente em Portugal, por meio de uma delegação, na menoridade da rainha, que mal poderia isso causar à autonomia política do país, para se duvidar da sinceridade de sua intenção? O interesse de Pedro I nessa questão era, entretanto, primordial; reconhecida, como ficou, a incompatibilidade constitucional de acumular ele a Regência portuguesa, e sobrevindo a revolução de 1830, que deu à causa liberal em toda a Europa o mais extraordinário impulso, o que lhe restava era, depois que tivesse arquitetado uma regência capaz de responder, durante a longa menoridade, pela coroa de seu filho, levar consigo a jovem rainha de Portugal e ir empenhar na Europa todos os seus esforços e todo o seu valimento e prestígio até assentá-la no trono que havia abdicado nela. A revolução de 7 de abril, pode-se dizer, conseguiu apenas impor subitamente a Pedro I uma solução que já estava aceita por ele e para a qual lhe faltava somente combinar as últimas providências e escolher o momento.

A nomeação de José Bonifácio para tutor de seus filhos faz crer que seria dele que o imperador se lembraria em primeiro lugar para a Regência que o devesse substituir; em todo caso, sem o Sete de Abril, pode-se conjeturar que o Brasil teria em 1831 o ministério Andrada, que Pedro I desejou formar em 1830.[2]

O regímen político do país tinha-se desenvolvido consideravelmente em poucos anos; o progresso das ideias liberais, sensível na admirável Constituição de 1824, tinha chegado à maior expansão no código penal de 1830. A não ser a impaciência, o pessimismo, de políticos exaltados, que viam o embrião do despotismo em qualquer resistência do imperador a ideias que não partilhava desde logo, e descobriam em dom Pedro I um segundo dom Miguel, a revolução de 7 de abril teria sido evitada com vantagem para a própria causa democrática.

A intervenção militar na revolução era sumamente injusta, porquanto o melhor amigo do Exército era o imperador. Pedro I, quaisquer que fossem suas faltas, tinha em relação ao Exército uma compreensão muito mais clara da sua necessidade e do seu papel do que a legislatura cuja hostilidade o derribou. Ao liberalismo brasileiro a eficiência militar do Exército pareceu sempre secundária; a sua função primordial, consagrada em 7 de abril e em 15 de novembro, é a grande função cívica libertadora. No primeiro reinado ninguém levou a mal sinceramente o malogro das armas brasileiras no Prata, a série de insucessos ligados aos nomes de cada um dos generais para lá mandados. O historiador do reinado atribui mesmo aos nossos desastres militares os mais salutares efeitos na ordem civil. Segundo ele, a constante má fortuna das armas brasileiras produziu o resultado de desanimar as vocações militares e de inclinar as energias da geração nova para as carreiras civis, o que preservou o Brasil de uma completa anarquia. E acrescenta: "Pelo contrário" [referindo-se às repúblicas do Sul],

> onde a luta fora sempre acompanhada de vantagens e onde uma série de vitórias havia acendido o entusiasmo dos habitantes, outros efeitos bem diversos se preparavam. Apenas proclamada a paz, e como uma consequência da auréola com que se achavam adornados, os militares adquiriram toda preponderância sobre as autoridades civis; sucederam-se dissensões e cada pequeno chefe recorreu à sua espada, de maneira que as férteis campinas das margens do rio da Prata, desde essa época, nada mais foram do que o teatro da anarquia, da guerra civil, do derramamento de sangue fraternal e da devastação.[3]

Dom Pedro I não podia ver o nosso descrédito militar com essa filosofia de economista. Ele sentia a necessidade de tornar o Exército apto para a guerra e para a vitória, de criá-lo de novo.

A oposição que lhe lançava em rosto os nossos reveses era a mesma que negava ao imperador os meios de abrigar melhor a nação. Ela receava-se do armamento da força pública como sendo um golpe de Estado em perspectiva. Quando a Câmara reduziu as forças de mar de 7 mil para 1500 homens, o bom-senso estava com o governo que resistia. "Uma grande corporação de homens", dizia aos deputados o ministro marquês de Paranaguá, "é mais útil e menos perigosa do que uma pequena força; pode esta ser mais facilmente corrompida e seduzida para derribar a Constituição." É essa a verdade que o serviço militar obrigatório levará mais tarde à última evidência. Não havia sinceridade na aliança da oposição com o Exército. A própria defecção deste será severamente julgada mais tarde pelos que se serviram dele para os seus fins. "Esse mesmo exército", dirá Armitage,

> que dom Pedro havia organizado com tanto sacrifício, que havia mantido com tamanho prejuízo de sua popularidade e sobre o qual havia depositado mais confiança do que sobre o povo, estava destinado a traí-lo e aqueles que ele havia enchido de distinções e benefícios não foram mais escrupulosos em abandoná-lo do que os outros.

Pouco depois da revolução o partido que havia aproveitado a ação do Exército em 7 de abril só tinha um desejo: dispersá-lo, dissolvê-lo, deportá-lo para os confins. A grande reputação da Regência será a de um estadista, o padre Feijó, que revelou a maior firmeza de caráter na repressão da anarquia militar, a qual sobreveio, como se devera esperar, do pronunciamento do Campo. Baseia-se sempre em alguma equivocação, e por isso é efêmero, o pacto político do Exército com partidos extremos e elementos revolucionários. Foi essa a primeira grande decepção do Sete de Abril: a do Exército, condenado, licenciado pelo partido que ele tinha posto no poder.

A segunda foi a dos "exaltados", isto é, dos homens que haviam concebido, organizado, feito o movimento, e que no dia seguinte também foram lançados fora como inimigos da sociedade pelos "moderados", que só se manifestaram depois da vitória. Para aqueles a revolução foi uma verdadeira *journée des dupes*.[4] A fatalidade das revoluções é que sem os exaltados não é possível fazê-las e com eles é impossível governar. Cada revolução subentende uma luta posterior e aliança de um dos aliados, quase sempre os exaltados, com os vencidos. A irritação dos exaltados trará a agitação federalista extrema, o perigo separatista, que durante a Regência ameaça o país do norte ao sul, a anarquização das províncias.

Outro desapontamento foi o dos patriotas. A força motora do Sete de Abril, a que deu impulso ao elemento militar, foi o ressentimento nacional. Em certo sentido o Sete de Abril é uma repetição, uma consolidação do Sete de Setembro. O imperador era um *adoptivo*, suspeito de querer reunir as duas coroas,[5] acusado de custear com dinheiro do Brasil a emigração da [ilha] Terceira. O entusiasmo da colônia portuguesa era assim grande pelo príncipe, de quem esperava a vitória da causa liberal em seu país; desse entusiasmo resultaram conflitos com os inimigos do imperador, que o ficaram sendo dos portugueses. O fermento político da revolução foi secundário, a excitação real, calorosa, foi o antagonismo de raça; então facilmente explorável. O tope nacional concorreu mais para a revolta da tropa do que as excessivas declamações da oposição. O Exército não era mais aquele cuja exacerbação, sete anos antes,[6] levava dom Pedro, "apesar da sua timidez" (a expressão é do padre Feijó), a dissolver a Constituinte e desterrar os Andradas, ato que aquele uma vez qualificou de "violento, mas necessário" e como tendo dado paz e tranquilidade ao país por dez a doze anos.[7] A guerra do Sul o havia nacionalizado, os seus novos chefes eram "patriotas", e ele trazia uma ferida que a exaltação estrangeira pelo imperador devia naturalmente irritar. Feita, entretanto, a revolução por uma explosão do espírito nacional, não tardou muito que os vencidos levantassem contra o novo governo a mesma grita e as mesmas suspeitas de subserviência à influência portuguesa.[8]

A maior decepção de todas foi, porém, a da nação. A abdicação tinha-a profundamente surpreendido, quando ela esperava do imperador somente uma mudança de ministério, ou antes o abandono de uma camarilha que lhe era suspeita. Os espíritos não se tinham preparado para uma solução que não anteviam, e, como sempre acontece com os movimentos que tomam o país de surpresa e vão além do que se desejava, as esperanças tornaram-se excessivas, os espíritos abalados pelo choque exaltaram-se, e deu-se então este fato que não é nada singular nas revoluções: os mais ardentes revolucionários tiveram que voltar, a toda pressão e sob a inspiração do momento, a máquina para trás, para impedi-la de precipitar-se com a velocidade adquirida. Foi esse o papel de Evaristo sustentando a todo transe a monarquia constitucional contra os seus aliados da véspera. Os revolucionários passavam assim de um momento para outro a conservadores, quase a reacionários, mas em condições muito mais ingratas do que a do verdadeiro Partido Conservador quando defende a ordem pública, porque tinham contra si pelas suas origens e pela sua obra revolucionária o ressentimento da sociedade que eles abalaram profundamente. Foi essa a posição do Partido Moderado, que governou de 1831 a 1837 e que salvou a sociedade da ruína, é certo, mas da ruína que ele mesmo lhe preparou.

"A nação não podia esquecer num momento o que devia a Pedro I. Apesar de todos os erros do imperador, o Brasil durante os dez anos de sua administração fez certamente mais progressos em inteligência do que nos três séculos decorridos do seu descobrimento à proclamação da Constituição portuguesa de 1820" (Armitage). Do imperador ela tinha queixas, mas sem ele via-se nesse estado de abatimento em que as nações perdem a força e o desejo de se queixar, tantos são os seus males. O sentimento geral era o que o jovem redator do *Velho de 1817* expressara deste modo: "Para os pequenos males que sofríamos não devera buscar-se um remédio tão violento, cujos efeitos pesam mais, sem proporção, que esses mesmos males". As dificuldades do país triplicaram num momento. Os homens de Estado desanimam, sentem todos a sua impotência. Feijó, deles o mais enérgico, tem o pessimismo incurável do revolucionário de boa-fé condenado a governar. "Fiz oposição não ao senhor Feijó", dirá em 1843, no Senado, Holanda Cavalcanti, "fiz oposição aos seus atos. Especialmente opus-me aos sentimentos do senhor Feijó de querer constantemente achar o país submergido, de não ter esperança em coisa alguma, e tudo pintar com cores negras."[9]

Por outro lado o espírito conservador da sociedade[10] tinha pouca simpatia à nova classe que assumira o governo e fizera os jovens príncipes seus reféns.[11] Os homens que a revolução produziu eram na sua maior parte homens novos sem tirocínio, cuja inexperiência devia inspirar quase compaixão ao grupo de estadistas provectos do primeiro reinado, aos homens que tinham redigido a Constituição. Os velhos Andradas, se não podiam com prazer ver o país entregue a Feijó, que lhes guardava rancor da perseguição sofrida em 1823, não podiam tampouco tolerar a ditadura da opinião exercida por Evaristo, o qual não passava para eles de um *"mancebo inexperto"* e de um *"teorista cru"*.[12] A situação política do Partido Moderado era tal que se não fosse o terror da restauração ele se teria esfacelado logo em começo, e que se não fosse o mesmo terror nenhuma reforma teria ele feito.[13] A nação sem desejar a volta de Pedro I era todavia "*caramuru*", isto é, voltava a sua simpatia e confiança para os homens que a revolução tinha posto de parte.[14]

O que caracteriza a época é o abalo a um tempo de todo o edifício nacional. É quase um decênio de terremotos políticos. A reação está no espírito, no sentimento de todos os homens de governo; se não fosse o receio da volta de Pedro I, ela teria desde logo levado tudo de vencida. Ainda assim o que faz a grande reputação dos homens dessa quadra, Feijó, Evaristo, Vasconcelos, não é o que eles fizeram pelo liberalismo, é a resistência que opuseram à anarquia. A glória de Feijó é ter firmado a supremacia do governo civil; a de Evaristo é ter salvado o princípio monárquico; a de Vasconcelos é ter reconstruído a autoridade.

Visto de hoje, o Sete de Abril figura-se uma dessas revoluções que podiam ser economizadas com imensa vantagem, se, em certos temperamentos, as loucuras da mocidade não fossem necessárias para a mais elevada direção da vida. A agitação desses dez anos produz a paz dos cinquenta que se lhe vão seguir. O reinado em perspectiva de uma criança de seis anos provou ser uma salvaguarda admirável para a democracia. Foi graças a essa possibilidade longínqua que o governo de uma Câmara só, verdadeira Convenção da qual tudo emanava e à qual tudo revertia, não se fracionou em facções ingovernáveis. À proporção que a distância da Maioridade se encurta, os sustos vão cedendo, a confiança renasce, a vida suspensa recomeça, o coração dilata-se, como em um navio desarvorado à medida que se aproxima do porto.

Os homens tinham nesse tempo outro caráter, outra solidez, outra têmpera; os princípios conservavam-se em toda a sua fé e pureza; os ligamentos morais que seguram e apertam a comunhão estavam ainda fortes e intatos, e por isso, apesar do desgoverno, mesmo por causa do desgoverno, a Regência aparece como uma grande época nacional, animada, inspirada por um patriotismo que tem alguma coisa do sopro puritano. Novos e grandes moldes se fundiram então. A nação agita-se, abala-se, mas não treme nem definha. Um padre tem a coragem de licenciar o Exército que fizera a revolução, depois de o bater nos seus redutos e de o sitiar nos seus quartéis, isso sem apelar para o estrangeiro, sem bastilhas, sem espionagem, sem alçapões por onde desaparecessem os corpos executados clandestinamente, sem pôr a sociedade inteira incomunicável, apelando para o civismo e não para uma ordem de paixões que tornam todo governo impossível. Os homens dessa quadra revelam um grau de virilidade e energia superior, sentindo-se somente incapazes de organizar o caos; ao mesmo tempo todos possuem uma integridade, um desprendimento absoluto.[15] As lutas, os conflitos, a agitação dos clubes, todas as feições da época são as de uma democracia antiga antes de a corrupção invadi-la.

No todo a Regência parece não ter tido outra função histórica senão a de desprender o sentimento liberal da aspiração republicana, que em teoria é a gradação mais forte daquele sentimento, mas que na prática sul-americana o exclui. Sem esse intervalo democrático os primeiros estadistas do Segundo Reinado não teriam a forte convicção que mostraram da necessidade da monarquia, convicção que, para o fim, a ordem inalterável, a paz prolongada, o funcionamento automático das instituições livres foi apagando em cada um deles, a começar pelo imperador, e que a perfeita estabilidade do reinado não deixou amadurecer nos mais novos, os quais só tinham a tradição daqueles anos difíceis.

Reação monárquica de 1837[1]

Com a morte de Pedro I os elementos conservadores que concorreram para a revolução de 7 de abril, ou antes os espíritos liberais de 1831 que a anarquia havia desiludido, tinham começado a desagregar-se do Partido Moderado e a fundir-se com os restauradores. Essa concentração conservadora produz a grande reação monárquica de 1837. Em nossa história constitucional houve dois governos fortes, que aparecem ambos no fim de situações liberais agitadas e impotentes, como uma reação da sociedade em perigo. Em ambos os casos, porém, o esforço exaure logo o organismo cansado, incapaz de coesão. Um é esse ministério de 19 de setembro de 1837; o outro, o de 29 de setembro de 1848. Dos dois o contraforte exterior é Honório, que não quis figurar em nenhum.

No ministério de 1837 há um gigante intelectual, Vasconcelos, que se passa com imenso estrondo para o campo da reação. "Fui liberal", dirá ele,

> então a liberdade era nova no país, estava nas aspirações de todos, mas não nas leis, não nas ideias práticas; o poder era tudo: fui liberal. Hoje, porém, é diverso o aspecto da sociedade: os princípios democráticos tudo ganharam e muito comprometeram; a sociedade, que então corria risco pelo poder, corre agora risco pela desorganização e pela anarquia. Como então quis, quero hoje servi-la,

quero salvá-la, e por isso sou regressista. Não sou trânsfuga, não abandono a causa que defendo, no dia de seus perigos, da sua fraqueza; deixo-a no dia em que tão seguro é o seu triunfo que até o excesso a compromete.

A força da reação era invencível, uniam-se no mesmo movimento os velhos reacionários do Primeiro Reinado, os principais fautores do Sete de Abril, e o grupo que em torno dos Andradas pretendia representar a verdadeira tradição liberal do país. A monarquia estava em distância de exercer já a sua ação tranquilizadora. Respirava-se no meio das ondas agitadas o eflúvio da terra vizinha. Os partidos começavam a contar com o dia do juízo, a considerar-se responsáveis. Na legislatura de 1838 entrará uma forte falange liberal; ressuscita a grande figura de Antônio Carlos. Formam-se então os dois partidos que hão de governar o país até 1853, e disputar no terreno da lealdade à monarquia constitucional. É um verdadeiro renascimento da confiança que se manifesta no desabrochar quase simultâneo dos mais belos talentos da nossa literatura. A nação deixava-se suavemente deslizar para a monarquia. Far-se-á uma acusação ao Partido Liberal de haver apressado a Maioridade. O que ele fez é o que todos ansiavam. Vasconcelos, o grande adversário da Maioridade quando ela se faz, havia pensado antes na regência de dona Januária,[2] e a sua oposição ao movimento de julho foi exclusivamente uma dilação partidária no intuito de garantir melhor o seu partido no dia inevitável do ostracismo, dando-lhe um Conselho de Estado em que se abrigar.[3]

De 1831 a 1840 (até mais tarde mesmo, poder-se-ia dizer, porque o imperador ao tomar conta do trono era um menino e não uma individualidade capaz de defender uma instituição) a República foi experimentada em nosso país nas condições mais favoráveis em que a experiência podia ser feita. Ela tinha diante de si pela Constituição do

Império treze anos para fazer suas provas; durante esse prazo, que é o da madureza de uma geração, se o governo do país tivesse funcionado de modo satisfatório — bastava não produzir abalos insuportáveis —, a desnecessidade do elemento dinástico, que era um pesadelo para o espírito adiantado, teria ficado amplamente demonstrada. Em França, em 1830, o desapontamento dos republicanos fora natural, porque, em vez do governo de que já se julgavam de posse com a queda de Carlos x, Lafayette lhes dera como a "melhor das repúblicas" um rei ainda vigoroso e rodeado da mais numerosa e brilhante família real da Europa. No Brasil, porém, a Regência foi a república de fato, a república provisória. "Temos treze anos diante de nós", era o consolo dos republicanos ao lastimarem a subtração do hábil trabalho que tinham feito nos quartéis. Por outro lado não se rompia a tradição nacional para o caso de falhar a experiência. Que monarquista de razão, dos que não tinham a superstição da realeza, desconheceria a suficiência da prova, se desse bom resultado essa experiência da democracia apenas com o anteparo fictício de um berço, entregue a ela mesma?

O desastre fora completo. Se a Maioridade não resguardasse a nação como um parapeito, ela ter-se-ia despenhado no abismo. A unidade nacional, que se rasgara em 1835 pela ponta do Rio Grande do Sul, ter-se-ia feito toda em pedaços. A experiência foi tão esmagadora que a opinião republicana de 1831 tinha desaparecido em 1837 da face do país, como desaparecera em França depois do Terror. Já nesse tempo se falava em completarmos a uniformidade política da América, em extirpar "a planta exótica". A nação, porém, tinha a razão perfeitamente lúcida, e preferia um regímen, quando mais não fosse, que procurava acreditá-la como nação livre aos olhos do mundo e tinha interesse próprio em que a luz da mais crua publicidade se projetasse sobre cada ato dos ministros responsáveis, em que o chefe do Estado era o confidente natural da oposição, à vanglória de ser classificada entre as repúblicas americanas, com as suas dinastias de ditadores "meio bandidos, meio patriotas", como foram chamados, e que formam, com rara exceção, a mais extensa série de governos degradantes entre povos de origem europeia. Não era possível, quando o seu instinto liberal estava ainda em todo o vigor da mocidade, hipnotizá-la com uma palavra para tirar-lhe até mesmo a aspiração de ser livre.

A luta da Praia

I. A SITUAÇÃO LIBERAL. ELEIÇÃO DE CHICHORRO

Em maio de 1844 Nabuco volta ao Rio de Janeiro, mas para assistir nesse mesmo mês à dissolução da Câmara. No intervalo das sessões tinha-se dado o grande choque entre o imperador e Honório, e os liberais haviam feito com Aureliano o mesmo pacto que este fizera em 1841 com os conservadores. Alves Branco caracterizava o programa do novo ministério de um modo que não consentia dúvida: *Parcere subjectis et debellare superbos*. A deputação conservadora de Pernambuco não podia deixar de acompanhar o seu partido. A indecisão de Almeida Torres (Macaé) durara pouco; a lógica dos acontecimentos, a nomeação de Aureliano para a presidência do Rio, imprimia ao pacto de 2 de fevereiro, qualquer que fosse a intenção dos seus colaboradores naquela data, o caráter de uma reação contra a situação anterior. A princípio se quis talvez fugir a uma inversão completa, que necessitava mais uma dissolução, mas a luta estava travada entre o elemento palaciano, representado por Aureliano, e a reação conservadora, fortemente organizada desde 1837 por Vasconcelos e Honório. Em tais condições só restava a Macaé completar o gabinete com liberais; foi o que ele fez tomando em maio, depois de reunidas as Câmaras, a Holanda Cavalcanti e Manuel A. Galvão.

A situação tinha mudado completamente para os conservadores de Pernambuco. Pela primeira vez eles iam entrar em uma longa oposição. Sebastião do Rego Barros, convidado para ministro, recusava para acompanhar seus amigos na adversidade. A intenção de Holanda era fundar um partido em Pernambuco equidistante dos praieiros e dos guabirus, como ali eram chamados os dois lados. Semelhante tentativa era absolutamente improfícua; não havia lugar no meio das facções agitadas da província para esse *tertius gaudet* moderado. Com a dissolução, a deputação voltou para Pernambuco a tratar das eleições convocadas. A presença de Holanda no ministério era até certo ponto uma garantia; ele estava interessado em que a sua família não fosse de todo esmagada na província; a influência de seu irmão Pedro Cavalcanti, que mais tarde devia ser considerado o chefe político do Norte, estava sobrepujando, ou já tinha sobrepujado no partido da ordem, o prestígio decadente de Boa Vista. Para dar alguma possível garantia ao lado proscrito, Holanda conseguiu que fosse nomeado para Pernambuco um presidente de caráter moderado e imparcial, Marcelino de Brito.

A posição deste era em extremo difícil; ele tinha que combater uma oposição arregimentada, poderosa, disposta a atravessar unida o período chamado do "ostracismo", sem todavia confiar na deputação que ia eleger, sem simpatizar com o partido ao qual Holanda Cavalcanti se via forçado a entregar a província, não podendo improvisar outro. Apesar dos meios empregados pelos agentes eleitorais, a oposição fez triunfar alguns nomes, entre os quais o de Nabuco, que não se poupou à viagem ao Rio. Sua eleição, como se esperava, não foi aprovada pela Câmara. Os dois deputados conservadores reconhecidos, Boa Vista e Pedro Cavalcanti, não tomaram assento.

É assim exclusivamente em Pernambuco que o partido da ordem vai combater de 1844 até 1848, apoiado apenas, na Corte, pelos chefes do Senado. Estabelece-se, então, uma aliança estreita entre ele e o Partido Conservador do Rio, chamado saquarema (por ter Rodrigues Torres uma fazenda em Saquarema), e, como contraste, idêntica aliança se dá entre os praieiros e a gente de Aureliano.

Apesar de lhe ter dado a vitória eleitoral, que as deputações completaram, a presidência de Marcelino de Brito não agradou à Praia; o caráter do homem era por demais judicial para satisfazer a políticos que só queriam represálias. Holanda teve por isso que o sacrificar à deputação pernambucana, assim como sacrificou logo depois o novo presidente, outro personagem ao seu molde, por isso mesmo impróprio para o que a Praia queria dele, o conselheiro Tomás Xavier. Nesse tempo o ministério de 2 de fevereiro tinha-se tornado outro, apesar de terem ficado Macaé e Holanda, incompatíveis entre si, e Alves Branco.

O visconde de Albuquerque é uma das figuras originais de nossa história política; dessas que se gravam na lembrança do povo, que se revê nelas, porque a sua originalidade não é outra coisa senão a espontaneidade dos instintos e impulsos populares. Dele ficou apenas a tradição de sua rigorosa probidade, de sua franqueza rude, da sua naturalidade excêntrica. Algumas das suas frases no Senado ficaram proverbiais. Ele possuía, porém, em grau notável o espírito que é o mais raro de todos em política: o espírito de justiça; era um combatente ativo e desinteressado do direito, onde quer que o reconhecesse, e tinha as mais largas vistas conciliadoras, o que não se alia sempre com o caráter inflexível, como era o dele. Com tudo isso, uma boa-fé excessiva, que constituía para o político um defeito incurável de ingenuidade. Não era um homem de poderosas faculdades, nem de ilustração, mas de uma penetração aguda e grande lucidez de juízo, enérgico e inteiriço, leal e sincero, honrado e patriota, tudo isso em grau pouco comum, de uma simplicidade rústica e ao mesmo tempo fidalga, em uma palavra a combinação da antiga nobreza territorial de

Pernambuco com o espírito republicano, à velha moda romana, de 1831: um Feijó-Cavalcanti, se se pode assim defini-lo, nascido e criado nos engenhos do Norte.

Apesar da sua resistência, Holanda teve afinal de ceder na questão do presidente e dar à Praia um homem como ela queria. Foi este Chichorro, que se vai tornar em Pernambuco durante muitos anos o ídolo dos liberais. Ainda assim, ao deixar que o nomeassem, Holanda acreditava que Chichorro se mostraria moderado e conciliador e conteria os seus aliados na província. Era isso que ele escrevia a seu irmão, Pedro Cavalcanti.

É a presidência de Chichorro (1845-8) que assinala o pleno domínio da Praia. Mesmo dado o devido desconto à indignação dos partidos, quando a violência parte do adversário, a presidência de Chichorro foi em Pernambuco, como a de Aureliano no Rio de Janeiro, a inversão de tudo que existia oficialmente. À primeira vista fala contra ele o fato de que grande parte das tropelias que lhe imputam, ele as fez ou deixou praticar quando tratava de se fazer eleger, duas vezes senador e de outra vez deputado, pela província que administrava. Os costumes políticos da época sancionavam ainda tais eleições: os abusos da administração Chichorro devem ter sido grandes para terem sido eles que acabaram quase de repente com um sistema de candidatura tão enraizado nos costumes.

Provavelmente os métodos empregados eram novos. Criticando-os, escrevia Nabuco:

> A Praia que censurou o barão da Boa Vista por ter dado trinta e duas demissões durante sete anos, viu e aplaudiu essas demissões em massa dadas pelo sr. Manuel [Felizardo] de Souza em número de mais de trezentas durante a sua administração de trinta e seis dias; veio o sr. Chichorro, consumou a obra da devastação, e deu também cerca de trezentas e cinquenta demissões. Nos países monárquicos representativos a opinião que sobe

ao poder costuma remover as sumidades administrativas e políticas, e substituí-las por pessoas habilitadas pela conformidade de princípios para desempenhar e desenvolver o pensamento e o programa da nova administração; mas essas demissões em massa, desde o chefe até ao porteiro, desde o coronel até ao cabo, desde o juiz até ao meirinho, essa amovibilidade dos empregados com a qual é impossível adquirir a experiência do serviço público e conservar as suas tradições, com a qual é impossível que haja homens especiais e empregados experimentados, essa amovibilidade repugna com a estabilidade, que caracteriza a monarquia. Essa amovibilidade só é própria dessas repúblicas onde se disputa o poder de mão armada, onde ela é uma consequência das vitórias alcançadas de seu turno pelos generais que olham os empregos como sua presa, como despojos da batalha, como princípio de conservação, mas é incompatível, já não dizemos com a monarquia, quando não com qualquer governo regular.

Nabuco era ainda juiz do cível no Recife e ninguém tomou parte mais ativa do que ele na guerra contra Chichorro. Nós veremos mais tarde a confiança que ele inspirava como juiz até aos seus mais intransigentes adversários. Fora do tribunal, porém, na imprensa e nos conselhos do partido era o mais fecundo e o mais infatigável dos políticos da província. Era ele então o principal redator do *Lidador*, que cruzava os fogos com a *Sentinela da Monarquia*, na Corte. O *Lidador* era a fonte onde a imprensa conservadora do Império tomava as informações de que se servia para denunciar a opressão dos seus correligionários no Norte.

Foi a voz desse jornal, no tempo em que a deputação pernambucana era unânime, que fez ouvir as queixas da oposição contra o procônsul que a Praia sustentava a todo transe no Recife. A remoção de Nabuco para uma comarca longínqua foi considerada uma providência indispensável. A essa necessidade veio juntar-se uma provocação especial.

Chichorro e o seu companheiro de chapa Ernesto Ferreira França tinham sido eleitos senadores por Pernambuco. As peripécias dessa eleição formam um episódio saliente de nossa história constitucional. Duas vezes escolhidos, caso único em nossos anais, foram eles duas vezes repelidos pelo Senado. Em 5 de maio de 1846, tinha-se consumado a divisão no campo liberal, Alves Branco separava-se, e Holanda, chefe da nova administração, procurava apoio na *Patrulha,* a oposição saquarema, inimiga de Aureliano.

A primeira nomeação de Chichorro e Ferreira França foi atribuída pela oposição conservadora a uma intriga de Aureliano para fazer cair o gabinete de 5 de maio, ao qual os seus desafetos favoreciam. Holanda retirou-se só, mas o resto do gabinete não se pôde reconstruir. Desfez-se assim em pouco tempo a primeira Conciliação, a de 1846, que Teófilo Ottoni chamou a fusão dos brasileiros que conheciam o governo pessoal, e na qual os inimigos conservadores da Facção Áulica, Vasconcelos, Honório, Torres, Eusébio, Paulino, ligaram-se com os luzias mineiros de 1842 e com os adversários dos praieiros no Norte.

Em 22 de maio de 1847, Alves Branco, então identificado com a maioria liberal, voltava ao ministério livre e desembaraçado para reatar e acentuar a política de 2 de fevereiro de 1844. Era um ministério de combate. Ao lado de Alves Branco reapareciam Vergueiro, sempre animado do mesmo espírito liberal de 1831 e 1842 (Francisco Paula Souza, que entrou depois, esteve no ministério apenas o tempo indispensável para sair), e Saturnino, o irmão de Aureliano, do Chichorro fluminense, inimigo declarado dos saquaremas, em quem os praieiros encontravam o mais forte antagonismo. Para a Praia era um triunfo incontestável a organização do novo gabinete; o fato, porém, de não ter Alves Branco[1] incluído no ministério nenhum deputado praieiro, enquanto Holanda Cavalcanti havia pertencido aos três outros gabinetes da situação liberal, devia tê-la advertido de que, se a sua aliança na Câmara era valiosa, a sua presença no governo era ainda impraticável. A questão dos praieiros era, porém, o governo de Pernambuco, e nada mais. Para governarem a província, eles aceitavam todas as combinações na Corte, deixavam-se mesmo pôr de lado pelos seus aliados luzias.

Não se fez esperar muito a resposta dos saquaremas. A 1º de junho foi apresentado o parecer anulando as eleições senatoriais de Pernambuco. A discussão foi renhida; Alves Branco protestou contra a censura que o Senado queria exercer sobre a escolha imperial; B. Pereira de Vasconcelos retorquiu-lhe com a circular do senador Alencar, em que este dizia que Ferreira França fora aceito por ser "vontade terminante e bem pronunciada do imperador", e com os abusos eleitorais, nunca vistos, empregados por Chichorro para se fazer eleger. Ainda assim o interesse principal da luta não estava na tribuna, estava nos corredores do Senado, no uso que abertamente se fazia do nome do imperador para conseguir o reconhecimento de Chichorro e Ferreira França. Que o imperador devia desejar esse reconhecimento não parece duvidoso, desde que ele os havia escolhido, forçando a demissão do ministério, e que um dos escolhidos passava por ser indicação sua. Havia ainda uma razão melhor. A anulação das cartas de senador podia importar em menoscabo à Coroa, em princípio de oligarquia senatorial. Se o imperador tivesse sido coagido à escolha de praieiros, ou por vir a lista sêxtupla de uma só parcialidade, ou pelo uso das chamadas "cunhas", o Senado, anulando as eleições, iria até em socorro da liberdade da Coroa; a escolha, porém, tinha sido livre e propositada, tanto que Chichorro foi conservado para presidir à sua segunda eleição, e novamente escolhido depois de uma intervenção ainda mais ostentosa. A anulação das cartas senatoriais tornava a escolha imperial dependente do *placet* do Senado, e isso não podia agradar ao imperador. O prestígio do trono não valeu, entretanto, aos liberais que o invocavam, mostrando assim, uma vez mais, que entre a democracia e a monarquia no Brasil houve por vezes desinteligências e rupturas, mas nunca verdadeiro antagonismo.

Entre os senadores, porém, a pressão feita com o abuso do nome do imperador produzia funda irritação. "Muito tem trabalhado o governo para que não passe o parecer", escrevia o senador Nabuco a seu filho, "fazendo até que o imperador se envolva nesse negócio, o que é bem triste." Se o imperador se envolveu pessoalmente, — de que o envolveram, não há dúvida alguma —, fê-lo com um ou outro íntimo, talvez pensando mais no abalo que ia causar em Pernambuco a votação do Senado do que em sua própria prerrogativa. Pela anulação votaram, entre outros, Vasconcelos, Honório, Olinda, José Clemente, Torres, Caxias, Monte Alegre, Holanda, Paula Albuquerque, Araújo Viana, Nabuco de Araújo, e contra, Aureliano, Alves Branco, Macaé, Alencar, Vergueiro e Lopes Gama.

O efeito da anulação das cartas foi estrondoso, mas não modificou de forma alguma a situação, nem é provável que tenha concorrido para as medidas que o governo adotou em seguida contra os adversários da Praia. Uma dessas foi a remoção de Nabuco para o Assu. Esse ato foi atribuído ao voto dado pelo senador Nabuco: o governo pretendia castigar a independência do senador no filho magistrado; a verdade, porém, é que Nabuco foi removido por suas próprias culpas com a Praia, e, se fosse preciso alguma razão mais, pela necessidade de abrir mais um lugar de juiz no Recife para um praieiro combatente. Era este Félix Peixoto.

A remoção de Nabuco provocou em favor dele um movimento de simpatia por parte de toda a sociedade pernambucana, sem distinção de partidos, por ser o magistrado ferido um modelo na administração da Justiça. Também nenhum juiz nas mesmas circunstâncias recebeu maiores testemunhos de apreço público. A Associação Comercial e o comércio todo do Recife, tanto o nacional como o estrangeiro, os advogados, o próprio Tribunal da Relação,[2] assinaram protestos respeitosos a bem da permanência do magistrado, cuja reputação de jurisconsulto já então estava feita e cuja imparcialidade era reconhecida por todos.[3]

Os jornais conservadores do Império protestavam uníssonos contra a remoção, seguindo a *Sentinela da Monarquia*. O *Mercantil* da Bahia contrastava os procedimentos havidos com os juízes de direito praieiros:

> Quando o Partido Praieiro estava na oposição, quando os srs. Nunes Machado, Urbano Sabino e Mendes de Cunha na Câmara hostilizavam o governo, nunca sofreram nem ameaças de remoção, porque o governo respeitava neles a ilustração e probidade que os distinguiam. E por que não há de o governo atual respeitar essas qualidades que em grau mais subido honram o sr. Nabuco?

O *"mais"* deve ser levado à conta da linguagem de partido.

Depois do sr. barão da Boa Vista é o sr. Nabuco o membro proeminente do partido da oposição mais conciliador, mais capaz de acalmar os ânimos e de embaraçar os excessos próprios do estado de desesperação a que tem o poder querido levar a oposição pernambucana.

Sem meios de vida senão o seu ordenado de juiz, Nabuco, todavia, não se deixou abater. Era-lhe impossível sair do Recife naquele momento, o mais ansioso da luta, exatamente quando se tratava da reeleição de Chichorro. A situação parecia ter piorado para os conservadores em todo o Império. Se a maioria do Senado se mostrava ousada, o governo, por seu lado, blasonava do apoio ostensivo da Coroa. A anulação das cartas senatoriais era apregoada pelos praieiros no seu órgão como uma revolta contra ela.[4] Identificados com o grupo ao qual se deu o nome de *Facção Áulica*, os Praieiros presumiam contar com a simpatia do imperador. Com efeito, deixando de escolher quando podia o barão da Boa Vista, o imperador mostrara não ter ligações pessoais com os chefes da Ordem em Pernambuco. Isso causara grande desgosto entre eles, dedicados como eram à monarquia e convencidos da tendência republicana da Praia, de que, ao primeiro desagrado na Corte e primeira ocasião, ela chegaria aos extremos de 1831. Contando com o apoio do governo geral, e na crença de que a reeleição dos candidatos rejeitados pela *"facção Saquarema, acastelada no Senado"* (*Diário Novo*), era o desagravo da Coroa, o Partido Praieiro, que tinha incontestavelmente a grande maioria da província, podia julgar-se de antemão vitorioso. A Praia não visava, porém, somente ao governo; se ela se contentasse com isso podia dispensar a administração Chichorro, cuja candidatura duas vezes a dividiu. Com os instintos que as democracias mais custam a conter em si próprias, ela queria a unanimidade, e a unanimidade em política é sempre uma estratégia fatal. Conjuntamente com a eleição de senadores ia dar-se nesse ano a de deputados, e o Partido Conservador de Pernambuco preparava-se para um verdadeiro extermínio.

Não podia haver engano a esse respeito. Mais significativa do que a remoção de Nabuco, era a nomeação para vice-presidentes dos quatro candidatos praieiros que se tinham apresentado com Chichorro e Ferreira França. Mais significativa ainda, talvez, fora a curta passagem pelo gabinete de Francisco Paula Souza com as suas ideias de moderação e a sua fórmula de "justiça a todos sem seleção de pessoas", logo suplantada pela circular de Alves Branco, chamada dos "direitos próprios", impondo a adesão dos funcionários públicos como cláusula de sua conservação no emprego.[5] O visconde de Olinda, chefe no Senado dos conservadores pernambucanos, sabia que se tratava de aniquilar os seus correligionários, quando os animava à resistência legal em linguagem quase revolucionária: "Os descendentes daqueles que souberam resistir ao rei para melhor servirem ao rei saberão também resistir à opressão dos ministros para melhor servirem ao imperador". Era essa a proclamação que ele lhes dirigia antes da batalha.

Apesar de todos os contratempos, o partido da ordem, que nunca se mostrou fraco de ânimo, era incapaz de fugir no momento de ação, e Nabuco entrou no pleito eleitoral com a sua reconhecida atividade. Nesse ano de 1847 fez ele imprimir uma coleção de documentos e artigos que lançavam muita luz sobre a situação da província. No ano seguinte publicou outro opúsculo, com o título: *As eleições para senadores na província de Pernambuco em 1847*. Desse opúsculo foi que a Comissão do Senado se serviu para profligar a intervenção de Chichorro. Os dois folhetos descrevem quase imparcialmente o estado social da província.

Um dos principais ataques da Praia era contra o "feudalismo" dos senhores de engenho. Forte na capital, ela sentia dificuldade de avançar no interior, fechado pela grande propriedade, à cuja sombra viviam as pequenas povoações, semeadas em suas cercanias; daí a guerra que ela movia à grande propriedade, superior à Justiça pública. Nesse ponto a invasão praieira era uma imposição necessária; depois viria ou não a reconstrução democrática, o essencial era desde logo a conquista do interior pela lei. Tanto na *Justa apreciação* como na tribuna da Câmara, em 1843 e em 1853, Nabuco de algum modo o reconhece. Ele não contesta o benefício dessa campanha, lastima somente que os atos não correspondam às palavras e que de uma obra social de vasto alcance se faça uma estreita perseguição partidária. Em 1843 ele enumerava entre as causas do estado violento e excepcional de Pernambuco e outras províncias do Império essas influências do interior, "que têm por timbre proteger a certo número de indivíduos que as cercam e são instrumentos de seus caprichos e vinganças". "Essas influências", acrescentava ele, "sempre existiram, mas adquiriram força com a fraqueza do poder, fraqueza que resulta das leis que a evolução nos legou."[6] Em 1847, diante dos atos de intervenção enérgica com que Chichorro assombrou as influências do interior, o escritor do partido da ordem, que os devia mais tarde positivamente elogiar no Parlamento, não ataca a intervenção, mas o modo e o espírito partidário:

> Falais do feudalismo dessa família e dizeis que os *"membros dela encastelados em suas propriedades eram inacessíveis à autoridade pública"*, mas esse feudalismo, esse espírito altivo e arrogante que quer sotopor a autoridade pública, ou dominar, ou desprezá-la, é só próprio e exclusivo a alguns Cavalcantis? Não, mil vezes não. Esse espírito antissocial, absurdo e perigoso é um vício radicado entre os proprietários do interior de Pernambuco, e quiçá do Império, é um vício que nasceu da antiga organização e que as nossas revoluções e civilização ainda não puderam acabar. Não eram somente alguns Cavalcantis que nutriam esse espírito, senão muitos outros e alguns exemplos vos citaremos de resistências opostas à autoridade pública por homens que pertencem à vossa opinião, se assim o quiserdes. Esse espírito antissocial, ou esse feudalismo, como chamais, vós o teríeis atacado *"radicalmente rendendo destarte um importante serviço ao país"*, se dominados pelo patriotismo e por essas ideias generosas que apregoastes, vos tivésseis aproveitado da revolução

que causastes na sociedade com o vosso triunfo e dominação, se vos tivésseis aproveitado da vossa popularidade para esse fim... Mas não. Excitastes essas ideias generosas para carear a popularidade e para triunfar, mas ao depois e na prática tendes respeitado e consolidado esse feudalismo dos vossos, e só combatido o dos adversários; tendes dividido a província em conquistadores e conquistados; vossos esforços têm sido para dar aos vossos aquilo que reprovais aos outros; só tendes irritado, e lançado os elementos de uma reação funesta; tendes obrado com o encarniçamento e odiosidade de uma facção, e não com o patriotismo e vistas de um partido político.[7]

Aprovando a busca dada em diversos engenhos, onde foram apreendidos criminosos, Nabuco só protestava, no *Lidador*, contra o uso partidário que se queria fazer da ação da autoridade:

Quem lê os escritos da Praia e notavelmente os do ano corrente — quem vê que todos eles se resumem em atribuir ao partido da ordem o fato criminoso de alguns indivíduos, certo condenará como recurso da fraqueza e da perversidade esse propósito firme de tornar um partido generoso, influente, composto da maior parte dos homens grados e ricos da província, responsável pelo crime desses indivíduos que só pertencem a ele pelo nome que têm, como se o nome qualificasse o homem. Embora protestemos que os princípios é que nos caracterizam, e não os indivíduos; embora protestemos que não nos pertencem os homens criminosos, quaisquer que eles sejam, qualquer que seja seu nome e família; embora protestemos que a infâmia desses indivíduos não é transmissível à sua família, ou ao nosso partido, quando mesmo eles fossem nossos: não, esses protestos não valem.[8]

E aqui uma destas aduções imprevistas que ele achava sempre para coagir o adversário à tolerância:

> À força de quererdes tornar odiosos os *"nossos"* adversários, levados somente pelo desejo de infamá-los, vós concorreis para embaciar o mérito das ações que praticais,[9] e para diminuir ou neutralizar até certo ponto a força da sanção moral... Embora o espírito de partido vos guiasse o ânimo e vos desse atividade para empreender a perseguição desses criminosos e a extirpação desses crimes abomináveis, não devíeis revelar esse espírito de partido, mas ostentar o interesse da sociedade e da justiça; o vosso procedimento seria então olhado como um serviço feito à sociedade, e não como uma vingança, como um desforço, como um meio de infamar os vossos adversários; a sanção moral obraria com toda a sua força, os criminosos não teriam a ousadia de considerar-se mártires da política.

Apesar, porém, da exploração política feita com as buscas e apreensões nos engenhos-valhacoitos, o primeiro passo para igualar a sociedade no interior, o efeito dessa intervenção recomendava-se ao espírito de juiz e de estadista que já se mostrava em Nabuco. Daí a aprovação, que os adversários sempre apresentavam como um atestado insuspeito, dada por ele a essas ideias que chamou *"generosas"*. Somente a violência e parcialidade dos processos empregados irritavam o espírito do jurista, para quem as relações sociais estabelecidas e consagradas pelo tempo só eram modificáveis com a sanção do direito. A esse respeito há um trecho em um dos opúsculos contra a Praia que merece ser citado porque descreve o regímen agrícola que Chichorro destruiu à mão armada, sem o pensar nem talvez o querer:

> Foi tal o terror que se incutiu na população que os moradores dos engenhos — que desde tempos imemoriais

têm considerado aos senhores de tais propriedades como seus sustentáculos e protetores, que hão sempre tido para com estes um justo respeito reverencial, como para com aqueles que lhes dão terras para lavrar e caça para comer; que não pagam por isso a menor retribuição pecuniária, o menor serviço pessoal, a menor prestação em gêneros, nem fazem o menor benefício às terras pela plantação de árvores frutíferas ou de construção —, que esses homens, dizemos nós que se uniam aos senhores de engenho pela força do hábito, pela influência dos costumes antigos, pelos laços da gratidão, antes quiseram votar com a polícia que os aterrava do que com os seus patronos naturais que os sustentavam; e como os senhores de engenho pelo legítimo uso de sua propriedade têm o direito de expelir de suas terras os moradores que lhes não agradam, a polícia atual, vivendo sempre de ilusões e traficâncias, não duvidou propalar por seus agentes que tal direito não existia, e que ela interviria para o fazer cessar e formaria processos aos senhores de engenho que dele lançassem mão para conseguir seus fins e impor sobre a opinião. A polícia destruiu assim a justa relação que existia entre os proprietários dos engenhos e os seus moradores, alterou os costumes, e só produziu males, porque tais homens não podem mais ficar nos engenhos, que atraiçoaram de certo modo.[10]

Era assim, com efeito, no antigo sistema territorial; para o morador, deixar de acompanhar o senhor de engenho, dar a vitória ao inimigo dele era, pela natureza do vínculo que os ligava e do código moral que o garantia na falta de lei, uma verdadeira traição. Data dessa invasão tumultuária da polícia praieira nos engenhos de 1846 a modificação que se foi gradualmente operando no caráter feudal da grande propriedade açucareira.

Os praieiros venceram as eleições desse ano, elegendo

além dos senadores uma deputação unânime, da qual fazia parte Chichorro. A eleição custava, entretanto, a divisão da Praia. Como a imposição de Chichorro para a senatoria fizera o partido perder em monsenhor Muniz Tavares a sua relíquia de 1817, assim a inclusão de Chichorro na lista de deputados custou-lhe uma perda política ainda mais sensível, a de Manuel de Souza Teixeira, depois barão de Capiberibe, o homem que ele pusera na primeira vice-presidência da província, como o seu mais importante personagem.

A deputação pernambucana, animada da confiança que dá a unanimidade, teve que sofrer, antes de abrir-se o Parlamento, um golpe tremendo. Alves Branco tinha-se desavindo com o poderoso Aureliano e o ministério não podia resistir à perda desse apoio. Depois de uma fútil tentativa para viver sem ele, Alves Branco reconheceu que o chefe da Facção Áulica era a coluna da situação de 1844. Formou-se outra administração presidida pelo visconde de Macaé, na qual se destacava Limpo de Abreu. O escândalo da eleição de presidentes por si mesmos tinha chegado a tal ponto que o governo decidiu substituir todos os que se haviam nomeado. Chichorro era o mais célebre dentre eles: o gabinete não recuou diante da afronta feita à Praia e o demitiu. A deputação praieira veio para a Câmara exasperada. Além da demissão, Chichorro tivera que passar a administração a um dissidente, Manuel de Souza Teixeira, com o qual o chefe de polícia praieiro, Antônio Afonso Ferreira, abriu logo um conflito sem precedente, intimando às autoridades que aquele demitia que se conservassem nos seus postos. O gabinete Macaé não podia resistir ao descontentamento geral do partido, à coalizão dos praieiros com Aureliano, com os paulistas, com os cearenses e os Ottonis, e sucumbiu numa votação de confiança logo no voto de graças. Seguiu-se-lhe o gabinete Paula Souza, o último da situação liberal.

Uma vez mais se organizava um ministério sem se pedir à Praia um ministro. Pesava um interdito sobre ela. Em Pernambuco mesmo, a situação tinha piorado. O presidente nomeado por Macaé para substituir a Chichorro, o conselheiro Pires da Mota, incorrera no ressentimento dos praieiros, por não haver reintegrado as autoridades policiais a quem o chefe de polícia ordenara que não se dessem por demitidas. Havia causado em todo o país grande sensação o relatório acrimonioso do vice-presidente, expondo o estado em que Chichorro lhe passara a administração.[11] Logo nos seus primeiros dias, porém, o novo ministério deu satisfação à Praia, demitindo o presidente que não a satisfazia e o vice-presidente que a denunciara; ainda assim não conseguiu ela indicar o novo presidente. Parece que se formara nas altas regiões o propósito de não deixar administrar mais a província de Pernambuco a inteiro contento da Praia. Quem quer que fosse o presidente, tinha que preencher condições de moderação e de independência. Isso queria dizer que sempre valera alguma coisa a oposição conservadora do Senado; apesar de afastada, a monarquia a considerava a sua reserva.

O novo presidente escolhido para Pernambuco, o desembargador Antônio da Costa Pinto, foi quase tido pelos praieiros como um adversário. A sua presidência desgostou-os profundamente pela imparcialidade que ele afetou entre os partidos.

Apesar, porém, de malsatisfeita e de alguns encontros ocasionais com o governo, a Praia foi ministerial no gabinete Paula Souza. Ela pressentia a situação no ocaso; os chefes liberais não se entendiam mais entre si e não podiam, divididos, fazer frente à cerrada falange conservadora do Senado. Paula Souza revelara o seu invencível desânimo com a célebre imagem em que ele, o liberal mais sincero e mais puro da nossa política, se figurava como o índio que não podendo mais lutar contra a corrente largava o remo e cruzava os braços. O presidente do Conselho não era feito para dominar a situação; a proclamação da República em França havia agitado o nosso mundo político em suas profundezas. Desgostoso e doente, Paula Souza entregara a direção da Câmara a Souza Franco, que não tinha ainda o prestígio de um verdadeiro chefe.

A política complicava-se com um fermento socialista. Os praieiros reclamavam a nacionalização do comércio a retalho. Era a bandeira do Recife hasteada agora na própria Câmara. Ao mesmo tempo, Nunes Machado punha-se à frente do povo nas ruidosas eleições municipais da Corte e a oposição prevalecia-se da agitação das ruas para fazer crer que iam recomeçar os dias de 1831.

De tropeço em tropeço, sem nada conseguir, não podendo satisfazer os seus amigos, elevando à altura de uma questão constitucional o epigrama de um adversário,[12] o ministério Paula Souza sucumbiu no Parlamento quando apresentava o projeto para a repressão do tráfico. Em vez de cair sob essa grande bandeira em campo aberto, ele caía desastrosamente numa encruzilhada, insistindo pelo artigo que revogava expressamente a lei de 7 de novembro de 1831. Aos liberais declarados contra o tráfico era impossível aceitar essa revogação; quanto aos conservadores, o caminho para derribar o governo e o projeto estava indicado. Desse modo o ministério, que tinha levantado contra si o ódio dos poderosos traficantes, morre às mãos deles, quando propunha a legitimação da sua obra criminosa. Com o gabinete Paula Souza caía a situação liberal, queda atribuída por Teófilo Ottoni não, como era notório, ao esfacelamento do partido, à sua falta de coesão, às incompatibilidades pessoais dos seus chefes, mas "ao arrefecimento das boas graças do palácio".[13] Os denunciantes, não mais da Facção Áulica, porque esta agora se dispersa e desaparece, mas do governo pessoal, passam a ser os liberais, que negavam a sua existência quando os saquaremas explicavam as evoluções de 1844 a 1848 pelos manejos ocultos dos reposteiros da Joana, a residência do mordomo Paula Barbosa.

11. A REVOLUÇÃO DE 1848

Com a queda da situação liberal Pernambuco estava fadado a ser o campo de uma revolução sanguinolenta. Nem por tradições, nem por princípios, os praieiros teriam a força de ânimo precisa para esperarem a sua vez, como tinha feito o outro partido. Os conservadores sempre tinham esperança no dia seguinte, pela convicção de ser o seu partido um dos baluartes do trono e de não poder haver entre ele e a Coroa desinteligência que durasse. Além disso, ao contrário do partido chamado da ordem, a Praia dispunha da massa popular e tinha sempre prontos, esperando um seu aceno, os elementos precisos para uma revolução. Quando os liberais foram dispensados do governo em 1841, fizeram as revoluções de São Paulo e de Minas. Nesse tempo os chimangos faziam política sua à parte do grupo liberal do Sul, que se ficou chamando luzia, e apoiavam com todas as forças o ministério que abafou aquelas revoltas. Era agora a sua vez; tinha chegado a ocasião de resgatarem perante o partido a sua culpa de 1842. O presidente do Conselho do novo gabinete (de 29 de setembro de 1848) era o visconde de Olinda, exatamente o chefe mais graduado dos guabirus. Ao ressentimento que os praieiros experimentaram vendo à testa da administração o homem que com o seu prestígio pessoal, durante os cinco anos da situação liberal, os estorvou e às vezes paralisou no governo e que impediu os seus chefes de entrarem para o ministério e de se acastelarem no Senado, juntava-se para movê-los à ação a confiança do Partido Liberal no Império de que Pernambuco não toleraria o domínio saquarema e que desta vez o país assistiria a um movimento como fora o do Rio Grande, e não ao espetáculo da Venda Grande ou de Santa Luzia. Sob tal influência não havia para a Praia freio que a pudesse conter; a revolução era inevitável.

Durante esse período, o mais agitado da província, Nabuco escrevia na *União*, que substituíra o *Lidador* em 1848. Nesse mesmo ano fora ele nomeado juiz do crime do Recife. Em outubro o pai lhe escrevia: "Disse-me o desembargador Eusébio, ministro da Justiça, que te mandasse dizer que ele é o teu procurador". O despacho seguiu-se logo. As relações de Nabuco e Eusébio, começadas na academia, tinham-se estreitado na Câmara em 1843. Nabuco era agora no Recife homem da confiança de Eusébio. "Achei tão ajuizadas as suas reflexões", escrevia-lhe este em dezembro de 1844, "que apresentei sua carta ao imperador."

A revolução de 1848 provavelmente só rebentou por se ter tido medo de mandar para a província, à vista da sua situação melindrosa, um homem forte. Se em vez de Pena tivessem mandado logo Tosta, ou melhor do que Tosta, que era ainda um personagem secundário e portanto menos sobranceiro a influências de partido, Honório, ter-se-ia talvez evitado a revolta. O estado da província era quase revolucionário. A Praia, que tinha querido revoltar-se durante a própria situação liberal, quando se deu a substituição de Chichorro, não vacilaria em fazê-lo estando no governo os seus adversários. O que podia impedir o rompimento era a presença no Recife de um homem de prestígio nacional, como Honório, que só foi mandado depois da revolução, ou Caxias. O ministério de 29 de setembro era um ministério enérgico, mas queria ser fino, e a finura é muito difícil de aliar com a força. A revolução de Pernambuco, tanto quanto se pode conjeturar sobre um fato que se deu em outras circunstâncias, não teria acontecido se o ministério, em vez de adiá-la para abril, tivesse dissolvido logo em outubro a Câmara dos Deputados que só veio a dissolver em fevereiro do ano seguinte. A demora da dissolução fazia os mais incrédulos duvidarem da solidez definitiva da nova situação e conservava aos chefes da agitação em Pernambuco o prestígio perigoso de deputados. Além disso o governo sabia que a última situação praieira tinha armado os seus partidários para qualquer movimento que fosse preciso pôr em campo. Às autoridades da província tinham sido distribuídas 5 mil armas com 350 mil cartuchos[14] e foi com esse armamento que se fez a revolução.

A nomeação de Pena foi inspirada na ideia de moderação. O nomeado era tão moderado que Paula Souza tinha querido mandá-lo para Pernambuco. A política, insinuação do Poder Moderador, era a mesma que tinha presidido, exceto à de Chichorro, às nomeações na situação liberal; isto é, de não mandar para o Recife presidente consignado ao partido dominante, mandar homens que pudessem moderar e conter os amigos e satisfazer as reclamações razoáveis da oposição.[15] Pena não era o homem para a situação de Pernambuco. Sentindo-lhe a fraqueza, a Praia julgou-se senhora do terreno e a revolução rebentou na sua presidência, sendo preciso substituí-lo por quem a pudesse dominar. Foi então nomeado Tosta.

A história da revolta praieira foi escrita, dos dois pontos de vista opostos, por Urbano, o *leader* parlamentar da Praia, e Figueira de Melo, o chefe de polícia da época.

Homem de um orgulho incomensurável, de uma irascibilidade procelosa, levado ao furor e ao delírio, de um coração ferino e sanguinário, homem que na Câmara temporária tinha manifestado instintos indômitos de ódio e vingança; que em seus discursos, apartes e gestos, lançava faíscas de cólera.

É esse o retrato do novo presidente, segundo o escritor praieiro.[16] Por seu lado diz o cronista guabiru:

> Quem conheceu de perto o novo administrador, e viu a amenidade das suas maneiras, a tolerância das suas opi-

niões, a sensibilidade do seu coração, a independência do seu caráter e a elevação dos seus sentimentos, ficou logo convencido de que ele não podia prestar-se ao papel de algoz de uma província e que empregaria todos os meios brandos para restabelecer a ordem pública, antes de lançar mão dos enérgicos que lhe aconselhava a extraordinária situação dos negócios.[17]

É preciso escolher e fundir alguns desses traços para se ter o homem. Tosta era um conservador, dos raros, que tinha a religião, a monarquia, a ordem pública, a lei, como dogmas indiscutíveis. Intolerante, quando se tratava deles; exclusivista, no sentido de julgar impróprio para as funções do Estado quem os não professava, ele confessadamente o era; mas com esse aferro ao sistema político, fora do qual tudo para ele era anarquia e talvez até sacrilégio, possuía um espírito justiceiro. A mão do político era pesada e de ferro, mas a consciência do magistrado era delicada e escrupulosa. Como presidente que dominou a revolução, ele desenvolveu grande energia, mas não houve de sua parte nenhuma perseguição nem abuso de autoridade; não concedeu uma gota de sangue ao espírito de partido; tudo que fez, fê-lo para salvar a cidade, e lembrando-se que as suas deliberações, tomadas no calor da ação e no tumulto dos sucessos, seriam depois examinadas a sangue-frio pelo imperador, o qual não perdoava a menor vindita nem repressão escusada.

Segundo Urbano a deputação praieira embarcou para o Recife, depois de se assentar em reunião plenária do partido que não recorreriam a meios materiais. O novo presidente, Herculano Pena, tinha porém que desmontar a máquina eleitoral de Chichorro e a Praia não pôde tolerar essa derrubada igual à que ela havia feito em 1844 e 1845. Os deputados pernambucanos escreviam para o Rio ao seu chefe que ficara, chamando-o à província para conter a exaltação dos seus partidários. Nunes Machado acudiu logo ao chamado, mas ao chegar às Alagoas teve a notícia do rompimento.

"Tão puras eram suas intenções", diz Urbano, "tanto estava a revolta fora de suas vistas e esperanças, que nos assomos da surpresa lançou imprecações contra seus amigos e aliados, e partiu na firme resolução de fazer desarmar o partido."[18]

Nada é mais provável do que a relutância de Nunes Machado em empenhar-se em uma aventura dessa ordem. A revolta era inevitável, não porque os chefes políticos da Praia a promovessem, mas porque eram impotentes para dominar os seus correligionários. "Nunes Machado tem todas as coragens", dizia Paraná, "menos a de resistir aos amigos." Ao partir para Pernambuco ele, que conhecia perfeitamente o temperamento do seu partido, tinha o pressentimento do desastre comum. "Não vou para Pernambuco, porque, se for, serei vítima", são as palavras que lhe empresta a tradição conservada entre seus amigos.[19] Ele tinha certeza de que a resistência armada era inevitável e de que o resultado seria fatal.

Ao pisar o solo pernambucano o chefe que ia tudo aplacar sentiu-se vencido pelas circunstâncias locais, enleado pelas intrigas do partido. Havia já corrido sangue, os praieiros estavam em armas, a atitude conciliadora atribuída a Nunes Machado foi considerada pelos combatentes como uma tentativa de deserção, e espalhou-se logo o boato de que ele se tinha passado. Essa suspeita bastou para lançá-lo com dupla violência no caminho da revolução. Pode-se ler no avulso publicado por ele, logo depois da sua chegada, a história do que se passou em seu espírito, a sua resolução de evitar a luta, dominada pela sua incapacidade de afrontar uma suspeita desonrosa.[20]

Estava empenhada assim com a sua aprovação a guerra civil que ele tinha todos os motivos para não querer. Ele sabia que seu partido se achava em posição fraca para tentar o movimento revolucionário. O efeito da revolução de fevereiro em França estava gasto. O país vira a situação liberal de 1844-8 nada realizar do que prometera; não tocar sequer nas leis de 1841, por causa das quais o partido fizera as duas revoluções de Minas e São Paulo. Os chefes liberais tinham caído do poder mortalmente desalentados, descrentes uns dos outros e de si mesmos. Os praieiros só tinham um programa conhecido, de todo o país: a ideia retrógrada da nacionalização do comércio. Essa ideia, se fosse levada a efeito, significava o retrocesso do Brasil ao estado em que se achava antes da abertura dos portos por d. João VI. Além dessa inscrição não tinham nenhuma outra em sua bandeira. Eles negavam com todas as forças que a revolução tivesse caráter republicano, e realmente Nunes Machado entrou nela acentuando as suas convicções monárquicas e dizendo que só o fazia por força maior, para libertar a Coroa da tutela de uma facção; mas era evidente que a revolução, se durasse, tinha que ser forçosamente, como a do Rio Grande do Sul, um movimento republicano de separação. Ora, nada enfraquece mais os movimentos políticos do que a certeza de que a bandeira sob a qual eles se iniciam é imprópria para dar-lhes a vitória e de que mesmo em plena luta será preciso substituí-la por outra que não se quis desde o princípio arvorar. De fato, como aliado conspícuo de Nunes Machado, aparecia agora o mesmo Borges da Fonseca, que a Praia havia prendido e processado por injúrias ao imperador no tempo em que os ordeiros eram acusados por ela de adesões republicanas. Dessa nova aliança resultou o programa, redigido por Borges da Fonseca, em que figuravam entre outros estes compromissos socialistas, imitação das ideias de 1848 em França — todas as nossas revoluções foram, dir-se-ia, ondulações começadas em Paris —: "O trabalho como garantia de vida para o cidadão brasileiro, o comércio a retalho só para os cidadãos brasileiros". A Praia não é inteiramente responsável por esse programa, nada é mais certo do que a incompatibilidade pessoal dos dois homens, Nunes Machado e Borges da Fonseca; mas também não se pode ela eximir de o ter tolerado, nem se pode negar que os praieiros tinham a nacionalização do pequeno comércio no sangue.

Nunes Machado julgava e previa bem. A revolução não tinha nenhum pretexto que satisfizesse à opinião; o presidente Herculano Pena não praticara ato algum que parecesse excessivo, comparado com os da administração Chichorro, e, assim como ele não tinha pretexto bastante, também não tinha um princípio por causa do qual fosse legítimo ensanguentar a província. À última hora, quando foi preciso levantar uma bandeira, cedendo aos exagerados, ele levantou essa da Constituinte, que nas mãos de um partido em armas era a subversão da obra que se estava concluindo da consolidação do Império.

Estudando imparcialmente a marcha do país, não se pode deixar de estimar o desfecho que teve o combate de 2 de fevereiro.[21] Se o Recife tivesse sido tomado naquele dia; se a coluna da Boa Vista tivesse podido unir-se, vitoriosa, à que ocupou o bairro de Santo Antônio, ter-se-ia dado apenas uma tremenda e inútil mortandade, sobretudo verificada a morte de Nunes Machado.[22] Na falta de um chefe de maior ascendente, Borges da Fonseca teria ficado senhor da cidade. A revolução não tinha forças para sustentar-se muito tempo. O ministério estava tranquilo quanto ao resto do Império. A quietação do Rio Grande do Sul era profunda depois de tantos sofrimentos. Nem em Minas, nem em São Paulo, muito menos na Corte, o Partido Liberal pensava em recorrer às armas. A reação de setembro de 1848, como a de 1837, correspondia a uma necessidade invencível de repouso; o organismo abalado precisava refazer-se pelo sono. "O resto do Império", escrevia Eusébio de Queirós a Nabuco em dezembro de 1848, "conserva-se tranquilo apesar do mau exemplo dado pela Praia; já se vê que não é por falta de vontade de certos cabecilhas, que muito desejariam fazer diversão em favor dos seus amigos praieiros." Pressentiu-se que essa seria a última das revoluções; via-se nela a lição da experiência que faltava ao Norte, mas que já tivera o Sul, experiência necessária ao Partido Liberal para resignar-se à vez do adversário.[23]

No desenlace da revolução praieira o que há a lastimar é somente a perda de Nunes Machado,[24] obrigado como vimos a entrar nela contra os seus pressentimentos e a sua razão, por um falso pundonor de chefe popular que não quer ser suspeito à democracia.

III. CARÁTER DA AGITAÇÃO PRAIEIRA

Não se pode deixar de reconhecer no movimento praieiro a força de um turbilhão popular. Violento, indiferente a leis e a princípios, incapaz de permitir em seu seio o mínimo desacordo, empregando sempre meios muito mais enérgicos do que as resistências exigiam, embriagando-se dos seus excessos de autoridade; tudo isso é exato do domínio da Praia, e esses são os característicos próprios da democracia. Mas a verdade é que a Praia era a maioria, era quase o povo pernambucano todo;[25] e o povo julga o seu direito tão extenso como a sua vontade, sobretudo quando luta com as classes que se servem das delongas infinitas da lei para conservarem os seus privilégios e perpetuarem os seus abusos. Muito provavelmente a Praia representava a queixa de uma população adiantada de instintos contra a sua triste condição. O povo pernambucano formava uma democracia de fidalgos; havia nessa plebe o sangue de muitas famílias que se ilustraram, durante a guerra holandesa umas, outras na Independência, outras finalmente pela riqueza e posição social. Pela altura das suas origens essa democracia tendia a subir, sentia necessidade de elevar-se e as condições da província o não permitiam; daí a sua tendência revolucionária permanente.

O povo acreditava ter dois inimigos que o impediam de ganhar a vida e adquirir algum bem-estar: esses inimigos eram os portugueses, que monopolizavam o comércio nas cidades, e os senhores de engenho, que monopolizavam a terra no interior. A guerra dos praieiros era feita a esses dois elementos — o estrangeiro e o territorial;[26] mais que um movimento político, era assim um movimento social. Ora, a dificuldade desses movimentos quando se organizam em partido está em descobrirem uma fórmula que os satisfaça sem ser antissocial. Uma vez levantada a bandeira, a organização torna-se quase impossível, porque os interesses individuais se lhe opõem. O partido praieiro foi um partido sem direção e sem disciplina, porque propriamente não foi senão um movimento de expansão popular. Os chefes deixavam levar-se pelo instinto das multidões que formavam o seu séquito, em vez de guiá-las e de procurar o modo prático de satisfazer, na medida do possível, o mal-estar que elas sentiam sem o saber exprimir.

Os praieiros têm uma história política singular. Eles não eram liberais doutrinários, como foram posteriormente os liberais de Pernambuco. Durante a situação liberal de 1844-8 a sua principal e mais íntima aliança na Corte foi com a chamada Facção Áulica. Quando o conselheiro Luís Antônio Barbosa proferiu na Câmara a sua oração contra o "círculo traçado pelos cortesãos em roda do trono", foi Nunes Machado,[27] foi Urbano, que lhe saiu ao encontro, dizendo que não "acreditavam em nada disso". A deputação praieira votou as leis do Conselho de Estado e de 3 de dezembro, que os luzias consideravam o padrão do despotismo retrógrado e contra as quais os Feijós e os Vergueiros aconselharam a revolução armada. Eles guiavam-se pela estrela política de Aureliano. Tinham essa mistura de impulsos democráticos e de instintos palacianos tão comuns em nossa raça. Apesar do talento de alguns dos seus chefes, nunca se viu um partido mais inexperiente. Da incapacidade política da Praia não é preciso outra prova senão a de só se ter ela identificado com o preconceito vulgar da nacionalização do comércio. Foi essa a única ideia que ela nos deixou. No todo não eram nem os restos do antigo republicanismo de 1824 e de 1831, nem um núcleo liberal; o que eles encarnavam era o descontentamento sem fórmula concreta, sem consciência do que o pode satisfazer. Por isso a democracia pernambucana pôde sempre ser facilmente captada e iludida, mas não achou nunca quem a encaminhasse para o seu destino. Fazendo Nunes Machado cometer um suicídio inglório numa revolução que ele reprovara, ela fere-se a si mesma mortalmente.

Nunes Machado ficou sendo até hoje o ídolo popular pernambucano, a memória querida por excelência. Pedro Ivo, na tradição republicana, o eclipsa, mas no coração do povo não compete com ele, cujo nome será o último a morrer. É que o povo perdoa aos que se parecem com ele, e Nunes Machado é a expressão das qualidades e dos defeitos pernambucanos. A sua política, se lhe tivessem deixado livre o campo, nunca teria melhorado, porém, só piorado a condição do povo. A Praia morreu com ele, por ser ele de todos os seus homens o único que podia imprimir ao movimento um cunho de generosidade.

De um ponto de vista superior, Nunes Machado não merece viver no coração pernambucano mais, por exemplo, do que o seu adversário de tantos anos, o barão da Boa Vista. Para o pernambucano que se colocar fora dos partidos, o preito simultâneo a um e a outro é tão natural como a Fernandes Vieira e a Maurício de Nassau. Houve por certo exclusivismo no domínio Cavalcanti, e por esse motivo o partido perdeu a força com que começou, mas os homens que saíram dessa escola política eram os mais aptos para dirigir uma sociedade bem-composta. O que caracteriza esse partido não é a desconfiança do povo e da democracia; os mais velhos desses homens tinham sido até revolucionários. Se um Muniz Tavares ou um Venâncio de Rezende, conhecidos por suas tradições de 1817 e da Constituinte, passava para o partido da ordem, os praieiros gritavam contra a "apostasia"; entretanto, esses homens não mudavam de sentimentos, trocando de partido; eles o que faziam era mostrar que o partido popular perdia o seu primitivo caráter e mudava as suas afinidades todas. Em 1817, por exemplo, fora a camada superior da sociedade pernambucana, as antigas famílias, os senhores de engenho, os ricos proprietários, os que mais se apaixonaram pela Independência e pela revolução. Os que restavam dessa geração não podiam partilhar os princípios nem adotar as maneiras da seção extrema da Praia. Cada palmo que os jacobinos conquistavam sobre o liberalismo conservador, em que se formaram os homens do período constitucional, produzia uma defecção das fileiras praieiras para as da ordem. É duvidoso se a massa do partido em 1848 não estava já convencida da insuficiência dos seus chefes. Mais tarde os principais praieiros ou sentirão, como Urbano, o cansaço e o desgosto da política, ou, como Lopes Neto e Félix Peixoto, deixar-se-ão fascinar pelas seduções da realeza a que sempre foram sensíveis, ou, finalmente, se reconciliarão com os seus antigos adversários, como Abreu e Lima, Feitosa, Luís Cesário do Rego e tantos outros.

A revolução pernambucana foi um erro depois unanimemente lastimado. Ela foi condenada antecipadamente por Nunes Machado,[28] julgada prematura pelo próprio Borges da Fonseca,[29] pelos praieiros todos que, acusando-se uns aos outros de perfídia, afastavam de si a responsabilidade.[30] Para o Partido Liberal do Império ela foi um grito geral de — *sauve qui peut*. Ele separou a sua sorte da sorte dos praieiros no momento quase em que acabavam de defender a revolução na Assembleia Provincial do Rio e no *Correio Mercantil* os seus mais brilhantes talentos, como Sales Torres Homem e Paranhos.[31] Foi o desastre de 2 de fevereiro que dissolveu o Partido Liberal antigo, que de fato o fez desaparecer da cena durante o espaço de uma geração, e, quando ressuscitou transformado, ele tinha por chefes os seus adversários de 1848.

A revolução de 1848 em Pernambuco podia ser desejada pelo Partido Conservador, tão proveitosa lhe foi. O erro político foi enorme. Se os liberais se tivessem simplesmente resignado a esperar a sua vez, a situação para o partido que subira teria sido quase insustentável na província. O exclusivismo da pequena aristocracia Cavalcanti era detestado em Pernambuco. As exigências do partido eram excessivas e não seriam atendidas na Corte. Os deputados conservadores de Pernambuco teriam que representar na Câmara o mesmo papel de incontentáveis, de elemento flutuante, que os praieiros desempenharam no primeiro decênio do reinado. Com alguma habilidade, a Praia tornar-se-ia o centro da oposição liberal, o núcleo da situação futura. Em vez disso a infeliz revolução veio licenciar o partido no resto do país e dissolvê-lo na província.

O efeito do Dois de Fevereiro em Pernambuco foi profundo e duradouro; os capitais e os braços fugiram; os portugueses julgaram-se ameaçados vendo-se suspeitos; as indústrias ficaram paralisadas; a miséria aumentou entre a pobreza. Diante da nova situação os homens abastados, tendo visto que os praieiros eram indiferentes à sorte de sua propriedade e de suas vidas, pensaram em aproximar-se uns dos outros. Um espectador das lutas da província, cujo espírito lúcido o conservou sempre imparcial entre os partidos, mesmo quando os acompanhava, descreve assim a transformação que se deu em Pernambuco, depois de assinalar "o ódio da maioria da província ao predomínio exclusivo de meia dúzia de homens":

A tolerância geral do predomínio abusivo que lhe sucedeu foi por muitos anos resultado natural do cataclismo com que os revolucionários constituintes ameaçavam o Brasil. Os homens pacíficos e desapaixonados da lavoura e do comércio, os desinteressados nas lides pessoais da política, viram as fontes da produção ameaçadas, temeram que as paixões adrede sobre-excitadas chegassem a pôr em risco a propriedade, presenciaram o afugentamento dos braços e dos capitais e o subsequente definhamento das indústrias, caíram em si, viram o caminho errado por onde estranhas ambições os guiavam, resignaram-se à prepotência administrativa, como antídoto de veneno que girava na atmosfera revolucionária. Eles e só eles, pelo arrependimento de uns, pela inércia de muitos e pela valiosa coadjuvação de alguns, foram os verdadeiros vencedores da revolução.[32]

O predomínio absoluto do Partido Conservador em Pernambuco até 1864 foi o resultado do desastre de 2 de fevereiro.[33]

O gabinete Paraná
e seu programa

I. O PRESIDENTE DO CONSELHO
Em 6 de setembro de 1853[1] organizava o visconde de Paraná o seu gabinete da seguinte forma: ele, na presidência do Conselho e com a pasta da Fazenda, Pedreira na do Império, Nabuco na Justiça, Limpo de Abreu nos Estrangeiros e Bellegarde na Guerra. Em dezembro Paranhos entrava para a Marinha. Os motivos dados por Torres no Senado para a retirada do ministério nada esclareciam. Também ninguém tinha interesse em apurar a verdade. O ministério de 29 de setembro de 1848, de fato, fora um só ministério, tinha durado cinco anos; se Eusébio se declarava "*cansado*" em maio de 1852, Rodrigues Torres tinha direito de alegar o mesmo pretexto em setembro de 1853. "Alegarei também essa causa", respondia ele a dom Manuel, que lhe sugeria a desculpa de Eusébio, "e explicarei que espécie de cansaço foi." Podia ter dito que era o cansaço dos que estavam impacientes por ser ministros e do país que desejava mudança de cena.

A formação do novo ministério foi notável; todos os ministros, exceto Paraná e Limpo de Abreu, o antigo ministro de Feijó e da Maioridade, que parecia estar ao lado do presidente do Conselho como um programa vivo, eram homens novos, assim como Caxias e Wanderley, que ele devia chamar mais tarde. Via-se o pensamento de Paraná de governar só — Limpo de Abreu não tinha séquito entre os saquaremas —, com homens capazes e competentes em suas repartições, mas que não pudessem aspirar a dividir com ele o mando. Provavelmente não passavam despercebidas ao organizador umas palavras que o visconde de Olinda tinha deixado cair nesse ano mesmo no Senado: "Nós precisamos de administradores; onde a Coroa os achar, os vá chamar, quer sejam ou não membros da representação nacional; eu contento-me com uma cabeça política no ministério, os mais sejam administradores". Paraná seguiu esse método; fora das Câmaras, porém, só foi buscar, na falta de Caxias, o ministro da Guerra.

O novo presidente do Conselho era nesse tempo o homem político de maior ascendente no país. Da sua categoria só restava Olinda, o qual, se tinha uma inteligência superior à de Paraná, não tinha as suas qualidades de domínio e tinha o espírito muito mais estreito, de fato oposto a formas e ideias novas. Com uma inteligência naturalmente pronta e perspicaz, Paraná era dotado de raro tino político, de uma disposição prática e positiva que o fazia observar friamente os homens, acumular as pequenas observações de cada dia, de preferência a procurar ideias gerais, princípios sintéticos de política. Ele deixava a outros a história, a imaginação, a ciência, os livros, e contentava-se em trabalhar com a sua simples ferramenta, que não era outra coisa mais do que a cautela, o bom-senso, a penetração mineira, aperfeiçoada por uma longa experiência dos altos negócios e trato dos homens notáveis do país. Havia nele um certo desdém pela natureza, em geral, dos políticos; era um conhecedor de caracteres, e por isso não tomava os homens pelo que eles mesmos pretendiam valer, mas sempre com grande desconto. Viera da Regência e da Maioridade com uma grande reputação de energia que a sua cena com o imperador em 1848 ainda mais aumentara. Durante os anos da oposição os seus golpes tinham chegado até a Coroa que ele tratara mesmo com sobranceria.

A união de Paraná com Vasconcelos fora uma convergência de forças raras em política, dessas que armam a direção de um partido de todas as qualidades precisas para a luta. Entre eles é que se divide a responsabilidade, ainda que o estilo literário pareça ser de terceiro, do opúsculo *A dissolução do gabinete de 5 de Maio e a Facção Áulica*, que o país todo tomou como um desafio à Coroa pela "oligarquia do Senado". Os chefes coligados tratavam o eleitor dos ministros como o prisioneiro da Constituição e a sua força era tão real que este não pensava em afrontá-los. À subida do Partido Conservador em 1848 o ressentimento do imperador estava ainda demasiado vivo para entregar a Honório, depois marquês de Paraná, a sucessão de Francisco Paula Souza; o seu partido, porém, não podia dispensá-lo, e sem fazer parte do gabinete ele foi o diretor da nova situação. No ministério de 29 de setembro, duas vezes os ministros pediram-lhe que os auxiliasse em comissões difíceis, primeiro a presidência de Pernambuco, depois a missão ao rio da Prata. Em ambas Honório revelou a sua índole imperiosa, a sua resolução pronta, a sua intuição de estadista, mas também as suas deficiências, que consistiam em acreditar demasiado em si e tomar as suas imposições como soluções definitivas. A mão era forte, mas o tato nem sempre era perfeito; faltava-lhe em habilidade o que lhe sobrava em energia; sabia destruir as resistências, melhor do que as sabia desfazer. Assim, por exemplo, com maior flexibilidade e paciência, menos "pouco-caso", é a expressão, ele teria talvez conseguido em Pernambuco evitar a segunda revolta de setembro de 1849 e em Montevidéu impedir o triunfo de Oribe. A máxima de César, o *nil actum reputans si quid superesset agendum* [reputando nada como feito, se algo restasse por fazer], não era de certo a sua; ele dava por completa a vitória desde que o inimigo fraqueava, não se preocupava com dificuldades secundárias nem com pequenos adversários.

Algumas de suas qualidades políticas eram de primeira ordem: assim, possuía a mais varonil de todas, a força de separar-se de seus amigos no momento em que eles iam realizar um grande plano que ele autorizara, mas que depois se lhe figurava prejudicial, como o capitão que repentinamente muda de rumo no meio de uma manobra difícil por ter descoberto o perigo em frente. Revelou esse poder sobre si mesmo em mais de uma ocasião, em 1840, em 1844, em 1853, e de modo notável no golpe de Estado de 30 de julho (1832) que a sua defecção no próprio campo de batalha inutilizou.[2] A essa resolução, que se pode bem chamar a integridade do instinto político, aliava outra qualidade superior: a de não ambicionar o poder, se outros no governo podiam fazer mais do que ele, ou se os podia melhor ajudar de fora. Havia nesse seu procedimento, que foi o de 1837, o de 1841, o de 1848, o cunho da mais altiva e legítima ambição, mas também revelava-se em grau não menor espírito público, lealdade pessoal, generosidade de desinteresse.

Paraná, como se vê, era feito não somente para dominar, mas também para dirigir. O seu espírito prático deixou-se seduzir na última fase por ideias de progresso e melhoramentos, a que, entretanto, a escola financeira em que se criara lhe fazia sempre opor a preliminar da economia. Nabuco, por exemplo, parecia-lhe um ministro gastador: a todas as reformas e ideias deste, aquele objeta sempre o cálculo do que elas podem custar. Assim também esse estadista, a quem coube presidir um gabinete reformista, se jamais houve, que foi o verdadeiro destruidor da antiga oligarquia saquarema de que fizera parte, o criador da situação de que saiu a fusão dos partidos e, portanto, toda a vida ulterior do nosso sistema político, mostrar-se-á sempre eivado de velhos preconceitos contra o espírito de reforma e será de alguma forma o primeiro vencido da sua própria vitória. Não é só em relação às reformas de Nabuco que isso se dá; na própria lei dos círculos o discurso de Eusébio lhe causará, ao mesmo tempo que irritação, a mais perturbadora admiração; em ninguém as profecias e lamentações do velho espírito conservador diante da novidade de eleitorados independentes produziam, ao cair dos lábios de Eusébio, tão forte abalo como no próprio autor da reforma.

II. OS MINISTROS

Os colegas de Paraná eram todos, como vimos, homens novos, exceto Limpo de Abreu, já então saciado e desligado da política, céptico a respeito dos homens, quase um mero espectador dos partidos. Pedreira, ministro do Império, trazia da presidência do Rio de Janeiro a reputação de um espírito inovador, ansioso por introduzir em nosso país os grandes melhoramentos modernos; fora ele que contratara a primeira estrada de ferro do Império, a pequena linha de Mauá à raiz da serra de Petrópolis. Era um administrador de uma mobilidade infatigável, que mexia em tudo e entendia de tudo, reformador de instinto. Apesar de possuir grande abundância de expressão e clareza de ideias, tinha um medo invencível da tribuna e para obrigá-lo a tomar a palavra os colegas recorriam a toda espécie de ardis.[3] Sem paixão partidária, evitando comprometer-se e ser falado tanto como falar, não era decerto um temperamento político. Era um desses homens que vivem na política como no melhor clube do país, a quem só a política interessa e distrai, mas que não foram feitos para as lutas que ela impõe, parecidos com os frequentadores de camarins, que não podem viver senão na atmosfera dos bastidores, na companhia dos atores e atrizes da moda, mas que nem por isso sentem a menor disposição para o palco. A sua verdadeira posição seria a de um administrador que dispusesse de amplos meios e de um pessoal incansável em redor de si, ou de um consultor-geral do Estado, dispensado de residência fixa. Com efeito, uma singularidade de Pedreira era a ubiquidade ou melhor, o seu constante álibi de residência, o prazer de esconder-se para trabalhar em solidões pitorescas e longínquas, sendo talvez a sua favorita a da Boa Vista na Tijuca. Conta-se que às vezes chegava a tomar um escaler no Arsenal da Marinha para despachar as pastas ministeriais no silêncio da baía. Dever-se-ia lastimar, tratando-se de uma natureza assim tão precisada de atividade e movimento, que tivesse vindo antes da época do velocípede e do telefone, se não fosse a consolação para ele, tão amigo de isolar-se, de ter vivido quando ainda era possível um "Bom Retiro" na vizinhança da cidade. Pedreira era um homem sempre apressado. A julgar pelas cartas que diariamente escrevia a Nabuco seria preciso um gabinete somente para atender às suas recomendações em duplicata. Talvez por não saber negar-se é que se ocultava e não apreciava o poder. Espírito conservador, mas amigo dos últimos aperfeiçoamentos em tudo, conhecendo e acompanhando as modificações introduzidas nos serviços públicos dos países mais adiantados, era um auxiliar de primeira ordem num governo reformista. A sua carreira ministerial limitou-se à estreia; preferiu em política ficar na lua de mel, não quis experimentar o poder com outros colegas. Até o fim se recordara com ternura e saudade desse tempo de governo, desse ministério, escreve ele vinte anos depois a Nabuco, "que nunca mais teve igual". A confiança e a amizade do imperador constituíam para ele um privilégio que preferia à posição de ministro; sabia bem que o imperador tinha a preocupação de não ter validos e para aspirar a uma posição política proeminente, à direção política, ser-lhe-ia preciso pelo menos renunciar por vezes às suas entradas francas em São Cristóvão. Mais leal, verdadeiro e discreto amigo o imperador não teve nunca; na difícil situação de confidente imperial e conselheiro íntimo ele nunca esqueceu que a sua lealdade consistia em não favorecer o seu partido, em inspirar-se nos interesses do Poder Moderador, em não prejudicar nenhum dos seus colegas das duas Câmaras no ânimo do soberano. O imperador e Pedreira eram feitos para se entenderem, tinham a mesma moderação, a mesma prudência, os mesmos processos de conservação e melhoramento, a mesma arte de deixar as dificuldades resolverem-se por si mesmas evitando somente agravá-las, o mesmo respeito à opinião, as mesmas simpatias e deferências, quase que os mesmos gostos e apreço pelas mesmas pessoas. A morte de Bom Retiro foi para o Segundo Reinado no Brasil uma perda muito parecida com a do duque de Morny para o Segundo Império em França.

Outro ministro era Paranhos, que Paraná levara consigo na missão ao Prata e adquirira para o Partido Conservador. Paranhos era um homem de talentos e faculdades diversas, grande trabalhador, adaptável a quase todos os ramos da administração. Como jornalista mostrara-se natural, simples, preferindo a lucidez do pensamento ao ornato literário; sua palavra na tribuna tinha os mesmos atributos: era pronta, cortês, flexível como um florete, mas também imprópria para todo aparato de eloquência. Ele preferia ao brilho, à originalidade e à subtileza da frase a novidade e a penetração do argumento; a estrutura lógica do discurso era vigorosa, a linguagem perfeita de propriedade e clareza, corrente e espontânea. Mais diplomata ainda do que político, eram os negócios exteriores sobretudo que o atraíam. Não tinha séquito, não era um arregimentador nem dominador de homens, mas um homem de gabinete, por isso não chegou verdadeiramente a ser nunca um chefe de partido; sua carreira foi feita à força de trabalho e de talento, impondo-se por sua especialidade a todos os governos, e também pela confiança, primeiro, de Paraná, depois, de Caxias, por último do imperador. Por muito tempo ele guardou alguma coisa da renúncia dos primeiros papéis e retraimento próprio, por mais elevada que seja a categoria, do homem de emprego; havia nele uma fina combinação de funcionário, diplomata e parlamentar, sobrelevada pela ambição de ligar o seu nome a um ato que o ilustrasse na história. Com efeito, na última fase da sua vida veio a caber-lhe essa grande fortuna do estadista. A oligarquia conservadora, que ele sustentou com todas as forças e serviu com toda a lealdade, nunca o reputou um dos seus, tratou-o até em 1871 como um intruso que ela não destinava à direção suprema. Paranhos era um prestimoso e sólido companheiro, suscetível, mas leal; talvez intelectualmente tímido, não declinava porém nenhuma responsabilidade; sabendo apagar-se para evitar atritos, mas nada cedendo do que interessava o seu amor-próprio, era ele do ministério, se não quem mais gosto tinha pelo poder, quem melhor se conformava a ele. Pode-se supor que ele concorreu para prolongar, morto Paraná, a vida do gabinete. Deve haver mais do que uma singularidade de coincidência no fato de terem sido dois ministérios de que Paranhos fez parte os que mais duraram em nossa história parlamentar.

Wanderley, que entra em 1855, era um espírito diferente: nenhum tinha a sua vivacidade, a sua adivinhação, a sua graça, a sua facilidade e compreensão das coisas; ao lado dele os outros parecem morosos, carregados, tristes, de outra raça, como jurisconsultos ou senadores romanos diante de um leve sofista ateniense. Seu prazer era resolver as questões as mais complicadas pela inspiração do momento, tratá-las na tribuna *à la minute*. Seu desejo de subir foi grande na mocidade, e na velhice a ambição política tornou-se sua paixão dominante; ele conservou-se entretanto quase um decênio afastado da cena, recolhido ao seu engenho da Bahia, moralizando com o humor pessimista, geral em nosso mundo político, o espetáculo a que de longe assistia.[4] Wanderley produziu nos homens da sua época a impressão de ser o mais "inteligente" de todos, o que não quer dizer que ele tivesse a intensidade mental de outros: por mais "inteligente" deve-se entender o espírito que percebia melhor e mais depressa o ponto sensível ao maior número e sabia tirar partido desse avanço que levava aos demais. Ao passo que o discurso de outros era feito com uma tonelada de erudição e talvez, quando havia, uma onça de espírito, o dele era feito com uma tonelada de espírito, e, quando havia, uma onça de erudição. Além de que o espírito estabelece entre orador e o auditório uma familiaridade que a eloquência até impede, o improviso desenvolve entre eles simpatias que nenhum trabalho meditado consegue despertar. Lançar as ideias no momento em que elas nos vêm e à medida que nos vão surpreendendo a nós mesmos, é coisa muito diferente de elaborarmos a impressão que queremos produzir nos outros.

Ao contrário dos demais membros do gabinete Paraná, Wanderley era um partidário, imbuído até do preconceito de partido, não podendo deixar de ver no liberal um tipo inferior de homem. É por isso que até o fim ele ficará sempre o mesmo conservador e terminará os seus dias encarnando o ultraconservantismo. Esse é um caso em que se vê distintamente o hábito da convivência, o espírito de círculo modificando a tendência natural, porquanto Wanderley não era talhado para a resistência, mas para guiar as transformações. O seu afetado desdém pelo liberalismo tornou-se com o tempo uma segunda natureza e acabou fazendo dele a Cassandra da escravidão, quando dependeu talvez de pouco ter sido ele o verdadeiro iniciador do movimento abolicionista com o seu projeto de 1854 proibindo o comércio e transporte interprovincial de escravos. Impulsivo, por vezes ríspido no debate e nas relações políticas, a sua generosidade natural curava logo as feridas que o seu espírito ou impaciência causavam. Wanderley era dotado em alto grau do sentido da proporção entre os grandes ideais e o estado social e isso dava-lhe ao espírito esse tom, esse jeito de dúvida e incredulidade que tomavam em torno dele por escárnio e ceticismo. Era um político que se tinha formado em Le Sage, homem de Estado realista e não romântico, orador estudadamente chão, às vezes vulgar para ficar no nível do maior número, da educação mediana, rudimentar mesmo, onde escolhera o seu público, mas dispondo de tal habilidade de bom-senso, naturalidade de malícia, plausibilidade de motivos, que a arte a mais consumada sentia-se incapaz de resistir aos seus golpes. A sua mímica, que os adversários temiam ainda mais do que a palavra, transformava-se desde que se tratava da susceptibilidade ou da primazia nacional. Nesse ponto o riso interior cede o lugar à exaltação, a indiferença habitual torna-se em preocupação, em terror profético, e um fundo cavaleiroso, genuinamente quixotesco, revela-se como a verdadeira natureza do homem a quem todos tinham tomado, e que se tinha tomado talvez a si mesmo, por um zombador alegre e insensível da comédia política. Duas questões ele tomou profundamente a peito em sua vida: a das Missões, ou antes, a do prestígio do Brasil no Prata, e a da indenização, depois da lei de 13 de maio. O esforço que ele fez nesse último episódio de sua carreira é o *pendant* perfeito do que fizera naquele mesmo Senado José Bonifácio em 1885 em favor da abolição; tanto um como outro foram verdadeiros suicídios, dedicações do último alento de vida à causa que cada um acreditava nacional. A assinatura de Cotegipe nos tratados em separado de Assunção é um traço suficiente para caracterizar o seu temperamento diplomático e a aspiração que ele tinha pela hegemonia brasileira deste lado da América do Sul.

Os outros ministros de Paraná eram Limpo de Abreu e Pedro de Alcântara Bellegarde, indicado por Caxias que não pôde entrar logo por doente. Limpo de Abreu era já então um sobrevivente do Primeiro Reinado e da Regência; a política que o havia fascinado na sua mocidade era agora para ele um objeto de estudo, de análise, de sátira

— um teatro onde ele ainda consentia em figurar e que usassem do seu nome nos cartazes, mas de que não sentia mais o prazer e o encanto. A sua calma chega à indiferença: no jogo da ambição em que o fizeram parceiro ele é quase um *miron* e não lhe importa perder. A consideração, a posição, o respeito bastam-lhe inteiramente; o poder não o tenta. Ele parece pensar que o poder, quando não se tem mais o mando, diminui o prestígio. As suas vistas estavam talvez desde então voltadas para a presidência do Senado, à qual chegará em 1861 para fazer dela durante treze anos uma espécie de presidência da Câmara dos Lordes. A política tinha-se tornado para ele uma disponibilidade ativa, da qual apreciava somente o privilégio de dar o seu voto em conselho de ministros ou no Conselho de Estado, fazendo sentir a autoridade da sua experiência às novas gerações de estadistas.

Bellegarde[5] não era um homem político, era um militar de mérito, competente na sua especialidade, que recebeu a ordem de entrar para o ministério como soldado, como teria recebido a de seguir de novo para o Paraguai, donde havia recentemente chegado, e cuja melhor recomendação é essa de tê-lo Caxias dado em seu lugar a um homem como Paraná.[6]

Paraná disse na Câmara que ao seu ministério tinha presidido a meditação. Com efeito, a solidez da organização se provará pelo fato de ter esse ministério continuado o mesmo depois da morte de Paraná para realizar o "seu" programa, e também pelo fato de terem os homens que ele reuniu em torno de si mostrado as qualidades de administrador que ele tanto apreciava e ocupado todos mais tarde a primeira posição.

III. A CONCILIAÇÃO

Estava assim, afinal, acabado o afastamento pessoal entre o imperador e o chefe mais poderoso dos conservadores desde a morte de Vasconcelos.[7] O programa do ministério resumia-se numa palavra — conciliação. Pela primeira vez depois de tantas perseguições um governo fazia solenemente da conciliação o seu compromisso ministerial. Paraná explicava que os ministros não abandonavam por isso os seus princípios nem pretendiam criar partido novo, que apenas iam imprimir na sua política "aquele caráter de moderação que é consentâneo com as opiniões conservadoras". A formação do ministério era homogênea. Limpo de Abreu, depois visconde de Abaeté, Pedreira e Paranhos tinham sido liberais, mas antes de entrarem para o gabinete haviam mudado de alianças — não se deve dizer mudado de crenças, porque entre os dois partidos não havia diferença sensível; o dito de Holanda Cavalcanti "Não há nada mais parecido com um saquarema do que um luzia no poder" era a verdade sentida por todos.

A conciliação era uma ideia que estava sendo advogada com muito aplauso na imprensa e no Parlamento, principalmente pelos liberais. O desastre da revolução de Pernambuco, aniquilando esse partido na sua forma revolucionária e tendo fechado o período das revoluções, havia criado um desejo geral de paz e tranquilidade. Os partidos estavam preparados para fazer e receber propostas de concórdia, e a opinião impunha moderação aos vencedores, senhores absolutos do campo. No Parlamento a oposição ao ministério Torres tinha adotado essa bandeira; na imprensa ela era fortemente sustentada. Sales Torres Homem, com a mesma pena com que escrevera o *Libelo do povo*, tornara-se no jornalismo o paladino da conciliação. Em 1848 no ministério Macaé tentou o governo uma política que se chamou então de "justiça e tolerância", e Paula Souza chegou a pensar em apelar também para o concurso dos adversários, mas os ânimos estavam ainda muito apaixonados, a situação liberal triunfante nas urnas tinha exigências inconciliáveis com as pretensões saquaremas. Estava-se então no período aquém da revolução. Acusado em 1855 por ter repelido a conciliação em 1848, Paraná defendeu-se com a diferença das épocas: "Os partidos", disse ele, "se achavam então irritados; a conciliação, quero dizer, esse sossego de espírito, essa tranquilidade dos partidos, essa calma das paixões, não pode ser imprimida senão por braço mui forte". Era uma alusão muito clara à hesitação e fraqueza de que se acusava Paula Souza.[8]

> De ordinário nós aceitamos a sociedade no estado em que ela se acha. O ministério de 1848 não achou uma sociedade tranquila na qual pudesse imprimir uma política mais moderada e conciliadora; nós achamos, pelo contrário, um estado social e circunstâncias em que essa política era mesmo uma necessidade, era uma necessidade para se poderem realizar, como já disse, os melhoramentos em que o Corpo Legislativo havia empenhado o governo.

Em Paraná a conciliação encontrava aquele braço forte de que ele mesmo falava; com efeito, a influência do seu nome foi tal que se obliteraram inteiramente as divisas dos partidos; durante, pode-se dizer, dez anos, antigos liberais e antigos conservadores vão aparecer misturados nos mesmos gabinetes, até que com a formação do Partido Progressista os conservadores puros se extremam outra vez e de novo recomeça o antagonismo dos dois partidos.

Acusou-se a conciliação de ter sido uma concepção da Coroa para baralhar, confundir e anular os antigos partidos, cujas tradições lhe faziam sombra e de cuja organização ela tinha queixas: do Conservador, a luta contra a Facção Áulica; do Liberal, os seus dois apelos, em 1842 e 1848, da dissolução para a revolta. Nem Paraná teria sido o homem escolhido pelo imperador para realizar esse pensamento oculto da corrupção dos partidos,[9] nem eles teriam aceitado a conciliação se ela não lhes fosse imposta pelo espírito público, ou, como Paraná tão bem o definiu, pelo "estado em que se achava a sociedade". Os testemunhos da época são unânimes a favor da concórdia, do congraçamento, em vão desejado desde 1831. Sales Torres Homem descreveu, em 1857, como se figurava ao espírito contemporâneo esse período de descanso político:

> Entre a decadência dos partidos velhos que acabaram seu tempo e o aparecimento dos partidos novos a quem o porvir pertence, virá assim interpor-se uma época sem fisionomia, sem emoções, sem crenças entusiásticas, mas que terá a inapreciável vantagem de romper a continuidade da cadeia de tradições funestas e de favorecer pela sua calma e por seu silêncio o trabalho interior de reorganização administrativa e industrial do país...

"Todos os povos", continuava ele,

> ainda os mais cheios de seiva e de vigor precisam desta intermitência na sua atividade política para reparar e fortificar os outros elementos de sua vitalidade. As nações novas, que, como o Brasil, ainda não firmaram de todo os alicerces de sua civilização, necessitam mais que outras dessas paradas, e não podem desperdiçar suas forças vivas em lutas incessantes e estéreis sem exporem-se aos efeitos de uma caducidade prematura. (Sessão de 12 de junho de 1857)

Que a conciliação teve todo o assentimento do imperador e que foi com verdade qualificada de "pensamento augusto" pelo marquês de Olinda, não é ponto duvidoso. O imperador era por assim dizer a única pessoa no Império que conhecia a verdade inteira sobre as disposições recíprocas dos partidos, porque ora governava com um, ora com outro. De ninguém a força destrutiva, a intolerância, a perseguição implacável do vandalismo partidário era tão sabida como dele. Por isso era natural que desejasse alguma moderação, alguma medida de justiça nas relações dos partidos; que abandonassem a paixão do extermínio recíproco. Nada, porém, é mais difícil do que pôr em prática uma nova política de que se traçou a linha geral: em primeiro lugar, cada um a entende a seu modo; em segundo lugar, a nova opinião que se forma tem muito mais força do que os que a criaram. Com a conciliação viu-se uma e outra coisa: não só ela foi uma palavra que teve tantos sentidos diferentes quantos os intérpretes como também determinou, pelo encontro inesperado e confuso dos antigos partidos, uma babel em que ninguém se entendia. Com tudo isso, foi visivelmente uma época de renascimento, de expansão, de recomeço, em que se renovou o antigo sistema político decrépito, em que se criou o aparelho moderno de governo, e se dilatou extensivamente, não para a classe política somente, mas para todas as classes, o horizonte que as comprimia.[10]

Política financeira
do gabinete Paraná

1. O GOVERNO E A PRAÇA. O ORÇAMENTO

O gabinete nascera em uma fase de expansão, de vida nova, como foi a que se seguiu à extinção do tráfico. Até então o espírito comercial e industrial do país parecia resumir-se na importação e venda de africanos. Com a extinção deu-se uma transformação maravilhosa. "Esse fato, como é sabido", diz o relatório da Comissão de Inquérito sobre o meio circulante em 1860,

> teve um imenso alcance, mudando completamente a face de todas as coisas na agricultura, no comércio, na indústria. Os capitais que eram empregados nessas ilícitas transações afluíram à praça, do que resultou uma baixa considerável nos descontos; o dinheiro abundava e uma subida extraordinária teve lugar nos preços das ações de quase todas as companhias...[1]

Daí a criação de novos bancos, e, com a criação de um banco de emissão, o papel-moeda abundante de que carecia a especulação. Já sobre as ações do Banco do Brasil tinha havido grande jogo de praça em que se perderam e se fizeram rapidamente muitas fortunas.[2]

A época era caracterizada pela ânsia de enriquecer de repente, por um golpe de audácia. O relatório da Comissão de Inquérito nomeada em 1859 por Ferraz (Arêas, de

Bem e Pereira de Barros), um dos mais luminosos documentos oficiais publicados no tempo do Império, contém entre outros o seguinte depoimento de uma antiga firma comercial, a casa M. Wright e Cia. É um desafogo do espírito conservador que só via perdição nos novos costumes. Há ao mesmo tempo muita verdade na observação do modo como desapareceu a antiga frugalidade nacional:

Quando, finalmente, acabou de todo a introdução dos africanos neste país, achou-se o país senhor dos recursos que até então tinham sido aplicados ao pagamento dos negros importados. Os costumes dos brasileiros, pela maior parte, eram simples no extremo, de uma frugalidade exemplar. Não era possível que a cobiça comercial, esse monstro corruptor, corrompesse por um *coup de main* os bem fundados hábitos de séculos. Seguiu-se por consequência que não havendo necessidades verdadeiras ou artificiais em que empregar o produto do excesso de nossa exportação, veio-nos de retorno metal. Mal-avisados financeiros, que não profundavam abaixo da superfície, logo julgaram que, se o país se achava senhor desse metal, era porque precisava dele para servir de meio circulante. Nunca houve engano mais fácil. Tinha vindo como mercadoria em retorno do excesso de nossa exportação e males indizíveis tinha poupado ao nosso país, se se tivesse conservado como mercadoria e se tivesse sido exportado na mesma forma. Mas não. Prevaleceram outras ideias. Fora induzido o governo, guiado por maus conselhos, a cunhar esse metal e dessa maneira a facilitar a sua introdução como um veneno ativo nas veias da circulação. Não contentes com esse grande mal que faziam ao país, suscitou-se a malfadada lembrança de bancos de emissão. Não era suficiente para satisfazer o maldito apetite do monstro, cobiça comercial, o cunhar o metal, que aliás se deveria ter conservado relativamente inócuo no seu caráter de mercadoria. Não; o veneno não era assaz ativo, a corrupção moral e social marchava lentamente, era preciso outro estimulante e orientou (*sic*) o Banco do Brasil. E podemos afirmar que a história do mundo, a não ser o episódio na história da Espanha na época em que se fizeram as famosas descobertas de ouro e prata nas suas colônias deste continente, não apresenta outro exemplo de uma desmoralização social tão repentina, de uma corrupção de hábitos, santificados por séculos de duração, tão assustadora como temos presenciado no Brasil de 1854 para cá: um mal que reclama o mais assíduo cuidado de todo patriota, para se opor de alguma maneira uma barreira a essa torrente devastadora, que aliás ameaça no seu curso a ruína de todas as fortunas. Antes bons negros da costa da África para felicidade sua e nossa, a despeito de toda a mórbida filantropia britânica, que esquecida da sua própria casa deixa morrer de fome o pobre irmão branco, escravo sem senhor que dele se compadeça, e hipócrita ou estólida chora, exposta ao ridículo da verdadeira filantropia, o fado do nosso escravo feliz. Antes bons negros da costa da África para cultivar os nossos campos férteis do que todas as teteias da rua do Ouvidor, do que vestidos de um conto e quinhentos mil-réis para as nossas mulheres; do que laranjas a quatro vinténs cada uma em um país que as produz quase espontaneamente, do que milho e arroz, e quase tudo que se necessita para o sustento da vida humana, do estrangeiro; do que finalmente empresas mal-avisadas, muito além das legítimas forças do país, as quais, perturbando as relações da sociedade, produzindo uma deslocação de trabalho, têm promovido mais que tudo a escassez e alto preço de todos os víveres. Não referimos essas empresas como causa primária. Elas são, em primeiro lugar, efeitos da violação dos princípios mais simples e salientes da verdadeira economia, porém, a seu turno, fazem-se coisas bem ativas e maléficas. *Suficiente* teria sido a ação, de que era impossível que o Brasil se esquivasse, da descoberta de ouro na Califórnia e na Austrália para perturbar de uma maneira a dar cuidado às ideias de frugalidade, que lhes faziam honra, dos brasileiros. *Demasiada* a ação da grande importação de metal que se seguiu à suspensão do tráfico de negros; *quanto mais* não é de lastimar que o nosso povo fosse mais envenenado moralmente pela introdução do detestável sistema de bancos de emissão, criatura do monstro — cobiça comercial! Não vimos sem grande receio a facilidade com que os governos, imperial e provincial, prestaram nestes últimos anos a sua garantia a várias empresas. No ano de 1832 e alguns anos depois os governos da União e dos estados prestavam, não garantias de dividendos, porém, o seu crédito na forma de apólices, a várias empresas e essa legislação foi festejada por toda parte com fogueiras e grande regozijo: todavia não decorreram mais que cinco anos que vários dos estados se viram na humilhante posição de fazer bancarrota. Queira Deus que não nos aconteça o mesmo no Brasil.

A administração do marquês de Paraná, que, em finanças ouvia os conselhos de Itaboraí, não reagiu contra o mercantilismo da época, não combateu a corrente que se formava desde, sobretudo, a criação do novo Banco do Brasil; também não se entregou inteiramente a ela. Seu programa era encaminhar a nova atividade do país, resistindo, porém, aos que queriam dinheiro a fartar, a baixo preço, derramado na circulação por um sem-
-número de bancos. Paraná, firme partidário da unidade de emissão, queria que o novo banco emissor fosse o regulador do meio circulante, e só ele. O banco tinha sido criado com o capital de 30 mil contos e o direito de emitir pelo duplo ou, com autorização do governo, ilimitadamente. Havia assim por lei uma esperança de dinheiro barato para todos os que desejavam a regurgi-

tação do papel-moeda, para a agiotagem que começara com o jogo das ações dos bancos e companhias, fundados depois da cessação do tráfico, e que tomara grande impulso com a criação do Banco do Brasil, em 1853.[3]

Em 1855, Paraná autorizara o banco a elevar a sua emissão até o triplo do fundo disponível. Em toda a existência do gabinete o câmbio conserva-se ao par, ou acima, apenas com uma curta diferença de meio ponto para menos em 1854.[4] A ação do gabinete, pode-se dizer, limitou-se a regular a emissão de forma que o câmbio não caísse abaixo do par e o Banco do Brasil não suspendesse o troco em ouro de suas notas. Dentro desse limite o governo, conforme o ato de 1853, estava pronto a favorecer e auxiliar o novo espírito da praça. Ainda assim a política financeira do gabinete não foi inteiramente cautelosa e prudente, consentindo na elevação da emissão do banco ao triplo. Pode-se talvez dizer que o gabinete com esse ato preparou a baixa do câmbio, que veio a dar-se meses depois da sua saída, quando ocorreu a crise de 1857, provocada pela grande baixa dos nossos produtos e quebra de importantes casas exportadoras, mas causada no fundo pelo excesso da emissão e sobretudo pela latitude indefinida da faculdade emissora.[5]

O meio circulante existente em 1854 somava 67 268 contos; em 1857, com a emissão do novo Banco do Brasil, subia ele a 97 967. Era um aumento considerável como se vê. A emissão do banco e de suas caixas filiais no valor de 49 697 contos excedia o papel-moeda do Estado, do valor de 43 mil. Ainda assim a perturbação sob o sistema da unidade bancária, ao qual o gabinete Paraná firmemente aderiu, não podia ser tão grande como sob o sistema da pluralidade seguido pelo seu sucessor. O monopólio do Banco do Brasil, facultando-lhe o governo, à medida que escoava o ouro de seus cofres, aumentar as suas emissões, não podia decerto regular de modo normal e eficiente a circulação fiduciária do país;

comercialmente, financialmente, o sistema era ruinoso, ainda assim deve-se ao gabinete Paraná ter impedido o incêndio de lavrar com a intensidade que a especulação desejava e que um momento sob o seguinte ministério ameaçara tudo conflagrar.

Quanto à administração do Tesouro, o gabinete teve a felicidade de ver aumentar a renda pública, o que diminuiu os seus *deficits* de 1853-4, 1854-5, 1855-6, e deu-lhe no exercício de 1856-7 um saldo que os compensou.[6]

Relações com o imperador.
Candidaturas ao Senado: recusa

Durante esse ministério o imperador, então na flor da idade, tinha chegado à madureza do espírito político. Já não era o espírito hesitante, tímido e por isso mesmo às vezes temerário, que fora nos primeiros gabinetes do reinado, desconfiado de que o pudessem acreditar pupilo dos seus ministros e dar-lhe um favorito. Segurava as rédeas com a mão firme e tranquila de um antigo boleeiro. Também os maus caminhos estavam passados; o reinado entrava afinal na larga estrada real; não havia mais que olhar, nem à direita nem à esquerda, para os atoleiros e para os precipícios. O carro rodava sobre o mais suave e o mais liso empedrado parlamentar. Não depunha pouco em favor do monarca viver ele em perfeita harmonia com o presidente do Conselho, homem de vontade e deliberação, que não podia nunca ser um instrumento.

A verdade é que o imperador nunca quis fazer de seus ministros instrumentos; para isso seria preciso que ele quisesse governar por si, o que ele não podia fazer. Faltavam-lhe para quase todos os ramos da administração as qualidades especiais do administrador. O imperador exercia, sim, uma espécie de censura e de superintendência geral; era o crítico do seu governo, mas para governar, ele mesmo, ser-lhe-ia preciso a faculdade, que não têm os críticos, de fazer obras como as que analisa. O que ele queria nos ministros, para ter esse direito de fiscalizar, de sugerir e de obstar, que livremente exerça, era docilidade em escutar e conformidade com a prerrogativa que a Constituição lhe conferira. Não os queria soberbos, não os conservaria servis. Os presidentes de Conselho no seu reinado formam, nos anos sobretudo em que se lhe poderia imputar ambição de mando, a mais perfeita lista de homens incapazes de adulação e servilismo que se possa compor. O que havia neles todos era a deferência razoável do ministro de Estado para com a Coroa, o modo de ouvir respeitoso, a diligência de atender, dentro dos interesses públicos e das conveniências e compromissos do partido, às observações do imperador. Isso, decerto, o imperador exigia dos seus ministros, mas isso não era reduzi-los ao papel de instrumentos. Em certos pontos, o imperador sentia, por vezes, de modo imperioso e inflexível; mais de um teve que deixar o poder por ver que lhe faltava a confiança da Coroa, por motivo de desacordo com ela. De algum modo, pode-se dizer que foi ele, inspirando-se na opinião, quem traçou a linha geral do reinado, isto é, da história política e em parte social, do Brasil, durante quase meio século; mas essa direção contínua, se supunha às vezes mudança de homens, seguindo o espírito do tempo, por isso mesmo repelia a ideia de subserviência e automatismo por parte dos estadistas chamados. O governo era deles em todos os seus detalhes, limitando-se o imperador a observações e indicações que eles aceitavam na medida que lhes parecia conveniente, porque nunca tinham o caráter de imposições. O que se dava é que perante o governo era ele o procurador da oposição no que tinham de legítimo e de fundado as queixas e censuras desta; que ele não se identificava com o partido dominante e revestia-se sempre da imparcialidade e frieza do poder que a Constituição mesma chamara de Moderador. Bastava isso para traçar em conselho uma linha divisória sensível entre ele e os ministros. Em virtude desse caráter arbitral supremo, de que não se despia nunca, o imperador tornava-se o fiscal severo e exigente do pacto, para assim dizer, que fazia com cada ministério; todos eles subiam ao poder com um certo compromisso ou tácito ou expresso com ele, com o Parlamento ou com o país, e desse compromisso ele não deixava nenhum escapar. Era assim uma espécie de guarda, ao mesmo tempo, de uma certa tradição de governo superior aos partidos e protetor das oposições, da qual fazia uma mônita constitucional não escrita, e do programa político a que dera sua aprovação. Durante o ministério Paraná, esse programa será a conciliação e a liberdade eleitoral. Uma vez que os gabinetes se conservassem fiéis à ideia em nome da qual se tinham organizado, ele relevava-lhes todas as faltas e insuficiências; a sua desconfiança começava no momento em que os via dispostos a quebrar a escada de que se serviram para chegar ao poder.

As suas relações com aquele ministério foram tão cordiais que, morto Paraná, ele deixou o ministério continuar o mesmo programa sob a presidência de um de seus membros, prova de que confiava na lealdade deles para a realização do pensamento do seu finado chefe. Quando se dava uma identificação assim, era que o imperador havia ou insinuado ou esposado com entusiasmo o pensamento do gabinete. Só essa prova bastaria, para se afirmar que a conciliação e, complemento dela, a experiência de uma eleição livre, tinha sido, se não sua própria, uma ideia que o imperador tomara a peito como se o fora. No mais, a sua intervenção nos atos da administração limitava-se a impedir más escolhas, com o conhecimento que desde jovem ele tinha do pessoal e que em parte eram as informações que em todas as vagas lhe mandavam, do Amazonas ao Rio Grande do Sul, os amigos de cada pretendente a respeito de todos os outros candidatos possíveis.

O reinado é dele no sentido que os ministros, os conselheiros de Estado, a oposição estão sempre atentos ao que ele quer, ao que ele prefere, ao que ele repele ou reprova. Uma antipatia, um traço seu, eliminaria da política o candidato infeliz ou nunca o deixaria subir às posições, mas o capricho é tão raro nele que não se pode quase indicar um nome sobre o qual tenha recaído esse veto fatal. Verdadeiramente, porém, o reinado é do seu tempo, da opinião, da formação política espontânea do país; ele não é uma vontade a modificar uma época, uma inspiração a atuar nos costumes e tendências do seu tempo; é um moderador, sagaz e bem-intencionado, sem prevenções nem intransigências pessoais, das correntes opostas de sentimento público que os acontecimentos e as personalidades vão criando. O regímen é verdadeiramente parlamentar, não há em São Cristóvão um gabinete oculto, mudas ministeriais prontas para os dias de crise; a política faz-se nas Câmaras, na imprensa, nos comícios e diretórios eleitorais, perante o país. Em toda essa vida e movimento da opinião, que luta e vence pela palavra, pela pena, pelo conselho, ele não aparece; seu papel é outro, sua influência é enorme, incontestável, mas para que o seja, o seu segredo é apagá-la o mais possível, não violar a esfera da responsabilidade ministerial. Nesse sentido, o caráter da sua influência, pode-se dizer que é antes passivo do que ativo; as iniciativas que ele toma são sempre dentro do regímen, das ideias da época, do assentimento e ambição de glória dos partidos; ele não força quase a evolução de uma ideia, não a retarda tampouco; é um modificador insensível, porque modifica no sentido da transformação latente. O seu temor de parecer usurpar bastaria para impedi-lo de ter no governo uma ação pessoal direta: não há um gabinete no reinado do qual se possa dizer que foi um instrumento em suas mãos, assim como a verdade é que todos viveram da sua aprovação, porque lhe parecia cada um a representação da atualidade política, o que mais convinha nas circunstâncias.

Nabuco teve sempre, como os seus colegas, os mais respeitosos sentimentos para com o imperador; na sua ação principal, que eram as reformas e os atos referentes à legislação, o imperador pouco intervinha, o direito nunca fora sua especialidade, e ele reconhecia e respeitava as especialidades; quanto ao pessoal, como Nabuco, em geral, inspirava-se nas conveniências da magistratura e da administração, o imperador aceitava-lhe os despachos quase sem exceção. É claro que um ministro desejoso de deixar sinal de sua passagem pelo poder começava por fazer a partilha do imperador em sua pasta tão larga e generosa quanto possível; Nabuco, decerto, não recusaria indicação do imperador que lhe parecesse mais acertada ou feliz do que a sua, somente por ter ele, como ministro, feito outra proposta; fazia-se de bom grado colaborador do imperador, ou aceitava a colaboração dele do modo mais franco, com perfeita sinceridade e boa-fé.

O imperador queria ser informado de tudo e informava os ministros de quanto traziam diretamente a ele; não havia censura na imprensa local do mais longínquo e obscuro município a qualquer ato insignificante da administração central que ele não fizesse constar ao ministro criticado. Como tudo isso era direito seu pela Constituição, nenhum ministro, que se quisesse conformar à sua posição constitucional, tomaria como intrusão e impertinência o como qual o imperador julgava dever desempenhar-se de suas obrigações e exercer as suas atribuições majestáticas. As cartas de dom Pedro II a Nabuco mostram bem até onde, para o soberano, chegava de direito sua interferência e onde ela parava. Ele tinha igualmente distintas a noção da sua responsabilidade, moral, nacional e a da responsabilidade política e legal do ministro. Quase todas essas cartas revelam desprendimento de interesse e favor pessoal, além do zelo com que ele preenchia suas funções; algumas mostram somente o desejo de não ser tido por estranho a nenhuma matéria.[8]

Nabuco senador

No fim de 1857 há uma eleição senatorial na Bahia. Nabuco tinha a seu favor diversas circunstâncias: estava no ministério, como diretor político da Bahia, um homem que sempre tivera para com ele singular deferência, Saraiva, e na presidência, o seu amigo de infância, Sinimbu, cuja eleição senatorial ele também patrocinara. Em 6 de agosto ele escreve a Sinimbu:

> Disse-te uma vez que a minha maior ambição seria a de representar essa província no Senado brasileiro; nenhuma ambição porém tenho tido até agora e quero ter contra o justo e o honesto. Será isso possível? Dá-me um conselho. Se o Madureira se apresentar, decididamente desisto da minha pretensão. O Martins me guerreia por causa do Zacarias. O Wanderley promete-me apoio, se o Madureira desistir a meu favor.

Madureira não seria escolhido em competição com Zacarias; sua amizade por Nabuco levou-o a abrir mão de uma candidatura que para o futuro lhe teria sido contada, se ele vivesse. Ele é o tipo desses amigos que os homens políticos sempre encontram, esquecidos de si, quando se trata da elevação daqueles a quem se dedicam. A candidatura de Nabuco foi mal recebida pelo grupo que queria eleger Zacarias, porque só Nabuco podia competir com ele. A Wanderley ele escreve: "Que hei de fazer? *Jacta est alea*; digo, porém, estas palavras com o peito gelado e o ânimo tomado das mesmas apreensões que me revelas". Em outubro seus receios aumentam. Tem, porém, na província um grupo de homens novos, que o sustentam com todas as forças. A Dantas ele escreve então: "A sua carta foi uma consolação que tive contra a funesta profecia do Saraiva, que ontem me disse que a minha candidatura estava perdida e era improvável". "Lá foi o Zacarias", escreve ele ao mesmo amigo em dezembro, "com a intenção que revelou de meter-se na lista, excluir-me." Madureira esforça-se como se a eleição fosse dele. Afinal vem o resultado: Nabuco entra em terceiro lugar na lista, com 963 votos, tendo Salustiano Souto, abaixo dele, 943. Era uma vitória por vinte votos, sinal evidente do perigo que correra. Esse resultado Nabuco devia-o sobretudo a Casimiro Madureira, seu amigo de sempre, contra o qual também ele não se teria apresentado. "A ti", escrevia-lhe Nabuco, "devo principalmente este benefício, aos teus esforços incessantes, à tua atividade, dedicação e influência." Além de Madureira, ele acreditava dever a eleição a Saraiva, Cansanção de Sinimbu, Dantas e Pinto Lima, ao arcebispo (dom Romualdo), a seu companheiro de Olinda, Luís Maria, a Pires Brandão, a Leão Veloso, redator do *Diário da Bahia*, João José Barbosa de Oliveira, a Pedro Moniz, Landulfo Medrado, Barbosa de Almeida, Justiniano Madureira. Ainda depois da eleição há uma tentativa para manipular a lista tríplice. O governo remete a eleição da Bahia ao Conselho de Estado, escreve Nabuco a Souza Franco, ministro da Fazenda, "para ver se consegue outra lista que me exclua". Nabuco recorre ao marquês de Monte Alegre, pede-lhe apoio contra o marquês de Olinda, "indisposto comigo", diz ele, "desde o ministério Paraná". Depois vem a ansiedade pela escolha. Nabuco mostra confiar, e em 25 de abril (1858) escreve a Madureira: "Tenho muita confiança no imperador, que, justo como é, deve apreciar os serviços importantes que lhe prestei e a abnegação com que, sendo ministro, deixei de apresentar-me candidato nas dez vagas de senador que houve no meu tempo". Ele estava em terceiro lugar e no primeiro vinha Zacarias, que fora ministro antes dele. A escolha, entretanto, não se fez esperar. Em 28 de maio o imperador pronunciava-se a favor de Nabuco.

Tinha ele perto de 45 anos. Entrava para o Senado cinco anos mais tarde do que poderia ter entrado, se não fosse o seu desejo de se conformar à boa prática que o imperador desde então encarecia, de não se apresentarem os ministros por províncias estranhas, e se não fosse também seu respeito ao direito e à justa expectativa de outros; entrava, porém, com mais força, porque entrava para a representação vitalícia de sua província natal. Na vida do homem político a escolha senatorial era outrora o fato principal; era a independência, a autoridade, a posição permanente, a entrada para a pequena aristocracia dominante. "Poucas eleições há", escrevia-lhe Wanderley, "que sejam tão honrosas quanto a tua." E Camaragibe: "A nossa deputação perdeu um dos seus ornamentos, a província ganhou, como parte do Império, vendo no Senado, com assento vitalício, o seu antigo representante". Pernambuco tinha eleito um de seus candidatos por outra província. "Estamos todos", acrescentava, "com os olhos fitos no Rio de Janeiro, e eu procurando decifrar o enigma da conciliação e cada vez o entendendo menos."

A sessão de 1860.
Martinho Campos

"Entretanto", dizia Nabuco nessa mesma carta a Saraiva, "que ministério virá depois deste? Não pode vir melhor. Ele, posto que tal e tal, é uma necessidade da situação. Enquanto não se preparam ideias para subir com elas e morrer com elas, as coisas hão de ir assim mesmo: as situações invertidas, mistificadas." Com a marcha do gabinete, porém, ele se vai pouco a pouco distanciando. Ia-se tornando cada vez mais claro o que vira desde logo, que o gabinete, politicamente, era o instrumento dos chamados oligarcas. "Divirjo de ti", escrevera ele a Taques em 30 de setembro de 1859, "pensando, como penso, que nenhuma glória cabe ao Ferraz na situação atual, que não foi senão uma reação operada pelos oligarcas e da qual ele foi instrumento." Em 1860 não havia mais dúvida. O Partido Conservador estava unido: pela composição do ministério, os que tinham concorrido para derribar a Sales Torres Homem mostraram-se satisfeitos; pela política financeira adotada por Ferraz, aquele ex-ministro e os seus amigos eram de fato os vencedores, não podiam deixar de apoiar o gabinete, salvo se fizessem antes questão de pessoas do que de ideias.

O fato capital da sessão de 1860 é com efeito a lei de 22 de agosto. Ferraz, em quem os partidários da "livre emissão" acreditavam ter um amigo, voltara-se francamente contra eles, e propusera medidas restritas até os bancos reassumirem o troco de suas notas. A lei de 1860 tem a justa reputação de ser "o mais perfeito instrumento para matar o espírito de associação e a própria iniciativa individual",[1] desde que exigiu para a incorporação de toda sociedade anônima, civil ou mercantil, a autorização discricionária do governo. Durante vinte anos o regímen da associação no país vai ser essa tutela e essa participação do Estado, contrária ao caráter das empresas e à susceptibilidade dos capitais que se retraem diante do favoritismo oficial e da ingerência estranha, fatal à atividade, à energia, à independência particular. A esse respeito tudo que se escreveu contra a lei de 1860 é perfeitamente justo, havendo somente a desculpa de que a lei foi uma reação contra o abuso e artifícios que se tinham praticado com a associação de capitais. Ferraz, decerto, não era o espírito retrógrado e inimigo da liberdade no comércio, na indústria, e ainda nas relações sociais, que a sua lei, tomada como sistema de governo, faz a muitos supor. Essa cláusula, a mais vexatória da lei, passou-lhe despercebida, pareceu-lhe sem alcance prático, um ligeiro incômodo imposto às associações legítimas para garantir a sociedade contra as especulações criminosas. O interesse de sua obra estava todo para ele na restrição das emissões bancárias, preparatória da volta à circulação metálica. Com efeito, para a opinião toda, o laudo prático, imediato, considerável da medida foi esse, e desse ponto de vista é que ela foi sustentada ou combatida. O partido que a apoiou foi o mesmo que sustentara a reforma bancária de Sales Torres Homem.

Discutiu-se mais tarde se a lei de 1860 foi uma das causas que contribuíram para a crise de 1864. As opiniões mais competentes da praça eram que as proporções da grande crise teriam sido muito maiores sem aquela lei,[2] que foi seguramente, do ponto de vista comercial, uma lei de prudência. O que se deu foi assim descrito e explicado em relação à Bahia:

De repente o carro dos descontos, da facilidade de obter dinheiro, da febre de criação de estabelecimentos, da confiança imensa em vender e comprar a crédito, de fazer títulos que representavam valores, estacou e, seguindo a lei da mecânica, produziu um choque imenso em todos os que o seguiam. Houve muitas quebras, prevalecendo-se entretanto dessa crise alguns homens de má-fé para simularem falências em que lesaram terrivelmente seus credores.[3]

No Rio as quebras ficaram adiadas para mais tarde, mas incontestavelmente a reação de 1860 devia juncar mais cedo ou mais tarde as praças do Império com os destroços do sistema comercial levantado sobre as ideias de 1857. Mediante novas emissões, que produziram a baixa gradual do câmbio, poder-se-ia adiar a liquidação das casas e bancos edificados com a abundância de papel barato, gratuito e inconversível, mas um dia a liquidação seria inevitável, a menos que, por uma retração muito gradual e insensível e desviando para a sua carteira, mediante disfarces mais ou menos perfeitos e a pretexto de auxílio às indústrias, o dinheiro dos impostos, se corrigisse o vício de sua origem e se regularizasse a sua posição comercial, harmonizando-a com os princípios morais e econômicos. É desse modo que há mais de quarenta anos se tem podido sustentar o Banco do Brasil. Ferraz, entretanto, é quem tinha razão. A menor vacilação então, nesse ponto, não só teria arrastado a queda das instituições muito mais cedo como teria causado a anarquia financeira do país. O desvio das ideias antigas em matéria de moeda havia-se acentuado de modo tão progressivo, a datar de 1853, que elas teriam de todo desaparecido sem a resistência de 1860 às novas teorias que confundiam a emissão inconversível com a liberdade bancária.

Sales Torres Homem não podia deixar de triunfar com a conversão de tantos adversários seus, agora no ministério, às ideias, por causa das quais fora ele derrubado. "Eu faltaria nesta ocasião a um sagrado dever", disse ele com amarga ironia,

> se, em nome de meus amigos desta casa, não agradecesse aos nobres ministros o haverem aderido a todas as nossas ideias econômicas e promovido de maneira tão cordial o seu triunfo definitivo. Ao ministério de 10 de agosto competirá a glória merecida de haver realizado este importante melhoramento, que nós, os ministros de 12 de dezembro, não fomos bastante felizes para realizar apesar de nossos esforços e dedicação.

Com essa contramarcha financeira, a oposição na Câmara ficava reduzida quase unicamente à bancada liberal, Octaviano, Landulfo Medrado, Tito Franco, Martinho Campos. Martinho Campos, porém, por si só valia uma oposição. Seus recursos eram tais que, sem ser eloquente, se fazia ouvir como nenhum outro deputado dos que eram frequentes na tribuna. Dos nossos antigos parlamentares talvez só ele tenha conhecido todos os segredos do regimento. Nenhum praticou de modo tão acabado a arte da protelação. A sua especialidade era preencher o intervalo das discussões; falava sempre à margem da ordem do dia; a propósito do mais ligeiro incidente entrava em campo, passando em revista a situação toda do país, discutindo o vencido e o *in fieri*, evocando os personagens todos que conhecera desde menino, discutindo a pessoa e a vida de cada ministro, sem que ao presidente ocorresse tolher-lhe a palavra, que a Câmara acompanhava com avidez, interessada nas revelações que ele trazia, no seu bom humor, na novidade de suas lembranças e dos epítetos e alcunhas que distribuía. Desde que se levantava Martinho Campos, formava-se o círculo de amadores da luta em torno dele. Tinha o privilégio de não ser chamado à ordem, porque não aborrecia nem demorava, prendia a todos, a começar pelo presidente. Era por natureza "urgente". Os seus discursos eram uma série de golpes, todos mais ou menos pessoais. Havia neles, como erudição política, os velhos precedentes da Constituição inglesa, com que era familiar; não tinha, porém, pretensões a publicista, não se preocupava de coerência, de sistema, de princípios políticos. O que queria nos homens era dignidade, fidelidade, sinceridade, honestidade. Era, por hábito, oposicionista e, por temperamento, autoritário. Quando, para o fim de sua carreira, o imperador e ele se encontraram, parece que lastimaram ambos o se terem conhecido tão tarde. O imperador como que se apressou em fazê-lo presidente do Conselho para compensar o tempo perdido, e Martinho Campos morreu sinceramente dedicado ao imperador. Na questão da escravidão ele deixou bem patente a solidez de sua estrutura conservadora. Tomaram-no por um lisonjeador do povo, só porque na Câmara por vezes defendera a galeria. Ele não tinha, porém, afinidade alguma com as massas; era a popularidade que o perseguia, e não ele que a solicitava. Liberal à moda antiga, democrata de costumes e de sentimento, se pedia também reformas de cujo espírito não se possuía, e que via sustentar pelos moços que o admiravam, inovadores como Tavares Bastos, era para condescender com eles ou por lealdade ao seu partido; quanto a ele, um partido dispensava bem programas de ideias, nem precisava diferençar-se do outro por princípios. Praticamente, ele sabia que essa demarcação por teses constitucionais, ou aspirações econômicas, não passava de um artifício; bastava-lhe que houvesse dois partidos, tendo, cada um, um chefe que lhes fosse leal e os governasse com dignidade, independência, e tolerância dentro da lei. A lei, sim, tinha valor para ele; não foi dos que concorreram para reduzi-la à inutilidade que por último se viu; mas esses princípios ele entendia deverem ser comuns a todos os governos. O que ele foi por instinto foi um crente, um cavaleiro andante, um enamorado do regímen parlamentar, um paladino da Câmara dos Deputados, até que por fim, depois da sua aproximação do imperador, tornou-se o mais ardente entusiasta da monarquia constitucional. Outros encantaram-se dos fins ou dos resultados que o mecanismo parlamentar alcançava ou garantia, a ele fascinava o próprio mecanismo; na verdade ele tinha o espírito e até a forma de um parlamentar inglês, e isso por intuição, por afinidades inatas, sem nunca ter visto o exterior sequer da Câmara dos Comuns.

Como lutador, era de primeira força. Não tinha o impulso, o sopro, a eloquência do orador; não pretendia ser admirado. Era tão incapaz de se servir, à moda de Sales Torres Homem, de uma linguagem trabalhada, embutida de expressões literárias, como de apresentar-se na Câmara vestido à maneira de Maciel Monteiro, como um elegante da época. Numa frase desses discursos de Martinho Campos, qualquer que seja o valor histórico da sua concepção sobre Pitt e Chatham, está o segredo de sua natureza política: "Entre a glória de Pitt filho, ministro poderoso por mais de vinte anos, e a glória de Pitt pai, oposicionista de toda a sua vida, que pelo poder de sua palavra enobreceu e deu vida segura às instituições de seu grande país, invejo a glória do pai; este fez à Inglaterra mais serviços que seu filho". A oposição, a independência, fascinava-o mais que a arte de governar.

Não foi sem dificuldade que Martinho Campos chegou a essa posição de senhor da Câmara: ele teve que lutar com muitos presidentes, mas conquistou afinal o seu privilégio. Era uma tortura para um presidente ver-se sujeito durante uma ou duas horas à análise desse triturador impassível. O conde de Baependi, por exemplo, conhecia-o bem. Aqui está um trecho dos Anais (sessão de 6 de julho de 1860) que dá ideia desse gênero de vivissecção presidencial; a questão vem de trás; o presidente advertira a Martinho Campos que se não afastasse da matéria, e Martinho Campos vem discutindo com ele o seu direito, até que, vendo-o bater em retirada, conversa com ele, francamente, amigavelmente, neste tom de diálogo:

Mas permita-me V. Exa. uma observação... O que quer V. Exa. que faça uma oposição de quatro ou cinco deputados? Quer que discuta como se fosse uma oposição de quarenta ou cinquenta membros? É possível que em tais circunstâncias discuta a oposição uma medida desta natureza com a indiferença, com o sangue-frio com que discutem os indiferentes? V. Exa. julga que isso é possível? V. Exa. deve olhar para uma oposição de quatro a cinco deputados com mais alguma indulgência. Não temos outro recurso senão suprir pelo vigor da palavra e do ataque a fraqueza do número. V. Exa. não procede nisto com a generosidade de seu coração; não faço a V. Exa. uma acusação, apresento uma queixa de filho. (risadas)
(O sr. presidente: — Tenho dado sempre toda a liberdade à oposição).
Sou o primeiro a reconhecê-lo, mas permita-me dizer-lhe que V. Exa., como certos pais, tem mais amor para uns filhos do que para outros. (risadas) (O sr. presidente: — Então não sou justo.)
Os pais são sempre justos para com os filhos; (risadas) mas quando os pais têm preferência para uns filhos em prejuízo dos outros, os preteridos apresentam as suas queixas. V. Exa. há de ter conhecido isto: quando famílias ou pais mostram predileção para alguns dos filhos, essa preferência injusta influi até para a desarmonia entre os membros da mesma família. V. Exa. deve ser para nós como Deus é para os homens, absolutamente igual. (risadas) Os filhos mais fracos, os doentes, são os que devem merecer mais atenção; e V. Exa. vê que em matéria eleitoral somos, não somente enfermos, porém os mori-

bundos (risadas) e quando nestas circunstâncias os srs. ministros até os socorros espirituais nos arrancaram... (hilariedade prolongada) Neste ponto não quero dizer tudo: alguém, algum amigo compreende o motivo.

As eleições de 1860: triunfo democrático. Teófilo Ottoni

No intervalo das sessões, porém, à medida que a eleição se aproximava, o "Consistório" conservador tomava o lugar do ministério e Nabuco se ia afastando. Os seus amigos pode-se dizer que estavam prisioneiros no gabinete. "O que há por aqui V. Exa. Sabe", escrevia ele a Saraiva em 2 de novembro,

> os vermelhos se constituíram em Consistório e dispõem como querem do governo que os vai acompanhando como eles e para onde o levam. Se o partido popular se não organizar como convém, a situação correrá para o Ottoni, e não haverá meio-termo, ou a oligarquia ou a revolução. Continuo no meu isolamento, mas desejoso de sair dele. Apesar de tudo, muito espero da eleição.

As simpatias de Nabuco eram desde então por esse indefinido, pela incógnita que devia sair das urnas. Ele sentia que uma nova ordem de coisas, na qual se havia de encarnar o espírito da conciliação, estava em elaboração no país, mais forte do que o antigo Partido Conservador, aquele que imprevista e espontaneamente surgira em 1837 das convulsões da Regência. Por uma singular conjunção, Nabuco achava-se ao lado de Olinda, à frente do movimento que devia terminar pela formação, em 1868, de um Partido Liberal radical e que só devia gastar a sua força de impulsão contra o choque de 15 de novembro. "Todos sabem", dizia Feitosa,

> que o chamado outrora partido "Guabiru", quando triunfava da parcialidade adversa, tinha dois homens eminentes que o dirigiam, um na Corte e outro na província. O da Corte era o sr. marquês de Olinda e o da província era o sr. Nabuco; esses dois homens eram a cabeça desse chamado partido... Hoje o que acontece? Os dois grandes esteios da parcialidade vencedora de Pernambuco se acham separados dela.[1]

A desagregação do Partido Conservador começava assim a operar-se em Pernambuco sob a ação dos chefes no Rio de Janeiro em quem ele se inspirava. "Vejo o que me dizes", escrevia Nabuco a Sá e Albuquerque (2 de novembro), "sobre a situação da província. Será útil e conveniente que os liberais estejam fora de combate, mas isto não é indício de estabilidade, sim de uma reação." Visivelmente, ele não quisera substituir os seus amigos, ainda conservadores, pelos antigos praieiros; o seu desejo era só que na Câmara houvesse oposição suficiente para se não desfazer, e sim continuar, a transformação que ele antevia. Por outras palavras, desejava que os elementos conservadores-progressistas formassem o principal contingente da nova situação, a que os liberais haviam, certamente, de aderir, em vez de serem absorvidos por estes. É assim que em outubro ele escreve a Dantas, em uma carta na qual paga tributo de saudade à morte de Landulfo Medrado: "As coisas por aqui vão indo, a oligarquia cada vez mais poderosa, tendo, como tem, o ministério à sua disposição: tudo se predispõe para uma reação terrível, para uma situação da qual o homem será o Ottoni".[2]

Aparentemente, Ferraz tinha unido o Partido Conservador e extremado o Liberal, que se insinuara nas suas fileiras. Que grande resultado não era esse! Mas para quem observava bem os acontecimentos, ao passo que a ressurreição do antigo liberalismo era visível e certa, a união conservadora era superficial e ilusória. O gabinete não tinha feito senão aprofundar a separação do Partido Conservador; este iria às urnas sob a bandeira ministerial, mas para aparecer na futura Câmara cindido em duas frações, uma das quais seria o núcleo do novo partido. A aspiração de Nabuco era que esse contingente conservador da futura liga, já que a conciliação não correspondia mais à divisão dos partidos, tivesse predomínio nela sobre o elemento liberal histórico, cujo espírito ele receava. Na incerteza da constituição dessa liga, que tudo anunciava ser inevitável, ignorando, para melhor dizer, a porcentagem dos elementos de um e outro lado que a haviam de formar, ele preferia ainda isolar-se, guardar sua liberdade de ação. Convidado em 30 de setembro por Octaviano para presidir uma reunião eleitoral, recusa-se nestes termos, que envolvem um compromisso: "Sinto não poder presidir a reunião dos seus amigos políticos da Lagoa. Este passo dado por mim, sem ainda haver uma base ou ajuste, comprometeria o meu propósito político". Esse propósito era o de não ligar-se a nenhum dos antigos partidos. Nabuco foi em nossa política o iniciador deste princípio — que os partidos, e também os ministérios, se legitimam por ideias e duram enquanto elas duram. A sua teoria, como vimos, era que só nas sociedades aristocráticas podem existir partidos históricos; era como se dissesse que não queria os partidos como corporações de mão-morta e como se declarasse abolidos os vínculos políticos. A expressão mesma "partidos transmissíveis" é dele.

Nessas eleições de 1860, está sem compromissos e recomenda amigos de um e de outro lado. Um instante pensou em um manifesto. A Souza Ramos, em dezembro, escreve: "O manifesto, de cujas ideias lhe falei, não está formulado, mas apenas em embrião, e por isso não lho posso remeter". Souza Ramos pedia-lhe por Flávio Farnesse, e Nabuco recomendava-o a alguns amigos de Minas como "um jovem de muito talento, muito dedicado à causa pública, e estranho aos antigos partidos que dilaceram a nossa terra". Pela eleição senatorial de Teófilo Ottoni empenha-se diversas vezes.

Essa eleição de 1860 pode-se dizer que assinala uma época em nossa história política; com ela recomeça a encher a maré democrática, que desde a reação monárquica de 1837 se tinha visto continuamente baixar e cuja vazante depois da Maioridade chegara a ser completa. No Rio de Janeiro, a campanha foi ardente, entusiasta, popular, como ainda não se vira outra; a mocidade tomou parte nela, o comércio subscreveu generosamente, o povo dirigia-se de uma para outra freguesia capitaneado por Teófilo Ottoni, cujo lenço branco figura constantemente nos epigramas políticos da época. A chapa liberal triunfou toda: Teófilo Ottoni, Octaviano, Saldanha Marinho; e esse acontecimento tomou as proporções de uma revolução pacífica, que tivesse finalmente derrubado a oligarquia encastelada no Senado. Tal vitória criava um partido; queria dizer, de fato, a ressurreição do Partido Liberal com outro pessoal e outras ideias, mas com as mesmas tradições, o mesmo espírito, mais forte que os homens e que os princípios.

Nabuco tinha previsto bem: a situação era de Teófilo Ottoni. Se este não fosse então, em frase de Disraeli, "um vulcão extinto", um homem acabado, de outras eras, que não renovara desde 1831 o seu cabedal político, um veterano novato, aparecendo ao lado das gerações modernamente educadas como um anacronismo vivo, ter-se-ia apossado do governo, dominado a Câmara e curvado o imperador diante da sua popularidade. A reputação imensa que o precedia impunha-lhe, porém, obrigações que ele não podia satisfazer; exigia dele, perante um público por natureza crítico e iconoclasta, como o nosso já se estava tornando, um talento que fizesse sentir a superioridade do passado que ele representava, ou então uma mocidade de espírito que lhe permitisse os entusiasmos de uma época profundamente diversa da sua. Teófilo Ottoni não tinha nem essas faculdades intelectuais poderosas nem essa plasticidade e volubilidade de espírito. Na tribuna pertencia à ordem dos oradores espontâneos, porém difusos e prolixos. Sua estreia, ansiosamente esperada em 1861, é um contratempo; fala até o escurecer e a uma observação do presidente declara-se pronto a ir até meia-noite. A arenga toda é hoje ilegível; o tribuno eleitoral que o povo seguia arrebatado sentia-se enjaulado no Parlamento, onde, exclusivamente, se conquistava a primeira posição. Com sua generosidade e cavalheirismo, igualdade e afabilidade de trato, ele é particularmente um homem estimado e querido de todos. Das rodas de moços, que seguem a Octaviano, é ele o centro, mas aí se acha mais ou menos como o general Lafayette entre os revolucionários de 1830 ou como Saldanha Marinho entre a geração de 15 de novembro: é o autômato de seu próprio nome; uma tradição que, na renovação contínua dos tempos, perdeu o último vestígio de identidade, e a que os mais novos emprestam um sentido, um objetivo moral, diverso de tudo que no ardor da mocidade o teria eletrizado e movido.

As eleições de 1860 tiveram imensa repercussão em todo o país. O efeito da eleição de Ottoni e dos seus companheiros de chapa foi além de tudo que imaginava a oposição a Ferraz. A oligarquia fora desarraigada, derrubada por um verdadeiro furacão político. Ferraz não esperou a reunião das Câmaras para demitir-se.[3] Em 2 de março de 1861 formava-se novo gabinete, sob a presidência de Caxias, cujo braço direito será Paranhos.

Caráter político de Zacarias

Zacarias de Góis e Vasconcelos era um espírito de combate, indiferente a ideias, exceto os dogmas e preceitos da Igreja, da qual mais tarde se fará no Senado o atleta; ríspido escarnecedor no debate, não poupando a menor claudicação mesmo do amigo e do partidário, fossem elas em algum artigo da Constituição ou na pronúncia de alguma língua estrangeira. Metódico em toda a sua vida, minucioso como um burocrata em cada traço de pena, chamando tudo e todos a contas com a régua do pedagogo constitucional, ele foi o mais implacável, e também o mais autorizado, censor que a nossa tribuna parlamentar conheceu. Sua existência política pode ser comparada à do religioso a quem são vedadas as amizades pessoais e que se deve dedicar todo à sua ordem, obedecer só à sua regra. O partido era a sua família espiritual; a ele sacrificava o coração, a simpatia, as inclinações próprias; ele podia dizer da política o que se disse da vida espiritual, que "o mais repulsivo dos seus vícios é a sentimentalidade".[1] Não havia nele traço de sentimentalismo; nenhuma afeição, nenhuma fraqueza, nenhuma condescendência íntima projetavam sua sombra sobre os atos, as palavras, o pensamento mesmo do político. A sua posição lembra um navio de guerra, com os portalós fechados, o convés limpo, os fogos acesos, a equipagem a postos, solitário, inabordável, pronto para a ação. A frieza do seu modo conservava os seus partidários sempre à distância; bem poucos foram os que, chegados ao pináculo, ele tratou intelectualmente como seus iguais. O estadista que ele mais admirava era Paraná, com quem tinha algumas semelhanças; o temperamento, a natureza, a formação, tudo neles, porém, fora diverso. Ao contrário de Zacarias, Paraná era um homem de dedicações e amizades pessoais extremas, que se entregava todo aos que lhe inspiravam confiança, arrebatado e violento, mas, igualmente, generoso, franco e aberto. Zacarias era o que já vimos, frio, marmóreo, inflexível. Chefe de partido, ele o foi, mas não como Paraná, nem à moda de Paraná; intimamente, entre ele e os seus partidários, a distância era grande, porque a incomunicabilidade era perfeita. Paraná era pessoalmente uma força de atração; Zacarias, uma força de repulsão; a eletricidade do primeiro era positiva, e a do segundo negativa. Zacarias tinha, porém, de Paraná a sobranceria, a marca do domínio, o mesmo modo desdenhoso, expedito, quase comercial, de tratar os aspirantes, os pretendentes, os ambiciosos; por último, a intuição do valor dos homens e dos talentos, não só do valor venal, mas do valor real, a adivinhação da futura trajetória, como o mostrou na formação do seu último gabinete. Foi esse golpe de vista que lhe inspirou sua aliança com Silveira Lobo, a qual lhe deu na deputação mineira como que uma base permanente contra o seu aliado Teófilo Ottoni. A separação dos dois era inevitável, como a dos grupos que eles representavam. Zacarias era, entretanto, uma menor figura do que Paraná, porque este tinha a primeira qualidade do estadista, que o outro não possuía: a impersonalidade. A atitude de Zacarias votando no Senado contra a lei de 28 de setembro, que, como veremos, se pode dizer um projeto do seu próprio ministério, basta para mostrar que ele deixava o estadista, que deve ser o intérprete do interesse nacional, ceder a palavra e o voto ao partidário, mesmo nos maiores episódios da história nacional. Mais do que Paraná, ele tinha, porém, a vastidão, a agudeza, as aptidões diversas, a intensa cultura da inteligência, cuja irradiação fria mostrava não haver nela nenhum foco de imaginação ou de sentimento. Mais ainda do que Paraná, ele tinha também, é forçoso confessar, a força do isolamento em que se mantinha; a sua estranheza a negócios, interesses e influências que cercam sempre a política; a espinhosidade que o revestia, força essa que o habilitou a ser o censor, à moda romana, do nosso meio político, dos seus menores erros, desvios e azares. A verdade, para ser completo este traço de Zacarias, é que aos poucos que lhe decifraram o enigma, ou para quem, a seu modo, se abriu e se mostrou tal como não era em política, ele inspirou uma admiração tanto mais valiosa, como testemunho histórico, quanto era desinteressada.

A Guerra do Paraguai antes da organização do gabinete de 12 de maio de 1865

I. ANTECEDENTES DA QUESTÃO URUGUAIA[1]

Desde a guerra contra o ditador argentino Rosas, quando obstamos a que Montevidéu caísse em poder de Oribe, o Estado Oriental do Uruguai tornou-se o mais delicado e perigoso problema de nossa política exterior. Não tínhamos ambição de anexá-lo; desejávamos não nos envolver nos seus negócios internos; só tínhamos um interesse em relação a ele, o de termos uma fronteira sossegada e segura, para o que era essencial que ele se tornasse definitivamente independente. "A política internacional do Brasil", escreve o barão do Rio Branco, adepto desse pensamento, "criada pelo Partido Conservador e principalmente pelo ilustre ministro Paulino de Souza, visconde do Uruguai, consistia então, como ainda hoje [1875], em manter a independência dos dois Estados ameaçados pela ambição argentina, o Paraguai e o Uruguai." A República Argentina tem com os anos modificado muito as suas aspirações, à medida que o primitivo sentimento platino se vai diferenciando nas duas margens do rio da Prata; pode-se, porém, dizer que nem mesmo hoje está de todo morta nos patriotas argentinos a esperança de refazerem um dia, se não integralmente, pelo menos na bacia do Prata, o antigo vice-reinado. Os "Estados Unidos da América do Sul"[2] é a ideia de muito filho de Buenos Aires, sobre quem as tradições de um passado comum, de uma comum literatura, têm ainda a mesma força que sobre a geração do meado do século, contemporânea do sítio de Montevidéu. Naquela época, porém, o sentimento era muito mais vivo e mais geralmente confessado. As províncias da República Argentina estavam ainda à procura da fórmula de sua síntese nacional; Buenos Aires e Paraná exerciam sobre o sistema influências contrárias. O Paraguai vivia sequestrado no obscurantismo de uma tirania cujo principal inimigo figurava-se-lhe ser o alfabeto, e Montevidéu, que, de escassamente povoado, crescerá durante a tirania de Rosas a quase igualar Buenos Aires,[3] sentia-se presa certa das revoluções argentinas, da caudilhagem da margem ocidental do Uruguai, se não pudesse contar com a proteção do Brasil. A lembrança das invasões portuguesas e da antiga união com o Império mantinha ainda no Estado Oriental do Uruguai certo espírito de desconfiança contra o governo do Rio, mas a experiência de tantos anos e de tantos sucessos o foi gradualmente convencendo de que não havia no Brasil partido, grupo, opinião que sonhasse com a restauração da antiga Província Cisplatina, nem sequer com o protetorado imperial em Montevidéu. Os partidos em oposição, os publicistas argentinos revolviam quando era preciso as recordações da ocupação e faziam soar os clarins de Ituzaingó; mas a opinião do Uruguai tinha perdido o medo, o bom-senso conquistara os espíritos; Montevidéu sabia que o Brasil tinha em sua independência tanto, se não mais, interesse do que qualquer dos seus partidos políticos. Gradualmente também, à medida que se consolidava a independência do Estado Oriental, que perdurava a vida desse país como nação soberana, e, por outro lado, que se constituía a unidade argentina, foi se desfazendo entre os nossos estadistas o receio de uma tentativa partida das províncias argentinas para enfeudar o Uruguai à Confederação. A verdade é que desde 1828 a independência do Estado Oriental se tornou para o Brasil um ponto de maior importância do que para a Argentina, a qual só muito mais tarde renunciará à ideia de união com Montevidéu. Apesar de tudo, em momentos de entusiasmo, o anel dos esponsais ainda hoje é atirado ao Prata. A prova de que morreu inteiramente no espírito brasileiro a ideia de anexação ou de influência a respeito de Montevidéu é abundantemente fornecida pela história do período que se seguiu à queda de Oribe, quando os dois partidos, quase todos os homens de Montevidéu, apelavam alternada e até simultaneamente para a intervenção brasileira, e todas as ocasiões se nos facilitavam de reduzir o Estado Oriental a uma dependência política do Império. A tudo resistia a nossa falta de ambição.

Em fonte alguma se encontra a verdade sobre as intenções do Brasil tão límpida como nos escritos do homem eminente que por muitos anos, durante a quadra das intervenções, representou o Uruguai na Corte de São Cristóvão, como agente de todos os partidos políticos do seu país e íntimo amigo também dos nossos homens de Estado de todos os matizes, Andrés Lamas.[4] "Não conheço", é ele quem o diz,

> um só estadista brasileiro que não repila com horror a ideia da incorporação do Estado Oriental ao Brasil... Todos eles sabem que é um interesse brasileiro a conservação do Estado Oriental como Estado intermédio. Todos eles sabem que é um interesse brasileiro a pacificação do Estado Oriental... Todos eles sabem, e a experiência de 1851 o provou, que uma política inteligente que servisse esses legítimos interesses do Brasil por atos de justiça, de generosidade e de benevolência, realçaria a sua posição externa e lhe daria a legítima influência a que tem indisputável direito por sua extensão, por sua riqueza, por sua civilização adiantada, por esse exemplo da ordem a mais perfeita irmanada com a liberdade,

a mais ampla que exista praticamente sobre a terra, e que é um fanal levantado no meio das espessas trevas que os demagogos e os caudilhos condensaram sobre os seus vizinhos.

"A anexação", são ainda palavras dele,

a incorporação ao Brasil é uma invencível impossibilidade. Não a quer a quase unanimidade dos orientais, porém, mesmo querendo-a todos unanimemente, ela não se verificaria enquanto se sentasse no trono do Brasil o senhor dom Pedro II. Sinto que a posição desse augusto senhor me não permita dizer todos os motivos que tenho para depositar, como deposito, uma fé cega, uma confiança sem limite, na inteligência e na lealdade da sua política. Essa inteligência e essa lealdade são a primeira das garantias da nacionalidade oriental... É tempo que se deixe de andar pondo em mercado a independência da Pátria.

A dificuldade da política brasileira em Montevidéu estava em que, desejando não se envolver nos negócios internos da República, o Brasil precisava todavia envolver-se bastante para garantir a estabilidade do governo. Era patente a todos que isso era um sacrifício que ele aceitava forçado, só para não deixar o país ser presa de facções irresponsáveis. Se quisesse de futuro a anexação, o protetorado, qualquer ascendente político, a ocupação podia ter uma compensação ulterior. Ele nada queria porém; sua aspiração era ver nascer a ordem legal. A política fora assim formulada por Paulino de Souza, no Senado, em 20 de setembro de 1853:

A ocupação feita em 1817 não foi um remédio, nem o poderia ser em iguais circunstâncias. A incorporação não foi tampouco, não o poderia ser, seria pior que o mal, é contrária aos nossos interesses, ainda que o não fosse a tratados solenes. Qual era portanto o remédio? Qual era a política que convinha adotar? Era concorrer para a pacificação daquele Estado; concorrer para o estabelecimento e manutenção nele de um governo legal; ajudá-lo a reerguer-se; a reorganizar suas finanças, a consolidar a ordem e a sua independência, a fazer desaparecer com alguns anos de paz a influência dos caudilhos. Era cortar o mal pela raiz. Foi esta a política dos tratados de 12 de outubro.[5]

Nada disso era fácil. O partido vencido havia sempre de acusar o vencedor de estar ao serviço do Brasil, se este interviesse na luta política. De fato, o Exército brasileiro em Montevidéu tinha que assistir como mero espectador às revoluções locais. Desse modo, dávamos ao governo que protegíamos apenas o auxílio moral da presença de nossa tropa, e esse auxílio, que por um lado o impopularizava, era por outro uma garantia para reconhecimento do adversário, se este escalasse com êxito o poder. É ainda Lamas quem o diz, quando se separa de Flores:

> Como nenhum de nós quer que as baionetas estrangeiras operem nossas mudanças de governo; como, ainda quando o quiséssemos, a isso se não prestaria o governo do Brasil, desde que seu Exército não sirva de apoio à ideia da intervenção, seu Exército não pode, não deve estar entre nós. Somos nós, nós somente, os que assim inutilizamos os auxílios pecuniários que nos deu o Império, inutilizamos também o apoio que nos prestava com as suas tropas. Que queríamos? que pensávamos? que esperávamos? Que o Brasil se constituísse em suíço armado ao serviço de nossas personalidades e das misérias da guerra civil? Isso, ele o faria talvez se quisesse absorver a nacionalidade oriental; se quisesse deixar-se conduzir por nós mesmos a esses campos de batalha da guerra

civil em que derramamos insensatamente o sangue e a vida do país. Porém não querendo isso, querendo o bem e a prosperidade do país, e visto que não aproveitamos os auxílios que para ela nos dá, retira esses auxílios e não aumenta a intensidade de nossas desgraças. Isso é mais útil para ele, isso é menos mau para nós.

Realmente nenhum sistema podia ser pior do que esse subsídio de homens e de dinheiro para sustentar uma política de pacificação que as paixões locais inutilizariam qualquer que fosse o instrumento, muito mais apoiando-se ela na intervenção estrangeira. A ideia de alguns patriotas uruguaios era apoiarem-se no Brasil como em uma potência amiga, desinteressada, para se livrarem dos males que corroíam a política interna do país, para povoá-lo, cultivá-lo, abri-lo à civilização e pô--lo assim a abrigo de todas as ambições.[6] Era em toda a extensão da palavra uma utopia. Essa quimera está eloquentemente formulada em Lamas; dos obstáculos que encontrou ver-se-á, porém, que desde logo ela devia ter parecido irrealizável. Lamas era partidário da aliança com o Brasil, aliança em que o Brasil figuraria apenas como o representante de um princípio moral, como uma espécie de juízo arbitral, como um poder moderador estrangeiro. O que se esperava e queria dele era uma sugestão estrangeira amigável.

"A obra da aliança", dizia Lamas,

> só era possível pela dissolução dos antigos partidos pessoais, pela ação altamente inteligente, altamente reparadora de um governo que, reunindo a seu lado todo o melhor das antigas facções, empreendesse seriamente a reconstituição do país, desse nova direção aos espíritos, abrisse fontes de trabalho e bem-estar, aplicando-se à solução das variadas questões sociais e econômicas de que dependeu e depende a salvação do país.

Antes de tudo era preciso acabar com essa divisão em *blancos* e *colorados*:

> Que representam essas divisas blancas e essas divisas coloradas? Representam as desgraças do país, as ruínas que nos cercam, a miséria e o luto das famílias, a vergonha de ter andado mendigando nos dois hemisférios, a necessidade das intervenções estrangeiras, e o descrédito do país, a bancarrota com todas as suas mais amargas humilhações, ódios, paixões, misérias pessoais. O que é que divide hoje um blanco de um colorado? Pergunto-o ao mais apaixonado, e o mais apaixonado não poderá mostrar-me um único interesse nacional, uma única ideia social, uma única ideia moral, um único pensamento de governo nessa divisão.

Já em 1851 ele dizia a Paulino de Souza:

> O Partido Blanco tem de mau a cabeça; encerra grande parte do que o país tem de mais distinto e mais ilustrado; a divisão de blancos e colorados impossibilita a pacificação e mesmo a criação de uma administração regular; é preciso aproveitar o descrédito e a nulidade dos caudilhos para dissolver esses partidos e organizar um grande partido de governo e de administração.

A nulidade dos caudilhos! Os caudilhos podiam parecer nulos da altura intelectual onde Lamas se movia; a caudilhagem, porém, era a grande força política do país, como ele mesmo a descreve. "A guerra", é ele quem o diz,

> mãe dos caudilhos, nos mantém entre esses dois polos fatais: a anarquia, a tirania. A guerra leva-nos ao despovoamento, à miséria, à barbaria. Os militares servem de escada com suas espadas e com seu sangue aos caudilhos,

e os caudilhos, logo que escalam o poder, dão com o pé
na escada e ali vão os seus despojos para essa espécie de
necrópole que chamamos Estado-Maior General. Ficam
ali na miséria até que, evocados pelo clarim da discórdia,
aparecem novamente na terra dos vivos, pois só vive o
que trabalha, como instrumentos de destruição.

E o gaúcho?

Os homens de nossos campos não são mais que pedaços
de carne destinados a manter esses abutres que chamamos caudilhos. Para eles não há regra nem proteção nas
leis; a toda hora podem ser arrancados de sua casa e
levados a viver essa vida de montonera, verdadeira escola de vandalagem, verdadeira vida nômada. É assim
que se é aclamado, é assim que se chega à presidência da
República, ou à ditadura, ao poder de fato. A América
Espanhola desonrou-se conferindo os títulos à suprema magistratura pela voz do motim ou nos campos da
guerra civil. O crime que nas sociedades regulares leva
à forca na América Espanhola leva à presidência. É forçoso acabar com isso.

A cisão dos colorados, a chamada União Liberal, de
blancos e dissidentes *colorados*, contra Flores em 1855,
não é ainda o que Lamas parece querer. Ele pedia o
abandono dos antigos costumes políticos e, em vez disso, que aparece?

Em lugar disso, temos no governo a aspiração a um partido pessoal. Toda aspiração a um partido pessoal é de
necessidade exclusiva, intolerante, pessoal, contrária a
toda boa administração. Para fazer partido pessoal é
indispensável submeter as coisas aos homens — conquistar homens, proscrever ou anular homens. As forças do governo, as forças do país aplicam-se, gastam-se,

esterilizam-se nas lutas e questões pessoais. Nem o governo faz o bem público que poderia aproveitar aos seus opositores, nem os opositores fazem o bem público que poderia aproveitar ao governo. Mantínhamos ainda, por desgraça, por cegueira imperdoável, a antiga divisão de blancos e colorados, e sem tratar de apagar essa divisão injustificável, porque não se apoia em nenhuma ideia, em nenhum interesse legítimo, agravamo-la com uma nova divisão. O que se chamava partido colorado fracionou-se. Uma parte apoia o governo existente; a outra o combate. As duas oposições, a oposição blanca e a oposição colorada, não estabeleceram entre si nenhuma ideia, nenhum interesse nacional que lhes sirva de vínculo durável, que extinga efetivamente o antagonismo em que vivem os homens que as compõem.

A ideia de Lamas é "substituir a base da tropa de linha que é péssima, pela base de um programa *legal*";[7] "os que aspiram ao poder devem pensar em não matar o Poder nas suas fontes".[8] "Legalmente pode-se fazer a impotência do poder pessoal." Queria um terceiro partido, a aliança com o Brasil, patriótico, reconstrutor, nacional, e que habilitasse o Estado Oriental a ficar no futuro sobranceiro a quaisquer pretensões estrangeiras, mesmo do Brasil. O Exército brasileiro não se prestaria a nenhuma obra de fim pessoal ou partidário:

> Desviado o país das vias de reconstrução, o Exército brasileiro não tem nada que fazer ali. Esse Exército ia dar apoio a uma obra nacional; se não queremos essa obra, se a contrariamos, se a impossibilitamos, a consequência lógica, inevitável, é a retirada desse Exército. Ele não foi nem para levantar pessoas, nem para abater pessoas. Desde que se trata somente de pessoas, nada lhe resta a fazer. Todo o programa da intervenção, todos os seus objetos foram contrariados, estão frustrados.

O Exército brasileiro não vai a Montevidéu para ajudar a proscrição. "Entre nós a proscrição é sempre um adiamento de guerra civil. Em qualquer circunstância, a proscrição indicaria uma enfermidade social ou um vício governativo; a proscrição, porém, apoiada em um Exército estrangeiro... é um ato que eu sentiria ver-me obrigado a classificar com as palavras que merece."

O fato é que, durante algum tempo, o Brasil se prestou quase sem vantagem para o próprio Uruguai ao ingrato papel de auxiliar os governos montevideanos que apelavam para ele. A presença de suas tropas não era nem sequer um apoio material para o governo legal, porquanto os modos de governar nos dois países eram tão inconciliáveis um com o outro que a divisão de tropas brasileiras de ocupação era de fato um apoio à liberdade da oposição regular. O desinteresse do Brasil era sem exemplo,[9] não o animava hostilidade contra nenhum partido, não tinha desígnios ocultos nem exclusivos na política do país,[10] e prestava o seu concurso sabendo que num momento dado os que o solicitavam podiam voltar-se contra ele, que em todo tempo era fácil agitar a bandeira de Ituzaingó, gritar contra a usurpação, converter o apoio, o auxílio em hostilidade, cálculo ou cilada. Se não do próprio general Flores, do seu partido, do grupo que podia empenhar a sua espada em qualquer aventura, Lamas receava uma viravolta súbita contra o Brasil.[11] Não podia haver nada mais inglório do que uma intervenção como essa que se pode qualificar de militar-não-política. Dela só nos podiam provir desgostos e ingratidões; o que se pretendia construir à sombra dela era uma perfeita impossibilidade material; tirava-nos toda a liberdade de ação, fazia atribuírem-nos planos que nunca tivemos, envolvia-nos na rede de intrigas platinas que quase se iam tornando, e sem Mitre se tornariam, americanas,[12] preparava-nos, em suma, a Guerra do Paraguai. Não tínhamos um só amigo verdadeiro na política oriental, exceto Lamas,[13] nem podíamos ter, éramos suspeitos a todos,[14] e os que se identificassem conosco ficariam suspeitos à democracia local, e seriam inutilizados pela influência argentina. Em uma palavra todos nos chamavam, todos nos queriam, mas cada um para si, e como pela força das coisas, obrigados à neutralidade, éramos indiferentes, era tão cômodo e tão útil a todos apelarem para nós como voltarem-se contra nós. Com o intervalo que nos separa dessa época, os orientais podem hoje lastimar a situação humilhante em que os partidos políticos colocaram por tanto tempo o seu país, fazendo ao mesmo tempo a justiça devida ao desprendimento e à lealdade do Brasil. A intervenção não foi nunca uma política originariamente brasileira; teve sua concepção entre os partidos e os estadistas do Uruguai; foi sempre pedida com instância pelos seus governos de ambos os partidos; foi um desses recursos, na aparência fáceis, de que os partidos, em fases de desmoralização, preferem lançar mão antes do que se sujeitarem ao sacrifício de amor-próprio pessoal que a composição de suas dissensões lhes custaria. Dessa política o Brasil não podia tirar nenhum proveito; mesmo o reconhecimento do seu desinteresse só viria quando lhe não fosse mais possível esperar gratidão, isto é, depois de uma ou duas gerações, se não depois que as lembranças da intervenção armada determinassem a exploração da susceptibilidade nacional. O subsídio pecuniário só servia para animar a desordem, o *deficit*, a desmoralização financeira,[15] e o contingente militar expunha o Império não só à desconfiança estrangeira e a recriminações patrióticas, mas também ao sério perigo de ser envolvido, sem o querer, nas responsabilidades do desgoverno incurável da República. Disso tinham consciência mesmo os partidários da política de intervenção. Por prudência, de tantas vezes que nos chamaram depois da queda de Rosas, só uma vez, em 1854, vão novamente forças brasileiras a

Montevidéu, e com a declaração expressa de que a nossa intervenção não era política, mas no interesse geral de *blancos* e *colorados*.[16] Contra a atitude e correção neutral da divisão brasileira que então ocupou Montevidéu, nenhuma palavra articulou o povo oriental.[17] Desde então o governo do Rio sentiu a necessidade de prestar-se cada vez menos às pretensões e solicitações de Montevidéu. Até 1864, através das presidências de Gabriel Antônio Pereira e de Bernardo Berro, o governo brasileiro procura desinteressar-se dos negócios e questões montevideanas, sempre, de qualquer modo que as tomássemos, ruinosas para nós, sacrifícios em pura perda. Em 1864, porém, elementos longamente acumulados, o acervo de queixas e reclamações desprezadas, a guerra civil adiada desde Quinteros, a irritabilidade do partido *blanco*, suas esperanças absurdas em López e Urquiza, os ressentimentos e recordações aflitivas de todo o período que se pode chamar de intervenção e subsídio, a exaltação nacional atribuindo as humilhações, filhas da anarquia e do mau governo interno, ao vizinho e amigo que apenas acudira aos gritos de socorro e de independência do país, e que se retirara ao primeiro sinal, ouvindo sempre palavras de agradecimento, e sem tirar proveito algum do préstimo que nele achavam todos, em uma palavra, o mal-estar de tantos anos resultou, afinal, em um rompimento, esse, sim, não só fatal em si mesmo como de graves consequências para a cordialidade futura das duas nações fronteiras. O que o conflito de 1864 vem provar, a moralidade que se deve tirar dele, é que é sempre preferível evitar a ingerência, mesmo a do benefício e a do sacrifício, em país estrangeiro. Nessa espécie de incêndio, quem apaga o da casa contígua há de ver a sua abrasada por esse mesmo vizinho. Não é por ingratidão, nem por esquecimento do auxílio recebido, da boa vontade que ele mesmo reconheceu; é um ato irresponsável da maldade humana, dessa maldade que os melhores têm no fundo de si mesmos, que a razão, o verdadeiro sentimento, nestes, quase sempre converte em motivo de novo reconhecimento, mas que às vezes parece ter a função das grandes descargas elétricas, indispensáveis para a purificação do ar e renovação da vida.

O caráter da guerra.
López

A guerra com o Paraguai teve importância tão decisiva sobre o nosso destino nacional, teve-a também sobre o de todo o rio da Prata, que se pode ver nela como que o divisor das águas da história contemporânea. Ela marca o apogeu do Império, mas também procedem dela as causas principais da decadência e da queda da dinastia: o aspecto e o desenvolvimento do Prata com a fascinação que ele exerce, o ascendente militar (pelos nomes chamados legendários, pelas reivindicações da classe, tendo à frente os homens que se deram a conhecer ao Exército e se ligaram entre si pela camaradagem da campanha); o americanismo; a própria emancipação dos escravos que por diversos modos se prende à guerra (residência em países sem escravos de milhares de brasileiros de todas as classes; ultrajes constantes ao Brasil por causa da escravidão por parte dos inimigos e da Aliança; inferioridade militar efetiva por esse motivo; libertação, graças ao conde d'Eu, marido da herdeira do trono, dos escravos da nação vencida); a propaganda republicana (em parte de origem platina, influência das instituições e homens do Prata, durante a guerra, sobre Quintino Bocaiuva e outros, influxo político do acampamento aliado sobre a nossa oficialidade, principalmente a rio-grandense). A história dessa guerra, a militar tanto como a diplomática e a política, ainda está por escrever.[1] A verdade militar torna-se difícil de apurar pela parcialidade, em favor dos seus respectivos países, dos historiadores que a guerra até hoje tem tido; a verdade internacional não só se ressente do mesmo preconceito como do segredo das chancelarias e da reserva dos personagens que ditaram a conduta de cada um dos países empenhados na luta; a verdade política, isto é, a atitude, os motivos, a responsabilidade dos partidos, dos homens em cada um dos países em relação à guerra, encontra obstáculo na inclinação, mesmo involuntária, do escritor para o lado ou para o vulto que tem as suas simpatias. Não entra no meu plano, nem estaria ao meu alcance, tentar uma nova versão dessa guerra, nem mesmo conciliar as três versões correntes: a brasileira, a argentina e a paraguaia. Quanto à direção militar, a crítica de qualquer dos lados consiste quase sempre em afirmar que teria sido melhor fazer o que não foi feito, isto é, o que não passou pela prova da execução. A verdade sobre essa espécie de crítica tornar-se-á cada vez mais difícil de apurar; de fato dependeria da acareação, hoje impossível, daqueles entre quem o comando se dividiu e dos que se encontraram frente a frente. A verdade é que essa crítica não tem nunca a força de censura, porque, provado que se devesse ter feito isto ou aquilo, e não o que se fez, restaria mostrar que não foi em virtude do que se fez que se ficou sabendo o que teria sido melhor fazer, e, mais ainda, que o conjunto das operações teria sido mais feliz se a campanha tivesse tomado outra direção. Militarmente, a Guerra do Paraguai será sempre um problema insolúvel: as críticas que em qualquer tempo venham a ser formuladas pecarão sempre pela base, pela falta de conhecimento, por parte do historiador, das condições e circunstâncias do momento. A verdade que domina a crítica de todas as operações efetuadas está nestas palavras do duque de Caxias no Senado, mais de uma vez citadas:

Nada mais fácil do que, depois de fatos consumados, e conhecidos o terreno, a força e as manobras do inimigo, de longe, com *toda* a calma e sangue-frio, à vista de partes oficiais, criticar operações e indicar planos mais vantajosos. Mas o mesmo não acontece a quem se acha no terreno da guerra, caminhando nas trevas, em país inteiramente desconhecido, inçado de dificuldades naturais. É preciso que os nobres senadores se convençam de que a Guerra do Paraguai foi feita às apalpadelas. Não havia mapas do país por onde se pudesse guiar, nem práticos de confiança. Só se conhecia o terreno que se pisava. Era preciso ir fazendo reconhecimentos e explorações para se poder dar um passo.

Quanto à feição internacional da guerra, o que nestas páginas acaso se adiante é sob a reserva da insuficiência de documentos e informações que tenham o cunho da sinceridade e revelem a intenção verdadeira, tanto da Aliança entre si e para com o Paraguai, como de López.
Será sempre uma das figuras singulares da América do Sul a de Francisco Solano López. A verdade sobre suas intenções e ambições ao começar a guerra é ainda duvidosa. Parece certo que ele contava na Argentina com Urquiza, no Uruguai com os *blancos*, no Brasil com a escravatura, e, sublevando esses três elementos, julgava poder subverter nos três países os respectivos governos. Que planos, porém, eram os seus? Atribui-se-lhe a aspiração de se fazer imperador e não é improvável, quando a forma monárquica acabava de ser proclamada no México sob os auspícios da França, e o arquiduque Maximiliano tinha aceitado a coroa imperial, que Lopez, segundo da sua dinastia, tivesse idêntico pensamento. É estranho, todavia, desse ponto de vista, o seu rompimento com o Brasil, até a tentativa mexicana, única monarquia existente na América. As construções de López na Assunção mostram que as suas ideias eram lançadas em

moldes imperiais. Era chamado *el Supremo*, mas sabia que essa adoração era sinal do atraso e do cativeiro paraguaio, e quisera aos olhos do mundo parecer o chefe de um Estado civilizado, sem desistir da posição sobre-humana que lhe dava a subserviência de todos. Como teria ele conciliado a grande situação que desejava no Prata, civilizado e aberto ao mundo, com a submissão absoluta que para ele se tornara uma sensação imprescindível, é o que não se pode quase imaginar senão pela monarquia. É essa dificuldade de consolidar, depois da vitória de suas armas, o seu poder, já dinástico e quase divino, sem convertê-lo em monarquia, e também a presença ao seu lado de uma estrangeira de grande ambição, cuja posição ele de algum modo só podia regularizar coroando-a,[2] o que torna provável a crença de que a forma assentada de sua ambição era fundar uma espécie de czariado sul-americano, ou, talvez, renunciando ao poder absoluto pela compensação que lhe traria a dignidade imperial reconhecida pelo mundo, fundar um império autoritário-plebiscitar como o de Napoleão III.[3] Não é tampouco possível somente com os fatos conhecidos apurar a intenção dos extravagantes armamentos de López,[4] o que se pode imaginar é apenas que foram acumulados com o fim de fazer do Paraguai uma potência de primeira ordem no Prata.[5] A política exterior que podia fazer valer tão forte habilitação militar, essa parece ter sido deixada ao acaso, e, com efeito, à primeira excitação, foram Sagastume e Carreras[6] que a modelaram no sentido do governo *blanco* de Montevidéu, contra todo o interesse do Paraguai, fosse esse interesse a boa inteligência com a República Argentina, ou com o Brasil, fosse a neutralidade entre os dois. A guerra simultânea com as duas nações vizinhas foi um atordoamento que só se explica pela falta de uma política anteriormente assentada, pela flutuação de um poderio militar desvairado, que aspirava a fazer sua entrada na cena sul-americana de modo a não se falar senão dele, a parecer um milagre, a ofuscar a imaginação do mundo.[7]

Solano López não levou mais de dois anos a arruinar o patrimônio político de Francia e de Carlos Antônio López, a obra do despotismo, do terror, da espoliação, da espionagem, e do sequestro nacional. O paraguaio da era de López era um homem sem um único direito próprio: sua casa, família, propriedade estavam dependentes de um recado ou de um gesto de *el Supremo*; não tinha sequer a livre expressão das suas emoções. Não era o absolutismo, era a verdadeira escravidão pessoal. O governante sentia-se "senhor" do país e de tudo que existia dentro dele, tão completamente como o proprietário de escravos, e ainda mais, porque acima deste havia a lei do Estado e para ele a justiça, a lei, era o que ele queria; nem mesmo tinha que temer, como Acab, a censura de um Elias, porque não havia no país uma consciência moral independente.[8] O seu direito de exterminar é reconhecido durante a guerra sem sombra de resistência. Comandantes de exércitos à frente de tropas que eles disciplinaram, como Robles e Barrios, este último seu cunhado, entregam a espada a um gesto seu, para serem fuzilados pelas costas,[9] como se entregam seus irmãos, seu outro cunhado, Bedoya, como se entregam o ministro Berges, o bispo de Assunção, todos que tinham algum valor. Ele faz o deserto diante do inimigo, internando as populações, depois de lhes tomar tudo. Se decretasse a morte de todos, o suicídio geral pela fome, o decreto seria religiosamente cumprido. É preciso ouvir as testemunhas, poucas infelizmente, que puderam depor sobre o gigantesco acervo de crimes que formam na história o *dossier*, a fé de ofício, de López. Nenhuma causa que se lhes atribua pode diminuir o horror que eles inspiraram. Ainda dado o maior desconto à crítica situação militar de López, justificada a sua desconfiança contra todos, provadas, ou tidas como prováveis, as conspirações, as tentativas contra a sua vida, até por parte de sua mãe e irmãs, ainda assim aquelas atrocidades atestam o gozo voluptuário da tortura.[10] Pode-se dizer que López se tornara irresponsável; que a defesa da pátria contra três Estados a um tempo, as peripécias e sobressaltos da campanha, a iminência da catástrofe, fizeram-no conceber tal indignação contra os seus inimigos internos que o terror, único meio para ele de atalhar a traição, o não podia impressionar; em toda probabilidade, o que havia de melhor em López foi transtornado, o seu temperamento humano submergido pelo choque de decepções demasiado fortes para ele. As causas da loucura não modificam, porém, o fato da loucura, e a verdade é que, antes de começar a guerra, a disposição moral de López já mostrava ser a de um déspota de nascença, de um semicivilizado em quem o instinto do índio a miúdo fazia explosão.[11] Histórias da sua mocidade, do simulacro da sua eleição, faziam dele uma espécie de César Bórgia, davam-lhe o prestígio sinistro de fazer desaparecer rivais ou inimigos.[12] Desde o primeiro dia ele governa por meio de "conspirações", que envolviam os parentes e os amigos dos suspeitos na mesma trama da delação secreta e no mesmo martírio. Um poder assim, se não tem caído com poucos anos de duração, teria assolado o Paraguai pela crueldade e pela tirania tanto como o fez com a guerra. Segundo todas as probabilidades, o Calígula de São Fernando ter-se-ia revelado na boa fortuna o mesmo que se revelou na adversidade. Daí a injustiça dos que acusam a Aliança pelo assolamento do Paraguai, e imaginam a condição do país mais próspera hoje, ou no futuro, se durasse o poder de López, do que ficou sendo com a guerra *à outrance* que os Aliados foram forçados a mover-lhe.[13] Um ponto convém assinalar. O número de vidas que a guerra propriamente dita custou ao Paraguai foi talvez excedido pelas que ela custou aos Aliados, os quais tiveram que lutar não só contra o inimigo, mas também contra o clima. A estes não cabe decerto a responsabilidade do sistema que López empregou para fazer-lhes a guerra. Quanto a não terem querido fazer a paz com ele, continuar a vizinhança em fronteiras longínquas e desertas com o pirata do *Marquês de Olinda*, do *Gualeguay* e do 25 *de Mayo*, com o flibusteiro e saqueador de Mato Grosso, Corrientes e Rio Grande do Sul, bastaria para justificar esse *non possumus* o terem assim posto cobro na América do Sul a uma tirania que, depois de ter feito tombar centenares de vítimas e de se ter manchado com o sangue do que havia melhor no país, só poderia governar continuando a mesma seleção, mandando constantemente novas fornadas para o *cepo*, a *guasca*, e o pelotão.

Terceiro ministério Zacarias

I. O GABINETE. O IMPERIALISMO

Retirando-se o gabinete Olinda, o imperador, que não queria dissolver a Câmara na constância da guerra, apela para Zacarias, dos chefes progressistas que não tinham figurado naquele ministério o único capaz de organizar uma nova administração. Zacarias, como o referia ele mesmo na Câmara, relutou muito em aceitar essa missão e só na quarta conferência com o imperador rendeu-se à vontade dele. Em 3 de agosto, o ministério ficava organizado assim: Zacarias, na Fazenda; Fernandes Torres, senador, antigo ministro de 1846, no Império; Paranaguá, na Justiça; Martim Francisco, em Estrangeiros; Afonso Celso, na Marinha; Ferraz, na Guerra; Dantas, na Agricultura. A continuação de Ferraz foi ainda devida à insistência do imperador. "Fui ontem ao Paço", escreve Ferraz em 2 de agosto a Nabuco, "depois de por escrito me haver escusado e lá exigiu-se de mim... Resisti, e, não obstante isso, se me disse que não se admitia a escusa, e levantando-se, disse-me, sem mais querer ouvir-me, que fosse ao Zacarias e com ele me unisse. O Zacarias não sei ainda o que terá feito...".

O gabinete, como se vê, era todo progressista. A divisão do partido estava consumada, porque os dois grupos iriam às eleições de 1867 em nome da desunião, como tinham ido às de 1863 em nome da união. Era, em todo sentido, um ministério de combate; a oposição, ao vê-lo entrar na Câmara, sabia a sorte que a aguardava nas urnas; seria uma exterminação quase completa, apenas em um ou outro reduto liberal algum romano conseguiria fazer-se reeleger; os conservadores seriam melhor tolerados pelo gabinete do que os velhos liberais, que tinham concorrido para a vitória de 1863 e depois reclamado a sua parte do contrato. Era isso o que Nabuco quisera evitar: perseguir os aliados com as próprias armas que eles lhe deram, fazer o que fizera Furtado contra os antigos conservadores, já agora exclusivamente chamados progressistas, e o que ia fazer Zacarias contra os históricos, os antigos liberais. Apesar da derrota eleitoral certa, e com a coragem, a resignação do suicídio, próprias das nossas oposições, no dia em que se apresenta à Câmara, o gabinete é recebido com uma moção de desconfiança, que reúne 48 votos contra 51. Essa maioria de três votos dava-lhe para atravessar o resto da sessão e fazer a nova Câmara que o havia de apoiar.

Na organização do seu gabinete, Zacarias revela duas qualidades: adivinhação dos homens de futuro e decisão nos golpes. Uma vez que o partido estava dividido, ele aceitava a divisão e estava pronto a levá-la até aonde a oposição quisesse. Para isso procurava os homens mais capazes de vencê-la. O seu gabinete era nesse ponto constituído de modo diverso dos dois outros, de vida efêmera, a que presidira: os homens novos de que ele se acercara tinham os requisitos para a luta a todo transe, e, escolhendo-os, pode-se dizer que ele os criou chefes e dividiu entre eles o Império: Dantas, que então representava Saraiva, Afonso Celso, que representava Silveira Lobo, Sá e Albuquerque, que se sabia ter sido convidado, e Martim Francisco tornavam-se os donatários liberais da Bahia, de Minas, Pernambuco e São Paulo.

É nesse gabinete que se deve estudar a fisionomia política de Zacarias, o seu momento, porque é nele que o estadista se mostra em seu completo desenvolvimento. Antes, ele é um espírito flutuante; depois, quando lhe vêm ao mesmo tempo a saciedade e o despeito, será um buliçoso, que toca em tudo, implacavelmente, em sua própria glória (às vezes cruelmente: reforma do elemento servil), mas sem revolta interior, porque com a saciedade não há espírito, por mais irrequieto, que se torne revolto, não há ressentimento que possa fazer explosão — o que não impede que em política a mais dissolvente de todas as ações seja a desse tédio incontentável que a saciedade produz, sobretudo aliada ao gênio demolidor, à crítica irreprimível, à satisfação de abater, à inabilidade para organizar.

A ruptura do Partido Liberal faz-se com estrondo. A luta entre históricos e progressistas, durante os dois anos da administração Zacarias, será uma das mais renhidas, das mais vivas e das mais cheias de ódio e rancor pessoal em toda a nossa história política. É desse ministério que data a campanha, que não cessará mais, de todas as oposições, contra o "imperialismo". *O imperialismo e a reforma* fora o título de um opúsculo, publicado anonimamente por Souza Carvalho em 1865, que advogava a ideia da eleição direta e censitária. A brochura de Souza Carvalho era a descrição imparcial do nosso mal político, acompanhada do pretenso remédio — pretenso, porque a eleição direta em pouco tempo devia ficar tão viciada, tão escravizada à candidatura oficial, como a eleição indireta na sua pior época. Em outro livro, de 1867, escrito por Tito Franco, o "imperialismo" já não era somente a expressão do absolutismo constitucional, a que a falta de eleições reais reduzia o nosso regímen chamado representativo; não era só o fato do "polichinelo eleitoral dançando segundo a fantasia de ministérios nomeados pelo imperador";[1] o "imperialismo" exprime a ação do próprio poder irresponsável, "causa verdadeira e única da decadência política e social do país"; "a aspiração ao poder absoluto em um país livre, desprezando a Constituição e nulificando a nação representada em seu Parlamento".[2] Os conservadores, por seu lado, muito desanimados com a vitória da Liga e o desmembramento do seu partido, não imaginando então que voltariam em breve ao poder pela influência de Caxias, denunciavam o "imperialismo" com a mesma acrimônia que os liberais. Não somente ao jornal que no Recife obedecia a Camaragibe, mas também aos órgãos do Partido Conservador em São Paulo e outros pontos do Império, escapavam frases, frequentes na imprensa liberal, depois recolhidas pelos republicanos. Na sua impaciência, os conservadores responsabilizavam, pelo fato de não estarem no poder, a mesma Coroa que os liberais acusavam por não estarem eles. Um pequeno jornal, a *Opinião Liberal*, à cuja frente se achavam jovens escritores radicais, já em evolução republicana (Rangel Pestana e Limpo de Abreu), eco dos Ottonis, em quem estava representada a tradição ultrademocrática, extremava os dois campos liberais, atacando de preferência a Coroa, procurando, a seu ver, a causa final.[3] Zacarias era considerado nessa época um instrumento do "imperialismo", como fora o marquês de Olinda, como será mais tarde o visconde do Rio Branco, e, de fato, conservando Ferraz no ministério, resolvendo não fazer a paz em circunstância alguma com López, dando a Caxias o comando em chefe, fazendo o Conselho de Estado discutir sem intermitência uma série de projetos de São Vicente, mostrava Zacarias conformar-se inteiramente à política própria do imperador. Por isso mesmo, ele romperá mais tarde com o imperador, como não chegaram a romper Paraná nem Eusébio de Queirós, como que procurando estabelecer com os seus epigramas uma incompatibilidade pessoal com o soberano, talvez por ter sido um momento suspeito de favoritismo. O fato é que o imperador não escolhia os presidentes do Conselho por serem maleáveis ou dóceis;

mas Zacarias devia aliar à sua conhecida sobranceria singular deferência às indicações do imperador para ter sido chamado três vezes seguidas e para ser tão sustentado por ele em um momento, como foi o da guerra, em que a sua vontade não toleraria obstáculos. A história do reinado é que quanto mais caprichoso ou dominador o seu caráter, mais condescendentes os nossos homens de Estado se mostravam para com o imperador, mais se deixavam influenciar por ele. Isso é uma prova de que a iniciativa, a criação, não se encontram sempre unidas à força de vontade, à emulação do mando, à imposição do caráter. Espíritos que são verdadeiras sensitivas em frente de qualquer inspiração alheia estão às vezes ligados a caracteres humildes, a vontades apagadas, cuja única força é a renúncia de tudo que não seja o seu próprio impulso. Por outro lado, temperamentos imperiosos, esforçados, rudes mesmo, não têm em certos casos resistência intelectual, nenhuma vida própria, no domínio da imaginação e do pensamento.

O 16 de julho

I. A DIVISÃO DOS LIBERAIS. TENDÊNCIAS REPUBLICANAS. ELEIÇÕES DE 1867
No interior, a luta entre as duas frações do Partido Liberal era rancorosa e violenta. Lavrava ódio contra Zacarias na oposição radical, e ele parecia deleitar-se em provocá-lo. O seu talento de orador parlamentar, emancipando-se, com a idade e a experiência, e impondo-se, com o prestígio da posição, tinha-se tornado incomparável. Não era, como o de Martinho Campos, uma capacidade ilimitada de incomodar e aborrecer o adversário, era uma espécie de pugilato científico. Independente pela fortuna, aristocrata por reclusão de hábitos e altivez de maneiras, o prazer de Zacarias na vida parecia resumir-se em preparar todas as noites os golpes certeiros com que havia, no dia seguinte, de tirar sangue ao contendor. Era-lhe preciso uma sessão cada dia para esgotar os epigramas, as alusões ferinas, os quinaus humilhantes que levava na algibeira. Falava no Senado diariamente, como o jornalista escreve o artigo de fundo, com a maestria, a indiferença, a versatilidade que dá o hábito em qualquer profissão. Mesmo no ministério, o oposicionista mal se disfarçava; de fato, o ministro não era, nele, senão um oposicionista à oposição que o combatia, à maioria que o acompanhava e à própria Coroa. Uma palavra assim penetrante, vitrióli-

ca, desdenhosa, dissolvia todas as vaidades no ridículo, corroía todos os prestígios, e naturalmente exasperava os adversários, como Cristiano Ottoni, que possuía, em escala também excepcional, a faculdade de vitupério. A arma deste, porém, era pesada, embotada, difícil de manejar, ao lado da lâmina flexível, reluzente e leve do consumado mestre. Durante os dez últimos anos de sua vida, de 1867 a 1877, Zacarias, pode-se dizer, exerce no Senado uma verdadeira ditadura parlamentar: diariamente o público procura os seus discursos para ver que castigo ele infligiu na véspera ou que tarefa impôs aos ministros recalcitrantes e a seus próprios companheiros; ele é um censor romano, que exerce, sem oposição de ninguém, a vigilância dos costumes políticos, até nos mínimos pormenores, como o comprimento das sobrecasacas dos senadores, a postura ministerial, a pronúncia de palavras inglesas. Nesse papel, ele aplica por vezes a mais cruciante tortura a homens de altíssimo pundonor e correção, e isso sem consciência talvez do sofrimento que suas reticências, seus sorrisos glaciais, suas concessões graciosas lhes causavam. O gosto da dissecção em política é um dos mais perigosos de satisfazer sem reserva. O anatomista facilmente esquece que tem debaixo do escalpelo as fibras e os nervos mais delicados de um corpo vivo, ao qual a honra veda a confissão da dor, e entrega-se ao prazer de retalhá--lo. Zacarias tinha a paixão da vivissecção, o gênio e o instinto cirúrgico; sentia o gozo, como que profissional, de revolver as vísceras para procurar o tumor oculto.

Alguns espíritos liberais gravitam já nesse tempo para a República, começa-se a assentar o plano inclinado do Império. Tavares Bastos, um deles, escrevendo a Nabuco (13 de dezembro, 1867) da "ribeira mediterrânea onde fora fugindo do inverno do Norte", denuncia já a nova tendência:

> Tristíssimos tempos, sr. conselheiro. É a época dos cardeais de casaca: aqui o Rouher, lá o nosso Zacarias! Vim buscar inspirações à Europa. Levo-as, mas quão diversas do que eu sonhava! Este é um mundo que se acaba. A política europeia está a tocar o seu *millenium* fatídico; parece que nas vésperas do ano 2000, governos e povos tremem de pavor. Sente-se o ranger das peças de um edifício que se esboroa.

E referindo-se ao rumor da abdicação de Vítor Emanuel:

> Entre parêntesis, sempre me pareceu um privilégio bem singular, esse que se arrogam os senhores reis; quando ninguém os quer, abdicam, agravando a sorte dos povos que abandonam. Por que não se retiram quando ainda é tempo de curar o mal e remover o perigo da anarquia? Não estou pensando no Brasil ao escrever estas últimas linhas. E, contudo, bem se podia pensar que o nosso Brasil achar-se-á a braços com embaraços da maior gravidade, se continuar o mesmo modus vivendi...[1]

Nabuco era contrário a todo e qualquer exclusivismo e por isso sentia a dilaceração do campo liberal. A Silvino Cavalcanti escrevia ele em 16 de abril de 1867: "A política está por aqui muito complicada, e não sei qual será o desenlace desta, a maior crise que o Brasil tem tido. Sinto estar metido pela minha posição neste grande barulho".

Muitos dos governistas só esperam em Nabuco. Saldanha Marinho, um dos principais, escreve-lhe (3 de dezembro, 1867) da presidência de São Paulo:

> Esse homem [Ottoni, a quem combatera em Minas] privou-me da liberdade, e, na falta desta, me acho jungido a uma posição que me aniquila, mas da qual não posso, nem devo sair, para não dar desculpas a ninguém [ao imperador para não escolhê-lo senador]. Vamos por diante

e chegaremos, eu ainda o espero. Mas, creia, só tenho esperança no conselheiro Nabuco, cuja língua eu entendo perfeitamente. Com este servirei sempre com vontade e dedicação: sabe o que faz, conhece a situação do país, e procura remediar muitos males que nos afligem.

Os jornais da oposição o indicam para o governo. Não somente os progressistas e os históricos, para quem ele é a única esperança de união do partido; conservadores mesmo, que, não julgando iminente a volta do seu partido, sabiam que a administração presidida por ele seria de tolerância, de justiça; que a *conciliação* fora o sinal indelével do seu batismo ministerial, em 1853, e que ele nunca a abjurara. A Nabuco, porém, não convinha o poder.

Decerto, ele não previa a volta próxima do Partido Conservador, que parecia esfacelado desde 1862, e por isso não afastava a hipótese de uma nova conciliação que unisse os homens de valimento. Recomendando ao visconde de Camaragibe o conselheiro Silveira Lobo, que ia presidir a província de Pernambuco, dizia-lhe: "...é tempo de constituir uma grande opinião, patriótica, generosa, composta de todos que desejam salvar e engrandecer este país, minado de intrigas e paixões exclusivistas e odiosas".[2]

Nas eleições de 1867, Nabuco empenha-se por Fleury, Couto de Magalhães, Pinto Lima, Tavares Bastos e muitos outros, sem levar em conta a adesão partidária, a qualidade de ministerial ou oposicionista, inimigo instintivo como era de Câmaras unânimes, para ele a degradação do sistema representativo, dignas todas de dissolução prévia. Nessas eleições Souza Franco, Furtado, Chichorro, Teófilo Ottoni, Valdetaro, Macedo, Melo Franco, Cristiano Ottoni, J. Liberato Barroso, Henrique Limpo de Abreu, Pedro Luiz, lançam contra o gabinete Zacarias um manifesto acrimonioso: "Em vez de tocar a fibra nacional, apelando para o alistamento dos voluntários... chegou ao ponto de atirar ao seio do Exército, como para salvar o pavilhão brasileiro, uma centena de galés de Fernando de Noronha!".

Por outro lado surgiam na Bahia dois "notáveis" esquecidos, havia anos retirados da política, o barão, depois visconde, de São Lourenço, e o barão de Cotegipe dizendo ao gabinete: "Em maio estaremos no Senado". A vitória eleitoral do governo, porém, era certa e foi geral. No Rio de Janeiro, venceram conservadores nos distritos em que o governo não sustentou o candidato liberal mais forte, por não ser "progressista", como Eduardo de Andrade Pinto, Valdetaro, Pedro Luiz; Minas elegeu Martinho Campos, Cristiano Ottoni, Prados e alguns outros históricos; mas a maioria progressista era esmagadora; o velho liberalismo era praticamente repelido da Liga. Na sessão de 1867,[3] à frente dessa maioria, o gabinete não encontra tropeços à sua marcha: a oposição dos barões no Senado converte-se em uma guerra de anedotas e epigramas, na qual o presidente do Conselho se sentia também à vontade, e na Câmara a juventude ministerialista atira-se sem medo contra os velhos luzias, a quem essa irreverência dos moços como que desgosta e desanima da política. A fraqueza, porém, do ministério era, por assim dizer, ingênita; consistia na dependência em que ele mesmo a havia colocado para com o generalíssimo das forças brasileiras em operações no Paraguai.

Ainda dias antes de cair, Zacarias defendeu a Caxias, leu a bela carta deste, dizendo que não seria no fim de sua carreira militar que, para evitar a censura de procrastinar a guerra, ele consentiria em expor a um revés, mesmo passageiro, as forças que o governo imperial lhe havia confiado. Mas a ferida do 20 de fevereiro não podia fechar, havia de sangrar até o fim. Era um espinho para a altivez de Zacarias dever alguns dias de um poder sem autoridade à interposição de terceiros, e esses adversários, entre ele e o general em chefe, de fato entre ele e a Coroa; e a sua defesa do marquês de Caxias, se era leal, era de certo forçada. A demora das operações pesava a Zacarias, e ninguém sabe o que teria acontecido a Caxias, se aquele estivesse ainda no poder quando chegou ao Rio a notícia de que Osório fora repelido no reconhecimento de 16 de julho pela guarnição de Humaitá. A popularidade era de Osório, liberal, e o ministério, que já era um tanto da oposição, não podia no seu íntimo deixar de aproveitar a arma que aquela popularidade lhe dava contra o general em chefe, de quem ele agora dependia. Osório era e será representado desde então pelos liberais como a vítima da emulação de Caxias, quando não houve mais leal chefe do que este para um bravo às suas ordens.[4]

III. DEMISSÃO DE ZACARIAS. CHAMADA DE ITABORAÍ
Em julho, a situação torna-se intolerável, e o imperador toma a ocasião, que Zacarias mesmo lhe oferece, de sacrificar, sem o parecer, o ministério a Caxias. Essa ocasião foi a escolha de Sales Torres Homem, que Zacarias se recusa a referendar. A oposição do imperador era sobranceira; fora Zacarias quem nomeara Sales Torres Homem conselheiro de Estado e presidente do Banco do Brasil, nem se compreendia que contra a vontade do presidente do Conselho o nome de Sales Torres Homem pudesse figurar na lista tríplice do Rio Grande do Norte. Depois de tais demonstrações da parte de Zacarias, a qualidade de adversário político do ministério não devia pesar um instante na balança do Poder Moderador contra um homem que figurava no primeiro plano da nossa política e a favor do candidato ministerial, Amaro Bezerra, que não tinha e nunca viria ter a mesma categoria. Ao imperador cumpria mesmo o dever de recusar-se ao capricho de Zacarias, porque era evidente a ideia do legislador constitucional, que a composição do Senado não ficasse entregue exclusivamente aos partidos, quando inventou a escolha imperial dentre uma lista em que os partidos podiam estar todos representados. Zacarias,

por sua vez, como o autor do livro clássico da escola liberal, "o livro d'ouro", como foi chamado *Da natureza e limites do Poder Moderador*, tinha nessa atitude do imperador o pretexto político, a ocasião popular, de que precisava, para sair. O pretexto era tanto melhor para ele, quanto ele o elevava à altura de um princípio. Apesar dessa atitude de Zacarias, a verdade é que se o imperador recorre a outro liberal, este, quem quer que fosse, teria referendado a nomeação de Sales Torres Homem. Zacarias, porém, ainda nisso facilitou a tarefa do imperador, porque lhe pediu que o dispensasse de indicar o seu sucessor. O que ele desejava era que a situação caísse com ele; queria romper lanças com a própria Coroa, que o despedia, e para isso era preciso que entre eles não se colocasse o seu partido, que teria de aparar-lhe os golpes. O imperador, chamando outro liberal, partidário, como Zacarias, do princípio da responsabilidade ministerial nos atos do Poder Moderador, mas que divergisse dele quanto ao "acerto"[5] da escolha de Sales Torres Homem, podia evitar que a Coroa fosse trazida para a luta dos partidos, a cujos golpes ficará desde então diretamente exposta até a queda da monarquia, vinte anos depois; mas o pensamento do imperador estava todo concentrado na guerra. Ele achava-se ansiosamente identificado com a situação militar de Caxias. Temia, exatamente nesse momento, as mais graves complicações externas, e por isso resolve chamar ao poder o Partido Conservador, o qual então tinha, aos seus olhos, a vantagem de ser, para a terminação da guerra, o partido de Caxias, seu general de confiança; para os perigos que pudesse correr a Aliança, o partido de Paranhos, seu diplomata de confiança; para as condições críticas do Tesouro, o partido de Itaboraí, seu financeiro de confiança, e que a tudo isso reunia o ser também o partido de São Vicente, seu reformador de confiança, para quando a emancipação dos escravos se tornasse possível.[6]

O fim da guerra.
A campanha do Paraguai

Em 1º de março de 1870 acabava a Guerra do Paraguai, com a morte de López em Cerro-Corá. Temos acompanhado as diversas fases dessa penosa luta de cinco anos; a última oferece esta singularidade: que coube ao Partido Conservador, infenso à política da guerra *à outrance*, engendrar e realizar essa campanha da cordilheira, que, depois da tomada de Peribebuí e da batalha de Campo Grande, vitórias essas alcançadas pelo conde d'Eu, se torna uma pura caçada militar, a perseguição, por um exército, de um homem que, nas condições em que era perseguido, não podia ser apanhado vivo. O amor-próprio, a reputação do general, estava em não deixar fugir o inimigo; mas uma vez alcançado, à distância de tiro, ninguém respondia pela vida de López. Tudo conspirava assim para fazer dessa morte, se não o objetivo real ou o *desideratum*, decerto o desenlace fatal dessa última campanha. Precauções de ordem muito diversa, sacrifícios de outras exigências políticas, eram indispensáveis para se cercar e fazer prisioneiro a López; provavelmente, porém, pela terrível lista de atrocidades que ele cometera, pelas crueldades que infligira a brasileiros mesmo, o general em chefe pensou que não devia sacrificar vidas e suspender a lei da guerra para impossibilitá-lo de morrer pelejando. Ao passo que a atitude conservadora era essa de sustentar uma guerra de extermínio, talvez contra o sentimento de Caxias — de algum modo, deixando o Exército, ele dera a guerra por acabada com a tomada de Assunção —, os liberais, por hostilidade a Caxias e ao governo, identificavam-se com o conde d'Eu e com Osório, que ele tinha ao seu lado.

Na guerra da Tríplice Aliança, a *epopeia*, o mito nacional, é paraguaio. A causa aliada é a causa da justiça, da liberdade, da civilização; López encarna e representa o sequestro, a mortal estrutura de um povo sob a cola convulsa de um tirano ferido e desapontado. Apesar de tudo, o heroico, patético, o *infinitamente* humano que faz a epopeia, está, nessa guerra, do lado do Paraguai. Não é a história da coragem, do esforço varonil, da vitória final das potências; é a lenda da resistência, da abnegação, do suicídio da nação paraguaia[1] a nota que se eleva da solidão pesada do quadrilátero como do céu límpido da cordilheira, dos juncais do Estero-Bellaco como das florestas do Aquidabã, dos restos desses *"entrincheiramentos colossais que medem léguas e léguas de movimentos de terra,*[2] *dessas formidáveis linhas que nos recordarão sempre as obras gigantescas dos acampamentos romanos"*,[3] como desse vasto ossuário de Tuiuti, sobre o qual, aqui e ali, flutua, como a bandeira branca da paz, da reconciliação eterna, um floco de *ñanduti*.[4] Decerto, o que fizeram os aliados foi muito; mas, calculados os seus recursos, o que demonstraram, como resolução, tenacidade, intensidade de sacrifício, foi nada ao lado do que demonstrou a nação paraguaia. O maior peso, quase todo o peso de sacrifício *"nacional"* na Aliança, recaiu sobre o Brasil, mas o Brasil, também, em mais de um sentido, desenvolveu-se, fortificou-se, lucrou com a guerra, e quanto a Montevidéu e Buenos Aires, positivamente prosperaram. É isso o que faz que a grandeza, a sublimidade do esforço pertença nesse caso ao Paraguai: literalmente sem exceção, a raça paraguaia em sua totalidade colocou a guerra, durante todo o tempo que ela durou, acima de qualquer outro interesse, preocupação ou dever. Para os três países aliados, a guerra foi um episódio, um acidente exterior longínquo; para o Paraguai, foi o sacrifício deliberado de todo o seu ser, de tudo que podia ter valor aos olhos de cada um: vida, riqueza, bem-estar, afeições, família. Um sentimento absoluto assim — porque foi um sentimento — tem alguma coisa de sobre-humano, sai da esfera utilitária em que se movem, com todo o seu ideal e consciência, os povos modernos, e não basta para explicá-lo a escravidão política; é preciso mais, o fundo religioso da raça, como é preciso a doçura, a coragem, o amor ilimitado. A bravura foi igual de parte a parte: o sacrifício nacional não foi. Os que foram ao Paraguai e lá morreram ou de lá voltaram, valem, pelo heroísmo, tanto como os que se bateram com eles valeriam mais pela inteligência, pela cultura, e até se o sacrifício está na razão da inteligência e da liberdade, pela abnegação que mostraram. A intensidade nacional, porém, do sacrifício não se compara. O quadro, por exemplo, dos nossos pequenos navios, isolados, por noites escuras, alguns à flor d'água, como sentinelas perdidas no meio do Paraná e do Paraguai, expostos a um golpe imprevisto, ao choque, à abordagem de um camalote carregado de pólvora e de gente: pode haver nada mais solenemente sugestivo do dever militar do que essa eterna vigia? A passagem de Humaitá, cujo terror seria misterioso, cuja maior dificuldade era a superstição de que era impossível, é, só por si, como tantos outros episódios, a prova de que a coragem, a serenidade, a resolução brasileira estavam à altura de qualquer esforço e de qualquer audácia. A marcha do Chaco bastaria para mostrar, do ponto de vista militar, a superioridade do papel representado nessa guerra pelo Brasil.[5] Isso, porém, não é o oferecimento de uma nação inteira; o abandono, a renúncia de tudo, a aceitação da morte, da miséria, da fome, da desonra, dos perigos, por

amor da pátria como o paraguaio o compreendia; não é
o que está impresso em quadros curtos como estes:

> "Cerro-León e Humaitá eram verdadeiros cemitérios...
> Em um ano López levantou 80 mil homens... o sítio
> do Quadrilátero, que, havia tempo, causava privações
> aos seus defensores, não permitia já que tanta gente se
> mantivesse naquele ponto. A diarreia e a fome faziam
> grande número de vítimas, só uma pequena quantidade
> de gado podia vir do Chaco. Das 17 mil cabeças que
> tinham de reserva, 15 mil morreram de doença e foram
> enterradas..." (Resquin).

> "A emigração forçada para o interior começou desde
> o mês de dezembro de 1868, e essas multidões lançadas
> para os desertos sem abrigo e sem alimento morreram
> pela maior parte vítimas da fome e das fadigas... O al-
> garismo da mortalidade, por ação da guerra, no Exército
> paraguaio, não alcança à décima parte das vítimas que
> fez a fome e a doença desse povo infeliz" (Garmendia).

E estas notas fugitivas, ao acaso, da fuga por Azcur-
ra, Caraguataí, Santo Estanislau, Cerro-Corá:

Já em Panadero a fome era excessiva; principiou-se
a comer os bois dos carros, porque as palmeiras que
proporcionam o coco ficavam muito longe... Durante
a marcha para Cerro-Corá atravessou o Exército paraguaio os rios Igatimi, Amambaí e Corrientes. A marcha
do Exército do Panadero a Cerro-Corá, contando com
as voltas de caminho, foi de muito mais de sessenta léguas, talvez de oitenta léguas. Toda aquela região era
completamente deserta, e a marcha foi muito penosa.
Muita gente morreu de fome, e os soldados fugiam em
número de oito ou dez. Os que eram encontrados eram
imediatamente lanceados, sem mais forma de processo. A estrada ficou semeada de cadáveres; uns tinham
morrido de fome, outros lanceados. Dos 5 mil e tantos

homens que partiram do Panadero, apenas chegaram trezentos a Cerro-Corá, incluindo nesse número chefes e oficiais. Da população que acompanhava o Exército, bem pouca gente chegou com ele. Delvalle ficara atrás com pouca gente e duas peças de artilharia, guardando as carretas atrasadas. O general Roa ainda conservava dez peças de artilharia. O general Caballero foi mandado de Cerro-Corá a Dourados com 23 oficiais, a pé, a fim de reunir gado... O deserto, as marchas forçadas, a fome, as misérias de toda espécie, tinham devorado 5 mil homens, último resto dos 150 mil, se não mais, que López armou para esta guerra... Havia oito dias que estavam em Cerro-Corá, quando foram surpreendidos pelo general Câmara no dia 1º de março (Resquin).

A guerra do Paraguai foi um dos grandes crimes da América do Sul; não foi, porém, o crime do vencedor; foi o crime de López, que exigiu do seu povo até o suicídio. Esse suicídio, na sua trágica inconsciência, é um dos mais nobres holocaustos que o sentimento moderno de pátria tenha deixado na história; é duvidoso mesmo que tenha igual, e cerca com um resplendor legendário de mártir o nome do Paraguai.

Silveira Martins.
Aparecimento do Partido Republicano

Já sob o ministério Itaboraí, podia-se distinguir a separação entre os liberais, a faixa radical. Um homem novo começava a aparecer na política, e revelava, desde os seus primeiros atos, uma independência, uma força, uma audácia, como decerto ainda não se tinha visto, batendo às suas portas em nome de um direito até então desconhecido: o do povo. Era Silveira Martins. A figura do tribuno, como depois a do parlamentar, era talhada em formas colossais; não havia nele nada de gracioso, de modesto, de humilde, de pequeno; tudo era vasto, largo, soberbo, dominador. Na cadeira de juiz, fazendo frente ao ministro da Justiça; nas palestras literárias, pronunciando-se sobre as velhas raízes arianas; nas conferências públicas, fazendo reboar pelas cavernas populares o eco interminável da sua palavra; nos conselhos do Partido Democrático, falando aos chefes tradicionais, aos homens do passado, com a consciência e a autoridade de um conquistador bárbaro ditando a lei à civilização decrépita, indefesa em sua tranquilidade imemorial; nas redações dos jornais amigos, nas confeitarias da rua do Ouvidor, onde durante anos exerceu entre os moços e os exaltados a ditadura da eloquência e da coragem, como Gambetta, durante o Império, nos cafés do Quartier Latin; nas rodas de amigos políticos, como Martinho Campos, Octaviano, Teófilo Ottoni; depois na Câmara dos Deputados, onde sua entrada (legislatura de 1872-5) assinala uma época e faz o efeito de um terremoto; no ministério, onde, incapaz de representar segundos papéis, mas sem preparação, talvez, suficiente para tratar negócios, só teve uma ambição: ganhar com a saída o que perdera com a entrada, e por isso, ainda mais, como ministro demissionário do que como membro do gabinete; por último, no Senado, na independência, na soberba, com que, operada a sua transformação conservadora, atrai para si todos os rancores da democracia, que talvez tenha criado: em todas as posições, que se abateram diante dele para que ele entrasse sem subir, em todos os papéis que desempenhou, Silveira Martins foi sempre único, diferente de todos os mais; possante e sólido, súbito e irresistível, natural e insensível, como uma tromba ou um ciclone. Ele é o seu próprio auditório, sua própria *claque*; respira no espaço ilimitado da sua individualidade, da sua satisfação íntima, dos seus triunfos decretados com justiça por ele mesmo e depois homologados pela massa obediente, como o gaúcho respira nos pampas, onde, no horizonte inteiro, nada vem interceptar, oprimir o seu largo hausto. É, em uma palavra, uma figura fundida no molde em que a imaginação profética casava as suas criações. É o Sansão do império. Desde logo é preciso contar com ele, que é, nesse momento, o que em política se chama "povo", isto é, as pequenas parcelas de povo que se ocupam de política. Quando o espírito que ele encarnou o deixa e vai além animar e suscitar contra ele mesmo outras figuras, ele será tão intensamente odiado pela revolução quanto fora antes querido; mas em um tempo, entre 1868 e 1878, foi ele em nossa política o ídolo de tudo que tinha a aspiração republicana, que sentia a emoção, a vibração democrática, e, como ídolo, o autócrata. Anos depois, ele será, talvez, dos nossos políticos o mais "conservador", sem deixar de exercer sobre os que entraram em contato com ele o magnetismo de sua personalidade. Ninguém, entretanto, pode comandar dois grandes movimentos em sentido contrário: um no sentido da revolução e outro no sentido da autoridade, e assim, apesar de seus grandes esforços, impotente para a reação, o assinalamento da passagem de Silveira Martins na nossa história contemporânea ficará sendo o impulso, o vigor extraordinário que a sua eloquência inflamada, o seu sopro dantoniano, o seu ascendente sobre as multidões, imprimiu ao espírito de revolução no decênio de 1868 a 1878 e que ele em vão se ofereceu depois para reprimir. Dessa ação de sua mocidade ele, porém, não tem que se arrepender. Em uma sociedade sã e vigorosa, homens como ele, qualquer que fosse a exageração de suas primeiras ideias, a prematuridade do seu ideal inconfessado, não teriam feito senão bem; o não ter ele mais tarde podido contrabalançar, com a imparcialidade, a justeza, e a elevação da razão de Estado, a que tantas vezes quase sozinho atingiu no Senado, o impulso, o efeito da sua primeira atitude, prova que a política, quando ele apareceu, já levava o rumo da anarquia, e que sem ele a história das instituições teria sido escrita tal qual foi, apenas com uma poderosa e original figura de menos.

É referindo-se a um dos incidentes que a intervenção de Silveira Martins causava às vezes no partido que Nabuco escreve a Dantas, em 9 de junho de 1870:

> Que os liberais propriamente não vão até onde atiram os radicais, é também uma verdade. Entre nós há quem queira a monarquia com as reformas liberais, assim como há quem não queira talvez mais a monarquia, nem com as reformas. É necessário que sobre esses pontos a luz se faça inteiramente, para que no dia do triunfo não se possa criminar-nos de desleais.

Pela primeira vez, com efeito, em 1870 a ideia republicana figura na luta dos partidos políticos. As tentativas em nome dessa ideia, feitas no Império desde a Constituição, não tinham consequência, eram, quando muito, apenas um perigo de conflito, de perturbação parcial da ordem, não afetavam os espíritos; tinham a mesma importância, comparadas ao movimento de 1870, que as insurreições ocasionais de escravos, comparadas à corrente abolicionista de 1871 e 1879. Agora, porém, a aspiração republicana manifestava-se sob a forma de uma desagregação do Partido Liberal, prometendo estender-se um dia ao Conservador. Nabuco, que não vacilou até o fim na questão da monarquia, via com pesar, mais ainda, com tristeza e apreensão, a nova tendência dos espíritos. A oposição corria o risco de tornar-se facciosa, atacando a instituição, e para o espírito antimonárquico ele não tinha nenhuma afinidade nem simpatia. Todas as suas células pensantes, como todas as fibras de seu coração, eram exclusivamente monárquicas; ele não compreendia a tendência antimonárquica, como não compreendia a tendência antirreligiosa; essas tendências podiam, uma como a outra, crescer por alguma atitude ou palavra sua, levada mais longe do que a aplicação que ele lhe dava; mas, nesse sentido, sua responsabilidade era a mesma que a do médico pelo envenenamento de um doente que tomasse internamente uma droga receitada para uso externo, ou a quem a receita de arsênico ou estricnina sugerisse a ideia de matar-se pelo arsênico ou pela estricnina. Desde 1870, entretanto, ele compreende que está crescendo a corrente republicana no seio do parado Liberal, e com a sua fidelidade e sinceridade de pensador político, julga necessário, como vimos, afirmar cada ano a sua fé monárquica, contrapô-la às ilusões da inexperiência.[1]

A aparição nesse ano de 1870, em 3 de dezembro, de um novo jornal intitulado *A República*[2] é um acontecimento que, se houvesse presciência em política, eclipsaria todos os outros. Não era uma dessas folhas efêmeras, como tantas tinham aparecido antes, advogando a ideia;

era uma grande folha diária, destinada a ter vasta circulação, com tipografia própria, dentro de pouco tempo, na rua do Ouvidor, e centro das reuniões do novo partido. O primeiro número publicava o Manifesto, assinado por Saldanha Marinho, Aristides Lobo, Cristiano Ottoni, Flavio Farnese, Lafayette, Rangel Pestana, Henrique Limpo de Abreu, Quintino Bocaiuva, Salvador de Mendonça e outros ainda, que representavam uma importante defecção no Partido Liberal. Para Nabuco, o ato desses correligionários, que assim se atiravam aos azares de uma propaganda trabalhosa, era sincero e respeitável, e ele o lastimava, como um enfraquecimento sensível do verdadeiro liberalismo.[3] A República andava no ar, como a forma do descontentamento da oposição: "Você nunca dirá uma verdade", escrevia ele a André Fleury (22 de outubro), "como a que disse a respeito das consequências da República em França. Não é a primeira vez que a França, vencida pelas armas, fica vencedora pelas ideias. Eu, como monarquista que sou, temo muito pelas monarquias". Sobretudo em nosso país ele conhecia bem a influência, a repercussão, das revoluções estrangeiras. O fato de se constituir a França em República, com a queda do Império em Sedan, fazia desse ano de 1870 um ano crítico para as instituições brasileiras. 1789, como 1830, como 1848, como a revolução espanhola de 1868, sobretudo pela aparição de Castelar (o qual conquistará para a ideia republicana o espírito e o coração dos moços), foram vibrações que, todas, abalaram a nossa ordem política; a republicanização da França em 1870 acrescentava um terceiro e poderoso foco aos dois outros que atraíam permanentemente o Brasil para a república: a Constituição americana e a adoção da forma republicana por toda a América, com exceção dele somente.

O Manifesto Zacarias

Os republicanos declarados seriam, porém, impotentes, qualquer que fosse o seu número, para produzir a queda da monarquia, se a atitude dos monarquistas tivesse sido previdente e precavida contra semelhante perigo. O instinto, o sentimento da nação, em sua quase totalidade, era de adesão e lealdade às instituições, que, por exceção na América, tinham tocado ao Brasil no ato de se tornar independente; a crença, porém, de que essas instituições não corriam verdadeiramente perigo, a certeza de cada partido, de cada político, de poder ele salvar a monarquia, em qualquer momento ou transe que esta recorresse a ele, fazia os nossos partidos constitucionais em oposição olharem com simpatia as dificuldades que os republicanos criavam ao governo e o concurso que indiretamente lhes prestavam. A ideia republicana, apenas defendida e advogada por homens que renunciavam a tudo para servi-la, era quase um solilóquio; o que a engrossava, lhe dava um som profundo, como a máscara grega, eram os ataques dos que, monarquistas, hostilizavam a monarquia, por impaciência de subir, susceptibilidade ofendida, e incapacidade de tolerar que outros tivessem a sua vez.

Muito mais sensível, por exemplo, do que o Manifesto republicano foi para o imperador a exposição, publicada na *Reforma*, dos motivos por que Zacarias recusara a nomeação de conselheiro de Estado. A exposição não envolve a pessoa do imperador, mas é um desses atos já dos tempos da dissolução incipiente, quando os estadistas mostram à Coroa preferir a popularidade às suas honras e apreço. Zacarias, que tinha nomeado conselheiros de Estado a tantos conservadores, agora declara que o fez com a reserva mental de nunca aceitar de conservadores igual nomeação, para se não dizer que *"a política generosa, que abraçou, se resolvia afinal em um egoístico e torpe* do ut dês". A lei permite que se acumulem as funções de senador e de conselheiro de Estado, e se há acumulação tolerável é essa, mas o ministro que havia nomeado a diversos senadores para o Conselho de Estado não quer a acumulação para si.

"O lugar de senador [dizia ele], com as suas prerrogativas e isenções, com o direito que confere de discutir e votar livremente em um egrégio conselho, que, se não é o Estado, vale mais do que ele, porque é um dos grandes conselhos da nação, de tal sorte satisfaz o meu espírito que nada mais me deixa aspirar."

Esse manifesto tem a data de 29 de dezembro de 1870;[1] ele completa bem, se não vence o páreo, o manifesto republicano de 3. Em tempos normais, um ex-presidente do Conselho teria recusado a nomeação para o Conselho de Estado, que sabia ser do imperador, com todas as desculpas e deferências; não se serviria dessa ocasião para lançar um libelo contra o governo, a corporação a que fora chamado, de fato, contra o regímen político do país. Zacarias devia guardar do Conselho de Estado, pelo papel que em 1868 este representou no conflito entre o ministério e Caxias, a impressão de um tribunal veneziano, e cada dia mais se acentuavam as suas queixas contra o imperador por essa ferida que, dada a sua natureza e a infecção do ambiente político, não podia mais sarar. Por outro lado, ele caíra do poder, suspeito, malvisto pela democracia. Agora o seu rompimento fazia naturalmente crescer a sua força entre o elemento radical do partido, com o qual ele acabaria sempre por se sentir incompatível, tanto pelo seu temperamento autoritário como pela sua adesão católica. O efeito imediato era desacreditar o Conselho de Estado, contra o qual, assim como contra o Senado vitalício, a corrente da opinião democrática estava criada. Nabuco viu uma admirável oportunidade para si nessa recusa de Zacarias. A Fleury ele escreve (em 22 de outubro, antes de saber da publicação do manifesto):

> O Zacarias, não aceitando o Conselho de Estado, ganhou muita popularidade e angariou as adesões dos que dele desconfiavam, e o considero reabilitado para uma nova organização ministerial: é ele sem dúvida o indicado, porque foi com ele que o Partido Liberal decaiu do poder, e é com ele que deve voltar ao poder. Isso para mim foi muito bom, porque me livrou de uma grande dificuldade, se fosse chamado e recusasse.

Ao nome de Zacarias, com efeito, cedem agora as antigas prevenções *"históricas"*; o partido une-se em torno do cavalheiro destemido que lançou à Coroa, como um cartel, a sua nomeação rasgada de conselheiro de Estado; que tomara a desforra do 16 de julho, se não de 20 de fevereiro, de 1868. Logo depois desse ato, ele parte para a Bahia, e é recebido pela oposição com imenso entusiasmo: "Aí vai o nosso Zacarias", escreve Nabuco a Dantas (22 de outubro)

Ascensão de Rio Branco

I. FORMAÇÃO DO GABINETE. O PRESIDENTE DO CONSELHO
Em 7 de março de 1871, o visconde do Rio Branco organiza o seu gabinete, chamando para o seu lado (exceto Saião Lobato, depois visconde de Niterói, que era um veterano conservador) homens novos que tinham que fazer no ministério as suas provas políticas. O que distinguia o gabinete era a homogeneidade. A distância entre o presidente do Conselho e os seus colegas, pode-se dizer os seus alunos, era grande, e desse modo ele não tinha que recear o escolho onde São Vicente naufragou: o gabinete o não incomodava. Nem de outra forma teria podido atravessar a sessão e levar por diante a sua tarefa. Dos ministros que ele assim pretendia preparar para estadistas, só um mostrou ambição de o ser e chegou em nossa política à posição de chefe: foi João Alfredo Corrêa de Oliveira. Reputação estritamente provinciana, quando o ministério se forma, apesar de ter sido deputado na legislatura de 1861, presidente do Pará, ministro com São Vicente, João Alfredo, logo na primeira sessão em que dirige a Câmara como ministro do Império, conquista, na frase de Rio Branco, o bastão de marechal. O ministério Rio Branco durará de 7 de março de 1871 a 25 de junho de 1875, isto é, além de quatro anos, tempo que nenhum gabinete completou, nem antes nem depois, a menos que se considerem os ministérios de 29 de se-

tembro de 1848 e 11 de maio de 1852 um só governo sob chefes diferentes, Olinda, Monte Alegre, e Rodrigues Torres. Essa duração explica-se, mais que tudo, pelas qualidades do chefe do gabinete para a posição a que fora chamado. Ao contrário de todos os outros presidentes do Conselho, pode-se dizer "do reinado", Rio Branco possuía o espírito do cargo, a afinidade natural, a especialidade daquela posição em nosso sistema político. Todos os outros foram diletantes; só ele foi o profissional. Olinda, decerto, era presidente do Conselho, de instinto, sabia do seu ofício; no Segundo Reinado, porém, quando ele sobe, é já um homem de outra época, uma antiguidade; falta-lhe vivacidade, comunicabilidade, movimento. Perdera a elasticidade física e intelectual, as suas artérias políticas estavam endurecidas. E, exceto Olinda, nenhum outro tinha a combinação de predicados que a posição exigia entre nós. É que o presidente do Conselho recebia duas investiduras, nenhuma das quais cedia a precedência a outra, e ambas igualmente precárias e caprichosas: a do monarca e a do partido. O presidente do Conselho no Brasil não era nem um chanceler russo, criatura do soberano, nem um primeiro-ministro inglês, feito somente pela confiança dos Comuns: a delegação da Coroa era para ele tão necessária e tão importante como a delegação da Câmara, e, para exercer com segurança as suas funções, ele tinha tanto que dominar o capricho, as oscilações e as ambições do Parlamento como conservar sempre inalterável o favor, as boas graças do imperante. O presidente do Conselho *ideal* em tais circunstâncias era Rio Branco: só ele reuniu as qualidades diferentes e opostas, que essa alta equilibração exigia, tanto mais quanto ela tinha que ser natural, espontânea, e que o menor esforço causaria a queda. Uns eram individualidades impenetráveis na sua concha ou inçadas de espinhos; esses procuravam, como os demais, adivinhar o pensamento imperial, mas o imperador, apesar disso, não se harmonizava bem com a sua sequidão e aspereza. Outros só tinham uma ideia, agradar-lhe; mas por tal forma mostravam a sua idolatria que eram logo reputados palacianos, áulicos, e não dispunham de força na roda política, nas Câmaras, entre a chamada oligarquia, que sempre cortejou, mas também sempre trouxe de ponta a Coroa. Uns, mesmo quando cediam, não ocultavam a consciência da sua superioridade. Outros deixavam o imperador árbitro de todas as questões delicadas, o que lhe impunha a responsabilidade do governo, além do que ele mesmo julgava legítimo e constitucional. Alguns só queriam sentir-se ministros do partido — raros da opinião —, outros blasonavam de sê-lo da Coroa. Aos que tinham energia faltavam às vezes iniciativa e imaginação; aos que reuniam essas qualidades faltava ou o desejo de governar, ou conhecimento dos homens, ou talento parlamentar, ou suficiência e capacidade para organizar. Uns, de grande inteligência, eram ignorantes do direito, da legislação; alguns, trabalhadores e fecundos, eram enfermos; outros fortes, juvenis, eram indolentes. A algum que reunia as mais diversas qualidades faltava séquito ou dom de criá-lo; a outros comprometiam os seus amigos, a sua roda. O visconde do Rio Branco era em tudo o *juste milieu*: tinha seriedade, critério, infatigabilidade, coragem, vigor físico, pontualidade, correção, figura, maneiras; matemático, tinha alguma coisa de frio, de exato, de positivo, de regular, de metódico no espírito; o seu talento era lúcido, analítico, perspicaz; a imaginação o não arrastava; as suas qualidades não eram de inovação propriamente dita, mas em grau eminente de imitação e aproveitamento; era amável, cortês, insinuante, cativante em grau de chamar a si a quem queria; reservado e prudente, porém, não criava intimidades, não punha todos ao seu nível; a qualidade superior nele era a sua diplomacia nas relações com a Coroa e com a opinião, o seu modo de compreender e zelar por igual, sem queixa de nenhuma, as duas investiduras de que falei. Altivo demais, como parlamentar, para admitir no nosso regímen político que devesse a sua posição à escolha e à confiança do monarca, ele procedia sempre como ministro do Parlamento; mas, antes que tudo monarquista e conhecendo que a realidade dos fatos era o predomínio da Coroa, a dependência dos gabinetes, *principalmente* da conformidade com o imperante, ele sabia tratar o imperador como a fonte direta da sua autoridade. Nele não havia nenhuma dessas intransigências de princípios, dessas paixões partidárias, dessas exigências e imposições, que outros colocavam acima do poder: aceitando o governo das mãos do imperador, as suas normas resumiam-se em ser leal ao soberano, e em não governar sem o apoio da Câmara; no mais, o seu ponto de honra era governar do melhor modo, segundo as circunstâncias, só reconhecendo uma fronteira: a sua própria dignidade, entendida, naturalmente, não no sentido político estreito, em que se confunde dignidade com capricho, com amor-próprio, mas no sentido largo, amplo, senhoril, em que se habituara a tomar a palavra como diplomata, isto é, no sentido de honra, de integridade pessoal, de caráter, que as nações só perdem quando se humilham, se acobardam, ou se desautoram perante todas. Também dos nossos estadistas, o visconde do Rio Branco foi o que mereceu em grau mais elevado a confiança do imperador, o que lhe pareceu reunir maior soma de qualidades para o governo, e a verdade é que as reunia, relativamente à época.[1] Em tempos em que a sociedade se achasse fortemente abalada, em perigo de convulsões, como durante a Regência ou a Maioridade, ele não seria o mais próprio para assumir a direção, porque não tinha a energia de Diogo Feijó, o mando do marquês de Paraná, a autoridade de Eusébio de Queirós; assim como para restaurar as instituições que a guerra civil latente tivesse arruinado ou levantar em torno delas uma muralha chinesa, como foi a lei de 3 de dezembro, ele não tinha decerto a imigração política construtora de Bernardo Pereira de Vasconcelos, nem do visconde do Uruguai. Se se tratasse de vazar a sociedade malnascida e malformada, as instituições parlamentares, em novos moldes, desses que só as grandes reformas da lei civil, as concepções ousadas do direito público podem fornecer, ele não seria o legislador apropriado, como Nabuco, porque o direito, e o que na imaginação do estadista procede do instinto jurídico, não era da sua esfera. Ele não era também um desses condutores da opinião — homens de fé —, capazes de fazê-la atravessar o deserto em longos anos de perseguição e de preparo; nem, invertida a relação das forças entre a Coroa e o Parlamento, seria ele capaz de dominar e arrastar uma Câmara que não pudesse dissolver, como não era feito para arregimentar um partido fora do poder. Por tudo isso, não se pode dizer que ele fosse o maior dos nossos estadistas; em cada uma de suas faculdades isoladamente ele teria superior; o barão de Cotegipe, seu êmulo, tem esse *quid* poderoso e original, a que se chama *gênio*, e de que em Rio Branco estão incertos ou dispersos os traços. No conjunto, porém, e na forma em que esse conjunto foi animado, ele é o primeiro dos nossos políticos; é ele o equilibrado, o feliz, o completo, o olímpico. Nem para as épocas de revolução ou de agitação, nem para as democracias desnorteadas, nem para as convenções e as constituintes, ele é o homem próprio; para um reinado tranquilo, para uma sociedade culta, para uma época de florescimento e prosperidade, é ele, porém, o estadista por excelência. Sua arte de homem de Estado corresponde, tanto como a polidez de Luís XIV, o teatro de Racine, os jardins de Le Nôtre, a um desenvolvimento harmônico de todas as faculdades. De todos os primeiros-ministros do reinado, ele é o que tem a forma — isto é, o molde, a resistência, a elasticidade, a medida — da posição. Só ele representa a monarquia de que a nação era suscetível e que podia durar nela: com uns, teríamos a quase realeza do direito divino, com outros a realeza da revolução; uns aumentariam a pressão, outros diminuiriam a resistência. Por outras palavras, Rio Branco foi a mais lúcida consciência monárquica que teve o reinado, e se, como estadista, ele precisasse de outro título além desse, e da gloriosa responsabilidade que tomou, à moda de Peel, de dividir o Partido Conservador para realizar a emancipação das futuras gerações de escravos, teria um terceiro: o de ter sido o mais capaz diretor da nossa política externa em uma época em que ainda dependia dela a união do Brasil. O visconde do Uruguai e o barão de Cotegipe foram, como o visconde do Rio Branco, dois criadores da política brasileira externa, ao mesmo tempo que interna; mas a responsabilidade da missão Cotegipe foi de Rio Branco e a dificuldade de deslindar a meada do Tratado da Aliança sem sacrificar os interesses do vencido, que eram os nossos, nem alienar de nós o vencedor que acabávamos de ter por aliado, era muito mais séria e delicada do que a aliança contra Rosas, que não afetou a nossa lealdade nem os nossos compromissos. Se a política exterior é a política por excelência, sobretudo para as nações quase de futuro, como o Brasil, senhoras de um imenso território que tem de ficar, por gerações, desocupado, Rio Branco tem direito à preeminência, por ter sido dos nossos estadistas, não, decerto, o mais ambicioso e ousado patriota, mas o mais moderado, constante e inteligente defensor dos interesses da nossa posição, a mão mais segura e delicada a que eles estiveram entregues.[2]

O caráter da reforma.
A parte de cada um

Quanto à anestesia da operação de 1871, pode-se dizer que foi completa. Onde São Vicente teria feito enlouquecer, de dor e de raiva, a grande propriedade, onde Nabuco teria posto à prova toda a sua coragem para uma amputação necessária, Rio Branco opera sem causar o mais insensível sofrimento. A questão, ao julgar-se da sabedoria e prudência dessa lei, é pesar se as consequências da emancipação não teriam sido menores para as instituições e para a lavoura — (em relação a esta questão seria: se às vantagens e à superioridade do trabalho livre não se poderia ter unido em maior escala, depois da abolição total, a residência, a localização certa, dos antigos elementos escravos?) — se a lei inicial, o primeiro choque, houvesse sido mais forte. Que o choque teria sido mais forte, com outros homens e outro partido, não há dúvida alguma. Souza Franco queria, na sessão legislativa seguinte, a indenização pelo Estado dos escravos a quem os proprietários concedessem a liberdade imediata com a condição de trabalharem cinco, seis ou sete anos em suas terras; Octaviano queria a liberdade das escravas, e um plano para a libertação de toda a propriedade servil existente, com perfeita compensação de seus valores em um prazo dado; Nabuco dizia que as medidas complementares viriam depois.[1]

Dois fatos relativos à lei serão fatores permanentes, de efeitos remotos: um é ter sido feita, sendo uma reforma social, pelo Partido Conservador; outro, ter-se descansado completamente depois dela, durante o resto da situação conservadora, como se ela tivesse resolvido a questão da escravidão, quando verdadeiramente só tinha libertado os nascituros. Nabuco assinala no Senado, em 1873,[2] um e outro fato, a cujas ulteriores consequências ele não assistirá, porque faleceu antes de 1879, que é quando recomeça o movimento abolicionista. Mesmo, porém, em relação a essas circunstâncias da reforma, se são visíveis os seus inconvenientes, não se pode afirmar que não teriam sido maiores os de qualquer outra reforma. No fundo, a crítica assenta sobre a ficção de que o espírito conservador era mais ádito ao regímen, à monarquia, à dinastia, quando o espírito de oligarquia, que em regra o substitui, é mais propenso à *fronde*, à rebelião, ao *pronunciamiento*, do que o verdadeiro espírito liberal.

A verdade sobre a lei de 28 de setembro é que as reformas dessa natureza não operam matematicamente, conforme as potências, as forças e as quantidades prefixas de cada uma de suas cláusulas; não são soluções *exatas*, *precisas*, que produzam efeitos *dantemão* calculados: são sempre a decretação do desconhecido; obram pelo imprevisto, pelo espírito que está nelas; são grandes moldes sociais de que saem novos tipos humanos. Seja a liberdade dos que ainda não nasceram, ou a dos que excederam o limite normal da vida escrava, não é a disposição material da lei que opera; é o conflito produzido pela luta do direito superveniente com os antigos fatos, com os interesses sobre-excitados, que ele vê já desenraizados e apodrecendo, mas ocupando ainda todo o leito da estrada por onde ele tem que passar; é o novo espírito da sociedade, o entusiasmo, o ardor dos emancipados; é o encontro de duas classes, uma, que é uma raça e que de escrava acorda livre, se não de fato, pela esperança, pela imaginação, e outra que de surpresa sente desmoronar-se toda a sua posição social, cavar-se, desaparecer o chão

sob o seu poderio territorial até então intato e perpétuo.
É o fenômeno das grandes cataratas, como a do Niágara,
quando o rio, mais manso, mais tranquilo, mais descui-
doso, sente de repente sob suas águas que deslizavam o
espaço vazio e precipita-se nele com todo o seu peso para
depois dessa queda, em que parece pulverizar-se no ar,
entrar em uma garganta apertada, cujas rochas por todos
os lados lhe comprimem e desnorteiam a marcha.

VII. A PARTE DE CADA UM
No seu discurso, de 12 de setembro, Octaviano, que sempre se sentiu inclinado a fazer justiça, a honrar serviços
esquecidos, distribuirá assim as diversas coroas dessa
campanha. "Todos", disse ele, "os que concorreram para
o bem do seu país são dignos de louvor. Ao nobre senador pela província da Bahia [Zacarias], chefe do gabinete
de 1867, não se pode recusar que teve a coragem do homem de Estado, chamando à discussão pública as ideias
emancipadoras e provocando no país esse movimento
que hoje se vai assinalar por um ato legislativo." É, posso
dizer, a *corona obsidionalis*, em sentido inverso: não por
ter libertado um exército sitiado, mas por ter fechado o
sítio da praça inimiga. "Ao seu nobre colega o sr. Nabuco
de Araujo também é indisputável a glória pelo zelo com
que no Conselho de Estado, na correspondência com os
fazendeiros[3] e na tribuna, por meio de eloquentes discursos, fez amadurecer as ideias e tomarem proporções de
vontade nacional." É a *coroa de folhas de oliveira*, dada
àqueles que tinham contribuído para se obter o triunfo.
"Ao sr. senador por Goiás" — Jequitinhonha tinha fale-
cido em 1870, sem o que Octaviano o não teria omitido
nessa referência a Silveira da Mota — "não se pode negar
que ousou propor medidas emancipadoras, quando era
mesmo crime pensar em tais matérias." É a *corona valla-
ris*, a do soldado que primeiro penetra no acampamento
inimigo. "Mas é justiça confessar que cabe também ao

atual presidente do Conselho uma boa parte de glória por ter ouvido a vontade da nação e procurado satisfazê--la, expondo-se à má vontade dos seus próprios correligionários." É a *laurea insignis*.[4]

Faltam nessa distribuição muitos dos que não podem deixar de figurar no quadro da lei de 28 de setembro. Outro esboço pelo menos pode ser oferecido, alterando-se os planos e algumas das proporções, e desenhando-se outras figuras. No fundo do quadro, por que não colocar o grupo dos precursores, desde antes da Independência, os que primeiro lançaram as sementes, das quais não caiu *uma* só em rocha estéril — todas, absolutamente todas, germinando em outros espíritos e corações? Assim, são as ideias de Wilberforce e de Buxton[5] que movem a imaginação e o sentimento de José Bonifácio; as palavras de José Bonifácio são ecoadas por César Burlamaque em 1837; as sementes, novamente lançadas por este, germinam na consciência jurídica de Caetano Alberto Soares (1845), e não morrem no Instituto dos Advogados, passam dele para Perdigão Malheiro (1863);[6] ao mesmo tempo quase Montezuma (Jequitinhonha) e Silveira da Mota surgem no Senado e Tavares Bastos na imprensa: o primeiro, franco abolicionista, pode-se dizer, imediato; o segundo, humanitário, filantropo, procurando aliviar a sorte do escravo, constituir-lhe a família; o terceiro, liberal, economista, pregando as vantagens do trabalho livre. Entre esse grupo de precursores, preparadores do caminho, semeadores da ideia — ao qual haveria que acrescentar outros nomes, como o de Silva Guimarães (Pedro Pereira), e os do grupo de 1871 —, deve-se colocar o presidente do Conselho do gabinete de 3 de agosto, Zacarias, que primeiro inscreveu a reforma numa Fala do Trono; que a anunciou à civilização como uma certeza moral dependente só de tempo e oportunidade; que desenvolveu o maior zelo em fazer elaborar o projeto de lei, que depois foi votado, mas que o Senado foi o mais sério adversário que Rio Branco encontrou.

No primeiro plano do grupo propriamente dito de 1871, a figura central, sobre cuja cabeça a Vitória sustenta a coroa de ouro, como nos triunfos antigos, não deve ser Rio Branco, mas dom Pedro II. Esse nome, durante o Reinado, a ficção constitucional mandava calar, mas a ficção já preencheu o seu fim, e a história, que não respeita ficções, há de reconhecer nele o principal impulsor e o principal sustentáculo da reforma de 1871, levada a efeito exclusivamente por força derivada dele e a princípio transmitida por ele.[7] Têm-se feito diversas tentativas para escrever a história do Reinado atribuindo a glória dos fatos nacionais aos ministros, e ao imperador somente a responsabilidade do mal. Isso, porém, é história *ad usum*; é história passada pela peneira dos preconceitos de partido ou de seita filosófica.[8] Segundo essa nova censura, a emancipação é Rio Branco, a extinção do tráfico é Eusébio de Queirós, e dom Pedro II é a escravidão. Assim também José Bonifácio é a Independência, e dom Pedro I o infeliz acidente monárquico que a desvirtuou. A verdade é que tanto a abolição do tráfico, como a liberdade dos nascituros, foi o resultado da ação perseverante e paciente do imperador, vencendo resistências naturais, sociais e políticas, até encontrar, no momento oportuno, o homem para realizar a ideia pela qual ele então sacrificaria o trono. Isso não diminui o mérito desses homens: uma grande reforma, que destruía um estado social secular, como era a escravidão, não podia quebrar a linha ou deixar de acompanhar o ritmo do Reinado. Rio Branco é uma grande figura; é sua, realmente, a glória que no sistema parlamentar compete ao estadista que assume a responsabilidade de uma grande política, superiormente a defende, e habilmente a faz triunfar; mas se Rio Branco teve a coragem e a resolução de sir Robert Peel, é preciso não esquecer que na Inglaterra o primeiro-ministro se apoia quase somente no Parlamento e nos partidos, e que no Brasil se apoiava *principalmente* no soberano; que a maior parte da força, da confiança, da resolução que Rio Branco mostrou, lhe veio, não da Câmara e da opinião, mas da firmeza, da fé, da intuição nacional do monarca. Ele estava entre o primeiro-ministro inglês, que só depende da Câmara, e o chanceler alemão, que só depende da Coroa, e por isso o seu nome só eclipsaria o de dom Pedro II nessa questão como o de Bismarck eclipsa o de Guilherme I, como o de Pombal eclipsa o de dom José, se a reforma fosse inspiração, movimento, política sua, insuflada ou imposta ao monarca; ou de outro modo, como o de sir Robert Peel eclipsa o da rainha Vitória na questão dos cereais, se ele se tivesse medido com o seu partido e com o Parlamento, sem a superioridade que dava ao governo em nossas Câmaras o mandato ostensivo do imperador, o decreto em branco da dissolução. O imperador, quanto à lei de 28 de setembro, não tem na sua fé de ofício somente essa delegação a Rio Branco, a mesma que a São Vicente, e delegação, pela primeira vez no Reinado, para o tempo que durasse sua ausência no estrangeiro, onde ele não podia, quase, receber sem humilhação a notícia do naufrágio da reforma; tem *a sua iniciativa*: de 1866, primeiro, quando fala em vão ao marquês de Olinda, mas desde logo, nesse mesmo gabinete, conquista a adesão de Nabuco, Saraiva, Paula Souza, e depois quando redige a resposta, a formal promessa aos abolicionistas franceses, e de 1867, porque só ele teria feito Zacarias aceitar e submeter a estudos no Conselho de Estado os projetos de emancipação de um adversário político, como São Vicente; tem o zelo infatigável, a ansiedade, a resolução que mostrou em 1867 e em 1868, tratando-se da elaboração do projeto definitivo, dos trabalhos da Comissão Nabuco, das discussões no Conselho de Estado, onde os que mais olhavam para ele na vida pública, como Paranhos, puderam conhecer desde logo o empenho, a energia, a perseverança com que entrava nessa campanha e o desagrado que lhe causariam, contrariando-a; tem, por fim, a insistência com Itaboraí, desde que acaba a guerra; a animação aos deputados que querem mover-se nessa questão; a inteligência com São Vicente de que ele seria o sucessor de Itaboraí para realizar a reforma; a demissão de Itaboraí, em consequência do aditivo Nabuco criando o fundo de emancipação; a formação do gabinete São Vicente com esse programa; a carta branca que lhe dá para reorganizar o ministério, a instância com Bom Retiro e Rio Branco mesmo para auxiliarem a São Vicente nessa empresa, a substituição de São Vicente pelo visconde do Rio Branco com o mesmo pensamento, o mesmo compromisso; por último, tem a regência de sua filha para deixar-lhe, como prefácio do futuro Reinado, a mais bela página do seu.

Nesses anos de 1866 — pode-se dizer de 1865, porque a ideia da emancipação deve ter começado a agitá-lo desde a sua volta do Rio Grande, deve ter sido nele uma sugestão da guerra, da primeira injúria que se nos atirava e ao nosso Exército, de "país de escravos" — nesses anos de 1866 a 1871, só um momento se pôde pensar que o imperador abandonava a ideia da emancipação; foi quando, em 1868, ele demitiu Zacarias, comprometido a promover a reforma e chamou Itaboraí, que lhe era infenso. Mas ainda aí, nesse passo, ele não se desviou do seu caminho senão aparentemente: no Conselho de Estado vencera-se que só se trataria da emancipação depois de acabada a guerra, e assim, quanto mais depressa acabasse a guerra, mais cedo se podia empreender a reforma; a ideia do imperador preferindo Caxias a Zacarias foi, antes de tudo, apressar a terminação da guerra. Nesse momento ele não pensou talvez na emancipação, mas, se pensou, foi uma razão de mais, a seu ver, para seguir exatamente o mesmo rumo político. Já vimos nesse ponto a sua defesa, quando o presente escritor mesmo formulou essa acusação contra ele de ter retrocedido: retrocedeu para chegar mais depressa; sacrificou a

Zacarias para conservar Caxias; conservou Caxias "pelo desejo de terminar a guerra com a maior honra e proveito em relação às nossas relações externas" — são as suas palavras. Terminava a guerra, não só porque esse era o seu *primeiro* empenho, como para poder tratar do *segundo*, que era a emancipação dos escravos. É nas suas mãos que está a chave da nossa política; é ele quem traça o roteiro da emancipação, servindo-se ora de um, ora de outro partido, captando, para a ideia que tem a peito, o ardor dos que lhe podem servir de apóstolos, como a tolerância, e depois o concurso dos que, por um primeiro movimento, a rejeitam; é ele quem emprega primeiro os liberais e depois os conservadores; quem anima, quem não vê dificuldades, quem se não deixa aterrar, nem demover; por último, mas acima de tudo, é ele só o refém; é *seu* o maior interesse que está em causa: o trono, que ele expõe, sem medo, nesse grande pleito de humanidade.

Logo após, é o lugar de Rio Branco, o lugar-tenente do imperador, o primeiro-ministro que dentro das formas constitucionais, sem violência às tradições aceitas, à independência do Parlamento, sem ameaças de dissolução, teve a fortuna de converter em lei, com o menor abalo social e a menor resistência possível, uma reforma dessa natureza. Nos Estados Unidos dir-se-ia dele que havia evitado uma guerra civil; em São Domingos que havia evitado uma guerra de raças. No Brasil, ele evitou uma dissolução da Câmara dos Deputados e uma eleição, como a do ministério Dantas em 1884, no terreno da escravidão. Fora de toda questão, foi ele que resolveu o problema da emancipação gradual sem atritos nem resistências. O projeto de São Vicente teria enfurecido os proprietários; o projeto de Nabuco ou do Conselho de Estado ter-lhes-ia parecido igualmente espoliador (apesar de que foi exatamente o que veio a acontecer: na execução, na realidade, o projeto Rio Branco ficou reduzido ao projeto Nabuco, a opção do senhor será letra-morta);

o projeto Teixeira Júnior, por outro lado, teria levantado menor oposição entre os proprietários, que ele conciliava ainda mais do que o de Rio Branco, mas entre os emancipadores, a começar pelo imperador, teria sido recebido como uma verdadeira manutenção da escravidão. Combinando o projeto do Conselho de Estado e o da Câmara dos Deputados, Rio Branco conseguiu um misto que os partidários da emancipação não julgaram dever recusar, por acharem nele as principais medidas que reclamavam, e que ao mesmo tempo tirava à libertação forçada das futuras gerações o aspecto carregado e sombrio que pudesse ter para os senhores.

O que Rio Branco faz em 1871 é adormecer a escravidão mediante a promessa de um título de 600$ por criança de oito anos que ela não quisesse conservar, e assim arrancar-lhe a liberdade legal dos nascituros, levá-la a renunciar ao seu princípio de renovação, de perpetuidade, o que equivalia a dizer, de vida: ele, de algum modo, a ilude para penetrar nos seus domínios e não encara o cérbero à moda de Hércules, não o subjuga e arrasta vencido para fora do Hades; adormece-o, à maneira de Orfeu, ou melhor distrai-o, corrompe-o, atirando-lhe, como Eneias, o bolo da sibila, a apólice — Três Barras, ou Teixeira Júnior.

Se o primeiro lugar é do imperador e o segundo de Rio Branco, dois homens devem figurar logo depois, ao lado um do outro: São Vicente e Nabuco. São Vicente em 1866 redige e entrega ao imperador os primeiros projetos de emancipação; tem assim a iniciativa dos primeiros trabalhos da lei, talvez da oportunidade da ideia, talvez do modo de levá-la a efeito, a libertação do ventre — talvez de ter passado a sua convicção ao imperador (o que lhe deveria ser contado como um título primordial; quanto a mim, foi o imperador que inspirou a Pimenta Bueno, e não Pimenta Bueno a ele); em 1867 e 1868, no Conselho de Estado, mantém-se firme; apesar de já não ser seu o projeto em discussão, mas de Nabuco, a emulação não se manifesta por um só movimento ou palavra; em 1869, pressentem-se na sombra os seus passos; em 1870, é ele o centro da propaganda, do proselitismo que se faz entre os *rising men* da Câmara, do pronunciamento contra Itaboraí, que o Partido Conservador não teria sacrificado, se não lhe visse o substituto, preferido pelo imperador e encarregado da reforma que ele não queria realizar; depois, no seu ministério, assinala o seu propósito, o seu compromisso, e, quando não pode vencer as dificuldades internas do gabinete, colabora com o imperador na escolha do seu sucessor, faz vir a Rio Branco de Buenos Aires para entregar-lhe o poder; por último, em 1871, durante a discussão da lei, é ele quem sustenta o presidente do Conselho perante os conservadores, quem na reunião dos adversários do gabinete, que procuravam a reunião do partido, mostra-se intransigente, quem mata qualquer veleidade de harmonia à custa do projeto.

Nabuco, por sua vez, desde 1866, quando São Vicente apresenta os seus projetos, simultaneamente, se não antes,[9] *como ministro*, pronuncia-se pela emancipação, é de parecer que o gabinete anuncie a reforma para depois de acabada a guerra; em 1867 e 1868 é, no Conselho de Estado, o *leader* da discussão, o redator, o relator do projeto que substitui os de Pimenta Bueno, e que, como se viu, foi a verdadeira minuta da lei de 28 de setembro; de 1868 a 1871 torna-se ele o principal propagandista da reforma, faz dela no Senado a sua preocupação constante, sua exigência *única*; põe-na na ordem do dia do Centro Liberal, no programa do partido de que é chefe, insiste por ela com o imperador, com o Partido Conservador, em cada discurso, em cada palavra que escreve; na frase citada de Octaviano, é ele, nessa época de 1867 a 1871, quem, "no Conselho de Estado, na correspondência com os fazendeiros, e na tribuna, por meio de eloquentes discursos, faz amadurecer a ideia e tomar proporções de vontade nacional". Durante esses cinco anos, o estadista torna-se agitador; tem o zelo, a constância, a ideia fixa do apóstolo; por último, sua autoridade pessoal arrasta o Partido Liberal e o põe ao serviço do governo conservador para a realização da grande reforma: é assim que, se ele causa a queda do gabinete resistente de Itaboraí, é ele, por outro lado, quem indica São Vicente e, subindo Rio Branco, quem, com a sua atitude firme, impede que a oposição liberal se alie à dissidência conservadora, quem desse modo anima o presidente do Conselho a fazer questão do seu projeto, a identificar-se com ele até à dissolução, isto é, a garantir-lhe a vitória.

Nabuco tem assim na lei de 28 de setembro a parte de seu organizador no Conselho de Estado, de seu propagandista na opinião, quando o governo conservador a repele, e, quando a aceita, de seu sustentador à frente da oposição liberal. Se ele tivesse seguido outra política, cedido à tática partidária, o desastre do projeto era certo, e grande a agitação no país, na ausência do imperador. Falando de Rio Branco, e comparando-o a sir Robert Peel, vimos que Octaviano lembrou Cobden e seus amigos, *a quem se devia o progresso da razão pública*; Nabuco foi verdadeiramente o Cobden da reforma de que Rio Branco foi sir Robert Peel. Ele tem pleno direito a ser considerado a encarnação de um dos três fatores essenciais que deram em resultado a lei: o primeiro é a vontade tenaz da dinastia, sua iniciativa, o modo como ela insinua, favoneia, instiga, de alguma forma impõe, e por último sustenta, até salvamento, a grande reforma — é a parte do imperador, da princesa, e também do conde d'Eu (atitude durante a Regência, emancipação dos escravos no Paraguai); o segundo é o concurso do Partido Conservador, isto é, do partido natural da resistência, da autoridade, da grande propriedade, que assume a responsabilidade dessa transformação fundamental, que a propõe no momento oportuno, e consegue levá-la a efeito sem resistências nem estremecimento, é a parte de Rio Branco; o terceiro é o concurso do Partido Liberal, que primeiro faz estudar a reforma e a torna vencedora no Conselho de Estado, depois agita a opinião, não deixa dormir na indolência e na tranquilidade os governos conservadores, clama no deserto por ela durante anos, até que, ouvida a sua voz, chegado o momento da conversão do partido contrário, presta-lhe todo o seu apoio para que ele recolha a glória, o prestígio, a vantagem moral do maior cometimento político do reinado; esta é a parte de Nabuco, que deve ser encabeçada em seu nome, porque, de 1867 a 1871, é ele quem encarna esse espírito, é ele verdadeiramente no Centro Liberal, no Senado, na imprensa, no Instituto dos Advogados, falando ao imperador, aos fazendeiros, às sociedades abolicionistas estrangeiras, o verdadeiro Catão dessa nova *delenda Carthago*.

Comparando os dois homens, São Vicente e Nabuco, São Vicente é quem redige os primeiros projetos, Nabuco quem redige a lei. Um e outro foram os educadores de seu partido; Nabuco, porém, à frente do Partido Liberal, em oposição, só o podia educar criando opinião, trazendo em seu socorro a força do país; ao passo que São Vicente, tratando com o Partido Conservador, de outra índole e governo, tinha que proceder pela persuasão dos chefes, tentar apenas a conquista de auxiliares para o imperador. Nenhuma balança poderia achar qual foi a maior parte na lei, na sua elaboração e na sua realização: se a de São Vicente, se a de Nabuco. Um representa genuinamente o concurso do Partido Conservador na oposição e no governo; o outro, também genuinamente, o concurso do Partido Liberal no governo e na oposição. Trocadas as situações políticas, a atitude de ambos teria sido a mesma. Com toda probabilidade, sem São Vicente o Partido Conservador teria sido hostil à reforma; Rio Branco não teria tido a sua vez de realizá-la; os acontecimentos teriam, portanto, seguido outra marcha. Sem

Nabuco, sem a dominação intelectual, o direito de apresentação ou o de beneplácito, que ele exerceu em tão larga escala sobre as ideias e reformas políticas do seu tempo, a emancipação teria sido sufocada no Conselho de Estado em 1867, o Partido Conservador não teria sido acordado do seu sono de 1868 a 1870, e se se atrevesse — o que não é admissível — a levar sozinho por diante a reforma, teria visto levantar-se contra ele a lavoura com a bandeira republicana, como em 1888, para cair aos golpes de Zacarias, que então dominaria a cena.

Depois do imperador e de Rio Branco, que partilham o primeiro plano, o segundo deve assim ser dividido, em toda equidade, entre São Vicente e Nabuco. Além desses, porém, outros tiveram também um papel seu imprescindível. Um deles é Teixeira Júnior, que rompe a unanimidade da Câmara conservadora e organiza o pronunciamento de 1870 a favor da emancipação, de que resulta a queda de Itaboraí e a preeminência no Partido Conservador do elemento progressivo, reformista, cujo chefe será Rio Branco.

Outro é João Alfredo, o imediato de Rio Branco, o *dux belli* da Câmara que respondia pela votação, "o *leader* taciturno dos encerramentos",[10] como foi chamado. A verdade é que o êxito de Rio Branco parece ter resultado da combinação das suas qualidades com as do seu lugar-tenente no ministério. Assim como outro presidente do Conselho, mais temerário ou mais tímido, teria provavelmente naufragado diante da fortíssima oposição que ele encontrou, também Rio Branco teria naufragado se tivesse composto o seu gabinete diferentemente, com competências e ambições dentro dele, ou se não tivesse tido um chefe de maioria como João Alfredo[11] para opor a um chefe de oposição como Paulino de Souza.[12]

Outro ainda é Souza Franco, cuja identificação com Rio Branco, prendendo o elemento *histórico* dos liberais, foi tão completa que, nos momentos em que o primeiro-ministro desanimou de vencer, pensou em passar o poder a Souza Franco, para não entregar a bandeira nas mãos dos conservadores dissidentes.

Outro, por último, mas no mesmo plano dos três, é Sales Torres Homem, que não trouxe a Rio Branco o apoio de um partido ou de uma grande fração de partido, mas que foi um dos personagens da ação, e cujo discurso na discussão da lei, produto de longas meditações literárias sobre o assunto, e a que ele havia antes dado a forma ciceroniana de diálogo, será o mais belo ornamento do debate, e servirá, decorado e repetido pelas novas gerações, de elo intelectual imaginativo entre a lei de 1871 e a de 1888.[13]

A ascensão liberal.
A morte de Nabuco (1878)

Para o fim de 1877, era visível que a situação conservadora estava acabando, com o declínio e a doença do duque de Caxias. "Penso como você", escrevia Nabuco a Dantas em 5 de dezembro,

> que uma nova situação política está próxima. O ministério é um cadáver que o Caxias, com todas as suas glórias e importância que exerce no ânimo do imperador, não poderá galvanizar. O ministério só vive pelo nome do Caxias. Está próxima a nova situação — mas cumpre atender que tal proximidade, não havendo alguma pressão ou nova circunstância, bem pode ir até maio, que é quando o cuco canta.

E acrescentava: "Apesar dos supremos esforços que fiz, com prejuízo de minha saúde, não pude concluir o Código Civil no prazo ajustado, e pedi uma prorrogação de mais oito meses, a qual, *juvante Deo*, espero reduzir à metade".[1]

Com efeito, um mês depois, em 1º de janeiro de 1878, Caxias transmitia a Sinimbu, um dos chefes liberais, um telegrama com a ordem do imperador de comparecer em São Cristóvão.

A formação do gabinete liberal de 5 de janeiro foi uma ferida para Nabuco, consultado sobre ela pelo organizador somente depois do fato consumado. Quem conhece a parte que Nabuco teve na história do novo Partido Liberal, sua posição entre os chefes, colocado por eles mesmos acima de todos, compreenderá bem que o desgosto dele não provinha tanto do imperador não o ter ouvido sobre o organizador, como do organizador não o ter ouvido sobre a organização. Que o imperador devia ouvir a Nabuco, era evidente, se as boas normas do sistema representativo eram um interesse também da dinastia. Nabuco era apontado pelos chefes liberais como devendo ser o organizador, do que ele se escusava, alegando carência de recursos pessoais para se manter na posição e, por último, o Código Civil; era ele, entretanto, por aclamação geral, a primeira figura do partido, além disso conselheiro de Estado, e conselheiro cujo parecer, em questões importantes e numerosas, o imperador tinha podido apreciar. Chamar a Sinimbu, desconhecendo inteiramente a situação de Nabuco no partido, era, da parte do imperador, qualquer que fosse a sua intenção, uma falta, um agravo ao estadista e um erro político, porque era apelar para o Partido Liberal, desconhecendo-lhe a autonomia, o *self-government*, o seu direito de indicar para o governo o estadista de sua confiança. Nabuco, porém, nunca esperou ser chamado, ao menos espontaneamente. Ele sabia que o imperador nunca reconheceria esse direito aos partidos de lhe forçarem, de qualquer modo, a escolha, e de fato Zacarias e Saraiva só faziam tornar ainda mais duvidoso o convite a Nabuco, quando o indicavam do Senado, dizendo que nenhum outro devia ser chamado.[2] Em segundo lugar o imperador — que podia sempre alegar as declarações de Nabuco de que não queria o poder[3] — tinha o melhor dos pretextos, motivo mesmo, para não recorrer a Nabuco em 1878: o de deixá-lo acabar o Código Civil. Por último, Nabuco via bem que o imperador não tratava de desgostá-lo; se o não queria, era porque, apesar de todo o seu desejo de agradar-lhe, Nabuco era intelectualmente um irredutível; aceitava dele todas as ideias que pudesse tornar suas, que o pudessem inspirar e dirigir mesmo — dele imperador como de qualquer outro —, mas não se encarregaria de nenhuma política de que antes o não convencessem. Entre Nabuco e Sinimbu, a preferência do imperador era por este. Homem do mundo, dominando-se superiormente, de maneiras quase ternas e todavia cheias de reserva, afetuosas, mas mantendo todos à distância, Sinimbu escondia sob essa superfície glacial, polida, uniforme, como a de um espelho, o seu verdadeiro temperamento: por fora, pode-se dizer, ele era todo calma e harmonia; no íntimo, havia paixão e violência. Ao mesmo tempo, porém, que homem de sala, ele era homem de corte, e por esse lado o imperador podia ter certeza de que nunca lhe sentiria senão o aveludado das patas, não lhe conheceria senão a cariciosa flexibilidade felina. Depois, Sinimbu não podia exigir a presidência do Conselho; chamando-o, era o imperador que o consagrava chefe dos chefes; provocando a sua gratidão, podia contar com ele até ao sacrifício. A diferença maior, entre ele e Nabuco, não era, porém, essa, e sim que Sinimbu, exceto no campo que lhe era próprio, o dos melhoramentos agrícolas, era politicamente um neutro, um indiferente, qualquer que fosse a aparência de sua linguagem, aos lados que se hostilizavam, e intelectualmente um inerte, cujo movimento tinha que proceder de outros. A chamada dos liberais não era pequena questão para o imperador, pendente a eleição direta, em que, chamando-os, ele renunciava a um dos seus mais caprichosos preconceitos e também a um dos mais pronunciados temores que manifestou no seu Reinado: o preconceito contra a eleição direta e o temor à Constituinte. Em tais circunstâncias, o inaugurador da perigosa situação tinha que ser um político de toda a sua confiança, isto é, sobre o qual ele presumisse poder exercer todo o seu ascendente e fascinação. Talvez lhe parecesse que não conseguiria de Sinimbu o que não conseguisse também de Nabuco, mas nos ministérios anteriores ele tinha observado a índole dos dois homens, e sentia que Nabuco era essencialmente um *leader*, um guia, um condutor político, e que mesmo quando Nabuco tomasse a direção, preferida por ele, havia de andar à frente, havia de arrastá-lo, havia de imprimir ao movimento o cunho estratégico, ou o objetivo, que lhe inspirasse a sua imaginação própria. Por tudo isso, Nabuco compreendia que o imperador não quisesse a sua companhia como primeiro-ministro, e preferisse outro dianteiro para as grandes jornadas do Reinado, em que queria dirigir a marcha e regular o passo da caravana. O convite a Sinimbu foi para Nabuco uma ligeira e amortecida ferida em seu amor-próprio: estava preparado para recebê-la. O modo, porém, como o seu velho amigo, chamado em lugar dele, o pôs de lado na formação do primeiro ministério da situação — situação de que, pela categoria a ele reconhecida por seus pares durante o último decênio todo, tanto quanto pela autoridade intelectual que exercia no partido, podia presumir-se o criador, e, se vivesse, teria sido o árbitro —, esse golpe, sim, magoou-o na sua fibra mais sensível: a franqueza, a confiança, a lealdade, o desinteresse, com que cooperava em política com os seus associados, a dedicação, com que servia aos seus amigos.[4]

Nabuco, entretanto, era tão desapegado do poder que qualquer ferida dessa natureza cicatrizaria logo. Mesmo esse procedimento de Sinimbu, ele o explicará generosamente pela fisiologia das paixões humanas, cuja leitura tinha para ele talvez o atrativo de uma consolação perene. Atribui logo a *gaucherie* do seu companheiro de Olinda à timidez, ao receio de prestar vassalagem a outrem, que não o imperador, ele primeiro-ministro, de reconhecer acima de si um diretor espiritual do partido — que assim faria sombra, não só ao gabinete, como à própria Coroa; daí a linguagem uniforme que Nabuco emprega para com todos que se dirigem a ele: "Desde que um dos chefes do partido se torna o presidente do Conselho, só ele fica chefe, só ele deve governar, e aos demais não é lícito embaraçar a sua liberdade de ação ou importuná-lo com conselhos que ele não pedir". (Carta a Barbosa de Almeida, em 21 de janeiro, 1878.)

Mais fundo do que essas peripécias da política, da qual ele gradualmente se ia retraindo, devia abalá-lo a morte sucessiva de dois homens que, por títulos diversos, eram duas grandes figuras do seu tempo, cuja falta escurecia para ele o recinto do Senado, e repercutia como uma contração dolorosa em sua própria individualidade política. As relações que o ligavam a Zacarias no Senado e no Centro Liberal, e ao marquês de São Vicente no Conselho de Estado e no Senado, eram da ordem desses travamentos misteriosos do cérebro, que não se podem despedaçar, sem que o próprio tecido vital comece a rasgar-se de algum modo. Na mocidade pouco importará ao ator ver cair ao seu lado os que representavam os principais papéis no mesmo drama que ele; na velhice, porém, tais perdas correspondem à atrofia de células e fibras dele mesmo; a morte não é mais somente o desaparecimento do camarada que lhe servia de interlocutor, que o sustentava ou contradizia, seu auxiliar ou seu rival; reflete nas faculdades, nas simpatias, nas emulações, no prazer, na coragem, que a presença daquele constante companheiro despertava, inspirava, excitava no que sobrevive. A morte de Zacarias, ainda no vigor de sua forma ágil e elástica, precedendo por dias, talvez preparando, a volta do Partido Liberal ao poder, devia estremecer o organismo combalido de Nabuco, ainda mais que a de São Vicente, seu êmulo no Conselho de Estado, nosso último publicista, com quem devia eclipsar-se a escola conservadora.

No estado de fadiga e depressão em que se achava, agitado interiormente pelos sacudimentos e sobressaltos da grande obra a que estava obrigado e tinha que prosseguir, lutando contra o destino, Nabuco decerto não resistiria ao primeiro gérmen infeccioso que lhe invadisse o organismo. Colhido, no verão de 1878, por uma febre biliosa, sucumbe rapidamente em 19 de março, na idade de 65 anos incompletos.[5] A morte tinha sido sempre uma grande preocupação religiosa para ele;[6] e assim como seu pai falecera na vigília de são José, era-lhe dado render a alma no dia mesmo do patriarca, cujo nome devotamente trazia, e a quem toda a vida invocara para a sua última hora.

O perigo de Nabuco alarmara a cidade. A sua desaparição cai como um raio sobre o país,[7] ainda mais por se seguir à de Zacarias, São Vicente e Alencar.[8] Seu acompanhamento ao cemitério de São João Batista reflete bem o assombro geral.[9] Entre os ministros, sumidades políticas, magistrados, advogados, diretores da imprensa, literatos e artistas, representantes das diversas classes e de todos os matizes políticos, destacava-se ao lado do féretro o visconde do Rio Branco,[10] já então, sem o suspeitar, enfermo, e, por isso, tão condenado para a política como ele;[11] Octaviano, a quem a fase liberal reservava somente decepções e desgostos, e para quem Nabuco era a última esperança do partido;[12] Saldanha Marinho — e ao seu lado Quintino Bocaiuva —, à testa desse grupo "esperançoso, impaciente e descrente das reformas",[13] do qual se pode afirmar que só se destacou do liberalismo para a República, e, talvez, que só não regressou para a monarquia liberal, porque o imperador não se quis inspirar nos conselhos de Nabuco.[14] Para os conservadores desaparecia a principal garantia de moderação com que podiam contar na situação nova, o adversário que, com plena segurança, instituíam seu árbitro;[15] aos liberais, na maior parte descontentes, apreensivos, surpreendidos com o gabinete, a morte de Nabuco, no início do seu domínio, figurava-se uma fatalidade.[16] A homenagem tem o cunho de uma meditação pública sobre o futuro, sobre as contingências que o encerramento do "oráculo" poderia trazer ao destino nacional.[17]

A linha política do Reinado[1]

Antes de tudo, o Reinado é do imperador. Decerto ele não governa diretamente e por si mesmo, cinge-se à Constituição e às formas do sistema parlamentar; mas como ele só é árbitro da vez de cada partido e de cada estadista, e como está em suas mãos o fazer e desfazer os ministérios, o poder é praticamente dele. A investidura dos gabinetes era curta, o seu título precário — enquanto agradassem ao monarca; em tais condições só havia um meio de governar, a conformidade com ele. Opor--se a ele, aos seus planos, à sua política, era renunciar o poder. Algum ministro podia estar pronto a deixar o governo, apenas empossado; o gabinete, porém, tinha tenacidade, e o partido lhe impunha complacência à vontade imperial por amor dos lugares, do patronato. Insensivelmente os ministérios assentiam, assim, no papel que o imperador distribuía a cada um no seu Reinado. Romper com ele foi por muito tempo impossível em política. O Senado, o Conselho de Estado viviam do seu favor, da sua graça. Nenhum chefe quisera ser *incompatível*. A tradição, a continuidade do governo está com ele só. Como os gabinetes duram pouco e ele é permanente, só ele é capaz de política que demande tempo; só ele pode esperar, contemporizar, continuar, adiar, semear para colher mais tarde, em tempo certo. Enquanto precisa tornar a sua autoridade incontestável, os políticos mais importantes são conservados à distância do trono. Olinda, talvez por ter sido uma espécie de rival da realeza em 1840, só volta ao governo em 1848 — e ainda assim era logo dispensado —, quando o imperador já governava só, e depois de Olinda ter feito habilmente o seu estágio de aspirante e não fazer mais sombra ao seu antigo pupilo político. Bernardo Pereira de Vasconcelos, o homem da resistência à Maioridade, morre em 1850 sem ter sido ministro do imperador. Honório Hermeto Carneiro Leão, também setembrista e antimaiorista, outro independente, vassalo igual ao rei, é chamado em 1843, e despedido em fevereiro de 1844. Depois desses exemplos, os novos educam-se na convicção de que nada podem valer senão pela sua confiança e tolerância.

É ele só quem regula os acessos e as garantias. À primeira grande fornada de conselheiros de Estado, a de 1842, ele era talvez jovem demais para a inspirar, fazia--se no ministério Aureliano Coutinho; mas logo depois ele é quem nomeia cada conselheiro de Estado, até quase ao fim, quando ele mesmo perde o gosto de escolher, talvez porque a estatura dos políticos vai diminuindo em progressão ainda maior para ele do que aos olhos dos que não praticaram com os mais antigos conselheiros de Estado do Reinado, e não conheceram Olinda, Monte Alegre, Maia, Paraná, Alves Branco, Macaé, Maranguape, Abrantes, Paula Sousa, Manuel Antônio Galvão, Abaeté, José Clemente Pereira, visconde de Albuquerque, Jequitinhonha, Itaboraí, Uruguai, Eusébio de Queirós, Manuel Felizardo de Sousa e Melo e outros.

Num ponto sente agudamente e sua susceptibilidade é grande: não deve ser suspeitado de ter validos. Depois que termina o seu noviciado, e dispensa os conselhos de Aureliano Coutinho, e o reduz a um político tão dependente, tão ignorante dos altos mistérios, como os outros, não quer, ao seu lado e nos seus conselhos, individualidades culminantes, governando com o seu prestígio e à sua sombra, como se tivessem poder próprio sobre a nação. A nenhum estadista ele reconheceu nunca a posição própria, incontestável, que a rainha Vitória teve que reconhecer, com a perfeição do *self-government* parlamentar no seu reinado, a Gladstone e Disraeli, por exemplo, de chefes independentes dos respectivos partidos com direito mútuo à reversão do governo.[2] Ninguém sabe o dia seguinte senão ele.[3] Ele forma a corrente da administração, ora num sentido, ora em outro; só ele sabe o verdadeiro destino da navegação. Assim, notavelmente, na questão dos escravos: desde 1865 ou 1866, como vimos, no gabinete Olinda, ele se decide; Olinda opõe-se, ele conquista Nabuco, Saraiva, Paula Sousa; tem no campo conservador Pimenta Bueno, mas a Guerra do Paraguai atravessa-se no caminho, ele cede, adia; depois, com um presidente do Conselho menos refratário, Zacarias, adianta o trabalho no Conselho de Estado, faz elaborar pelos dois partidos a futura lei; Zacarias, porém, torna-se incompatível com Caxias, a guerra é o interesse primordial, Caxias o homem necessário, Zacarias é sacrificado e com ele o Partido Liberal; os conservadores têm que subir, o chefe conservador é Itaboraí, o imperador então pretere a questão, que, no seu espírito, está em segundo lugar, em favor da que tem o primeiro, a guerra; terminada, porém, a guerra, o relógio infalível de São Cristóvão dá a hora da emancipação; quem aceitar o governo é para conformar-se; vem São Vicente, vem Rio Branco, viria Sousa Franco, mas enquanto a questão não estivesse resolvida, não viria nenhum que a pudesse estorvar.[4] Assim com a Guerra do Paraguai. Assim com a eleição direta, que, enquanto o imperador não desiste ou não se rende, é um obstáculo para qualquer governo ou político que pensasse nela (os liberais, Cotegipe, Paulino de Sousa); a princípio, qualquer que fosse o meio de realizá-la; depois, sem reforma da Constituição. Como a reforma eleitoral, a chamada liberdade de ensino, o decreto Leôncio de Carvalho, espécie de *noli me tangere* para as administrações todas que se sucedem.

O governo era feito por todos deste modo: que é que o imperador quer, que é que ele não quer? Os que faziam política fora dessas condições estavam condenados a não ter nenhum êxito; é por isso que os propagandistas de qualquer ideia não tinham nada conseguido enquanto não despertavam o interesse do imperador e não moviam a sua simpatia. Conseguido isso, o concurso dos partidos, dos governos, precipitava-se como uma avalanche; assim em tudo, principalmente na questão magna do Reinado, a escravidão: o pronunciamento de Rio Branco, em 1871, de Dantas, em 1884, de Cotegipe, em 1885 (João Alfredo, em 1888, aproveita a ausência do imperador para fazer a abolição imediata, mas se o imperador estivesse no Império ele teria igualmente sido chamado para resolver o problema, ainda que de outra forma), correspondem à conversão prévia do imperador.

Esse poder era, porém, um fenômeno natural, espontâneo, resultante do nosso estado social e político. Se é um poder sem contraste, não é por culpa dele, mas pela impossibilidade de implantar em uma população como a brasileira a verdade eleitoral, e porque a verdade eleitoral ainda tornaria o eleitorado mais adeso ao governo qualquer que fosse, isto é, ao poder que tinha o direito de nomear. Nesse sentido era um poder indestrutível. Só haveria, com efeito, um meio, exceto a revolução republicana, de fazer render o poder pessoal: era fazer surgir, diante da Coroa onipotente, Câmaras independentes. Aí estava, porém, a impossibilidade; essa foi a grande quimera dos propagandistas da eleição direta, e depois dos homens de Estado que esperaram dela a regeneração do sistema representativo, como os liberais de 1868, os conservadores de Paulino de Sousa e do barão de Cotegipe. Quando, depois de grande resistência, o imperador, que sempre com o tempo se deixou vencer, e se deu por vencido e não convencido, cedeu, e realmente Saraiva conseguiu um primeiro resultado, qual foi a consequência? Que "o país real" com esse primeiro ensaio de verdade eleitoral ficou tão anarquizado quão corrompido; que o Parlamento veio representar a doença geral das localidades, a fome de emprego e de influência; a dependência para com o governo. Era sempre o governo, se não o de hoje, o de amanhã, e só o governo, que podia fazer a eleição. Quanto mais verdadeira ela fosse mais dedicado ao governo, isto é, mais necessitado, cobiçoso, o eleitorado se mostraria. A emancipação do eleitorado, quando pudesse ser efetuada, só daria um resultado: o habituá-lo a utilizar-se do seu voto. Espalhar pelas cidades e pelo interior, onde o emprego era uma sorte grande, diplomas de eleitor era distribuir bilhetes de loteria para um sorteio sempre renovado; o efeito desmoralizador era o mesmo. Dar-se-iam exemplos de esplêndido desinteresse, de abnegação e ingenuidade, características das classes pobres, casos de derrota da plutocracia, do oficialismo, pelo proletariado; mas na grande maioria dos distritos triunfaria a necessidade. A princípio os eleitores seriam arrebanhados pelas influências, mas o resultado da eleição direta, sendo livre, seria quebrar o chamado "cabresto", tornar o votante independente. Queria-se para o eleitor uma lei, como será a de 13 de maio; o que se faz é tornar o voto em massa objeto de tráfico. O efeito dessa papeleta foi o mesmo que uma derrama de papel-moeda; o povo supôs que emergia da pobreza e da necessidade, que tinha recebido uma renda vitalícia. Nem mesmo o imperador, propondo-se no seu Reinado, *exclusivamente*, a fundar a liberdade de eleições, teria conseguido diminuir o seu poder, tê-lo-ia pelo contrário alargado extraordinariamente; porque para reduzi-lo era preciso uma ditadura secular que resolvesse o problema nacional todo, o da raça, do território, e do clima; que recolonizasse o Brasil com elementos capazes do *self-government*, se tal problema não era, por sua natureza, insolúvel artificialmente, pela seleção política de imigrantes que a mudança de país e de clima não desvirtuasse.

Esse poder, o imperador o exercita sempre: 1) dentro da Constituição; 2) de acordo com as ficções e usos do sistema parlamentar inglês, até onde foi tomado entre nós pelos próprios partidos; 3) cedendo sempre à opinião e ao sentimento público. "A honra do meu Reinado só pode ser — cumprir a Constituição que jurei."[5] O que distingue o seu governo é o sacramento da forma; desde o dia em que é declarado maior, até o dia em que lhe é intimada a deposição, ele não sai do seu papel de rei constitucional. Também a marcha da política no Reinado não é obra dele; ele é apenas o relógio, o regulador; marca a hora ou dá o ritmo. *Em política*, decerto, nada do que os ministros propõem, ou as Câmaras votam, ultrapassa a sua risca; é ele quem faz as sondagens de um lado e outro do canal onde se navega. Mas a origem da inspiração não é sua. Se tudo que é deliberado, pessoal, no seu Reinado, exprime só uma consciência contínua, uma identidade diretora, a dele, os acontecimentos, o *in fieri*, vai além, como sempre, do que quer o impulsor ou o moderador político. Todo dia, de toda parte, sua ação individual é anulada pela ação de forças sociais, sobre cujas afinidades, reações e encontros ele não tem domínio, e isso em tal escala que o que ele faz, podendo deixar de fazer, ou o que ele deixa de fazer, podendo fazer, não tem quase alcance, comparado ao jogo e à obra das causas cuja atividade lhe escapa, e a maior parte das quais ele nem suspeita. Mas tudo isso passa-se no Inconsciente nacional, no fundo orgânico — hereditário e evolutivo —, onde quase nenhuma intervenção pessoal, direta, imediata, é possível. A Consciência é ele.

Se o imperador inspira e dirige, não governa, entretanto. Se fiscaliza cada nomeação, cada decreto, cada palavra dos ministros, a responsabilidade é destes. O soberano não intervém, quase, na máquina política e administrativa, que são os partidos com suas aderências e hierarquias oficiais, seu pessoal e suas transações. Ele não quer mesmo conhecer da vida interior dos partidos, não estabelece relações pessoais, diretas com eles, senão com os chefes que serão um dia os presidentes do Conselho. Com estes mesmos já vimos como procedia: o direito que se reserva é de fazê-los sair quando queira; esse direito, tem-no sempre. Há em todos os ministérios elementos dissolventes; impede as recomposições se quer, ou as facilita; impõe condições; vê a oposição ansiosa, às suas ordens, esperando um chamado; outras ambições no próprio campo ministerial, à espreita, e tem sempre a dissolução, *instrumentum regni*. Através do Reinado, de 1840 a 1889, todos os políticos que serviram com ele tiveram consciência de que seu mandato era precário, seu posto instável, oscilante, dependente, e sem exceção exprimiram, quando não fosse senão na intimidade, esse mesmo sentimento: Antônio Carlos e Holanda Cavalcanti, Vasconcelos e Alves Branco, Olinda e Paraná, Eusébio de Queirós e Nabuco, Rio Branco e Cotegipe, Zacarias e Saraiva. Mas, se o mandato é assim precário, se os ministros devem entrar, contando sair ao primeiro desgosto sério do monarca, à primeira resistência ou exigência inconciliável, enquanto não se separa deles, o imperador respeita escrupulosamente a esfera da ação ministerial.[6] Nem se podiam queixar os ministros das observações que ele fazia em conselho, porque, no seu papel de *advocatus diaboli*, ele elucidava as questões, esclarecia as nomeações, aduzia os precedentes, coligia as informações, trazidas de toda parte ao trono, outra *boca de leão* veneziana, emprestava a cada administração o concurso da sua alta posição e de sua vastíssima experiência. Ao mesmo tempo, deixava aos ministros o patronato político, a distribuição dos empregos entre os seus partidários, a administração dos negócios, a realização das ideias que tinham advogado na oposição. Em muitos ramos ele não tinha intervenção quase: no direito, nas finanças, por exemplo.

Era assim que os mais eminentes se achavam bem nessas posições, e as disputavam, apesar da incerteza do prazo e contingência do mandato; além de que a opção do imperador era só entre eles, entre um pequeno círculo formado no Parlamento; que o imperador, de fato, só tinha a liberdade de alternar os partidos, de passar de um grupo, como estava constituído, para o grupo oposto, nas mesmas condições, escolhendo somente, do que era sempre uma liga de chefes, o nome que na ocasião mais lhe agradava. Eles não eram assim ministros do rei, criaturas do Paço; eram ministros do Parlamento, como os da França no reinado de Luís Filipe, e não como os da Inglaterra no reinado de Vitória. O imperador podia despedi-los, como o eleitorado despede os partidos no Reino Unido, mas, salvo essa diferença, de não haver um poder eleitoral capaz de sustentar os seus representantes no caso de apelo ao país, o mandato ministerial era o mesmo. Aspirar ao poder, nas condições em que ele existia, era portanto honroso e legítimo. Não era culpa do imperador a falta de eleições livres; os partidos eram infinitamente mais culpados do que ele, que não tinha quase parte nos abusos que corromperam as eleições. O soberano não rebaixava os seus ministros, respeitava-os, elevava-os; como governante, inspirou-se somente em uma glória: fazer o Brasil figurar como um modelo de liberdade entre as nações. A verdade sobre o seu reinado está resumida no epigrama atribuído a Ferreira Viana: "O imperador levou cinquenta anos a fingir que governava um povo livre"; o que quer dizer, a elevar-lhe a reputação perante o mundo, escondendo a indiferença geral dos cidadãos pela coisa pública, pelos seus direitos e liberdades, praticando e zelando o culto da Constituição, como da divindade política do Império.

Se a Constituição é o *Palladium*, o Parlamento é o *Forum*; essa foi a arena onde durante setenta anos concentrou-se a vida política do país, lutou-se pelo poder e pela liberdade; não é um grande teatro histórico da humanidade, mas para os brasileiros das antigas raças coloniais, qualquer que seja o sentimento de futuras nacionalidades que no correr dos tempos venham a tomar o lugar deles, suas ruínas hão de ser sempre veneráveis. Nada teria sido impossível aí ao verdadeiro gênio político, dotado de real ambição, e em condições de fazê-la valer: infelizmente não tivemos nenhum homem de Estado que reunisse ao gênio ambição, independência, e vontade. Aquele que as tivesse reunido, não encontraria obstáculos em dom Pedro II. Não foi obra dele a degeneração do espírito político dessas Câmaras, em que se levantaram homens como Vilela Barbosa, Vasconcelos, Alves Branco e Paula Sousa. É absurdo, quando se observa que a maior parte deles descreveu a sua curva de liberais para conservadores, uns, e de conservadores para liberais, outros, imaginar que foi o imperador quem determinou esses movimentos regulares do espírito para um e outro polo social. Não foi obra dele o cepticismo, o indiferentismo, o entibiamento político, que sucedeu ao antigo fervor, seriedade e persistência das épocas de caráter sólido e austero; nem, se dependesse dele, teriam vindo, em lugar dos antigos ministérios de chefes, os ministérios de principiantes, de figurantes parlamentares, em que os partidos afinal se trituram.

Como o Parlamento, o Conselho de Estado. Foi com efeito uma grande concepção política, que mesmo a Inglaterra nos podia invejar, esse Conselho de Estado, ouvido sobre todas as grandes questões, conservador das tradições políticas do Império, para a qual os partidos contrários eram chamados a colaborar no bom governo do país, onde a oposição tinha que revelar seus planos, suas alternativas, seu modo diverso de encarar as grandes questões, cuja solução pertencia ao ministério. Essa admirável criação do espírito brasileiro, que completava a outra, não menos admirável, tomada a Benjamin Constant, o Poder Moderador, reunia, assim, em torno do imperador as sumidades políticas de um e outro lado, toda a sua consumada experiência, sempre que era preciso consultar sobre um grave interesse público, de modo que a oposição era, até certo ponto, partícipe da direção do país, fiscal dos seus interesses, depositária dos segredos de Estado.

É esse o sistema do Império, de 1840 a 1889. A vida política faz-se nas Câmaras, na imprensa, nas províncias, como na Inglaterra; mas os partidos não têm moderação, não se resignam à verdade eleitoral, o que faz que a última palavra pertença, involuntariamente, ao poder que nomeia os ministros, e não à Câmara donde eles saem. A diferença é, entretanto, apenas aparente, porque o imperador não inverte as situações apressada e caprichosamente, mas inspira-se sempre da opinião ou da necessidade. O fato é que desse mecanismo dual, monárquico-parlamentar, em que o monarca é um diretor, como o é o Parlamento, em vez de ser uma espécie de autômato das Câmaras, resultam a tranquilidade e a segurança do regímen durante quatro gerações. Se o imperador não tem a direção suprema; se não é o árbitro independente dos partidos; se tem que se limitar a rubricar os decretos que lhe apresentem, e não mudar a situação senão por efeito de eleições contrárias, muito provavelmente o Segundo Reinado não teria sido mais do que a continuação da Regência, ou a antecipação da República, e o poder imperial, escravo e instrumento da oligarquia, à mercê dos que o sequestrassem, teria desaparecido em poucos anos do remoinho das facções. Homens, intelectualmente superiores ao imperador, governando em nome dele, estadistas de maior capacidade, dispensando a sua intervenção e habituando o país a olhar para um trono vazio, não teriam conseguido outra coisa senão desencadear a anarquia contra si mesmos, ao passo que ele, pelo exercício sagaz e moderado do seu papel de imperante constitucional, conservou intacta a sua autoridade durante meio século, quando seu pai, o fundador do Império, não se pôde manter senão nove anos, e as três Regências, quatro, dois, e três anos. Nesse extenso período faz nascer a ordem em todo o Império, antes anarquizado, somente pela tolerância; restaura o prestígio nacional, que encontrara abatido no Prata, e desafoga a situação do Brasil na América, somente pela lealdade e pelo desinteresse; e, se não cria, cristaliza a união nacional, ainda incerta, somente pela coesão da liberdade e confiança recíproca, e pelo constante lapidar da sabedoria política.⁷ Segundo toda probabilidade teria afinal morrido em São Cristóvão e descansaria hoje na Ajuda o autor desse milagre da política sul-americana no século XIX, se não fora a moléstia que, desde 1887, começa a enfraquecer-lhe o cérebro, e o torna tímido, quase vexado de reinar na América à moda da Europa, querendo parecer uma espécie de arconte-rei, como José Bonifácio sonhara para dom Pedro I, um Benjamin Franklin coroado.⁸

Em si mesma tem muito de elevado essa política imperial, que segue sempre pela estrada que lhe parece reta, desprezando as resistências que é forçoso debelar, sem considerar os ressentimentos que podem um dia cortar-lhe a retirada. É uma política decidida e resoluta, quer trate de impedir a formação de *maires du Palais*, de individualidades que lhe façam sombra; quer trate de extinguir os antigos focos revolucionários do Primeiro Reinado e da Regência, militares, políticos, provinciais, de extirpar o feudalismo, impenetrável à justiça, sobranceiro à lei, asilo de foragidos, de abater de um golpe o poderoso comércio de africanos; quer trate, mais tarde, de levar a guerra dos cinco anos até o último reduto de López no

Aquidabã; de acabar, gradualmente, a escravidão em seu Reinado; de impor à Igreja a sujeição ao poder temporal. O que caracteriza, porém, interior e profundamente, tal política por parte da dinastia, é o desapego do trono, e por isso ela não podia ser a de homens, como Nabuco, convencidos da indispensabilidade da instituição e da necessidade de ampará-la contra os perigos que corresse.

No fundo, dom Pedro II tem pelo trono o mesmo desprendimento que dom Pedro I: nem um nem outro se manteriam no poder, derramando sangue; são imperadores, enquanto assim agradar ao país, enquanto *todos* quiserem; não ajustam contas com ele; um não apura o sacrifício que fez em 13 de maio de 1822, renunciando implicitamente, por amor do Brasil, a Coroa da metrópole;[9] o outro não apurará os cinquenta anos de abnegação e sacrifícios que fez por ele: deposto, seguirá para o exílio, levando somente dívidas — que nada eram comparadas às esmolas feitas à custa da sua dotação —, pagá-las-á, caso talvez solitário nos vaivéns da realeza, com o leilão público da mobília e alfaias do seu palácio, deixando ao Estado a sua biblioteca, sua riqueza única (excetuando o foro e o laudêmio de Petrópolis), sem disputar sequer as benfeitorias de São Cristóvão.

Em tais condições de ânimo e resolução, a política persistente de indiferença pelas consequências que o imperador praticava, era uma política de renúncia tácita; não era a política de um soberano convencido da falta que a monarquia faria ao país e decidido a tratá-la como o primeiro dos seus interesses políticos. Se o dispensassem, a culpa não seria dele: essa forma de quitação honrosa bastava-lhe. Em uma de suas notas o imperador escreve: "Se o procedimento errado dos partidos monárquicos der a vitória ao Republicano, que provará isto? O monarca não deixará de ser o homem honesto e desinteressado — não do bem da sua pátria, que para ele não pode existir fora da Constituição".[10]

Essa sua dependência, voluntária, íntima, da boa vontade do país é tal que, deposto do trono, não afirmará uma só vez o seu direito de reinar em virtude de qualquer dos antigos pactos, da Independência, da Constituição, do Sete de Abril, da Maioridade, e muito menos pelo seu direito tradicional português.

Tal política é inteiramente independente das circunstâncias, indiferente à sequela dos acontecimentos. Não se apoia em nenhuma classe, nenhum interesse, corporação, ou partido; presume a boa vontade geral; descansa sobre o espírito de progresso, sobre o sentimento de justiça para com sua retidão, sobre o movimento imprimido à sociedade pelas novas reformas, sobre a confiança no bom-senso geral, em adesões desinteressadas que suplantem as tentativas, aliás improváveis, do privilégio ferido, impeçam a coligação dos ressentimentos poucos generosos, os atentados do interesse particular contra o bem público, e assegurem a marcha desimpedida da nação. Não leva em conta o que Burke chamou "a sabedoria do preconceito"; parte do princípio que a maioria tomará sempre o partido da Constituição, prestará mão forte ao poder imparcial, que atender sempre ao maior interesse do país, que se inspirar somente nas mais altas conveniências políticas, internacionais, morais, do Estado e não se deixe sequer suspeitar de causa própria. Se o resultado for contrário, o estoico resignará, sem pesar, o trono, lastimando somente, por seu amor ao Brasil — talvez sua paixão única[11] —, morrer em terra estranha, e deixará à posteridade dizer o *Victrix causa diis placuit, sed victa Catoni* [A causa vencedora agradou aos deuses, mas a vencida a Catão].

Política monárquica de Nabuco

A política imperial era, pela ousadia de sua elevação, distância do seu lanço, ausência de colunas ou abóbadas, uma verdadeira ponte suspensa. A política de Nabuco era outra; em alguns pontos coincidia com essa, mas a compreensão geral era diversa: para dizer tudo, era *monárquica*, o que a política imperial não era; correspondia à intuição de que a monarquia era um interesse supremo. A ideia monárquica manifesta-se com toda a evidência a Nabuco desde a Faculdade de Direito. Em 1833, aos vinte anos, ela o atira por terra, como um clarão de Damasco, e quando se levanta, redigindo o *Velho de 1817*, é ele quem, no Norte, solta o grito da reação; quem, correndo perigo de vida pela ousadia da campanha, exalta dom Pedro I contra a revolução que o expelira. Desde então sua fé monárquica não flutua mais até o fim, e na velhice revigora-se com a previsão do novo ciclo — de dúvidas, pânico e confusão — em que o Brasil ia forçosamente entrar, tão semelhante ao que, em sua juventude, o convertera de repente ao princípio da autoridade permanente e indestrutível, no meio de todo o seu fanatismo pelo Sete de Abril. Durante toda essa primeira parte da sua carreira, Nabuco é, assim, o defensor sistemático da monarquia constitucional nos diferentes jornais em que escreve em Pernambuco; o doutrinador constante das suas vantagens em nosso país, o esboçador do seu grande papel *nacional* numa fase em que os partidos degeneravam em facções pessoais, em feudos locais de famílias. Sem o Império, ele via o separatismo — que era o instinto popular, a fórmula do isolamento, da disseminação, da apatia, como do bem-estar e comodidade da população, dos sentimentos todos que constituíam o chamado *bairrismo* — levando de vencida a frágil e titubeante razão política, ou a ambição de uma pátria maior, que queria consolidar a união. É sempre propugnando pela monarquia que ele atravessa a crise da Maioridade, em que o antagonismo dos setembristas ao *golpe de Estado* da oposição se mantém em reserva diante do novo Reinado; as revoluções que em São Paulo e Minas Gerais respondem, em 1842, à dissolução prévia da Câmara maiorista; e o agitado domínio liberal, que se segue à demissão de Honório Hermeto Carneiro Leão, quando os grandes vassalos conservadores, os homens do "regresso" — Bernardo de Vasconcelos, Clemente Pereira, Carneiro Leão, Olinda, Rodrigues Torres, Paulino de Sousa, Eusébio de Queirós —, formam uma espécie de *fronde* constitucional, atam ao pelourinho Aureliano Coutinho e a Facção Áulica, e lutam pessoalmente contra o poder da Coroa, levantando a bandeira: "Resistir ao rei, para melhor servir ao rei". Nesse período, que vai, na vida de Nabuco, de 1833 — dos seus vinte anos, quando redige o *Velho de 1817* — a 1852 (já então, dominado o movimento de 1848, a monarquia tem atravessado a fase das revoluções, das resistências, das veleidades, locais ou pessoais, e firmado o seu poder contra todos que pretendiam ombrear com ela, províncias ou partidos, classes ou indivíduos), em que passa do seu pequeno teatro de província para a grande cena do Império, no papel de ministro de Estado, ele tem composto um sem-número de apologias da monarquia constitucional, espalhadas, perdidas hoje nas vastas coleções de jornais que nesses vinte anos, de incansável e obscura fecundidade provinciana, ele escreve, colabora, e de perto ou de longe inspira em Pernambuco.

Uma vez no Parlamento, em posição saliente, Nabuco, invariavelmente, como se viu no decurso de sua vida, presta adesão ao princípio monárquico, como a principal necessidade do nosso país. Tem sempre o sentimento dos perigos que podem de repente ameaçar o trono; não esquece que o viu combalido durante a Regência, quase rejeitado pelo próprio partido do governo. Desde a Conciliação, onde vê a ameaça é no exclusivismo, no emperramento da oligarquia conservadora, na proscrição do elemento liberal, batido nas revoluções de 1842 e 1848. A monarquia é para ele o mesmo que o sistema representativo, e é sobre as condições do nosso sistema representativo que versam os seus principais discursos. "O que eu vejo", dirá ele em 1855, quando ministro da Justiça,

> é um campo vazio de ideias políticas que nele floresceram e que nele murcharam, é um campo semeado de elementos de grandeza, prosperidade e futuro, abrolhado, porém, aqui e ali, de germens de anarquia, que o patriotismo manda destruir e extirpar para que aqueles elementos possam prosperar. Esses germens não são senão os resíduos de ações e reações, senão os desmandos dos partidos para alcançarem o triunfo, não são senão os elementos que todos os dias acumulamos, porque querendo ferir os indivíduos que se acham em uma posição, nós ferimos essencialmente as posições, porque há uma fatalidade e é que todos pensam que *é* tão fácil conquistar como conservar a conquista, que *é* tão fácil desmoralizar a autoridade como restaurar-lhe o prestígio.

Os sinais dessa anarquia ele os acompanha, como juiz, de longa data, e os resumirá uma vez em uma frase (17 de abril de 1860), que volta com insistência em seus discursos: "Em um país como o nosso, onde a sanção moral está obliterada pelo espírito de partido, onde a responsabilidade é ilusória...". Esse é o fundo moral da sociedade, o *substratum*, a que se sobrepõe o governo, que "é tudo, a única vida que resta, a única influência que existe" (discurso de 2 de agosto de 1860). Daí a precariedade da edificação política: é uma torre altíssima e desconjuntada sobre o mais flutuante dos solos. "Encarnai as paixões políticas na fome e na miséria, e não podereis calcular o alcance, os efeitos desses elementos, contra os quais os exércitos seriam impotentes", dirá ele em 1859 (junho). E no mesmo ano, escrevendo a Boa Vista, seu amigo: "Sr. visconde, o Brasil está sobre um vulcão e erram os homens de Estado que, em vez de dirigirem o progresso, querem resistir-lhe com ideias obsoletas e sem significação nesta época".

Por isso, sua atitude, desde que tem posição notória, que pode falar ao *triunvirato*, se não ainda de igual a igual, já sem nenhuma espécie de submissão partidária, isto é, desde 1860, em que está praticamente separado do Partido Conservador, independente, isolado entre os partidos, sua política tem um duplo pensamento: acabar de construir, aperfeiçoar o sistema representativo, e ampará-lo contra as causas de sua decadência e ruína.

Ser-me-ia preciso demonstrar [dizia em 1860] que o regímen parlamentar está entre nós sem vida, sem ação, quase anulado? Ser-me-ia preciso demonstrar que o Parlamento não tem força moral, não tem popularidade? Nós todos somos culpados, cada um de nós concorreu com o seu contingente para esta situação anormal. Um dos nossos erros é que, quando nos achamos no poder, não nos lembramos que um dia nos poderemos achar na oposição, e quando nos achamos na oposição não nos lembramos de que um dia nos poderemos achar no poder. Esse estado de coisas compromete o princípio da autoridade, porque o princípio da autoridade não pode viver somente de força material; compromete o governo, porque o governo não pode ter força moral, se o Parlamento não tiver.

Não vê, nessa época,

> por mais que se alongue a vista pelos nossos horizontes, ainda os mais dilatados, um elemento que possa dividir profundamente a sociedade brasileira. Virá em dúvida a monarquia? Parece-me, senhores, que os brasileiros ainda não perderam o juízo. Virá em dúvida a divisão Norte e Sul do Império? Parece-me que os homens ainda os mais previdentes não previram essa hipótese, porque os interesses do Sul e do Norte são perfeitamente homogêneos (discurso de 15 de junho, 1861).

Mas o perigo pode surgir, de repente, de uma situação caracterizada pela ausência de sanção moral no país, pelo indiferentismo da opinião, embaixo,[1] pela onipotência do governo, em cima. Para ele, o "princípio da autoridade não pode viver somente de força material"; por isso quer assentar as instituições sobre o princípio da responsabilidade. Queria a Coroa, a Câmara, o Senado, o ministério, a oposição, os partidos, limitados em sua esfera legítima, claramente assinalada na consciência pública pela linha da responsabilidade moral. Só assim haveria "legitimidade", expressão dele, em suas funções, em seu poder. Daí os seus chamados *aforismos*, os princípios que introduz em nossa política ou a que dá novo curso, e por isso ficam sendo seus.

Assim em relação à Coroa, à monarquia ("o princípio permanente", que ele não sacrifica ao "princípio transitório", o ministério, os partidos): "o rei reina e não governa", que sustenta perante o próprio imperador no Conselho de Estado; "a dissolução da Câmara é um meio constitucional de resolver as crises e não de iludir as situações"; o famoso *sorites* de 1868 sobre o "absolutismo de fato", em que a eleição das Câmaras, pelos ministérios designados pela Coroa, fazia degenerar o sistema representativo, e que somente pelo caráter elevado do monarca não assumia caráter pessoal ou extraconstitucional. Tudo isso importa regular de modo não arbitrário a substituição dos partidos e o mandato dos governos, que deverá ser parlamentar; visa à realidade substancial, e não meramente formal ou externa, do sistema representativo: a escolha dos ministros pelo Parlamento e não somente no Parlamento. É no interesse superior da monarquia que ele a quer encoberta na luta dos partidos, deixando a cada um a sua função própria, o seu espírito, em vez de os reduzir todos ao mesmo papel, de servir-se indiferentemente de um ou de outro para *o mesmo fim*.

Assim como a realeza, a Câmara: é ele quem, em 1843, apresenta, como se viu, a resolução autorizando os ministros que não forem deputados a assistir às discussões das duas Câmaras, verdadeira base do sistema parlamentar. São suas as sentenças: "A maioria apoia, mas não dirige o ministério; a primeira condição para que o sistema representativo se torne regular é garantir as minorias (1862); antes continuem os procuradores dos interesses individuais do que venham para o Parlamento somente comissários do governo".

O Senado: "O Senado não faz política; não se deve envolver na política do dia; constituindo um partido, não há resolução possível para os conflitos, senão a revolução".

O ministério:

> o governo não pode ter força moral, se o Parlamento não a tiver; em nosso país o governo é tudo, é *a* única vida que resta, é a única influência que existe; o ministério vai adiante e não atrás; não é preciso que o magistrado e o empregado da alfândega pensem como o ministro; não se deve ser ministro senão para realizar alguma ideia de cuja vantagem se tenha convicção.

Como o ministério, a oposição:

quando mesmo eu seguisse o regímen da oposição de 1835 e de 1841, regímen que eu condeno...; não tenho confiança no atual ministério, mas daqui se não segue que eu deva ser um arquiteto de ruínas, que deva preparar dificuldades e precipícios para os futuros ministros, em os quais talvez eu confie; recusei tudo ao ministério, mas não ao governo; quando nos achamos na oposição não nos lembramos de que um dia nos podemos achar no poder.

Os partidos:

não é possível mais que tenhamos partidos duradouros, transmissíveis; esses partidos das eras passadas só os achareis nos países onde ainda há interesses heterogêneos de classes; um dos males que sentimos é a obliteração da sanção moral; pois bem, esse mal nós o devemos aos partidos que confundiam os bons e os maus, para os quais eram anjos somente os seus homens; o cepticismo não seria também um legado dos antigos partidos? a população ficou sem fé e descrente, vendo que eles de seu turno subiam ao poder para se dilacerarem e nada fazerem; *a* política deve ser firmada sobre os interesses atuais, sobre as questões presentes que caracterizam a situação; não podemos esmerilhar uma política, nem nos fatos passados da história, nem nas abstrações da escola; os partidos políticos devem legitimar-se pelas ideias; a ausência deles *é* um vácuo para a anarquia; o maior perigo para o sistema representativo *é* a política pessoal; não há partidos sem antagonismo político e não há antagonismo político sem ideias novas; chega um tempo em que as denominações dos partidos nada significam, em que *eles,* cansados da luta, procuram o ecletismo e se transformam.[2]

Daí a sua campanha, desde 1853, para tornar a "conciliação sistema de governo",[3] e quando desanima, pela ordem de "cerrar fileiras"[4] e pelo espírito de resistência dos chefes conservadores depois das eleições de 1860, sua luta contra o *"uti possidetis* dos catorze anos", que o derroca, assim como, mais tarde, sua atitude de 1868, que não é dirigida contra a Coroa, mas contra a hipertrofia do Poder Moderador por falta de corretivo ao seu arbítrio, ao seu ascendente sobre os partidos. Desde que o espírito radical teórico começa a dominar em política, Nabuco pressente que a monarquia, sem dedicação nos partidos, nos chefes políticos, em nenhuma classe, pelo desprendimento do imperador de quaisquer fins dinásticos e considerações pessoais, está exposta a um colapso; o organismo social todo revela-se-lhe prematuramente caduco, e, então, dele mesmo como que se retira o interesse político, que é esperança no futuro do país. É bem significativa desse seu prognóstico a obrigação que se impõe, como vimos, de renovar cada ano da tribuna do Senado, desde 1869, a sua adesão à monarquia constitucional. Não dirá mais como em 1861: "Virá em dúvida a monarquia? Parece-me, senhores, que os brasileiros ainda não perderam o juízo".

Vê a monarquia posta em dúvida pelas gerações novas e não vê nas outras a fé robusta e a sabedoria que a salvou nos dias tormentosos da Minoridade. No campo liberal não vê quem tenha a intuição de Evaristo da Veiga; no campo conservador, quem tenha a força de Bernardo Pereira de Vasconcelos, e o que é pior, sente que a dinastia é incapaz de plano estratégico de defesa, primeiro, porque é natural, depois de tão longo reinado, que o imperador trate como apreensões de espíritos timoratos quaisquer receios acerca do seu trono; depois, porque ele não daria carta branca para nenhuma repressão, e castigaria em seus ministros toda gota de sangue derramado.[5] Parece-lhe estar assistindo ao princípio da revolução;[6] em tudo é esse o seu pressentimento.

Assim, quando se opõe à guerra que chegou a estar em discussão, por causa dos limites do Paraguai com a República Argentina;[7] quando lamenta a resistência do imperador à eleição direta, causando a defecção de Cotegipe;[8] quando vê um ministério conservador tomar o programa liberal, com risco de tirar à monarquia e ao Partido Conservador os seus pontos de apoio naturais, e de precipitar o Partido Liberal para a fronteira da República, que parte dele já tinha atravessado.[9] Para o fim, o seu desânimo é completo. Parece ter chegado o momento a que aludira em 1861: "Quando a monarquia for uma questão de atualidade, serei conservador". Em 1877, em nota íntima, ele escreve no seu *Diário* como seu *desideratum* político do ano: "Escusar-me de chefe e ministro. Ser liberal avulso, não militante. Político *per accidens*, para censurar, moderar, historiar, aconselhar. Monarquista". Foi esse o seu último estado de espírito.

CONFERÊNCIAS
NOS ESTADOS UNIDOS

O sentimento da nacionalidade
na história do Brasil[1]

Há uma sequência natural em falar do Brasil depois de haver falado dos *Lusíadas*, porque o Brasil e os *Lusíadas* são as duas maiores obras de Portugal. Sabeis bem que o Brasil é dos maiores países do mundo; e o tamanho é fator muito importante na psicologia das raças. Nesta palestra pretendo apenas encarar algumas circunstâncias que fizeram com que a nação se conservasse unida nas mãos dos brasileiros, até o dia de hoje. Foi resultado do espírito público nacional que desde cedo nos acompanhou e foi obra também de ininterrupta boa fortuna. O sentimento nacional brotou no Brasil, como brotou aqui, desde os primeiros tempos. Os pequenos núcleos coloniais, instalados no litoral, a grandes distâncias uns dos outros, aprenderam de início, e quase por instinto, a auxiliarem-se uns aos outros. O espírito que os uniu foi a princípio português, como era natural, e incapaz de se desviar da fidelidade a seu rei. A distância, porém, o abandono aos próprios recursos e a necessidade de não se apoiarem senão em si mesmos, engendraram, em cada um dos núcleos, um sentimento de nacionalismo à parte, que apareceu muito cedo ainda nos tempos coloniais. As diversas capitanias precisavam entender-se com a metrópole através do mar. Assim uma individualidade distinta, marcada por um toque de particularismo, pôde ser notada em todas elas, em maranhenses, pernambucanos, baianos, paulistas, mineiros, mas todas sentiam que um elo comum, embora secundário, as ligava umas às outras. Se a vassalagem a Portugal era para elas uma segurança de união, também o era a religião comum, o catolicismo. Se não fosse seu fervor religioso, o Brasil ter-se-ia modelado em várias formas, adotando nacionalidades diferentes — a portuguesa, a francesa, a holandesa, a espanhola e muito provavelmente a inglesa. E quando digo católico, poderia dizer jesuíta.

Se, no tempo de Loiola, Portugal não tivesse sido constituído província da Companhia, a sorte do Brasil teria sido muito diversa. Sem o padre Nóbrega, não teriam sido expulsos os franceses do Rio de Janeiro; sem os padres Manuel Gomes e Diogo Nunes, não teriam sido expulsos do Maranhão. Sem os jesuítas, só muito mais tarde teríamos tido uma população fixa; as raças indígenas se teriam sumido pelo interior e, em vez de igrejas e povoados, não se teriam visto durante muito tempo, em todo o país, senão as pegadas dos traficantes de escravos através das florestas, exatamente como na África portuguesa. Foi verdadeiramente uma raça de gigantes, a desses jesuítas dos séculos XVI e XVII, isso onde quer que ela se encontre através do mundo. Não é possível lamentar demasiadamente o fato de não terem sido confiadas a seus cuidados todas as raças de selvagens, para se perpetuarem, como os guaranis no Paraguai, nem tampouco o fato de não terem continuado eles a serem missionários. Que missionários, onde quer que se lhes sigam os passos, no Brasil ou no Canadá, entre os iroqueses ou os araucanos! Tomai um homem como o jesuíta português padre Antônio Vieira, homem de gênio, cujo nome nas letras portuguesas só é sobrepujado pelo de Camões, orador poderoso, ao qual o púlpito espanhol não tem nenhum nome para opor. Vede-o, fraco e inválido, fazendo longas viagens por terras através do Nordeste brasileiro, a pé ou de liteira, tudo pelos índios, por amor a estes. O historiador pode inscrever na fronte do Brasil colonial, seja ao nascer, seja na adolescência, estas duas letras — S. J.

Muito cedo, os diferentes centros colonizados começaram, por iniciativa e inspiração próprias, a prestar auxílio aos demais, embora distantes, havendo perigo de invasão. Sem o auxílio dos núcleos coloniais que hoje formam os estados da Bahia e de São Paulo, a baía do Rio de Janeiro poderia ter-se tornado francesa. Uniram-se aqueles para expulsar os franceses, aliados aos indígenas, os tamoios, e, entre 1565 e 1571, destruíram o gérmen da França Antártica de Nicolas Durand de Villegaignon. Do mesmo modo, em 1615, a gente de Pernambuco iria, sob o comando de Jerônimo de Albuquerque, até o Maranhão, para destruir, ao desabrochar, a França Ártica do Seigneur de la Ravardière. Que grandes e incessantes trabalhos tiveram esses colonizadores para guardar o país para si! Em 1616 fundariam, os do Maranhão, a cidade de Pará, e, em seguida, expulsariam os holandeses, tomando-lhes as fortalezas da margem esquerda do Amazonas em 1625, e aos ingleses, a margem direita em 1629. De 1637 a 1639, exploram o possante rio, da foz até a jurisdição de Quito. Ou tomai a expedição de Pedro Teixeira nos mesmos dois anos. Em quarenta e sete canoas, leva dois mil homens, desde a foz do Amazonas até seu afluente o Napo; ali deixa sua tropa e caminha até Quito, na esperança de chegar a Lima e ver o vice-rei do Peru, mas recebe ordem de regresso imediato a fim de observar os holandeses. Foi uma viagem que não cobriu menos de quatro mil milhas de canoa, levando dois mil homens, subindo um rio deserto.

Nada, porém, poderá demonstrar melhor o fato de que já existia no Brasil do século XVII uma robusta vida nacional do que a luta dos pernambucanos contra os holandeses. Em 1580, Portugal desapareceu do rol das nações da Europa, unindo-se sua coroa com a de Espanha. Inimigos da Espanha, os holandeses vieram atacá-la nas suas novas possessões de além-mar e conquistaram um grande pedaço do Brasil. Houve tempo, durante o governo do príncipe João Maurício de Nassau, em que o poder holandês parecia estar ali firmemente estabelecido. Havia muita riqueza em Pernambuco. Eis o que conta de Olinda, sua principal cidade, um frade-escritor daquele tempo:

> O ouro e a prata eram sem número... porque por mui pobre e miserável se tinha o que não tinha seu serviço de prata... As mulheres... não se contentavam com os tafetás, chamalotes, veludos e outras sedas, senão que arrojavam as finas telas e ricos brocados; e eram tantas as joias com que se adornavam que pareciam ter chovidas em suas cabeças, e gargantas as pérolas, rubis, esmeraldas e diamantes... os banquetes quotidianos, as escaramuças e jogos de casas, em cada festa se ordenavam, tudo eram delícias, e não parecia esta terra senão um retrato do terreal paraíso.[2]

Em vez dessa cidade, preferiu o príncipe Maurício ter por capital o local perto do porto, que hoje é a capital do estado de Pernambuco — Recife, assim chamada pelos extensos arrecifes que lhe ficam à frente. Os livros holandeses daquele tempo são monumentos do seu esclarecido governo. Fez-se cercar de um grupo de naturalistas, pintores, arquitetos, escritores, de quem ele era a alma. Foi um nobre exemplo de administrador; no ponto mais oriental do Brasil acendeu naquela época dois grandes faróis — a liberdade de consciência e a liberdade comercial. Se tivesse permanecido ali, é impossível dizer o que não teria efetuado esse engenho tão adiantado para o país de então. Mas a Companhia das Índias Ocidentais chamou-o, mostrando que, para ela, o Brasil não devia ser mais que uma fábrica. Foi um longo esforço, para a remota e principiante colônia portuguesa na América do Sul, o de expulsar do seu território o invasor holandês; esforço de trinta anos mas que revelou a pertinácia e teimosia de um espírito nacional plenamente desenvolvido.

Durante a ocupação holandesa no Brasil, livrou-se Portugal do domínio espanhol e, em dado momento, esteve disposto a comprar a paz, no seu território europeu, pelo sacrifício do Brasil aos holandeses. Foi o sentimento nacional que levou Fernandes Vieira, fazendeiro pernambucano e chefe do movimento popular, a resistir ao rei que lhe ordenara abandonar as armas. Respondeu que haveria de livrar "sua pátria do tirano cativeiro... e no que toque a Sua Majestade me castigar... respondo que sou seu vassalo, e muito leal e quando Sua Majestade me mande cortar a cabeça eu haverei a morte por bem empregada".[3] Se a Inglaterra não se tivesse posto ao mar contra a Holanda, a atitude de Vieira poderia ter causado dano à situação de Portugal na Europa. Já para ele o Brasil estava acima de tudo.

Não é esse o verdadeiro espírito de nacionalidade, o espírito continental? Foi sobretudo o espírito que conquistou para os pernambucanos suas duas vitórias de 1648 e 1649, onde se decidiu a sorte do poderio holandês no Brasil. Roberto Southey, na sua *História do Brasil*, resume a tentativa holandesa nas seguintes palavras:

> A luta ambiciosa que os holandeses sustentaram por tanto tempo, com tanta falta de humanidade e tanto gasto de riqueza e de sangue, não teve outra vantagem senão a de demonstrar, como aviso a outras potências, quanto era impossível conseguir-se uma conquista permanente no Brasil. Um povo de nacionalidade tão marcada como o português é invencível, em tal país, por qualquer força humana.

Tomemos o Sul, os paulistas, por exemplo, descendentes dos primeiros colonizadores de São Paulo. Percorriam o país inteiro, de ponta a ponta, nas suas acidentadas expedições em busca de minas. Conheciam o interior, como hoje talvez não seja conhecido em extensões tão vastas. O espírito desses homens era de liberdade e independência, espírito que cresce com a raça e pelo qual cada menino nascido no Novo Mundo se distingue do pai, nascido no Reino, digo mais, pelo qual todo pai europeu toma a nacionalidade dos filhos. Poderia acumular muitos indícios do precoce crescimento desse espírito no Brasil, sustentado por todos os elementos que participaram de sua colonização, apesar da política da mãe-pátria, receosa de perder a colônia.

Mas não foi só o sentimento nacional. Houve também um auxílio de circunstâncias felizes que vou exemplificar com um ou outro fato. A própria ocupação de Portugal pela Espanha teve como resultado um grande aumento de nosso território. Quase lhe devemos nosso quinhão da bacia amazônica. Se Portugal não se tivesse incorporado à monarquia espanhola, a Espanha teria entrado em disputa para ter o rio Amazonas, cuja foz foi descoberta por um espanhol, Yáñez Pinzón, em 1500, e que foi navegado até o Andes, pela primeira vez, por outro espanhol, Orellana, em 1542. Ademais, o rio foi incluído na parte do mundo distribuída à Espanha pelo papa Alexandre VI e pela demarcação de Tordesillas. Unidos os tronos de Espanha e Portugal, tanto fazia aos reis de Espanha que o Amazonas fosse sujeito a uma ou outra coroa. Ambas lhes pertenciam. Foi por essa circunstância que eles, além de consolidar o título de Portugal ao estuário do grande rio de Orellana, outorgaram à coroa de Portugal as margens de ambos os lados até a jurisdição de Quito. Quando Portugal se libertou do jugo espanhol, acompanharam-no suas antigas colônias, e o Brasil conservou o território amazonense com o que se lhe acrescera durante a ocupação espanhola. A isso chamo boa fortuna, favor de Deus.

Também houve proteção da sorte nas circunstâncias que imediatamente precederam e cercaram a nossa Independência. A América espanhola começou antes do Brasil sua luta contra o domínio europeu, mas o Brasil livrou-se antes de qualquer das colônias espanholas do jugo de uma metrópole distante. Em novembro de 1807, o príncipe regente de Portugal, o futuro rei dom João VI, que governava então no lugar de sua mãe, deixou subitamente Lisboa, com a família real, acompanhado da corte e do governo, em busca do Rio de Janeiro. Havia chegado notícia de que o Exército francês transpusera a fronteira portuguesa. No seu manifesto de 1º de maio de 1808 às potências amigas, dizia o príncipe regente que "erguia a voz no seio do novo império que viera criar". O Rio de Janeiro tornou-se então a verdadeira capital da monarquia. O Brasil não era mais colônia. Embora só viesse a proclamar sua Independência em 1822, já vinha, desde o manifesto de dom João, absorvido pela ideia de se tornar Império. Na sociedade com Portugal, passara a considerar-se o primeiro e não o segundo.

À partida da família real para o Rio de Janeiro devemos ainda a rara felicidade que envolveu nossa Independência. Foi circunstância única na História, a de um herdeiro da coroa preferir fundar um novo trono a suceder ao de seus antepassados. Se o príncipe dom Pedro, em vez de fazer-se imperador do Brasil, tivesse obedecido às cortes de Lisboa e regressado à sua pátria, então, em vez da Independência pacífica que tivemos no Rio de Janeiro, em São Paulo, Minas Gerais, Pernambuco e quase todo o resto do país, teríamos tido, por toda parte, a resistência das tropas portuguesas, como na Bahia e no Pará. Teria sido, quiçá, uma Independência sanguinolenta, e é possível que a Inglaterra, pela sua tradicional aliança com Portugal, auxiliasse a política da Santa Aliança de reprimir levantes na América Latina. Não é só isto: embora o sentimento nacional estivesse formado e apto a inspirar o país, era ainda cedo para conseguirmos, sem o prestígio da velha dinastia, a perfeita fusão das rivalidades locais. O que ocorreu durante a Regência de 1830 a 1840, isto é, uma perigosa hipertensão de patriotismo, poderia ter ocorrido dez anos antes, sob forma mais grave, rompendo talvez em vários pedaços a América portuguesa, como sucedeu com a espanhola.

Apontarei outra felicidade da sorte: o caráter dos administradores que o Brasil sempre teve. Nos séculos XVII e XVIII, na época colonial, pertenciam eles à classe dos velhos governadores portugueses, formados nos sentimentos mais estritos de lealdade ao rei e de responsabilidade cívica. Com o século XIX veio nossa Independência. O primeiro imperador, dom Pedro I, foi impulsivo, obstinado e autoritário, mas era reto, generoso e liberal. Morto, continua vivo, em ambos os países, como herói popular, do mesmo modo que o general Lafayette, em quem encontrou amizade e apoio. Deu liberdade constitucional tanto ao Brasil como a Portugal. Seu filho, dom Pedro II, na idade de cinco anos, em 1831, se tornou o tutelado da nação brasileira, governou-a de 1840 a 1889 e entrava no seu quinquagésimo ano de reino quando foi derrubada a monarquia. Durante seu inteiro reinado — para resumi-lo num só traço — não permitiu uma só vez qualquer interferência na liberdade de imprensa. Seu cliente principal era a oposição e isso a oposição bem sabia. O imperador ansiava para que todo erro se tornasse público e fosse discutido contra seus ministros; acreditava na rotação dos partidos políticos e garantia essa rotação. O povo tinha acesso ao Paço e quem quisesse podia falar-lhe. Com tudo isso, era um caráter de notável abnegação. Sua lista civil abria-se às escondidas para os pobres. Assim, ao deixar o país, não tinha senão dívidas e pagou-as com a venda pública do seu mobiliário. Pouca importância dava ao trono. "Se a atitude imprudente dos partidos monárquicos der a vitória aos republicanos", escreveu na margem de um panfleto político, "que provaria? Coloco sempre o bem da nação antes da consideração exclusiva do interesse monárquico." Numa palavra, foi um Benjamin Franklin coroado. Depois, repentinamente, em 15 de novembro de 1889, veio a República. O ideal que sempre parecera à juventude brasileira o alvo político mais desejável era o da democracia sem o princípio hereditário a encabeçá-la. Era o efeito da ininterrupta atração exercida pelo poderoso ímã elevado no Capitólio de Washington. Desde então, nunca mais se levantou uma dúvida sequer sobre a integridade dos seis presidentes que formam a série dos nossos chefes de Estado depois de Pedro II. Os dois primeiros foram antigos generais do Império, eleitos para o cargo pelo Congresso, quando a República estava ainda no berço e se receavam convulsões. A eleição popular dos outros quatro revelou sempre a escolha mais esclarecida para a missão que cumpria a cada um deles.

No Brasil, portanto, jamais a liberdade foi sacrificada à ordem; pelo contrário, aparece constantemente como seu fruto, fruto da mesma árvore da ordem plantada em nossa Independência. Bem sei que ordem vem antes de liberdade e que não se pode ter a esta sem que primeiro aquela esteja garantida; por isso não deixaria nunca de render homenagem aos grandes chefes salvadores da sociedade, nos países onde a liberdade estremece, ameaçando seu sustentáculo indispensável que é a ordem.

Quanto a nós, nunca tivemos necessidade desse tipo de chefe; no entanto, nossa maior felicidade foi a de nunca ter enveredado por um desses labirintos políticos em que nações irmãs estiveram tanto tempo envolvidas. Se o Brasil, como monarquia, em vez de ter sido, através dos anos, exemplo solitário, na América Latina, de governo próprio guiado pelo liberalismo, tivesse sido um exemplo de governo despótico, os germens da liberdade política teriam rompido em redor dele muito mais tarde do que romperam. Quanto à República Argentina, o exemplo brasileiro liberal foi sem dúvida possante fator na transformação dos despotismos locais em governo nacional de liberalismo.

O Brasil sempre teve consciência do seu tamanho e tem sido governado por um sentimento profético do seu futuro. Mostrou-o como nação desde o primeiro dia, tomando para si a categoria de império, enquanto Portugal, a antiga mãe-pátria, permanecia reino. O príncipe dom Pedro, quando preferiu a nova coroa americana à antiga e europeia, apenas seguiu o conselho paterno. Desde dom João IV, como o revelou sua consorte ao grande jesuíta, padre Antônio Vieira, o Brasil era a esperança final da dinastia portuguesa.

Entre as circunstâncias felizes que nos auxiliaram a preservar nosso território, sem lutar novamente por ele depois da queda do poder holandês, cumpre incluir a amizade tradicional entre Portugal e Inglaterra e, depois da Independência, a influência exercida na Europa por essa grande nação. O desejo europeu de conseguir a boa vontade dos Estados Unidos deixou passar sem protesto a Doutrina de Monroe. Foi uma felicidade ter vivido Monroe na época de Canning, foi uma verdadeira conjugação da sorte. Para verificar que a imunidade da América Latina dependia em grande parte do prestígio deste país, por mais silenciosa e oculta que essa presença forte permanecesse, tanto aos beneficiados como aos prejudicados, basta lembrar que, no momento da Guerra de Secessão, quando parecia que vos romperíeis em dois corpos distintos, veio de repente a invasão do México por um exército europeu, portador de novas instituições políticas.

O Brasil compreendeu tão bem que a Doutrina de Monroe era uma verdadeira felicidade para a América Latina, que foi ele quem primeiro apoiou essa doutrina. Sessenta dias depois de pronunciada a mensagem de 3 de dezembro de 1823, o governo do Brasil mandou instruções a seu representante em Washington para propor ao governo americano uma aliança ofensiva e defensiva. Muito antes de nossa Independência, e quando era crime pensar nela, os patriotas brasileiros voltavam suas vistas para a nova democracia americana. Desde 1787 procuraram conseguir o interesse de Jefferson, que se achava na França. Jefferson não lhes negou simpatia, embora obrigado, como agente diplomático, a recusar sua cooperação. O rumo da simpatia nacional foi, do nosso lado, sempre o mesmo, desde então.

A quem me perguntasse qual é o característico nacional dominante do Brasil, eu responderia com segurança que é o idealismo. Desse idealismo, faz parte o americanismo. Somos e sempre fomos leais ao nosso continente. O Brasil nunca poderia acorrentar-se a funções interesseiras ou egoístas; é governado pela imaginação. A nação sempre obedecerá ao seu idealismo. Por isso nunca conheceu um governo arbitrário ou pessoal. Não poderia sequer produzir um déspota, e este, se pudesse existir, sentiria o vazio em torno de si. Cada gesto da nossa história pode-se explicar pelo idealismo e por nada mais. A ganância e o egoísmo não explicariam nenhum. Tomai nossos dois imperadores, um é libertador e herói nacional; o outro, filósofo dedicado a sua pátria. A atitude de ambos, através da vida, no trono e no exílio, foi uma constante idealização do papel que lhes cumpria representar para merecerem o aplauso da posteridade. Por isso, esta ficará com eles. E, falando de idealismo no trono, a história não oferece exemplo mais refulgente e impressionante do que o da princesa imperial, dona Isabel, que produziu, por ato próprio, como regente do Império em 1888, a queda de um ministério para poder convocar outro, que propusesse ao Parlamento a abolição imediata da escravidão. E isso, a princesa fez, sabendo que os velhos conservadores deixariam o trono à mercê do avanço, em todo o país, da agitação republicana. Que página haverá mais nobre no idealismo do que o curso do movimento pela abolição da escravidão no Brasil? Os próprios senhores de escravos contribuíram esplendidamente, libertando seus cativos, muitas vezes às centenas, fato que não se registra de modo geral nem na época das perseguições, quando a sociedade romana era arrastada por um ideal novo e por uma antecipação fulgurante de outra vida. E a passagem da lei da abolição pelo Parlamento em sete dias! Tomai nossos presidentes: cada um tinha uma ideia a realizar, cada um trouxe um plano a ser executado na sua administração. Sujeitou-lhe tudo o mais e deixou o trabalho acabado e ligado a seu nome. Isso é idealismo. A Independência, a abolição da escravatura, a República, todas as três desabrocharam sem nódoa de sangue, por causa do idealismo nacional que faz adormecer os interesses prejudicados e as decepções de lucro, por maiores que sejam, quando se trata de um destino da nação que precisa consumar-se. Grandes acontecimentos políticos amadureceram na própria árvore e foram colhidos perfeitamente a ponto.

Sinto muito que, em vez da minha, não escutásseis hoje a voz do meu compatriota, o senador Rui Barbosa. Veríeis que não existe nada na ciência americana referente à política e à legislação, nem nada na literatura americana que não seja conhecido no Brasil. No exterior ninguém parecia ter-lhe ouvido o nome, embora tivesse sido, nos últimos vinte anos, a mais preeminente intelectualidade de nossa vida política. No entanto, na segunda Conferência de Haia alcançou logo renome mundial. Mostrou que, sozinho, valia por uma legião. Lastimo que uma vez ele tivesse tido que divergir da delegação americana, mas os princípios que advogava terão que triunfar; sem eles não se pode conceber tribunal de arbitramento acessível a toda a humanidade. Que lhe deu tanto crédito? Ficai certo que não foi o mero valor intelectual. Foi o valor intelectual a serviço do idealismo. Tomai nosso ministro das Relações Exteriores, o barão do Rio Branco, um nome que toda a América Latina sabe honrar. Foi ministro das Relações Exteriores sob o presidente Rodrigues Alves e continua no cargo no governo do presidente Afonso Pena, prova de que a nação apartou sua política exterior da esfera partidária, tão depressa encontrou um homem que se identificasse com a pura ideia de pátria. Era um estudioso da geografia e da história do Brasil e das suas relações exteriores com outros países, um guardião da integridade do nosso território, cuja extensão ele aumentou, não só por ter ganho inteiramente duas pendências centenárias que envolviam nossas fronteiras, uma perante o presidente Cleveland, outra perante o Conselho Federal Suíço, mas também porque lhe acresceu um grande pedaço, na bacia do Amazonas, por negociação e compra. Não está aí uma prova de que o país se guia pelas mais altas de suas aspirações? E não é esse o idealismo da espécie genuína equivalente à sabedoria?

Senhores, permiti-me mais uma observação. Dom Pedro II do Brasil, o general Mitre da Argentina, e o general Porfirio Díaz do México foram as principais figuras da América Latina no meu tempo. Dom Pedro visitou este país em 1876; foi amigo de Longfellow e de Agassiz, como de todo grande poeta ou naturalista de sua época. Muitas provas deram os Estados Unidos do apreço que tinham pelo seu caráter, como, por exemplo, quando os respectivos chefes da União e da Confederação recusaram uma proposta de mediação, no correr da guerra civil, dizendo, segundo consta, que, se chegasse a hora desse alvitre, o imperador do Brasil seria o mediador natural; ou quando este país lhe pediu, com a Grã-Bretanha, que nomeasse um dos árbitros no caso do *Alabama*.

O general Díaz é vosso vizinho. Vistes, por assim dizer, com os próprios olhos, o muito que ele fez para o México. O terceiro, porém, o general Mitre, é para vós um estranho. É triste, do ponto de vista continental, que um herói nacional da América do Sul, com uma vida tão longa, tão brilhante e tão nobre, pudesse viver e morrer sem que esta nação, em conjunto, tivesse consciência dele. Não é necessário outra prova de quanto a América Latina é pouco conhecida entre vós. Muito, no entanto, podem fazer as universidades americanas para chamar a atenção da juventude americana para o que é digno de notar-se nas suas irmãs do Sul. Lembrai-vos, como eu já disse há dias, no lançamento da pedra angular da Casa das Repúblicas Americanas em Washington, que elas foram herdeiras convosco na grande partilha de Colombo e que nossa associação é indissolúvel.

A parte da América
na civilização[1]

Viajando uma vez da Europa para o Brasil, ouvi o finado William Gifford Palgrave, meu companheiro de mesa, escritor inglês muito viajado no Oriente, perguntar ao comandante do navio que vantagem lhe parecia ter advindo da descoberta da América. Por sua parte, não lhe ocorria nenhuma, salvo, apenas, o tabaco. Foi a primeira vez que ouvi exprimir essa dúvida, mas anos depois vim a comprar um velho livro francês, de um Abbé Genty, livro intitulado: *L'Influence de la découverte de l'Amérique sur le bonheur du genre humain*, e soube então que a curiosa questão havia sido proposta seriamente para um prêmio pela Academia de Lyon, antes da Revolução Francesa, e que estava formulada do seguinte modo: "Tem sido útil ou prejudicial ao gênero humano a descoberta da América?". O trabalho de Genty não passa, em seu conjunto, de uma declamação oca, onde não há nada a colher além da esperança que o autor exprime na regeneração da humanidade pela nova nação americana. Na independência dos anglo-americanos, vê "o sucesso mais apto a apressar a revolução que reconduzirá a felicidade à face da Terra". E acrescenta: "É no seio da República recém-nascida que se acham depositados os verdadeiros tesouros destinados a enriquecer o mundo". O livro merece por isso ser conservado, mas a época em que foi escrito, 1787, não permitia ainda que se pudesse avaliar a contribuição do Novo Mundo para o bem-estar da humanidade. Era já a aurora do dia da América, mas nada mais senão a aurora. George Washington presidia à Convenção Constitucional, porém a influência desse grande acontecimento ainda não fora além do choque causado ao Velho Mundo. Ainda não produzira a Revolução Francesa. Sua importância não podia por enquanto ser imaginada.

Há na vida das nações um período em que ainda não lhes foi revelado o papel que deverão desempenhar. O feitio que a influência romana tomaria não podia ser previsto nem nos grandes dias da República. Uma conversa entre César e Cícero sobre o papel histórico da Gália ou da Bretanha não poderia levar em conta a França ou a Inglaterra. Uma troca de ideias entre Carlos Magno e Alcuíno a respeito da Alemanha não passaria de um conto medieval, já agora quase apagado. Hoje mesmo, quem poderia dizer algo de essencial sobre o Japão ou a China? Do Japão, pode-se afirmar que, para o mundo exterior, está apenas na aurora. Quanto à China, continua velada na sua longa noite, brilhando apenas para si própria. Na história da humanidade, a impressão de qualquer um deles poderá sequer imaginar-se? Mas já se pode estudar a parte da América na civilização. Podemos desconhecer suas possibilidades no futuro, como desconhecemos as da eletricidade; mas já sabemos o que é eletricidade, e também conhecemos a individualidade nacional do vosso país. As nações alcançam em época determinada o pleno desenvolvimento de sua individualidade; e parece que já alcançastes o vosso. Assim podemos falar com mais base que o sacerdote francês nas vésperas da Revolução Francesa.

Eu já havia escolhido esse empolgante assunto quando chamaram minha atenção para a admirável conferência do presidente Eliot, de Harvard, apontando cinco grandes contribuições americanas para a civilização. Eram ao seu ver: primeiro, e principalmente, a substituição da guerra, nas disputas entre nações, pelo arbitramento ou pelas discussões; segundo, a mais ampla tolerância religiosa; terceiro, o sufrágio universal; quarto, a prova demonstrativa da aptidão de uma grande variedade de raças para a liberdade política; quinto, a difusão do bem-estar material entre a população.

Não sou de parecer que todos os pontos tidos pelo presidente Eliot como contribuições americanas levarão na história o rótulo *made in America*, mas todos passaram aqui por tais transformações e tais melhoramentos que de fato merecem em parte essa marca.

Ao escrever, no entanto, a história da civilização, nosso cuidado em não omitir o resto da humanidade não deve ser menor que o de esquecer a América. A raça americana não nasceu de chofre em estado adiantado de civilização. Constituiu-se, no período de formação, dentro da própria raça inglesa, que foi apenas crescendo em outro ambiente. Constitui-se hoje da fusão da raça inglesa com outras raças, mas ainda sob sua predominância. É provável que o destino da humanidade fosse o mesmo se a América tivesse ficado para sempre submergida. Sem ela, no entanto, muita coisa que já veio enriquecer a civilização não existiria ainda, e talvez nunca viesse a existir, assim como, sem um conjunto determinado de circunstâncias, a florescência artística da Renascença poderia nunca ter desabrochado.

Ao procurarmos o que pertence à América não devemos incluir no seu quinhão o que é da raça inglesa, nem mesmo o que pertence às outras raças integrantes da nacionalidade americana, muito embora não se possa, quanto a estas, discernir a influência positiva de nenhuma, além do elemento inglês que lhe deu origem. Tudo o que pertence à evolução natural da raça anglo-saxônia não deve ser apontado como exclusivamente americano. Um fruto não é exclusivo a determinada árvore só porque amadurecerá mais cedo nela em alguma parte do mundo. Só podem ser considerados frutos americanos os que são produzidos unicamente por árvores americanas, seja no próprio continente, seja no lugar para onde forem transplantados. Eu não hesitaria, porém, em chamar americanas as frutas de árvores europeias que, sendo débeis e pouco desenvolvidas no solo nativo, adquiriram na terra americana pujança de seiva muito maior.

Adotado esse ponto de vista, eu não incluiria, por exemplo, o sufrágio universal entre as contribuições americanas para o mundo civilizado. Não se pode afirmar que a Inglaterra ou o mundo precisassem dos Estados Unidos para conceber e desenvolver tal sufrágio. Ele não é sequer geralmente associado aos Estados Unidos. É antes atribuído à França. Tão pouco incluiria o arbitramento. Este, a meu ver, não nasceu aqui. O proselitismo da paz interessa mais proximamente as nações ameaçadas de guerra do que aquela que está protegida contra ela. Houve, nos últimos anos, neste país, um forte movimento em favor da paz, mas acompanhando o movimento europeu no mesmo sentido. Sendo a Europa o continente que está sob ameaça de guerra, é-lhe necessária maior atividade em prol da paz.

Mas o presidente Eliot, ao resumir seu discurso, chama a essa contribuição "guardar a paz". Expressa assim, não duvido que tenha sido um dos vossos mais poderosos auxílios, porque a pressão em favor da paz, exercida sobre a Europa pela América, é hoje a maior no mundo para impedir a guerra. A América, graças à Doutrina de Monroe, é o continente da paz e esse colossal bloco pacifista, que afeta profundamente outras regiões da Terra — todo o Pacífico, pode-se dizer —, forma o hemisfério neutro a equilibrar o outro hemisfério, que poderíamos chamar beligerante. Quão verdadeiramente profética foi a palavra de Canning sobre a sua obra, que foi obra também de Monroe: "Chamei à existência um

novo mundo para restabelecer o equilíbrio do antigo".
Os Estados, sem a Doutrina de Monroe, não teriam restabelecido esse equilíbrio.

É preciso, no entanto, lembrar que a causa das guerras são em geral os obstáculos ao engrandecimento nacional e a vós nunca se apresentou nenhum que fosse sério. Estais realizando agora uma obra[2] que, como empreendimento de um só país, seria obstada pelas outras potências navais, se não existisse, além do vosso prestígio, a confiança no vosso feitio neutro. Vosso sentimento pacifista será posto à prova quando, no correr do vosso surto prodigioso, encontrardes o primeiro obstáculo sério ao vosso engrandecimento nacional. A questão a resolver-se é se não proclamareis então uma guerra santa nacional. Por enquanto não se pode dizer que a paz seja para vós artigo de fé de caráter permanente, como, por exemplo, a democracia ou a tolerância religiosa. Foi grande felicidade para o gênero humano ter coincidido o vosso período de surto livre (que vos permitiu viver em paz e exercer toda a vossa grande pressão, moral e comercial, em prol da paz) com a época em que o progresso da civilização e, provavelmente, o da ciência estão a caminho de substituir a guerra pelo direito internacional, ou de destacar a guerra do direito internacional, que é constituído ainda em maior parte por ela.

Permiti-me dizer que, para fixar no espírito desta grande nação o propósito da paz, acredito que nada poderia concorrer mais do que o pan-americanismo. Se este constituir para vós resoluta política externa, como, pela Doutrina de Monroe, já é um movimento reflexo da vossa política, então não só este país se identificaria com a paz, mas também ligaria a ela o resto do continente, e essa tarefa encheria o tempo que ainda nos separa da época em que toda a humanidade venha a renegar a guerra. Para vós e para nós, as palavras paz e pan-americanismo são conversíveis. Como, porém, o elemento que mais influi na vossa força em prol da paz é a imigração, eu classificaria esta como a primeira entre as contribuições da América para a civilização.

Ocorrem-me sobre esse ponto algumas observações. Sois, a vários respeitos, uma nação de tipo único. Desse tipo só se aproximou o Império Romano quando próximo da dissolução. As demais nações são, ou foram, todas compostas de uma única raça, ou então de raças separadas e falando cada qual sua língua; só vós constituís uma nação formada pela fusão de raças de línguas diversas, levadas por influências superiores, a falar só a língua da terra. Em outras palavras, sois uma nação formada de nações por sua livre vontade. A diferença está toda nisso. Os Estados Unidos criaram-se pela imigração voluntária e não pela conquista. A América é de fato a Nova Europa; mas enquanto a velha Europa mantém suas barreiras raciais por patriotismos diferentes e por tradições nacionais distintas, com idiomas também distintos, vemos aqui, na Nova Europa, essas mesmas raças do Velho Mundo misturarem-se, casarem-se, esquecerem as tradicionais alianças, trocarem a velha alma europeia pela nova americana, e enquanto se está processando essa fusão, através de milhões de indivíduos, permaneceis uma nação cuja fórmula étnica varia necessariamente em cada geração. Os componentes raciais da vossa nacionalidade mudam tão rapidamente suas relativas proporções que ninguém pode dizer como estejam colocados em relação uns aos outros. Vossa consciência nacional não precisa felizmente ajustar-se a esse censo, nem aguarda que se analise a raça. Contenta-se com a síntese inalterável que é apenas esta: americana.

Curioso é verificar que justamente nessa constante alteração da vossa composição étnica está o segredo da vossa individualidade, constituída antes de tudo pelo sopro que recebestes, ao serdes criados, e que os elementos adventícios de toda e qualquer origem vão adotando pressurosa e ufanamente como direito de herança. Com o influxo ininterrupto de novas levas, o resíduo nacional, gasto, inerte ou carcomido, não aparece tanto como se não existissem elementos novos e compensadores. Em todas as sociedades encontra-se, com efeito, um sedimento, formado de porções que já arderam e se consumiram, pelo menos em parte, e que não podem preservar e continuar sozinhos a individualidade de um país. Qualquer aristocracia na América seria um sedimento dessa espécie. Não me refiro, naturalmente, a essa fina pátina do tempo que, por figuração, chamamos "aristocracia". Nesse sentido, o tempo em toda parte é naturalmente aristocrata.

Nações houve formadas por conquista, e compostas portanto de raças distintas, mas nestas o particularismo sempre prevaleceu, separando-as entre elas. Quando o mundo antigo ficou reduzido a províncias romanas, e Caracala estendeu o direito de cidadania a todos os habitantes livres do Império, viu-se uma comunidade do gênero da vossa, em que todos os membros se galardoavam da mesma nacionalidade; foram épocas, porém, de grandes dissensões. Ademais a fusão das raças diversas não se podia operar tão livremente como entre vós, porque encontrava todas as barreiras da velha vida local.

Vou, pois, indicar-vos, como primeiro e principal fator da descoberta da América sobre a civilização, este — o aparecimento, no mundo, de um imenso continente, fadado a ser a nova pátria das velhas raças europeias, e permitindo-lhes encontrar-se, confraternizar e falar o mesmo idioma, enquanto, na velha terra, seus respectivos troncos permaneciam separados e até hoje beligerantes. Um fato nunca antes visto nem imaginado, o de uma humanidade, pois esta é uma humanidade nova, formada por seleção própria.

A nação americana foi obra do sentimento de pátria. O amor da terra natal, aliado ao instinto de liberdade e independência, levara os colonizadores a romperem os laços com a mãe pátria. Mas essa grande democracia, que sempre deu força ao orgulho patriótico, só atingiu suas proporções atuais pela mudança voluntária da vassalagem nacional, realizada aos milhões. Escolher o seu próprio país era direito desconhecido universalmente até ser criado por vossa pátria e por ela tornado aceitável ao mundo.

Antes da imigração de cunho e espírito americano, a maior migração humana havia sido o tráfico de escravos, a introdução ilícita em todo o território da América de africanos cativos. Contrastar esse tráfico com a livre imigração basta para avaliar-se o papel regenerador da inspiração americana na marcha da civilização. A história inglesa não tem página mais brilhante do que a de sua luta contra o tráfico africano, enquanto a América se vinha enchendo, de bom grado, com os negros capturados, que logravam não serem atirados ao mar; mas, no fim de contas, o que matou o tráfico de escravos foi a imigração, e é esta, não a escravatura, que representa a verdadeira seiva americana. Embora a Europa, graças ao cristianismo, tivesse nobremente renegado a escravidão, esta continuava a ser sua política colonial. A escravidão marcou, no Novo Mundo, o período da colonização europeia. Continuou como legado colonial depois da Independência. A imigração, pelo contrário, é fenômeno caracteristicamente americano; é a atração exercida pela livre, vasta e crescente América sobre as opacas camadas humanas da Europa, atração que rompeu os velhos estratos e criou novas forças centrífugas. Pela primeira vez na história, a imigração deu a homens e mulheres de todas as nacionalidades uma ocasião de transplantar-se, de tentar a vida em circunstâncias melhores; destruiu o que restava das muralhas nacionais em feitio de cárcere, e fez da pátria simples questão de vontade. Numa palavra, inverteu para sempre os fundamentos do despotismo, do feudalismo, concedendo aos povos o direito de afastar-se de qualquer servidão. A meu ver, a imigração é a maior força na civilização atual e é, sem dúvida, força americana.

Depois da imigração, indico-vos a democracia. Esta também é distintamente americana. Nascida de semente inglesa, resultou, no entanto, bem distinta da espécie europeia; reage há muito tempo contra o espírito monárquico da raça inglesa. Na história americana não figuram reis, enquanto a da Europa é toda de realeza. Quando o espírito de liberdade, que fora caracteristicamente anglo-saxônio, se enraizou num país sem tradição monárquica, tomou a forma de democracia, ou de república. Existem, sem dúvida, elementos fundamentalmente ingleses na democracia americana, como existem outros de origem greco-latina. Não se pode quebrar a cadeia que une, através da história, a evolução de uma ideia ou de um sentimento. No entanto, a democracia americana é novidade genuína de feitio desconhecido. Nem os antigos a produziram, nem a produziria a Europa. Podeis, portanto, blasonar-vos dela como uma das contribuições americanas para a civilização, não porque o sistema de governo republicano deva ser considerado forma mais alta de civilização que o parlamentar-monárquico, mas porque, pelo estímulo que criou e pela lição silenciosa da imigração, a vossa democracia tem tido o mais benéfico efeito sobre a evolução do governo monárquico na Europa. Podeis gabar-vos de haver, com vossa democracia, transformado o sistema monárquico da Europa, e também seus métodos de administração colonial. A democracia tem um caráter de finalidade que falta à monarquia, mesmo expurgada completamente da noção de direito divino, levando em conta que a forma final da democracia possa muito bem vir a ser o governo do homem mais apto, ideal que foi da Grécia.

Há quem pretenda, como o professor Münsterberg, na sua crítica à conferência do presidente Eliot, que a vossa democracia veio da Europa, nascida da filosofia do século XVIII. A verdade é que essa filosofia, no que diz respeito à liberdade, foi ter ali vinda do Novo Mundo. Nada atuou mais sobre Jean-Jacques Rousseau do que a impressão do Novo Mundo. Os utopistas franceses do século XVIII pouco deveram à descoberta da Índia, da China e do Japão; mas a descoberta da América foi para eles motivo de inspiração como já vinha sendo para seus antecessores nos últimos três séculos. O grande espírito de Montaigne, por exemplo, disse, sobre os indígenas americanos no século XVIII:

> Sinto que Licurgo e Platão não os tenham conhecido, pois parece-me que o que vimos por experiência nessas terras não só sobrepuja todos os quadros com que a Poesia ornou a Época de Ouro, e todas as suas invenções ao imaginar uma feliz espécie humana, mas a própria concepção e até o desejo da Filosofia... Quão distante desta perfeição pareceria a Platão sua República! (Liv. I, cap. XXXI)

Todo o *Contrato social* de Rousseau caberia nesse capítulo dos *Ensaios*, escritos dois séculos antes dele. Foi uma impressão permanente, e em ascensão secular, a que produziu no espírito europeu, o Novo Mundo, livre ao nascer, e essa impressão de liberdade só foi substituída por outra, dominante e também crescente, a da democracia americana, depois da vossa independência. Poder-se-ia escrever um livro sobre essas duas influências sucessivas do Novo Mundo sobre a imaginação europeia.

Outra contribuição que quero ainda mencionar é a igualdade de condições sociais entre todas as classes da nação. Foi isso que mais impressionou a Alexis de Tocqueville. "Quando observo", escreveu ele, "essa multidão de seres, formados à imagem um do outro, e entre os quais nada se levanta e nada se derruba, a vista dessa uniformidade universal me entristece e gela." Esse trecho, porém, não é índice justo dos sentimentos de Tocqueville, que acaba prestando homenagem ao grande princípio de igualdade. O fato de seu estudo da América acabar como começou mostra que a maior impressão que o autor recebeu foi de fato a igualdade universal das condições. E é a maior impressão que produzirá em qualquer pessoa. Assim explica-se o fato de se ter tornado em pátria adotiva, em terra eleita de homens de todas as raças, nascidos e criados sob o princípio oposto, o de igualdade. Como a Ásia teve castas, a Europa teve ordens, ou classes. Não há, na América, entre os diferentes caminhos da vida, nenhuma diferença de nível, e essa ideia tão simples, esse ovo de Colombo social, operou o êxito desta nação, transformou-a, de povo de haste única, como foi a princípio, em povo de hastes múltiplas, dando todas o mesmo fruto. Mas a igualdade não causou o êxito apenas desta nação; fixou o tipo da sociedade humana em parte. A igualdade, como a imigração, como a democracia, é final, e a finalidade, em qualquer coisa, é a maior de todas as contribuições para o progresso.

Para muita gente a ideia de civilização corresponderá sempre ao maior desenvolvimento da arte. Mas do ponto de vista estético, não existe progresso no mundo moderno. Se algumas artes progrediram, outras retrocederam. Pode resumir-se isso numa observação. Os numerosos países do Mediterrâneo, dos mares Iônico e Egeu, decerto apresentavam aspecto incomparavelmente mais belo nos tempos de Adriano, ou de Constantino, o Grande, do que nos dias de hoje; a proporção não será menor do que a que existe entre a Grécia descrita por Pausânias e a descrita por Baedeker. Em arte não se pode procurar progresso humano. Em arte sejamos retrógrados, das épocas de Fídias, de Evainetos, de Da Vinci, de Beethoven. E como em arte, também em poesia. Nunca mais a poesia igualará a mitologia. Há mais poesia na faixa de terra que o terremoto de Messina acaba de convulsionar do que em todo o resto do mundo, hoje e amanhã. Agora só o contacto com outro planeta renovaria a poesia na Terra. Isso, sim, seria uma renovação da imaginação humana maior que a descoberta da América, já tão grande.

A quem me perguntasse, portanto, que benefícios trouxe a América à velha Europa, eu responderia que Cristóvão Colombo abriu largas portas e janelas do lado ocidental do velho solar europeu, cuja ventilação vinha toda do leste. A América começou no século XVI a regenerar o Velho Mundo, de modo tão completo quanto o influxo da Europa Central o regenerara na Idade Média. Pena foi que os meios de navegação não tivessem permitido sua descoberta no tempo do Império Romano, quando ela poderia ter preservado a civilização antiga.

No que diz respeito à arte, não resta dúvida todavia que existe um traço americano. Como o traço inglês é a solidez e o francês é a graça, o americano é a nitidez, o que chamais *cleancut*. Há uma perfeição americana, tão característica quanto a japonesa e que me parece bem definida por aquela expressão.

O fim essencial da civilização deveria ser o melhoramento das condições sociais da humanidade, mas melhor será considerá-lo como um aumento do poder intelectual do homem, pois só isso pode conduzir a uma condição social permanentemente satisfatória, isto é, edificada sobre a verdade e confiada à liberdade. Não creio que a chefia do poder intelectual do homem, ou da ciência, esteja ainda em mãos da América. Creio, porém, que a América está na vanguarda de uma melhoria da condição social humana, ao lado de algumas outras nações, que se guiam principalmente por ela.

A ideia de civilização esteve ligada até hoje à de iniciativa individual. Na propriedade territorial, por exemplo, associa-se mais com o sistema de pequenas propriedades do que com o de latifúndios; no comércio e na indústria, com o de concorrência mais que com o de fusão. No entanto, existe agora, em franco progresso, uma evolução para o unitarismo que se pode intitular americana. As grandes nações, as estradas de ferro continentais, os navios rápidos, os aviões, os cabos submarinos, o telégrafo sem fio, as conferências de Haia, tudo parece anunciar que a nova tendência da humanidade em todos os sentidos será a fusão. Em tese, a centralização parece garantir serviço mais satisfatório para muitos milhões de seres, assim como os frigoríficos lhes garantem melhor alimento, salvando imensas quantidades de produtos que outrora se estragavam em poucas horas. São por demais numerosos os pontos a considerar na centralização política ou social; só a experiência os poderá esclarecer. Por enquanto não há quem possa afirmar que a vossa economia política seja ou não seja uma das grandes contribuições deste país para a civilização. As universidades americanas são observatórios adequados para acompanhar o progresso da evolução econômica e resolver enfim o enigma da esfinge. Uma coisa é certa: a era de Franklin não terminará como a de Midas.

Como não citar o vosso sistema de educação entre vossas maiores contribuições para a humanidade? A educação americana destaca-se entre as demais por ser livre de todo convencionalismo. Não é a mera galvanização das mentalidades de épocas idas, dos ideais de homens que buscam alimento para as necessidades de sua própria época. Só vós apontais a confiança em si mesmo como o maior dos ensinamentos. E, com surpresa de toda a humanidade, ensinais essa independência pessoal não só aos homens, mas também às mulheres. Nunca existiu no mundo juventude de ambos os sexos tão bem preparada para a vida. Mergulhai-os desde a infância num banho que lhes comunica toda a força e a elasticidade do aço. Mudastes o ritmo da vida, escrevendo-a em compasso rápido. E o mundo todo, contagiando-se do vosso espírito de transformação veloz, também vai escrevendo o seu viver no *prestissimo* norte-americano em vez do velho *adagio*.

Ainda entre vossas grandes contribuições para a civilização, devemos enumerar as vossas grandes invenções. A ciência, porém, é universal e as invenções em geral não passam de sugestões ou de aperfeiçoamento a trabalho já feito por outro. Assim, as que vos pertencem teriam seguramente aparecido no progredir normal da ciência. O que realmente originastes, em oposição à tendência geral, é vosso respeito pela mulher, o lugar que lhe abristes na humanidade, assim como a corrente de pureza no pensar que vindes opondo à literatura de sensualismo entre outras raças. O ascetismo nos tempos monásticos, a cavalaria da Idade Média mostram de sobra que a Europa é capaz de engendrar as mais fortes correntes de pureza; a vossa mesma não passa de um renascimento do puritanismo inglês, conservado por condições mais favoráveis. Sobre a pureza de pensamento concernente à mulher, o exemplo para o mundo vem hoje da América.

Senhores, nunca pretendi mencionar nesta palestra cada uma das contribuições deste país para a civilização. Tal catálogo seria obra gigantesca; incluir-se-iam nele certamente vossas contribuições ao direito internacional. Quis apenas dar-vos algumas impressões sobre a utilidade da América, além da do tabaco.

Eis como um observador inglês, que ficará ao lado de Tocqueville, como um dos dois clássicos do século XIX sobre a democracia americana, James Bryce, retrata o povo americano. Não farei senão reunir os diferentes traços que ele apontou em vós. Segundo Bryce, sois um povo bem-humorado, benevolente, humorístico e otimista, educado, moralizado e de boa conduta; vossa média de temperança, de castidade, de veracidade e de habitual integridade é um pouco mais alta que a de qualquer uma das grandes nações europeias; sois um povo religioso; tudo tende entre vós a tornar o indivíduo independente e seguro de si; sois um povo ativo, um povo comercial; sois impressionáveis, capazes de um idealismo que sobrepuja o do inglês ou do francês; sois um povo sem raízes, no sentido de que ninguém está preso ao solo; sois no entanto um povo sociável, sujeito a simpatias; sois um povo instável, mas não inconstante, sofrendo apenas rápidas mudanças de temperatura, aquecendo-se de repente e esfriando com a mesma rapidez; sois um povo conservador, traço que a prosperidade vai acentuando. Em uma palavra, resumindo toda a sua obra, Bryce diz: "A América marca o nível máximo, não só de bem-estar material, mas de inteligência e felicidade a que já atingiu a raça humana".

Parece-me que figurar com tal retrato na galeria das nações, ainda que o retrato fosse por demais lisonjeiro, o que não me parece ser, é em si uma contribuição para a civilização. Depois disso impõe-se um comentário.

Até agora, na América, nenhuma raça europeia frutificou intelectualmente de modo idêntico ao de sua produção na pátria-mãe. Também as videiras francesas não poderão dar, transplantadas, o mesmo vinho delicioso. Nada indica que a hegemonia intelectual esteja passando da Europa para a América. A Europa não entrou ainda em decadência, e não devemos esquecer que a formação de novos ideais, o do cristianismo, por exemplo, operou-se muitas vezes em épocas de decadência. O mesmo dá-se com certas frutas, ao espalhar das sementes. A América não poderia continuar a mesma obra europeia. Existe uma geografia intelectual, como existe a geografia botânica ou zoológica. As qualidades intelectuais de cada uma das raças mestras são diversas, e, se tivésseis a segurança de ter excedido a Europa, diminuiria neste país o poder de esforço. Almejá-lo é motivo para inspirar-vos, mas a certeza da vitória seria o princípio do retrocesso. A humanidade necessita conservar-se maior do que qualquer de suas partes, em tudo que é glória para a civilização; os filhos não devem superar os pais em sua vida. Por muitos séculos a Europa e a América conduzirão o mundo, unidas.

Falando da América, quis tomar sempre a parte como o todo e ocupar-me só deste país. É cedo ainda para estudar o papel que a história reserva à América Latina. Não recebemos ainda ordem de entrar em cena e as peças de Deus são muito longas. Seus atos são séculos. Assim mesmo, já fizemos até agora obra considerável em prol da civilização, a despeito de grandes dificuldades, e acredito que em terra alguma se possa selecionar um tipo mais alto de homem ou de mulher do que em nossas várias nações. Queremos crer que honramos as nossas estirpes de origem e que mostramos, em relação a elas, traços de uma evolução similar à que vos distingue da raça inglesa. Há no mundo muitos ideais que, pelo menos em parte, são sustentados pela nossa fé, sem que isso seja notado, porque aparecemos pouco. Mais de uma vez, porém, surpreendeu-se o mundo, vendo homens da América Latina surgirem na primeira linha, como no último Concílio do Vaticano ou na Segunda Conferência de Haia, ou quando Santos Dumont, voando em redor de Paris, abriu a era de navegação pelos ares. Às vezes, apossamo-nos dos progressos da civilização de um modo que parecerá por demais completo aos próprios criadores. Nenhuma Constituição, por exemplo, a não ser a do Brasil, determina que a guerra só será autorizada pelo Congresso Nacional e falhado o recurso de arbitramento, e nenhuma outra carta política contém um artigo como este: "Os Estados Unidos do Brasil em caso algum se empenharão em guerra de conquista, direta ou indiretamente, por si ou em aliança com outra nação" (art. 88). Do mesmo modo, a abolição da guerra por dívida ficará no direito internacional, como um louro em redor do nome da República Argentina. Mas sentimos grande ufania em reconhecer nos filhos de Washington os modeladores da nossa civilização americana.

Senhores, agradeço ao presidente Van Hise a grande honra de convidar-me a falar nesta universidade, que se equipara às primeiras universidades americanas. É para mim sinal de que o sentimento continental já está firmemente enraizado nesta fortaleza da individualidade americana.

A aproximação das duas Américas[1]

Ufano-me de falar nesta instituição, digna da cidade que, pelo seu crescimento gigantesco, vem assombrando o mundo como a mais avançada de todas as estações experimentais de americanização. Em Chicago, melhor do que em qualquer outro ponto, pode-se acompanhar o processo sumário que usais para conseguir, de plantas alienígenas, ao fim de curto estágio de aclimação, frutos genuinamente americanos. Aqui estamos em frente de uma das cancelas do mundo, por onde vêm entrando novas concepções sociais, novas formas de vida e que é uma das fontes da civilização moderna. O tributo à ciência do qual nasceu esta universidade foi o mais benfazejo emprego de uma fortuna dedicada à humanidade. Aumentar a velocidade com que cresce a ciência é de longe o maior serviço que se poderia prestar à raça humana. A própria religião não teria o poder de trazer à terra o reino de Deus sem o auxílio da ciência, na época de progresso que se anuncia e de que não podemos ainda fazer sequer ideia. Aumentando o número de homens capazes de manejar os delicados instrumentos da ciência, de compreender-lhes as várias linguagens e de aproveitar-lhes os mais altos sentidos, as universidades trabalham mais depressa que qualquer outro fator para esse dia de adiantados conhecimentos que, no futuro, hão de transformar por completo a condição humana.

Não posso exprimir adequadamente o apreço que sinto pela honra de falar-vos neste dia. Sou forçado a encarar essa honra como uma alta distinção pessoal. Peço licença, no entanto, para ver sobretudo nela um indício de vossa simpatia pela obra de aproximação das duas Américas. Por mais que as gerações futuras se admirem do progresso do nosso tempo, estranharão ainda mais que as duas secções do nosso continente tenham permanecido desconhecidas uma da outra até uma fase tão avançada da nossa história. Um dos motivos desse isolamento foi o receio que muitos espíritos da América Latina nutriram longo tempo de ter um contacto mais próximo convosco, em vista da grande diferença entre o poder deste país e o de todas as demais repúblicas americanas. Por seu lado, os Estados Unidos, sendo um mundo em si, e um mundo que cresce dia a dia mais rapidamente, opuseram a qualquer movimento nesse sentido a mais forte das resistências — a da indiferença. Felizmente outro grito já começa a romper de toda parte. A desconfiança vai se apagando e, se as vossas universidades emprestarem braços à política de Elihu Root, a indiferença cederá lugar ao sentimento de amizade continental.

No Brasil é mister reconhecer que os principais estadistas nunca recearam a aproximação convosco. Logo que a mensagem do presidente Monroe, de dezembro de 1823, chegou ao Rio de Janeiro, o governo brasileiro propôs aos Estados Unidos uma aliança ofensiva e defensiva, nas bases da mensagem, alegando que os sacrifícios ali implicados em benefício da América Latina não deveriam ser aceitos sem compensação. A proposta teve demora na transmissão e depois na resposta. Henry Clay, que, nesse intervalo, se tornara secretário de Estado, respondeu enfim que os Estados Unidos não anteviam perigo algum para justificar uma aliança. Nunca tivemos, porém, motivo para nos desviar do espírito dessa proposta, e, como nunca, tampouco, sofremos qualquer decepção, não podia ocorrer ao Brasil que outros países tivessem razões para não adotar a rota por nós seguida desde a Independência.

Já houve quem dissesse que a associação de qualquer das repúblicas latinas com os Estados Unidos lembrava a fábula de La Fontaine, da amizade do caldeirão de ferro com o caldeirão de barro. Não acho justa a comparação para nenhuma das repúblicas latinas. Numa coesão inquebrantável, nenhuma pode enxergar perigos para o seu nacionalismo. O essencial é que cada país chegue a cristalizar-se; que comunique às suas diferentes partes a mesma feição do todo, para formar o padrão de um sentimento nacional comum; isso feito — e parece-me estar feito em toda a América Latina —, não se quebrariam como barro. Nem os Estados Unidos, com sua alta civilização, poderiam ferir a qualquer nação. O íntimo contacto convosco, portanto, só poderá, em todas as circunstâncias, ser útil ao outro associado.

O único resultado certo que vejo de um intercâmbio constante e vivo entre a América Latina e a vossa pátria é que ficaríamos aos poucos "americanizados"; isto é, sofreríamos, em graus diversos, a infiltração do vosso otimismo, da vossa confiança própria e da vossa energia. Seria um tratamento pela eletricidade. Não direi que atingiremos a vossa velocidade. Nem o desejamos. Vós quebrastes o *record* da atividade humana sem romper o ritmo da vida. Traçastes-lhe um ritmo vosso. Nós nunca faríamos isso. Para as raças latinas, *festina lente* é preceito da saúde e do equilíbrio. E deixai-me acrescentar que é bom para a humanidade que todas as raças não tenham o mesmo compasso e que todas não se ponham a correr. O reino da ciência não principiou ainda, e só na era da ciência poderá a humanidade uniformizar-se, sem logo cair em decadência. Dignidade de vida, cultura, felicidade, liberdade, podem ser gozados por nações que progridem lentamente, contanto que progridam.

Tomai um ponto comum nos nossos destinos. Todos somos e seremos países de imigração. Mas, para poder opor a qualquer imigração estrangeira um sentimento nacional capaz de transformá-la, como sucede aqui, em patriotismo de cidadãos, o poder assimilatório do organismo latino precisa ainda ser fortalecido em toda parte. Países de imigração necessitam de vigor para assimilar o que absorvem. Não basta para isso um patriotismo forte. Em quase todas as terras o sentimento de patriotismo é intenso. Talvez em nenhuma o seja mais do que nas tribos sem história. Os romanos não eram mais patriotas que os lusitanos, e não é o patriotismo que conquista novos imigrantes. O intercâmbio convosco mostrar-nos-ia a razão dessa conquista aqui. Vosso êxito sem paralelo, como país de imigração, é devido, em primeiro lugar, ao vosso espírito político. Sem ele, teríeis, graças a este solo e a esta raça, um sem-número de hóspedes estrangeiros; mas não teríeis os inumeráveis cidadãos em que estes se transformaram. O espírito político americano é uma mescla do espírito de liberdade individual com o de igualdade perfeita. A só liberdade não converteria em cidadão o imigrante estrangeiro; não consta que na Europa os estrangeiros adotem a nacionalidade de uma pátria livre para a qual emigraram. Mais poderoso é o fator da igualdade. O imigrante europeu eleva-se socialmente na América e por isso deseja ser americano. Mas, se o vosso progresso não lhe oferecesse algo de que se orgulhar também como cidadão, ele não mudaria tão prontamente de nacionalidade. É o progresso deste país, o lugar que ele se forjou no mundo, o sopro de orgulho nacional, que, com a liberdade e a igualdade, vos angariam tantos milhões de imigrantes que vêm tentar a vida aqui. O contacto convosco viria mostrar aos demais países americanos o segredo de conquistar os imigrantes que chegam e de atraí-los em maior número. Nenhum ensinamento lhes poderia ser mais útil, porque, se soubessem e conseguissem transformar seus imigrantes em verdadeiros cidadãos, estaria resolvido para cada um o seu grande problema nacional. Para compreender que precisam ser países de imigração e criar aos imigrantes o conveniente *habitat*, precisam vir estudar a imigração no vosso laboratório.

Eu não terminaria se fosse enumerar todo o bem que a América Latina poderia colher de um contacto próximo com os Estados Unidos. O que talvez preferiríeis ouvir é o bem que a vós pode advir desse intercâmbio. Dir-vos-ei francamente que a princípio o bem seria apenas aquele que é consequente de ganhar-se um novo amigo. Creio, porém, que não há bem mais substancial para um país que se acha à testa de um continente.

A questão é saber se já resolvestes que este continente deve ser, para uma das nações que o constituem, um prolongamento do seu próprio território, e que algum laço deve existir para fazer dele um todo uno na história, uma unidade moral. Teria sido a Doutrina de Monroe inspirada pelo mero receio de que a Europa estendesse suas esferas paralelas de influência sobre a América, como mais tarde as estendeu sobre a África e como já quase conseguiu estendê-la sobre a Ásia, vindo a pôr em perigo vossa posição solitária? Ou teríeis sido movidos também pela intuição de que este mundo novo nasceu com um destino uno? Creio fortemente que a Doutrina de Monroe inspirou-se mais ainda nesse instinto americano — uso aqui a palavra no seu sentido continental — do que em qualquer receio de perigo para os Estados Unidos. Sem dúvida, essa doutrina trazia em esboço toda uma política externa, da qual este país nunca se desviou, de Monroe a Roosevelt, de Clay a Blaine e a Root. Tal constância, tal continuidade é a melhor das provas de que vossa política americana obedece a um profundo instinto continental e não é apenas medida de precaução nacional e de defesa própria. A Doutrina de

Monroe vos manteve afastados do labirinto da política europeia, no qual, sem ela, teríeis provavelmente sido induzidos a entrar.

É fácil compreender a tradicional relutância dos Estados Unidos em contrair alianças bélicas. Os aliados de hoje foram rivais da véspera, e o sistema de alianças será sempre o de alternações. Mas assim como existe uma política exterior passageira e perigosa, existe outra, que é permanente e garantida. A espécie que não dura é a da política exterior feita para garantir-se um auxílio, buscando apenas o interesse da própria nação, isto é, usando outra nação como instrumento; a política exterior que se pode qualificar de permanente é aquela em que uma nação procura construir, ao lado de outra, um destino comum. A diferença entre a permanente e a temporária é que esta última não pode ter outra forma senão a de uma aliança sobre papel, a de um contrato escrito, com duração especificada. A essas alianças transitórias, falta elasticidade e sobram perigos, enquanto o concurso espontâneo nas mesmas linhas de ação acompanha o desenvolvimento natural do destino de cada nação. Alianças subentendem guerra; a cooperação livre significa paz e auxílio mútuo, garantidos só por simpatia e boa vontade. Podeis conservar-vos afastados das *entangling alliances* que o fundador deste país desaconselhou. A concentração das repúblicas americanas, porém, na ideia de que todas elas, debaixo das suas diversas bandeiras, formam um sistema político completo, já é uma aliança moral.

Essa ideia tem progredido muito nos últimos quatro anos e espero que não lhe faltará nos Estados Unidos o entusiasmo necessário para seu desenvolvimento normal. A visita do secretário de Estado Elihu Root à América Latina ficará como um marco histórico nas relações do nosso continente, a exemplo da mensagem de Monroe de 1823 e da iniciativa de Blaine do movimento pan-americano. Pode-se chamar esse movimento uma criação dos dois, de

Blaine, que esculpiu o grupo das Nações Americanas Unidas e de Root, que lhe insuflou vida e animação.

As Conferências Pan-Americanas, além das tarefas que levam a efeito em reuniões periódicas, são boas pelo simples fato de terem o caráter de instituição permanente. Atuam mesmo nos intervalos dos quatro anos. Vede as tendências que conduziram ao ensaio, atualmente efetuado na América Central, de uma corte internacional que é uma tentativa de fato para obter-se a paz organizada, numa região tão provada pelos choques políticos. Podeis ver aí um indício do interesse que os Estados Unidos já francamente confessaram ter em que a ordem e a paz sejam estabelecidas de antemão em toda a zona que circunda o futuro canal de Panamá; mas não há dúvida também que a cooperação dos Estados Unidos e do México com as repúblicas da América Central foi igualmente resultado da confiança mútua estabelecida através de todo o continente pelas Conferências Pan-Americanas, sobretudo pela última, a do Rio de Janeiro. Seria muitíssimo deplorável que essas pequenas nações briosas e valentes, com o direito de cidadania aberto umas às outras, num espírito desconhecido aos demais países do mundo, não conseguissem reduzir sua política a uma contenda com regras previamente estabelecidas e guardadas por árbitros de sua própria nomeação. A Corte de Cartago deve ser recebida como um dos mais respeitáveis empreendimentos políticos de hoje. A simpatia da América toda está com essas comunidades pequenas, mas corajosas e cheias de espírito nacional, no esforço que fazem para criar uma Anfictiônia de Paz no território que divide os dois oceanos e une as duas Américas.

Mas as Conferências Pan-Americanas não podem, sem outro auxílio, realizar a ideia que inspirou sua criação. Sem dúvida os governos nelas representados se manifestam cada um pelo seu país, defendendo pontos de vista que são de fato nacionais e merecem o apoio de todos os partidos, mas congressos de delegados oficiais nunca chegam a tocar nos pontos delicados, que, em toda parte, se querem esconder dos olhos do público. As Conferências Pan-Americanas são assembleias diplomáticas; não é o povo que se ajunta para desafogar suas queixas ou angariar simpatias alheias. Na questão do progresso interno de cada núcleo, o diplomata não pode prestar auxílio aberto. E, por isso, ao lado dessas nossas conferências, há ainda espaço para um fator mais amplo, ao qual o secretário de Estado Root já aludiu certa vez — uma opinião pública pan-americana.

Vimos nos nossos dias o princípio parlamentar reconhecido pelas velhas monarquias absolutas: a Rússia, o Japão, a Pérsia e agora a Turquia. Ninguém se espantaria de ver a China acompanhá-las. Está aí a maior prova da força niveladora de uma opinião mundial. Essa opinião do mundo já exerce sem dúvida influência considerável sobre todas as nações americanas. Não se pode dizer que haja república americana impermeável a ela. Seria absurdo imaginar-se que qualquer nação no nosso continente se possa conservar insensível a uma influência que soube afetar e transformar, politicamente, agrupamentos budistas e maometanos. As revoluções vêm-se tornando mais raras na América Latina. Em regiões onde eram frequentes, não se ouve falar nelas há quase meio século; reduziu-se também a área onde sobrevivem revoluções a longos intervalos. Mas, mesmo nos países onde revoluções ocorrem frequentemente, o velho estado revolucionário de anarquia cessou de existir; a tempestade é ainda horrorosa, mas o ciclone destruidor já passou. Não obstante, precisamos ter, além dessa opinião pública mundial, tão dispersada e tão distante, mas que já tanto conseguiu, uma opinião americana uníssona, ampliada pela concentração e pelo reflexo direto de uma nação sobre outra.

Só o progresso dessa opinião pode, por exemplo, tornar obsoleto o direito de asilo. A máxima positivista é tão verdadeira quanto profunda: "Só se destrói o que se substitui". Não podereis destruir o direito de asilo se não o substituirdes por alguma coisa que exerça melhor a função que o produziu. Esse "direito" só foi substituído no mundo pelo progresso da justiça. Se a legalidade e a justiça se tornassem intermitentes, o direito de asilo ressurgiria por toda parte. É uma das mais antigas e mais nobres tradições da humanidade. Não podereis, para suprimi-lo, destruir a piedade e a generosidade, porque estas são indestrutíveis. Só o podereis suprimir aumentando as garantias da lei e o sentimento de justiça.

Uma opinião pública comum a toda a América poderia polir até o máximo de perfeição as instituições políticas de todos os Estados americanos, mas essa opinião geral ainda está em formação. Sua fase inicial ou preparatória só pode ser a publicidade continental; uma publicidade que, além de desacorrentada, seja livre de paixão, seja esclarecida e verdadeira, e comece pela liberdade inviolável da imprensa. Quando essa opinião alcançar sua maioridade, o pertencer à União das Repúblicas Americanas, será, para todas estas, sinônimo de imunidade, não só contra a conquista estrangeira, mas também contra a arbitrariedade dos próprios governos e a suspensão das liberdades públicas ou individuais.

Na formação dessa opinião, comum a toda a América, um papel importante está reservado às universidades do continente, a seus educadores, e não há entre nós nenhum país que se possa comparar ao vosso na extensão e multiplicidade dos seus agentes educadores. Sem dúvida os principais fatores dessa opinião serão o livro e a imprensa. Deixai-me exprimir a esperança de que em todas as nossas pátrias os escritores não se esqueçam da suscetibilidade dos países estrangeiros. Para fazer o bem, é sempre necessário ter simpatia. É preciso, primeiro, educar-se para tolerar diversidade na espécie humana. O mundo estaria muito perto do fim se todas as nações falassem a mesma língua. Tenham todos a certeza de que Deus teve certamente bons motivos para criar raças distintas na espécie humana, ao invés de uma só. Acostumando-se a essa ideia, o crítico estrangeiro terá mais tolerância, mais paciência e se esforçará por uma melhor compreensão. Com isso seu interesse crescerá, seu registo mental se alargará e ele poderá aperfeiçoar, em vez de exacerbar, as condições que julgar defeituosas.

Por entender que o motivo da minha presença aqui é o vosso desejo de mostrar interesse pela nova política pan-americana, fiz dessa política o tema do meu discurso. Espero não me ter enganado em supor que o assunto não está fora de harmonia com o espírito desta reunião. Pode-se comparar esta cerimônia ao lançamento de novas unidades sobre o mar da plena atividade da cidadania americana. Aos diplomados hoje, quero exprimir minhas esperanças ardentes de que, justamente com as transformações que sua época há de efetuar em todo o mundo e que não podemos sequer imaginar, vivam para ver todos os Estados das duas Américas conhecerem-se, amarem-se e comungarem como membros de uma única família entre as nações.

Notas

MASSANGANA [PP. 19-31]

1   A razão que me fez não começar pelos anos da infância foi que estas páginas tiveram, ao serem primeiro publicadas, feição política que foram gradualmente perdendo, porque já ao escrevê-las diminuía para mim o interesse, a sedução política. A primeira ideia fora contar minha formação monárquica; depois, alargando o assunto, minha formação político-literária ou literário-política; por último, desenvolvendo-o sempre, minha formação humana, de modo que o livro confinasse com outro, que eu havia escrito antes sobre minha reversão religiosa. É desse livro, de caráter mais íntimo, composto em francês há sete anos, que traduzo este capítulo para explicar a referência feita às minhas primeiras relações com os escravos.

O ABOLICIONISMO

QUE É O ABOLICIONISMO?
A OBRA DO PRESENTE E A DO FUTURO [PP. 35-40]

1   *Manifesto* da Sociedade Brasileira contra a Escravidão.

O TRÁFICO DE AFRICANOS [PP. 41-9]

1   Esses navios chamados *túmulos flutuantes,* e que o eram em mais de um sentido, custavam, relativamen-

te, nada. Uma embarcação de cem toneladas, do valor de sete contos, servia para o transporte de mais de 350 escravos (depoimento de sir Charles Hotham, adiante citado, sec . 604). O custo total do transporte desse número de escravos (navio, salários da equipagem, mantimentos, comandantes etc.) não excedia de dez contos de réis, ou, em números redondos, 30 mil-réis por cabeça (idem, secão. 604-611). Um brigue de 167 toneladas capturado tinha a bordo 852 escravos, outro, de 59, quatrocentos. Muitos desses navios foram destruídos depois de apresados como impróprios para a navegação.

2 "Sendo £ 6 o custo do escravo em África, e calculando sobre a base de que um sobre três venha a ser capturado, o custo de transportar os dois outros seria £ 9 por pessoa, £ 18, às quais devem-se acrescentar £ 9 da perda do que foi capturado, perfazendo no Brasil o custo total dos dois escravos transportados £ 27 ou £ 13 *ios* por cabeça. Se o preço do escravo ao desembarque é £ 60 haverá um lucro, não obstante a apreensão de um terço e incluindo o custo dos dois navios, que transportam os dois terços, de £ 46 *ios* por cabeça? — Eu penso assim." Depoimento de sir Charles Hotham, comandante da esquadra inglesa na África ocidental. Abril de 1849. *First Report from the Select Committee* (House of Commons), 1849, § 614. O meu cálculo é esse mesmo, tomando £ 40 como preço médio do africano no Brasil.

INFLUÊNCIA DA ESCRAVIDÃO
SOBRE A NACIONALIDADE [PP. 50-7]

1 Padre Manuel da Nóbrega. No seu romance abolicionista *Os herdeiros de Caramuru*, o dr. Jaguaribe Filho, um dos mais convictos propugnadores da nossa causa, transcreve a carta daquele célebre jesuíta, de 9 de agosto de 1549, em que se vê como foi fabricada pela escravidão a primitiva célula nacional.

2 Oliveira Martins, *O Brasil e as colônias*, 2ª ed., p. 50.

INFLUÊNCIA SOBRE O TERRITÓRIO E A POPULAÇÃO DO INTERIOR [PP. 58-75]

1. Palavras do juiz Warner, da Geórgia, citadas em *The Proposed Slave Empire*, de C. S. Miall.
2. *Garantia de juros*, p. 202.
3. "O antigo e vicioso sistema de sesmarias e do direito de posse produziu o fenômeno de achar-se ocupado quase todo o solo por uma população relativamente insignificante, que o não cultiva nem consente que seja cultivado. O imposto territorial é o remédio que a comissão encontra para evitar esse mal, ou antes abuso, que criou uma classe proletária no meio de tanta riqueza desaproveitada." Essa *classe proletária* é a grande maioria da nação. Parecer de uma comissão nomeada em 1874 para estudar o estado da lavoura na Bahia, assinado em primeiro lugar pelo barão de Cotegipe.
4. *Comissão do Madeira*, pelo cônego F. Bernardino de Sousa, p. 130.
5. *Comissão do Madeira*, p. 132.
6. "Em regra o fazendeiro enxerga no colono ou agregado, a quem cede ou vende alguns palmos de terreno, um princípio de antagonismo, um inimigo que trabalha por lhe usurpar a propriedade; que lhe prepara e tece rixas e litígios; que lhe seduz os escravos para fugir, roubar-lhe os gêneros de fazenda e vendê-los, a resto de barato, à taverna do mesmo ex-agregado estabelecido, que assim se locupleta com a jactura alheia. O resultado disso é que o trabalhador, perdendo a esperança de se tornar proprietário, não se sujeita a lavrar os campos da fazenda, nem a lhe preparar os produtos." *Parecer* das comissões de Fazenda e especial da Câmara dos Deputados sobre a criação do crédito territorial (1875), p. 21.
7. Citado em *England, the United States, the Southern Confederacy, by* F. W. Sargent, 110.
8. *Memória sobre o clima e secas do Ceará*, pelo senador Pompeu, p. 42.
9. *Miscelânea econômica*, p. 36.
10. Mommsen, *História romana*, livro v, cap. xi.

11   Antônio Cândido, Sessão de 8 de janeiro de 1881 (Câmara dos Deputados de Portugal).

INFLUÊNCIAS SOCIAIS E POLÍTICAS
DA ESCRAVIDÃO [PP. 76-99]

1   *Congresso Agrícola do Recife*, pp. 323-4, observações do sr. A. Vítor de Sá Barreto.
2   A seguinte distribuição dos eleitores do município neutro em 1881 mostra bem qual é a representação de operários que temos. Dos 5928 eleitores que representavam a capital do país, havia 2211 empregados públicos, civis ou militares, 1076 negociantes ou empregados do comércio, 516 proprietários, 398 médicos, 211 advogados, 207 engenheiros, 179 professores, 145 farmacêuticos, 236 *artistas*, dividindo-se o resto por diversas profissões, como clérigos (76), guarda-livros (58), despachantes (56), solicitadores (27) etc. Esses algarismos dispensam qualquer comentário.
3   O Clube da Lavoura e Comércio de Taubaté, por exemplo, incumbiu uma comissão de estudar a lei de locação de serviços, e o resultado desse estudo foi um projeto cujo primeiro artigo obrigava a contratos de serviços todo nacional de *doze anos* para cima que fosse encontrado sem ocupação honesta. Esse nacional teria a escolha de ser *recrutado* para o Exército, ou de contratar seus serviços com algum lavrador *de sua aceitação*. O art. 6º dispunha: "O locador que bem cumprir seu contrato durante os cinco anos terá direito, afinal, a um prêmio pecuniário que não excederá de 500$000. § 1º Este prêmio será pago pelo governo em dinheiro ou em apólice da dívida pública". A escravidão tem engendrado tanta extravagância que não sei dizer se essa é a maior de todas. Mas assim como Valença se obstina em ser a Esparta, a Corte a Delos, a Bahia a Corinto, dir-se-á, à vista desse prêmio de 500$, que se quer fazer de Taubaté, que J. M. de Macedo nos descreve como "antiga, história e orgulhosa do seu passado", a Beócia da escravidão.

4   Consultas do Conselho de Estado sobre Negócios Eclesiásticos. Consulta de 18 de junho, 1864.

NECESSIDADE DA ABOLIÇÃO.
PERIGO DA DEMORA [PP. 100-09]

1   Há pessoas de má-fé que pretendem que, sem propaganda alguma, pela marcha natural das coisas, pela mortalidade e liberalidade particular, uma propriedade que no mínimo excede em valor a 500 mil contos se eliminará espontaneamente da economia nacional se o Estado não intervier. Há outras pessoas também, capazes de reproduzir a multiplicação dos pães, que esperam que os escravos sejam todos resgatados em vinte anos pelo Fundo de Emancipação, cuja renda anual não chega a 2 mil contos.

2   "O resultado há sido este: em onze anos o Estado não logrou manumitir senão 11 mil escravos, ou a média anual de mil, que equivale a aproximadamente 0,7% sobre o algarismo médio da população escrava existente no período de 1871 a 1882. É evidentemente obra mesquinha que não condiz à intensidade de intuito que a inspirou. Com certeza, ninguém suspeitou em 1871 que, ao cabo de tão largo período, a humanitária empresa do Estado teria obtido esse minguado fruto." *Jornal do Comércio,* artigo editorial de 28 de setembro de 1882.

CAMPANHA ABOLICIONISTA NO RECIFE

DISCURSO EM SÃO JOSÉ [PP. 113-20]

1   Praça de São José de Riba-Mar, 5 de novembro de 1884.

DISCURSO NA MADALENA [PP. 121-8]

1   Passagem da Madalena, 16 de novembro de 1884.

DISCURSO NO CORPO SANTO [PP. 129-36]

1   Largo do Corpo Santo, 28 de novembro de 1884.

DISCURSO AOS ARTISTAS DO RECIFE [PP. 137-45]

1   Campo das Princesas, 29 de novembro de 1884.

DISCURSO DE ENCERRAMENTO [PP. 146-59]

1   Teatro Santa Isabel, 30 de novembro de 1884.

BALMACEDA

A REVOLUÇÃO [PP. 275-8]

1   VALENTIM LETELIER.
2   VIAL SOLAR, *La revolución chilena*, p. 144.

A TRAGÉDIA [PP. 279-90]
1   *Carta aos irmãos.*
2   *Carta a Julio Bañados.*
3   *Carta aos irmãos.*
4   *Carta a Claudio Vicuña e Julio Bañados.*
5   *Carta a Julio Bañados.*
6   *Carta aos irmãos.*
7   *Carta a Julio Bañados.*
8   *Carta aos irmãos.*
9   *Carta aos irmãos.*
10 *Carta aos irmãos.*

BALMACEDA E O CHILE [PP. 291-303]
1   TAINE, *La Conquête jacobine*, p. 64.
2   WIENER, *Chili et chiliens.*
3   *Agradecimento aos Pernambucanos*, 1891.
4   CURTIUS.

A INTERVENÇÃO ESTRANGEIRA
DURANTE A REVOLTA DE 1893

O MARECHAL FLORIANO [PP. 313-8]

1   Com relação à estranha polêmica a que antes me referi entre a imprensa governista e a estrangeira, insistindo aquela por uma intervenção franca, e esta defendendo a atitude neutral, é preciso acrescentar aos jornais estrangeiros a *Étoile du Sud,* que escreve fortemente nesse gênero, contra a intervenção, até ser suspensa: "Em lugar de apelar para o estrangeiro em vossa perturbação, voltai-vos ao contrário e todos ao mesmo tempo para o marechal Floriano Peixoto e o almirante Custódio de Melo. Conjurai-os a pôr fim a esta guerra, que ensanguenta o país que vos legaram os vossos antepassados, sem nunca terem pensado que um dia chamaríeis o estrangeiro para defendê-lo". *Étoile du Sud,* 30 de setembro.

2   A seguinte pintura é pelo próprio calor da expressão uma prova de retrato e, pela coincidência dos traços, visivelmente, o do marechal Floriano: "Há um gênero de ambição inerte e retraída, como certos répteis, que se enrosca na obscuridade, à espreita da ocasião que lhe passe ao alcance do bote. Os indivíduos dessa família moral, silenciosos, escorregadios e traiçoeiros, passam às vezes a maior parte da existência quase ignorados, até que a oportunidade fatal os favoreça. Então o instinto originário lhes desperta as faculdades dormentes, a espinha desentorpecida coleia-lhes sob as descargas de um fluido sutil, e veem-se esses preguiçosos, esses flácidos, esses sonolentos desenvolver inesperadamente a distensibilidade, a flexibilidade e a tenacidade das serpentes constritoras". Rui Barbosa, *Cartas de Inglaterra,* 1896, p. 274.

3   Em 1832, nesta cidade, o major Frias, depois de uma sedição em que proclamara a República, sendo perseguido pela multidão, refugiou-se em uma casa da rua do Areal. Caxias, então Luís Alves de Lima e Silva, comandante do Corpo de Permanentes, cercou a casa

suspeita, diante da qual o povo se conservava reunido em atitude ameaçadora. Convidado pelo dono da casa a entrar só, percorreu ele os diversos aposentos; um quarto estava fechado, e dando volta à chave, Caxias reconheceu o major Frias. Fechando bruscamente a porta, chegou à sacada e, garantindo que não se achava ali o fugitivo, pediu a todos que se retirassem. Dias depois, Frias escapava-se para a Europa. Compare-se agora. Durante a revolta estiveram longos meses na Correção os moradores de diversas casas do Catete, cujo crime, na pior hipótese, só podia ser terem deixado fugir alta noite pelos seus terrenos dois presos políticos que se haviam evadido da estação de polícia com risco de vida. A lei do Terror não podia ser levada mais longe. O fim dessas prisões só podia ser paralisar na população os sentimentos todos de humanidade e compaixão.

4 Visconde de Ouro Preto, *Advento da ditadura militar no Brasil*. Paris, 1891, p. 66.

O MARECHAL FLORIANO
E A REVOLTA [PP. 319-30]

1 A fórmula adotada no preâmbulo dos decretos do governo provisório foi, *como* se sabe, esta: "O marechal Manuel Deodoro da Fonseca, chefe do governo provisório constituído pelo Exército e Armada em nome da Nação...". A República foi assim, no começo, uma sociedade formada pelo Exército com a Armada. A teoria é que votada a Constituição cessava a soberania assumida pelas classes militares e ambas ficavam submetidas ao regímen por elas mesmas criado. O fato, entretanto, é que o Exército passou a administrar sozinho, sob a nova forma anônima, o imenso cabedal adquirido pelos dois sócios com a queda da monarquia. Para casuístas constitucionais a revolta de 6 de setembro será um atentado contra as instituições; para quem estuda, porém, a lógica dos acontecimentos, ela é apenas a reclamação que o sócio sacrificado faz ao sócio gerente do seu dividendo político de 15 de novembro, da sua parte de influência, prestígio e domínio.

2 "Infelizmente, em nossa legendária e briosa Marinha de guerra fizeram-se sentir com extraordinária intensidade os desastrosos efeitos da revolta: chegaram as coisas a tal ponto, difundiu-se de tal modo o sentimento da *neutralidade,* que o governo se viu na contingência de recorrer ao patriotismo de um general reformado, porque, exceção feita dos que francamente se manifestaram pelas instituições, todos os outros se esquivaram ao cumprimento do dever, autorizando assim a presunção de que o espírito de rebeldia havia contagiado quase que totalmente a Marinha." Mensagem de 7 de maio de 1894.

3 Que a Marinha era quase toda hostil, confessa-o também o então primeiro-tenente Silvado, do pequeno grupo positivista da Armada, os únicos que prestaram ao Marechal apoio entusiástico: "Fazendo parte da Marinha e não sendo dos da minoria revoltada, nem tão pouco dos da maioria hipocritamente neutra, pertenço a um punhado de oficiais, fracos no número, mas fortes no amor à República e emancipados dos baixos preconceitos de classe que agem à medida de suas forças, no sentido de restaurar-se a lei... (*assinado*) 1º tenente Américo Brasil Silvado". — Carta no *Diário de Notícias* de 6 de outubro.

4 Ver a nota 1.

5 Pode-se calcular o efeito entre a Marinha de guerra, mesmo leal ao governo, de linguagem como a que se segue: "Há operetas", dizia *O País,* referindo-se a um manifesto de Custódio de Melo, "em que os tipos dos mata-mouros são menos pilhéricos, menos desengonçados do que este sargentão pantafaçudo... Mas as sepulturas abertas por esse ceifador fratricida clamam alto contra essa capitulação de burlesco e fazem expirar em nós o riso em que íamos quase desmandibulando perante a insensatez pacóvia deste inimitável arengador naval. Lembremo-nos dos cadáveres que a metralha deste rebelde lançou à cova num empastado, denegrido e monstruoso esfrangalhamento humano e escalpelizemos entre vômitos, afirmação por afirmação, esse manifesto roxeado pela gangrena moral do caudilho...".

6   Mensagem de 7 de maio de 1894.
7   Burckhardt.
8   Carta do conselheiro Basson, em Afonso Celso: *O imperador no exílio*.
9   "Srs. membros do Congresso. — Antes de voltar à obscuridade donde me trouxe a benevolência do Congresso Constituinte, entendo do meu dever revelar-vos uma triste verdade: Durante a revolta, por vezes, o poder público encontrou na sua ação pretensões indébitas, exigências exorbitantes que, fossem outras as circunstâncias, não teriam talvez surgido." Mensagem de 7 de maio de 1894.
10   Compare quanto a honras imortais votadas pelo Parlamento, título de consolidador da República e outros, o livro: *Rasgos de la Vida Pública de S. E. el Sr. Brigadier General D. Juan Manuel de Rosas, ilustre restaurador de las leyes, héroe del Desierto, defensor heroico de la Independencia americana, Gobernador y Capitán-General de la Provincia de Buenos Aires. Transmitidos a la Posteridad por decreto de la H. Sala de R. R. [Representantes] de la Provincia — Buenos Aires: Imprenta del Estado, 1842*. Quanto à apoteose do enterro compare os trinta dias de funerais de Francia e o texto escolhido para a oração fúnebre: *Clamaverunt ad Dominum qui suscitavit eis Salvatorem et liberavit eos. Judicum*, cap. 3. v. 9 (*Oracion funebre del presbytero ciudadano Manuel Antonio Pérez en la iglesia de la Encarnación, el dia 20 de Otubre de 1840.*) — Compare também *Balmaceda*, p. 133.
O valor dos chefes de Estado sul-americanos tem que ser julgado pelo resultado de sua administração; não deve ser medido pela sua tenacidade — em tenacidade quem se compara com López? — nem pelo seu orgulho patriótico, — em patriotismo agressivo quem se parece com Rosas? — nem mesmo pela sua honestidade, — em honestidade quem excede a Francia? Para julgá-los é preciso comparar o estado em que receberam o país e o estado em que o deixaram, o inventário nacional quando entram e quando saem. O presidente que re-

cebe um país próspero, unido, pronto a auxiliá-lo, e o deixa, por sua culpa, dividido, dilacerado, enfraquecido, não tem direito à gratidão. Eles podem dizer, quando vencem, que salvaram a república, mas salvaram-na de uma crise que eles mesmos provocaram ou, pelo menos, não quiseram evitar, e salvam-na quase sempre de modo a não poder ser salva segunda vez.

11   Cícero: Carta a Aulus Caecina.

UM ESTADISTA DO IMPÉRIO

O SETE DE ABRIL [PP. 333-41]

1   "Eis a crise exaltada ao último apuro! Eis o pretexto duplicado para ambos os partidos opostos! Para os rebeldes Evaristos pela demissão dos cinco ministros; para o imperador pela boa ocasião que há muito delineava para ir a Portugal reivindicar o trono de sua augusta filha." *Apontamentos destacados da vida política do visconde de Goiana até 1837.* O visconde de São Leopoldo (*Revista do Instituto Histórico*, xxxviii, parte 2ª) ouviu do próprio marquês de Caravelas que este pouco antes do Sete de Abril tinha dado a entender ao imperador as queixas que havia contra ele. "Então o imperador prorrompeu em uma oposição enérgica e tocante dos sacrifícios que fizera pelo Brasil, concluindo que estava decidido a retirar-se e fazia votos para que fossem felizes e se regessem em paz."

2   Martim Francisco fora convidado em 1830. "E como poderíamos ser ambiciosos, eu que, ainda preso na ilha das Cobras, recusei pastas? que em 1830 não quisemos organizar um ministério e colocar-nos à testa dele?" Maio de 1832. Era completa a sua reconciliação com Pedro I e o que sentia um dos irmãos era o que sentiam os outros; melhor ainda o que sentisse José Bonifácio: — "Sofri-lhe ofensas, mas por estas não era ele responsável aos olhos da lei e, sobre esse crime dos seus agentes responsáveis, muito tempo há que havemos lançado um espesso véu".

3   Armitage, *História do Brasil*.
4   "O Sete de Abril foi uma verdadeira *journée des dupes*. Projetado por homens de ideias liberais muito avançadas, jurado sobre o sangue dos Canecas e dos Ratcliffs, o movimento tinha por fim o estabelecimento do governo do povo por si mesmo, na significação mais alta da palavra." Teófilo Ottoni. *Circular aos eleitores de Minas Gerais*, 1860, p. 16.
5   Nos papéis do visconde de São Leopoldo achou-se um por letra de Francisco Gomes da Silva, o Chalaça, entregue aos conselheiros pelo próprio imperador com as perguntas: — "Opõe-se à independência do Império que o imperador seja rei de Portugal, governando-o do Brasil? No caso de não convir, como deve ser feita a abdicação e em quem?". *Revista do Instituto Histórico*, t. 38, parte 2ª.
6   "Duas coisas se exigem [na representação dos oficiais]: 1. que se coibisse a liberdade de imprensa; 2. já que me obrigam a referir nomes de pessoas que aliás prezo, que fossem expulsos da Assembleia os srs. Andradas, como redatores do *Tamoio* e colaboradores da *Sentinela*." Interrogatório do ministro do Império perante a Constituinte na sessão permanente.
7   "O ex-imperador, apesar da sua timidez, recorreu à dissolução da Constituinte e lançou esses homens [os Andradas] para fora do Império. As províncias vizinhas felicitaram ao imperador por este ato violento, mas necessário, e, apesar de alguns males que trouxe a dissolução, tivemos paz e gozamos de tranquilidade por dez ou doze anos." Em Melo Morais, *A Independência*.
8   "A maioria da Câmara era de demagogos vendidos ao aceno português. Pagamentos mesquinhos a pessoas miseráveis eram profundamente combatidos e negados como objetos financeiros de calorosa fiscalização. Pagavam-se, porém, prontamente milhares de contos de réis pelos armamentos, pelas embarcações, petrechos de guerra, oficiais militares, e tudo quanto serviu para abater brasileiros em 1822. Era até onde podia chegar a venalidade evaristeira!" Visconde de Goiana, *op. cit*.

9   Os documentos assinados por Feijó ressumbram todos profundo abatimento; ele vê sempre tudo perdido. Como tipo basta esta condição, a 8ª da declaração de Feijó para aceitar a Regência: "No caso de separação das províncias do norte segurar as do sul e dispor os ânimos para aproveitarem esse momento para as reformas que as necessidades de então reclamarem". Evaristo morreu de desgosto.

10 "Os conservadores não podiam olhar para os *'livreiros'* e *'chapéus redondos'* senão como usurpadores que se colocavam no lugar do monarca [...]" Ottoni, *Circular, cit.*, p. 28.

11 Os príncipes sentiam pelos revolucionários que os haviam tornado órfãos verdadeiro terror. Toda a Casa Imperial desejava a volta do imperador. "*... ficará sempre debaixo de véu o quadro tétrico do tutor José Bonifácio preso no paço sagrado, invadido por um sacrílego com força armada e sem respeito à inocência da augusta dinastia reinante que se salvou por prodígio do céu*". Visconde de Goiana, *ibid*. É a versão exagerada de um cortesão da velha escola que deseja agradar ao novo imperador, entretanto reproduz o sentimento interior do Paço durante as lutas com o tutor.

12 "Deixando a mancebos inexpertos e teoristas crus quimeras sonoras e inexequíveis, que, depois de custarem caro à humanidade, desejaram eles mesmos, se forem dotados de sensibilidade, expiar com lágrimas de sangue." Resposta de Antônio Carlos a Evaristo.

13 "O duque de Bragança faleceu a 24 de setembro de 1834. Se esse fato se tivesse dado quatro meses antes, não teria havido reforma constitucional." Ottoni, *Circular, cit.*, p. 38.

14 "O que arredava dos caramurus as simpatias da grande massa nacional era a restauração." *Ação, reação, transação*, de J. J. da Rocha.

15 Ver Holanda Cavalcanti no Senado, discurso citado sobre Feijó — "a sede do ouro nunca entrou naquele cidadão... Evaristo, que fez presidentes, ministros, senadores e regentes, morreu simples livreiro". *Correio Mercantil*.

REAÇÃO MONÁRQUICA DE 1837 [PP. 342-5]

1 "De 1822 a 1831, período de inexperiência e de luta dos elementos monárquico e democrático; de 1831 a 1836, triunfo democrático incontestado; de 1836 a 1840, luta de reação monárquica, acabando pela Maioridade; de 1840 até 1852, domínio do princípio monárquico, reagindo contra a obra social do domínio democrático, que não sabe defender-se senão pela violência e é esmagado; de 1852 até hoje (1855), arrefecimento das paixões, quietação no presente, ansiedade do futuro, período de transação." J. J. da Rocha, *op. cit.*, p. 5. Para o estudo da evolução monárquica ler cada palavra desse opúsculo.

2 "Nunca fui considerado infenso ao governo de Sua Majestade Imperial o sr. dom Pedro II, tendo até em outra época desejado a regência da augusta princesa imperial, a sra. dona Januária, desejo este que nunca excedeu os limites de um pensamento..." *Exposição* de Bernardo Pereira de Vasconcelos sobre os acontecimentos da Maioridade.

3 "Nossas instituições não estão completas, faltam-nos muitas leis importantes, algumas das existentes exigem consideráveis reformas e muito há que vivemos sob o governo fraco de regências. Falta-nos um Conselho de Estado, não temos eminências sociais, ou por pobreza nossa, ou porque a inveja e as facções tenham caprichado em nivelar tudo. Neste estado de coisas não aclamara eu o sr. dom Pedro II maior desde já..." Vasconcelos, *ibid.*

A LUTA DA PRAIA [PP. 346-76]

1 "Para organizar o novo gabinete é chamado o sr. Alves Branco e o primeiro a quem procura é o sr. Saturnino de Souza e Oliveira. Quando os seus amigos lhe exprobram essa aliança com um adversário reconhecido, responde que esse candidato lhe '*viera do Paço*'. Aos srs. Urbano e Coelho, recomendados pelos Praieiros, e ao sr. Machado de Oliveira, lembrados pelos vendas--grandes, faz constar que não lhe fora possível conse-

guir que eles fossem aceitos." *A dissolução do gabinete de 5 de Maio ou a Facção Áulica.*

2 *Sentinella da Monarchia* de 25 de agosto e *Diario de Pernambuco* de 21 de agosto de 1847. Os desembargadores da Relação atestavam unanimemente que Nabuco mostrou sempre "em todos os seus atos uma capacidade jurídica eminentemente distinta, exemplar diligência e exação no cumprimento dos seus deveres, notável probidade, inteireza, afabilidade e desinteresse, urbanidade e todas as mais qualidades que constituem um magistrado hábil e perfeito".

3 *O Mercantil* (da Bahia) de 28 de julho de 1847. "Em direito civil, comercial e criminal poucos jurisconsultos no Brasil o podem exceder; em direito administrativo, poucos podem ombrear com ele. Sua eloquência, energia e incorruptibilidade no espinhoso cargo de promotor público da comarca do Recife desde abril de 1836 até o fim do ano de 1840 eram proverbiais em Pernambuco, proverbial sua ilustrada imparcialidade nos lugares de juiz de direito do crime de Pau d'Alho e do cível da cidade do Recife."

4 "Folgaram muito os façanhosos guabirus com o imprudente e acintoso parecer da comissão de poderes do Senado, e como vissem, com a anulação caprichosa das eleições, menosprezada a vontade da Coroa..." (*Diário Novo*, 25 de agosto de 1847).

5 "Assegurando justiça a todos os partidos, respeitando a liberdade de todas as opiniões, importa ao mesmo tempo que os direitos próprios da administração pública sejam defendidos sem hesitação e com firmeza... Os empregos são instituídos no fim exclusivo do serviço do Estado e esse serviço exige, como condição indeclinável naqueles que são chamados a prestá-lo, uma sincera adesão ao plano."

6 "A revolução de abril". Discurso de 11 de fevereiro de 1843.

7 *Justa apreciação*, p. 10.

8 *Lidador*, 11 de fevereiro de 1846, *cit.* na *Justa apreciação*.

9 Comparar com o discurso de 6 de julho de 1853.

10   *As eleições para senadores*, p. ix.
11   Ver relatório em *Chronica da Rebellião Praieira em 1849*, por J. Martiniano Figueira de Melo.
12   "*Aquilo de que não havia ainda exemplo nas monarquias modernas, a criadagem da casa do rei ultrajar impunemente os depositários do governo da nação, estava reservado a esta triste época.*" Essa verberação de Timandro [ver p. 208, nota], ainda sob a impressão da época, aplica-se a uma frase do deputado Jobim, médico do Paço: "Apresentei-me no palácio de São Cristóvão, abri um reposteiro, encontrei '*um grupo*', cumprimentei-o e dirigi-me para diante". O "*grupo*" era o ministério.
13   Ottoni, *Circular*, p. 139.
14   Figueira de Melo. Discurso na Câmara dos Deputados em 24 de janeiro de 1850.
15   "O ministério tinha visto, e todos os seus membros sabiam, que o país estava em perfeita revolta, e Pernambuco especialmente. Entretanto, como que se não capacitou de que as águas do dilúvio revolucionário estivessem na altura em que estavam e procurou pomba, a mais inofensiva que pudesse achar, para mandá-la a Pernambuco e lhe desse notícia do ponto a que tinham chegado as ondas revolucionárias. Essa pomba não voltou com ramo verde; as ondas revolucionárias já tudo iam alagando." J. J. da Rocha, na sessão de 24 de janeiro de 1850.
16   *Justa apreciação*, p. 65.
17   *Chronica da Rebellião Praieira*, p. 179.
18   *Justa apreciação*, p. 5.
19   Macedo, liberal tradicionalista, *Anno biographico*.
20   "Tendo-se espalhado de ontem para cá depois de minha chegada a mais infame notícia, ofensiva da lealdade de meu caráter, como *a de que me acho inteiramente mudado de meus princípios e adiro à causa saquarema*, que por tanto tempo tenho combatido; julgo do meu rigoroso dever declarar perante os meus comprovincianos que estou cada vez mais firme em minhas opiniões; e visto como a malvadeza do presidente da província, o sr. Herculano Ferreira Pena, tem feito derramar sem nenhum motivo legítimo o sangue de meus patrícios, e se dispõe

a levar minha cara pátria a ferro e fogo, estou resolvido a correr todas as vicissitudes, a que porventura possa ser levada esta bela província, e nem duvido oferecer minha vida se tanto for preciso, para salvar Pernambuco das desgraças que lhe estão propínquas. Recife, 18 de novembro de 1848. — *Joaquim Nunes Machado*". Avulso impresso na Tipografia Imperial, por S. Caminha.

21 Nesse ataque foram feridos, segundo Tosta, cerca de duzentos legalistas e mortos mais de oitenta. "Os imperiais", diz Borges da Fonseca (*O Público*, de 2 de fevereiro de 1854) "perderam entre mortos e feridos novecentos homens..." O mapa organizado por Figueira de Melo dá como mortos cinco oficiais e 85 praças e como feridos nove oficiais e 188 praças, do lado da legalidade; do lado da revolta dá como mortos duzentos homens e quatrocentos feridos. O cálculo total nos diversos combates da revolução é, segundo ele, por parte do governo, dez oficiais mortos e 21 feridos, 303 praças de pré mortas e 492 feridas; da parte da revolta, 502 mortos, 1188 feridos, ou mortos de ambos os lados 815; feridos, 1701.

22 Urbano repete por vezes no seu livro que Nunes Machado foi assassinado... "Este assassinato frio, há muito decretado, covarde e traiçoeiramente predisposto...", p. 84. Figueira de Melo discute a acusação, p. 136. Borges da Fonseca (*O Público*, 2 de fevereiro de 1854, Rio de Janeiro) conta assim a morte de Nunes: "O desembargador Joaquim Nunes Machado, que se achava nos Aflitos, ao saber que a coluna da Boa Vista estava sem ação, apresenta-se e no seu vivaz arrebatamento, não atendendo que força maior *a* inutilizava, avança, proclama aos cidadãos em armas, e no nobre propósito de ajudar-nos precipita-se sobre o inimigo embocado no Hospício da Soledade e aí recebe um pelouro e morre".

23 O sentimento da improficuidade das revoluções e da necessidade de encerrar o período revolucionário só tornou-se geral entre os liberais depois do Dois de Fevereiro. Aquele sentimento foi expresso em 1850 com todo o vigor da sinceridade e do arrependimento em nome do partido pelo seu principal orador na Câmara,

Gabriel Rodrigues dos Santos, no debate da lei chamada de *"corta-cabeças"*. "A esse respeito", disse o deputado paulista, "eu não tenho o mínimo acanhamento em proclamar bem alto que deve reputar-se muito firme e sincero o desígnio de proscrever os meios violentos e as revoltas, quando é manifestado por aqueles que já tiveram parte nelas, que já viram de perto seus perigos, que já puderam apreciar os atrasos que elas causam ao país e à própria opinião em cujo nome e para cuja defesa se fizeram. (*apoiados gerais e repetidos*) Sim, senhores, deveis ter por sinceras estas declarações, porque vos asseguro que elas partem de um sentimento de dor, quando contemplo o contínuo regresso das públicas liberdades todas as vezes que as provocações do poder, a exacerbação do sofrimento, ou as alucinações da cólera e do desespero, têm levado esta ou aquela província a movimentos materiais." (Sessão de 30 de agosto)

24 Ver nota A no fim do vol. IV, três cartas inéditas de Nunes Machado à sua mulher, a sra. dona Maria Joana Gomes de Machado, que ficara na Corte. Essas cartas pintam bem o estado de espírito do chefe popular condenado a uma luta que não aprovava, mas de que assumia a responsabilidade.

25 O visconde de Camaragibe disse uma vez ao conselheiro João Alfredo que a Praia tinha tirado aos conservadores nove décimos de população, e que o cavalcantismo tinha degenerado pelo crime dos feudatários, senhores de engenho.

26 "Acabe-se de uma vez com a introdução de africanos e com a influência política que exerce no país essa raça de estrangeiros que o Brasil será salvo", Nunes Machado dissera na Câmara.

27 E mais tarde, na sessão de 1848, a famosa tirada: "O país não acredita nesse mexerico, o país só reconhece os poderes estabelecidos na Constituição, tudo isso a que se dá o nome de entidades de reposteiros, todas essas imposturas e mentiras, toda essa joana, esses farricocos, frades, padres, aderentes, tudo isso são cascalhos, são coisas que não existem, são miseráveis reptis...".

28 "Tanto estava a revolta fora de suas vistas e esperanças, que nos assomos da surpresa lançou imprecações contra os seus amigos e aliados e partiu na firme resolução de fazer desarmar o partido." Urbano, p. 5.

29 "Quando se quis tratar a revolução que rompeu no dia 7 de novembro de 1848, consultado por meus amigos, disse-lhes: é prematura, porque nem temos munições de guerra, e nem ao menos o acordo da Paraíba e de Alagoas." Manifesto de 27 de março de 1849, em Figueira de Melo, p. 386.

30 "A coluna ocupa o bairro desde a ponte da Boa Vista até a ponte do Recife e espera já pelo concurso que lhe prometera o pérfido *Filipe Lopes Neto,* que fora o que mais solicitara o ataque da capital, já pela coluna da Boa Vista, que tinha menos obstáculos a vencer." Borges da Fonseca, *O Repúblico,* 2 de fevereiro de 1854.

31 "Não se podia justificar a revolta, a nação não aprovou-a; meus desgraçados amigos têm portanto de ceder." Discurso na Assembleia do Rio, do dr. Tomás Gomes dos Santos, em 19 de março de 1849. Tomás Gomes tinha sido indicado para presidente de Pernambuco pela Praia quando foi nomeado Costa Pinto.

32 J. J. de Morais Sarmento, *Noticia biographica do Conselheiro F. X. de Paes Barreto,* p. 25.

33 "Não se desse a revolução de 1848 e os predomínios pessoais de quatorze anos seriam absolutamente impossíveis." Morais Sarmento, *ibid.,* p. 26.

O GABINETE PARANÁ
E SEU PROGRAMA [PP. 377-91]

1 Os ministros por vezes chamaram o gabinete de o gabinete de 7 de setembro. Em geral, porém, o ministério era conhecido pela data da assinatura dos decretos. Ver a relação dos ministérios no fim do volume IV.

2 "A moderação que me impunha para com meus adversários não era uma novidade na minha carreira política; quando encetei esta carreira foi ligando-me a um partido que se impôs esta condição, e desvaneço-me

de que quando esse partido, arrebatado pela torrente de sucessos que pareciam chamar uma maior energia, julgou dever separar-se desse princípio para ter meios mais adequados de repressão, eu lhe disse: 'Alto; continuo a ser moderado'." Paraná, 26 de maio de 1855.

3 "O senhor ministro do Império explicará", dizia às vezes Nabuco, obrigando-o assim a aparecer na tribuna. "Tem a palavra o senhor ministro do Império", anunciava o presidente da Câmara, a quem algum ministro mandara falar em nome de Pedreira. Pedreira tinha expedientes prontos. Uma vez Paraná ia levantando um grande tumulto por ter deixado escapar, em uma resposta a um deputado da Paraíba, a palavra *"desaforo"*. Pedreira interveio, porém, a tempo com este aparte: "O que o senhor presidente do Conselho diz é que foi um *'desafogo'* do nobre deputado".

4 "Quanto à política", escrevia ele em 1864 a Nabuco, "vivam por lá muitos anos sem mim... de longe é que se conhece quanto tudo está corrompido e que nojenta hipocrisia lavra de alto a baixo! Andar assim que é bom andar."

5 Paraná dirigiu-se também a Sebastião do Rego Barros, que se recusou, aceitando, porém, a presidência do Pará.

6 Paraná queixou-se a Caxias de haver-lhe indicado Bellegarde. "Por quê? Não aceitou?" "Pelo contrário", respondeu Paraná com a sua habitual vivacidade, "aceitou logo, não pediu sequer para refletir." É que Paraná lhe falara em nome de Caxias. No Paraguai, Bellegarde deixara a melhor impressão. Era visível a predileção por ele no primeiro López, que repetia a Pedro Ferreira: "Ninguém veio ainda ao Paraguai com melhores desejos e que mais justificasse as simpatias que inspirava". Ofício de Pedro Ferreira, em 11 de abril de 1855.

7 "O *marquês de Paraná* relevou-me de qualquer fato que eu houvesse cometido em relação a *Carneirão Leão*." E mais: "O Paraná não se curvava". Notas do imperador, *ibid*.

8 "Lembre-se do ministério Paula Souza, aliás homem de excelentes qualidades, e do estado dos espíritos nas

provincias do Norte. A falta de energia contra os amotinadores de Setembro também concorreu para a retirada desse ministério." Notas do imperador, *ibid*.

9   O conselheiro João Alfredo possui uma carta íntima do imperador, dirigida a um dos seus amigos mais dedicados, o visconde de Itaúna, então (1866) em viagem na Europa. Nessa carta, escrita na expansão da mais segura amizade, o imperador defende-se da acusação de pretender desmoralizar os homens e anular os partidos, acusação que se renovou durante todo o reinado: "A impaciência de alguns leva-os a atribuir-me o desejo de aniquilar os partidos e seus homens mais importantes; mas como poderia eu sem eles dirigir o governo? A minha ação sempre a tenho procurado conservar nos limites de simplesmente moderadora e não é ela assim útil aos partidos? Talvez que não careçam dela e muito estimarei que tal suceda e o partido no poder respeite sempre os direitos da oposição e este só procure derribar o outro combatendo conscienciosamente seus erros perante a opinião pública. Meu amor à Constituição e caráter não ambicioso assim como 26 anos de experiência creio que não me terão deixado iludir no que digo".

10 A palavra *"conciliação"*, que só no gabinete Paraná será uma política, determinando a desagregação dos antigos elementos partidários e novas combinações futuras, tinha muito figurado em programas ministeriais. Os gabinetes anteriores quase todos diziam-se conciliadores. O de 5 de maio e o de 8 de março, é sabido que se prevaleceram desse princípio para acobertar o apoio saquarema que receberam; os outros gabinetes liberais sustentados por Aureliano invocavam-no, também, por sua vez para disfarçar o apoio do elemento "áulico". O próprio Saturnino chamava *"conciliador"* o gabinete de 22 de maio e até o de 2 de fevereiro. A nossa política, dizia ele, em nome daquele gabinete, "é a política da conciliação, a qual nós nunca rejeitamos, pelo contrário, fomos nós os primeiros que a iniciamos por fatos e não por palavras, é a política da conciliação, mas

não dessa conciliação dos pactos e das transações; é a política da conciliação dos princípios, da conciliação que se firma por atos legislativos e administrativos...".

POLÍTICA FINANCEIRA
DO GABINETE PARANÁ [PP. 392-7]

1 Como a abolição, que os pessimistas supunham seria a paralisação completa da produção nacional, a extinção do tráfico foi seguida de esplêndidas colheitas. "Uma sucessão não interrompida de safras magníficas do principal artigo que enviamos aos mercados do mundo veio como que gratificar a obra abençoada da extinção do tráfico...", escreveu Sales Torres Homem. *Questões sobre impostos*. Rio de Janeiro, 1856.

2 "Se a febre do jogo não tocou então ao extremo do delírio foi todavia sobremodo intensa e grandes perdas causou aos incautos ou ignorantes que se deixavam arrastar pelo prospecto de consideráveis lucros." *Relatório da Comissão de Inquérito sobre a crise commercial de 1864*. Tip. Nac., 1865.

3 "Por este tempo (1853), e daí consecutivamente, o espírito de agiotagem que com timidez tinha começado nos anos anteriores pelas transações das ações dos bancos do Brasil (o segundo) e Comercial, passando às da Estrada de Ferro Mauá e à Companhia de Navegação a Vapor, se foi estendendo a todos os títulos e se propagando por todos os modos ou formas e principalmente sobre as ações do atual Banco do Brasil, sobre as quais o governo havia exigido um prêmio de 20$ na razão de cada uma daquelas que eram solicitadas na ocasião da sua distribuição." *Relatório da Comissão de Inquérito sobre a crise commercial de 1864*. O relator é Ferraz. A respeito desse prêmio de 20$, ver antes a resposta de Paraná ao próprio Ferraz na sessão de 1854.

4 Cotações extremas do câmbio estrangeiro: 1853, 29 1/4 — 27/2; 1854, 28 1/2 — 26 1/2; 1855, 28 — 27; 1856, 20 1/4 — 27; 1857, 28 23 1/2 (esta última cotação já não pertence ao período do gabinete Paraná).

NOTAS 581

5   "A baixa do câmbio desde 1857 até esta data tem origem na crise comercial de então e na alteração dos estatutos do Banco do Brasil, alteração que permitiu a este aumentar a sua emissão ao triplo do valor metálico nos seus cofres. Uma vez alterados os estatutos, podem ser alterados sempre. Não há certeza nem segurança e essas alterações fazem nascer desconfiança e depreciar as notas, que delas dependem. Sem essa alteração, o desconto do banco havia de ter diminuído e em proporção a saída do ouro pelo simples fato de não haver notas disponíveis." Resposta de Joh. Gottf. Hasenclever no inquérito de 1859. Ver Relatório da Comissão.

6   "No dia 30 de abril de 1857, existia nos cofres do Estado, Tesouro e Tesourarias da Fazenda, o enorme saldo de 12.062:085$900, cativo a despesas, mas na maior parte disponível... em poder dos agentes em Londres um saldo de 2.408:955$008." *A receita e a despesa do Império durante a administração dos gabinetes de 4 de maio, 12 de dezembro e 10 de agosto.* Tipografia Nacional, 1861.

A SESSÃO DE 1860.
MARTINHO CAMPOS [PP. 406-13]

1   H. A. Milet, *O meio circulante e a questão bancaria*. Recife, 1875, folheto, como todos do autor, contra a escola restritiva. Milet, como Mauá, só esperava o progresso do país, como o dos Estados Unidos, dizia ele, pela *"mobilização"* das riquezas todas, nacional e particular, presente e futura, sob a forma de emissões bancárias.
2   Inquérito de 1864.
3   J. J. de Oliveira Junqueira. Inquérito de 1864.

AS ELEIÇÕES DE 1860: TRIUNFO DEMOCRÁTICO.
TEÓFILO OTTONI [PP. 414-8]

1   *Liberal Pernambucano*, 6 de setembro de 1860.
2   "Chorei a morte do Landulfo, cujo talento honrava a nossa terra e muito prometia."

3 Provoca a crise Almeida Pereira, ministro do Império, para quem a situação do país, com *"elementos subversivos que atuam fortemente sobre ele"* (a frase é da carta em que pedia demissão do cargo), reclama uma modificação na política ministerial.
4 Faber.

CARÁTER POLÍTICO DE ZACARIAS [PP. 419-21]

1 "Único estadista que falara à inteligência do país e procurara legitimar a situação pelos princípios, desanimou ante a impossibilidade de conseguir tão nobre empenho e retirou-se declinando de si toda a responsabilidade" : *Constitucional* de 7 de junho de 1864.

A GUERRA DO PARAGUAI ANTES DA ORGANIZAÇÃO
DO GABINETE DE 12 DE MAIO DE 1865 [PP. 422-34]

1 O estudo da missão Saraiva cabe nesta *Vida,* não só por ser o ponto de partida da Guerra do Paraguai e da política da Tríplice Aliança, sobre as quais tantas vezes teremos de ver a opinião e a interferência de Nabuco, como por dizer respeito ao caráter político do estadista cuja conformidade com ele permaneceu inalterável e que será o ministro dos Negócios Estrangeiros do gabinete de 12 de maio.
2 "Há alguma dificuldade invencível em que a República do Paraguai, a República do Uruguai e a Confederação Argentina se reúnam para formar uma federação sob o nome de *'Estados Unidos da América do Sul'*?" Essas ideias de Sarmiento em *Argyropolis* aparecem em 1865 em uma conversa do próprio ministro de Relações Exteriores, Elizalde, com o ministro britânico, Mr. Thornton: "O sr. Elizalde disse-me um dia, ainda que em conversa, que *'esperava viver bastante para ver a Bolívia, o Paraguai, o Uruguai e a República Argentina unidos em uma confederação e formando uma poderosa república na América do Sul'*".

3 "A cidade de Buenos Aires, que contava perto de 80 mil almas em 1830, quando começava o governo do general Rosas, apresentava apenas, em suas extensas ruas desertas ou em estado de demolição, uma população de 40 mil a 43 mil almas em 1842... Em frente à lúgubre solidão das ruas de Buenos Aires uma cidade nova elevara-se como por encanto às portas da antiga Montevidéu. Que protesto mais flagrante se podia esperar de um regímen humano e civilizador contra o sistema do terror, sob seus aspectos mais hediondos, que desolava Buenos Aires? Foi em consequência dessa situação diferencial das duas capitais que, enquanto Buenos Aires via sua população diminuir de metade, a de Montevidéu se elevava a 31 189 habitantes em 1843, de 9 mil que ela contava em 1829." Andrés Lamas, *Notice sur la République Orientale de l'Uruguay*. Paris, 1851, tradução do espanhol.

4 "...Sumidade política e literária de seu país (Paranhos, *A convenção de 20 de fevereiro*), e que como tal seria considerado em qualquer sociedade das mais ricas em talentos e ilustrações", Lamas pertence à mais brilhante geração platina; é um dos que formam a grande plêiade de publicistas que aparece combatendo a tirania de Rosas.

5 *Jornal do Commercio*, de 22 de setembro de 1853.

6 "Trabalhando pela sólida pacificação do país, aproveitando os auxílios do Brasil para reorganizá-lo e fortalecê-lo, matando toda aparência de guerra externa e de guerra interna para atrair a ele a imigração estrangeira, que de outro modo não há de vir, ter-se-ia colocado o país em atitude de resistir com sucesso às temidas ambições. Se isso não fosse bastante, teriam podido apanhar o Brasil em suas próprias redes diplomáticas, e trazer as Províncias Argentinas, a França, a Inglaterra, para a posição que o Brasil mesmo lhes oferecia na aliança e na intervenção." Lamas, *A Sus Compatriotas*. E em carta ao coronel J. M. Reys: "Somos os fundadores de uma nação, não somos uma nação. '*Projetamos*' valentemente a nação, e para acompanhar os nossos gestos épicos não tenho dúvida em acrescentar que emulamos

as proezas bélicas de nossos avós da Europa. Para sair, porém, de *'projeto'*, para sair de 130 mil habitantes que têm pouco mais que as indústrias naturais, necessita-se colonização, estudo, lavor da terra, todas as artes, todas as virtudes, todos os hábitos da paz — *a paz"* (1853).

7   Carta a Melchior Pacheco y Obes, 18 de agosto de 1853.
8   *Ibid.*
9   "O Brasil com um desinteresse de que não há exemplo, em que é natural que alguns não acreditem, porém, de que estou profundamente convencido, ministra-nos os meios de pôr termo ao espetáculo cruel..." Lamas, carta a Francisco Hordeñana, em fevereiro de 1854.
10 O Brasil (Circular de 19 de janeiro de 1854) declarou aceitar o concurso de qualquer nação que quisesse entender-se com ele sobre os meios de salvar o Estado Oriental e fortalecer e afirmar a sua independência. "Se o Brasil ficou só no Estado Oriental, não o ficou por ato ou desejo seu. Bem pelo contrário, manifestou o desejo de ser coadjuvado por todos que tivessem interesse na reconstrução e salvação do Estado Oriental. Provocou-os a que o coadjuvassem, a que tomassem uma parte igual à sua, a que recolhessem e dividissem a influência que a pacificação empreendida pudesse produzir." *Andrés Lamas a Sus Compatriotas*, p. 9.
11 Dizendo a impressão que lhe causara o orçamento para 1856: "Fiquei aterrado, ruborizado, e nesse mesmo momento me teria despojado da representação diplomática da República se não houvessem chegado aos meus ouvidos explicações do que a mim parecia um ato de cegueira, que interessavam o meu patriotismo e de certo modo me impunham deveres sagrados. Dizia-se-me que alguns dos homens que abusam da confiança do sr. presidente Flores acreditavam que se obteria *tudo* do Brasil solicitando uma espécie de incorporação com o título de protetorado, uma coisa assim como doze anos de ocupação e uns 12 milhões de papel garantido pelo Brasil, e assegurava-se-me que, se o Brasil rechaçasse esse projeto e não desse auxílio algum pecuniário, se pretendia que o sr. Flores, por uma rapidíssima evolução, se colocasse

à frente das susceptibilidades sublevadas contra o Brasil e desse o grito e levantasse a bandeira da independência da pátria contra o domínio ou o protetorado brasileiro. Custava-me como ainda hoje me custa admitir nem mesmo a suspeita de que o sr. Flores se tivesse sequer prestado a ouvir a proposta dessa infâmia: fiz e faço justiça ao seu fundo de honradez e patriotismo".

12 Sem a atitude de Mitre, as simpatias dos "americanistas" de toda a América do Sul, do Prata, do Chile, do Peru, da Colômbia, todas contra o Império, não teriam ficado em manifestações platônicas, quando o Paraguai viesse em socorro de Montevidéu. Ver adiante a notável posição que Mitre tomou em relação ao americanismo de Lastarria.

13 "...eu que sou talvez o único homem público do Rio da Prata que nunca tenha combatido o Brasil, e tenha tido a coragem de arrostar a mais pesada impopularidade, sustentando a retidão das intenções do governo imperial..." Carta a Paranhos, em 20 de março de 1864. Vide Paranhos, *A convenção de 20 de fevereiro*, documentos.

14 Lamas a Paraná em 14 de março de 1854: "Permita-me V. Exa. dizer-lhe que se repudia os arrependidos corre o risco de ficar só. O Brasil não tem ali amigos *originários*. Os que tem são convertidos, e o maior ou menor mérito consiste na antiguidade da conversão...".

15 O marquês de Paraná, solicitado por Lamas para garantir a Montevidéu mais 240 mil patacões, respondia-lhe: "Tenho por certo que os gastos do governo oriental não se equilibrarão com a sua renda, sem grandes sacrifícios e sem medidas severas que reduzam o pessoal inativo das diferentes repartições. Enquanto o Brasil suprir parte do *deficit* faltará a coragem para tomar essas medidas que à primeira vista, e a quem não conheça o estado financeiro da República, podem parecer odiosas. A esperança do subsídio concorreu talvez para que o governo do sr. Giró não só não tomasse essas medidas mas também fiscalizasse mal a cobrança e arrecadação dos impostos existentes e até abolisse alguns

a que o povo estava habituado. A consecução desse subsídio pelo governo atual não deu até hoje lugar a nenhumas reformas que produzam verdadeiras e úteis economias. Reconheço que o Estado Oriental, assolado pela guerra civil, não oferece muitos objetos sobre que se possam criar impostos com vantagem para o seu Tesouro. Alguma coisa, entretanto, me parece se podia ter feito. A fiscalização, ainda que se diga melhorada, também me parece não ter chegado ao ponto desejado. A meu ver só a urgência da necessidade podia induzir o governo e as Câmaras do Estado Oriental a tomar as grandes medidas a que me refiro e que me parecem indispensáveis para equilibrar a despesa do seu orçamento com a sua renda. Sem que tal necessidade apareça, este caminho, o único que possa conduzir ao objeto que se tem em vista, não será, provavelmente, seguido pelo governo e Câmaras do Estado Oriental. Enquanto restar esperança de subsídio, parecerá odiosa a supressão, ainda que seja temporária, dos vencimentos das classes inativas, cortejar-se-á a popularidade e se continuará recorrendo a paliativos que nada remedeiam e que prolongam o estado precário do país" (2 de janeiro de 1855, carta particular de Paraná a Andrés Lamas). Lamas acrescenta: "Depois de lida esta carta é inútil dizer que este governo negou-se a dar a mais simples garantia para os 240 mil patacões que solicitávamos".

16 "A República Oriental do Uruguai passou por nova crise em dias de setembro do ano findo. Reconheci o *governo* provisório que nessa ocasião se estabeleceu, depois que o país aderiu à mudança que se havia efetuado. Desejando ver pacificada e solidamente organizada esta República, com a qual o Império mantém tão estreitas e multiplicadas relações, acedi a instantes reclamações dirigidas ao meu governo, prestando um subsídio pecuniário e a força de terra que foi requisitada. Esses auxílios têm por único objeto facilitar os meios de firmar a paz e a independência daquele Estado." Fala do Trono na abertura da sessão de 1854.

17 "De acordo com o governo da República Oriental do

Uruguai determinei a cessação do auxílio militar que prestávamos àquele Estado. Vi com prazer que o procedimento da divisão brasileira foi sempre o mais louvável possível, e que a sua disciplina e moralidade foram pública e solenemente reconhecidas pelo governo e pelo povo oriental." Fala do Trono na abertura da sessão de 1856.

O CARÁTER DA GUERRA. LÓPEZ [PP. 435-41]

1   Essa história definitiva e geral só poderia ser feita depois que estivessem publicados os papéis dos principais personagens e se pudesse falar livremente, sem respeito nacional ou político, das rivalidades que surgiram entre nações, generais e diplomatas. A versão brasileira encontra-se principalmente nos comentários e notas de Paranhos filho, barão do Rio Branco, à tradução portuguesa da *Guerra da Tríplice Aliança*, escrita em alemão por Schneider. O comentador, que é o nosso primeiro, se não único, historiador militar, é o eminente diplomata que defendeu vitoriosamente pelo Brasil, no processo arbitral de Washington (1893-5), o território de Palmas, impropriamente chamado de Missões. As suas notas a Schneider, inestimáveis como crítica e informação e às quais todos recorremos, acompanham de perto o texto, mas, ainda que se pudesse extrair delas, com uma ou outra lacuna somente, uma história da guerra, não formam uma exposição seguida dos acontecimentos, e a parte até hoje publicada não abrange ainda o período talvez o mais considerável da campanha, o comando do duque de Caxias. Em alguns pontos mesmo ele reserva o seu juízo; em muitos tem deferências pessoais ou internacionais, sendo aliás sensível para o leitor a sua preocupação patriótica e um tanto o seu vínculo partidário (conservador). A versão argentina, enquanto se esperam as revelações do general Mitre, encontra-se nos anotadores de Thompson, e em Garmendia; a versão paraguaia em Thompson. O livro de Schneider é de intenção imparcial entre os beligerantes e entre os aliados, mas é feito sobre dados

parciais, como são todos os publicados até hoje, além de incompletos, e sem conhecimento próprio, direto, do assunto não se obtém a imparcialidade de fato só pelo cotejo de opiniões, todas eivadas de parcialidade. Do ponto de vista exclusivamente brasileiro, só o barão do Rio Branco, o Jomini brasileiro, poderia empreender tão grande tarefa como seria a história da Guerra da Tríplice Aliança, se estivessem publicados os papéis a que acima me refiro.

2   Masterman, que conheceu López e madame Lynch, assinala a influência desta no governo e o seu plano de se tornar, depois do divórcio, a imperatriz Josefina do novo Napoleão. "Ela tinha dois projetos ambiciosos: o primeiro, casar com ele; o segundo, fazer dele o *Napoleão do Novo Mundo*. O primeiro era difícil, porque seu marido, sendo francês, não podia requerer divórcio; se o segundo, porém, tivesse bom êxito, não seria talvez difícil obter uma dispensa e trocaria então a sua posição equívoca por outra segura." Para isso, diz ele, foi gradualmente persuadindo López da necessidade de uma guerra que tirasse o Paraguai da obscuridade e o tornasse a principal potência da América do Sul. É verossímil essa versão, dado o caráter varonil, aventureiro e imaginoso de madame Lynch, e sua posição de soberana de fato Ela era uma mulher de grande formosura, elegância e sedução pessoal, que procurava reproduzir na Assunção as atitudes da imperatriz Eugênia nas Tulherias. O papel político de madame Lynch é todavia obscuro, se ela inspirava López, ou se somente lhe adivinhava o pensamento. O que se sabe é que até Cerro-Corá ela está sempre ao lado dele e que reciprocamente se sustentam. Nenhuma honra pareceria a ele demasiada para ela.

3   No seu livro *Juan Bautista Alberdi*, Martin García Mérou faz o seguinte retrato de López ao começar a guerra: "O governo republicano do Paraguai transmitiu-se como uma monarquia de direito divino, Francisco Solano López herda o poder de seu pai. Quem é esse príncipe feliz e quais são os dotes que o distinguem? A história ainda não teve tempo de julgar definitivamen-

te na sua causa; as peças do seu processo são, porém, numerosas. Era um homem de maneiras cultas, um *viveur* paraguaio, nascido e educado na onipotência; organização forte e sanguínea, amiga dos prazeres, com pronunciados laivos sensuais; chefe dominador e obedecido, com privilégios de sultão oriental e fruições de cesarismo; senhor feudal de terra indígena, mareado, aparado e acabado de perverter por seu brusco transplante à Paris imortal de Napoleão III... Colocai nessas mãos nervosas o poder supremo, dai a esse *enfant gâté* um povo dócil, acostumado à obediência cega, uma ilha de Taiti mediterrânea, onde a natureza pródiga basta para as satisfações do homem, e o poder político está habituado a exercitar-se sem limites nem fiscalização. A consequência é forçada. As legiões empenachadas da velha Europa perturbam as sestas da sua rede real. Necessita ter ao seu lado as atrações malsãs da sociedade que visitou e faz-se escravo da beleza de uma mulher excepcional, *formosa* e audaz, com todos os atrativos da elegância e todos os prestígios da inteligência. Ela é de fato a soberana daquela sociedade primitiva e patriarcal e domina-a do alto de sua grandeza. A falsa posição do amo nos mistérios da família reflui sobre os costumes e serve de exemplo pernicioso às massas populares. A ambição guerreira dá o toque final, a pincelada suprema a esse caráter endeusado pelo servilismo e sujeito a cóleras violentas. Vê-se-o militarizar o seu povo, reunir armas e petrechos de guerra, fortificar Humaitá, e adestrar 30 mil soldados escolhidos no acampamento de Cerro-León. Que planos abrigava? Que empresa prosseguia? Que propósitos podiam explicar essa atividade a não ser os seus sonhos insensatos de um império napoleônico, suas ambições fogosas, suas vertigens delirantes de hegemonia americana?".

4   O Exército de López em 1864 devia orçar por 60 mil homens. Thompson os distribui assim: 30 mil em Cerro-León, 17 mil em Encarnación (Itapua), 10 mil em Humaitá, 4 mil em Assunção, 3 mil em Concepción. Esse

número, considerável para a população (1 milhão), fora chamado à medida que a guerra ia parecendo provável. Em 1865 calcula-se que López tinha 80 mil em armas (ver Schneider nas notas do barão do Rio Branco). Resquin diz que López levantou durante toda a campanha 150 mil homens ou mais. Gould avalia o Exército paraguaio em 100 mil, ao começar a guerra. Sobre a organização do Exército, ver Schneider, que o elogia muito. López não queria guarda nacional nem milícias, mas o mais rigoroso serviço obrigatório e permanente. Em 1864, antes de Sadowa, ele como que tinha a intuição da superioridade que seria para o Paraguai sobre os seus vizinhos adotar um sistema de militarização parecido com o da Prússia (Schneider, cap. III, nº 3).

5 "Estamos persuadidos, e isso se depreende de documentos do arquivo de López, que o ditador não se armava para fazer a guerra ao Brasil. O projeto que alimentava era estender seus domínios para o Sul, conquistando Corrientes; talvez, nem isso, mas somente ganhar fama militar e influência nas questões do rio da Prata. A nossa intervenção de 1864 no Estado Oriental, habilmente explorada pelos *blancos,* fez com que López suspeitasse que pretendíamos fazer uma guerra de conquista. A repulsa da sua mediação irritou-o, e a cordialidade que então existia entre o governo imperial e o argentino aumentou aquelas infundadas suspeitas; consta-nos que o ministro oriental em Assunção, sr. Vasquez Sagastume, conseguiu convencer a López de que havia um tratado secreto de aliança entre o Brasil e a República Argentina para a partilha do Paraguai e do Estado Oriental. Foi sobre essas impressões que o vaidoso ditador se lançou à guerra contra o Brasil." (Rio Branco, nota a Schneider, I, 85.)

6 O dr. Carreras, como se sabe, teve o mais triste fim. Ver em Masterman a história do seu martírio, entregue ao padre Maiz, que o tortura no *cepo uruguaiana* três dias seguidos, torturado outra vez antes de ser executado. O velho José Berges, por muitos anos ministro das Relações Exteriores no Paraguai, teve igual sorte. Mas-

terman o viu de joelhos, implorando a vida ao major Caminos. Foi açoitado antes de ser morto por Aveiro. Berges era o homem mais respeitado do Paraguai.

7   "López acreditava que só a guerra poderia tornar conhecida no mundo a República do Paraguai" (Thompson). "El Paraguay no debe aceptar ya por más tiempo la prescindencia que se ha hecho de su concurso, al agitarse en los Estados vecinos cuestiones internacionales que han influído mas o menos directamente en el menoscabo de sus más caros derechos" (López aos notáveis que pediam a guerra, em Schneider, 1, 97). Parecia-lhe que o imperador vira na sua mediação a impertinência de um guarani para com um Habsburgo, e quanto ao general Mitre, feriam-no sempre, como um espinho da memória, as palavras que Mitre trocara com ele quando em 1859 fora em missão a Buenos Aires. "Sinto, general", disse Lopez, "tê-lo conhecido tão tarde." "Já tratou comigo no ano de 1859, quando me fez a honra de visitar-se em Buenos Aires", respondeu Mitre. "Sim, porém, naquela ocasião V. Exa. não me falou de política, e sim de livros guaranis." (J. C. de Godoi, *Monographias historicas,* versão de Arthur Montenegro, Rio Grande, 1895). Do próprio general Mitre ouvi essa anedota da entrevista de Iataiti-Corá.

8   Pelo que se sabe do bispo Palácios, do padre Maiz, do padre Roman, do padre Duarte, e outros, a Igreja paraguaia durante o governo de López estava reduzida à mais abjeta condição. Ver em Masterman a parte que os três primeiros tiveram nas atrocidades. O padre Corbalan, de uma das primeiras famílias, segundo Masterman, foi preso logo depois da posse de López e teve o fim costumado dos "conspiradores".

9   "Em 20 de julho de 1865, ordenou a um de seus generais que fosse a Corrientes prender o comandante em chefe da divisão do Sul remetendo-o sob forte guarda. 'Que forças levo, senhor?', perguntou o enviado. 'Um ou dois ajudantes e a ordem por escrito que lhe apresentará', respondeu-lhe o marechal, entregando-lhe uma folha de papel fechada e lacrada... Ao chegar à tenda do general

em chefe, este apressou-se a sair-lhe ao encontro, estendendo afetuosamente a mão. '*Alto*', disse Barrios, '*não aperto a mão de traidores. De ordem suprema está preso*', e entregou-lhe o ofício lacrado. O general Robles abriu-o e leu-o tranquilamente. Estava no meio de 30 *mil* homens disciplinados por ele, por todos eles respeitado e incondicionalmente obedecido, como se não conhecessem outra autoridade nem superior imediato, desde a formação do acampamento de Cerro-Léon, havia três anos. Sem hesitação, porém, desprendeu da cinta a espada, entregando-a sem pronunciar uma palavra. No dia seguinte chegou a Humaitá com sentinela à vista, foi submetido a conselho de guerra e fuzilado pelas costas, acusado de alta traição à pátria." Essa narração dramatizada de Godoi (*op. cit.*) completa-se com o que conta Masterman sobre as crueldades infligidas a Robles por Barrios. Quanto a Barrios, depoimento do general Resquim: "Que Barrios, tendo-lhe dito López que ele e sua mulher [irmã de López] se achavam implicados na conspiração, voltou à casa e cortou o pescoço com uma navalha, o que não impediu que fosse fuzilado, depois de curado. Sem embargo, como ministro da Guerra e Marinha e general de divisão, Barrios, formando o Exército, teria acabado com López".

10 "O deserto, as marchas forçadas, a fome, as misérias de toda espécie, haviam devorado 5 mil homens, últimos restos de 150 mil, se não mais, que López armou para esta guerra... No meio de todas essas misérias, dessas cenas de desolação, das execuções que não cessavam, López continuava a levar a mesma vida que dantes: levantava-se às nove, às dez, às onze horas, às vezes ao meio-dia, fumava e brincava com os filhos, comia bem e bebia melhor, ficando constantemente em grande e terrível estado de excitação. Madame Lynch sempre se mostrava de vestido de seda e em grande toilette." Depoimento do general Resquin. Sem acreditar tudo que diz Resquin, aliás, conforme com todos ou outros depoimentos, o fato é que nenhuma expressão de pesar ou de sentimento teve nunca López diante das

torturas que infligia. O seguinte trecho de um jornal paraguaio (*La Democracia*) é significativo do nome que ele deixou (Ver *Revista del Instituto Paraguayo*, de 1º de março de 1897, em memória de Cerro-Corá): "Se coubesse aos povos orgulhar-se da sanha e dos crimes dos seus tiranos, por certo que nós não nos privaríamos de levantar bem alto a cabeça entre as nações". O escritor Inácio Ibarra refere-se ao fuzilamento, por López, de seu irmão Benigno em Pikisyri, à morte pela fome de Venâncio, seu outro irmão, à prisão da mãe e de suas duas irmãs Juana Inocência e Rafaela, viúvas do general Barrios e de Saturnino Bedoya, fuzilados, em favor das quais (o documento publicado em nota pela *Revista* não inclui o nome da mãe) ele intervém com um pedido neroniano ao conselho de guerra para comutar a pena última, se forem julgadas criminosas.

11 "Suas maneiras, quando ele estava satisfeito, eram notavelmente graciosas; porém, em cólera, e eu o vi assim duas vezes, a sua expressão era perfeitamente feroz; o índio selvagem aparecia através de verniz superficial de civilização..." Masterman.

12 Masterman, Schneider. O estado da sociedade paraguaia como a constituiu o triunvirato sucessivo, Francia-Carlos López-Solano López, está retratado neste quadro de um escritor paraguaio citado por M. García-Mérou: "Os homens e as famílias, uma vez começado o espantoso sistema de espionagem, principiaram a temer-se uns aos outros, condenando-se ao isolamento e ao mutismo; houve, assim, isolamento nacional e isolamento individual... Mais tarde, acostumados já ao silêncio produzido pelo pavor, degenerados já pela força e pela ignorância em uma espécie de indiferentismo e pusilanimidade, chegaram a ser ultimamente insensíveis às suas próprias desgraças e às dos outros; viam e observavam o que se passava em redor deles, parecendo não se ocupar disso, e isso mesmo a respeito dos atos mais bárbaros e cruéis do déspota. Como era triste e comovedor o espetáculo que apresentava esse povo! Todas as molas que lhe davam vida e atividade

achavam-se paralisadas; suas faculdades morais e intelectuais comprimidas pela sujeição férrea do tirano, tinham-se estreitado dentro de uma esfera tão reduzida que pareciam ter deixado de funcionar". Juan C. Centurión. Conferência no Ateneu Paraguaio, em 1886.

13 Ver adiante o argumento de Juan Carlos Gómez.

TERCEIRO MINISTÉRIO ZACARIAS [PP. 442-6]

1 *O imperialismo e a reforma.* Rio de Janeiro: Tip. Perseverança, 1865.

2 *O conselheiro Francisco José Furtado,* pelo Conselheiro Tito Franco de Almeida. Rio de Janeiro: Laemmert, 1867. A esse livro, obra da mocidade política de Tito Franco, que depois se rendeu à evidência dos fatos, e fez o mais completo repúdio de todas as suas prevenções e conjeturas infundadas sobre a ação pessoal do imperador e o caráter da sua influência em nossa história política, responde Melo Matos, quanto ao período de 1840 a 1848, em um livro sem nome de autor: *Páginas d'história constitucional do Brasil — 1840-1848.* Rio de Janeiro: Garnier, 1870.

3 Parece fora de dúvida, por tudo quanto se sabe, que o imperador gostava de que atacassem os ministros nos erros que cometiam. Pode-se dizer que a crítica da oposição era o seu respiradoiro, que o aliviava do mutismo a que a Constituição o condenava e que não era compensado pela ação sem responsabilidade e inconfessa que ele exercia. Sem acreditar nas diversas frases que lhe foram atribuídas, das que ele mesmo nos deixou depreende-se bem que satisfação era às vezes para ele uma censura aos ministros em ponto que o melindrasse e de que ele se não podia defender. "Censurem, censurem os ministros", escreveu ele à margem do livro de Tito Franco, "no que eu também sempre reparei, como, por exemplo, as declarações capciosas perante as Câmaras, e eles se irão emendando." Se, porém, era esse um prazer do imperador, deve-se dizer que reciprocamente, fora do governo, quase todos os que foram

O 16 DE JULHO [PP. 447-53]

1. Tavares Bastos era, pelo influxo norte-americano predominante em seu espírito, um republicano natural. A consideração ou conveniência política, que era o peso, o freio de sua *"imaginação"* republicana, impedirá entretanto sua filiação ao novo partido. Nem se pode dizer que a morte o *"surpreendeu"* ainda monarquista. Se vivesse alguns anos mais, ele teria provavelmente, durante a situação liberal, representado na Câmara um papel proeminente, se não o primeiro, e ter-se-ia identificado, em sua madureza e completa formação política, com a monarquia, que era mais conforme ao seu temperamento liberal-aristocrático, ao seu amor da seleção, e à sua índole reformadora e não revolucionária.

2. Silveira Lobo, entretanto, não deu tréguas à oposição. No fundo do seu caráter político, quando não estava apaixonado, ele era um tolerante; nas mãos do partido, podia, porém, tornar-se, por indiferença, uma pura manivela. Por isso, Camaragibe, depois da eleição, responde assim a Nabuco: "Se me fosse permitido acreditar que você queria divertir-se com os seus amigos, quando me escrevia dizendo que Silveira Lobo vinha nas melhores disposições de nos ser agradável, eu teria razão de estar bem molestado. Mas eu me lembro de que meu irmão Antônio [Holanda Cavalcanti] já me apresentou o Chichorro como um presidente com as qualidades que eu podia desejar, e certamente meu irmão não queria divertir-se comigo".

3. Nessa sessão de 1867, Nabuco apenas se ocupa de trabalhos de legislação, como o projeto sobre crimes cometidos no estrangeiro, o projeto sobre o processo e julgamento dos privilegiados do Senado, a questão da revogação do seu decreto de 28 de março de 1857 na parte do *ex informata conscientia*, a que ele resiste. Comparar vol. 1, p. 326. É, porém, ministerial conhe-

cido, o que tolhe na Câmara o pronunciamento de seu filho, Sizenando Nabuco, eleito deputado por Pernambuco, e de diversos amigos que se queriam afastar de Zacarias. Nabuco presta numerosos serviços ao gabinete, redige, como temos visto, diversos regulamentos, decretos e projetos (o regulamento do Juízo Arbitral, de 26 de junho de 1867, a lei de 14 de setembro de 1866 eram de Nabuco; e o decreto da abertura do Amazonas, o projeto de lei de emancipação, etc.).

4 Desde que deixa o gabinete, Zacarias torna-se um censor infatigável de Caxias e da direção que este imprime à guerra.

5 Zacarias declarou ao imperador que a escolha do senador pelo Rio Grande do Norte não era *"acertada"* e por isso não podia tomar a responsabilidade dela. Discurso no Senado, à apresentação do gabinete Itaboraí.

6 Em um opúsculo (1886), *O erro do imperador,* o presente escritor acusou o imperador de ter retrogradado na questão dos escravos, chamando os conservadores ao poder. À margem do folheto, o imperador lançou a seguinte resposta: "Foi pelo desejo de terminar a guerra com a maior honra e proveito (em relação às nossas relações externas) para o Brasil que não cedi na escolha do senador. O ministério liberal não podia continuar com a permanência de Caxias à testa do Exército, e eu não pensei em meu genro senão em último caso". Essas preciosas notas do imperador, algumas das quais *são* citadas mais longe, foram copiadas pelo sr. Joaquim de Sequeira, que mas comunicou. Tais notas e as notas ao livro de Tito Franco e ao livro de Pressensé, *Les origines,* são as únicas do imperador de que tenho conhecimento, sem falar de algumas palavras escritas à margem de outro folheto meu, este de 1891. Segundo, porém, o que o próprio imperador me fez a honra de escrever, mandando-me as notas lançadas nesse meu escrito, *Agradecimento aos pernambucanos:* "Leia-me e restitua-me o folheto, pois, sempre tenho adicionado assim as parcelas de minha vida", devem ser numerosos os opúsculos políticos anotados por ele. É desne-

cessário encarecer a importância que teria a reunião desses apontamentos esparsos e na sua maior parte inéditos, assim como da correspondência do imperador, que deve ser, e o leitor desta obra o avaliará pelos trechos que tive a fortuna de poder inserir nela, uma verdadeira mina de revelações autobiográficas sobre os motivos que determinaram os seus atos e os princípios que o guiaram na construção do seu reinado.

O FIM DA GUERRA.
A CAMPANHA DO PARAGUAI [PP. 454-8]

1 Esse sentimento, mais de uma vez o tenho exprimido; perante o próprio Senado paraguaio (1889), em Assunção, quando fui recebido por ele em seu recinto, e em *Balmaceda*: "Para mim, são os dois maiores esforços de energia que a América do Sul desenvolveu neste meio século: a resistência paraguaia e a revolução chilena. Um, bárbaro, fanático, horrível, mas ainda assim sublime, alguma coisa de parecido com o incêndio de Moscou, porém, mais vivo, mais palpitante, mais trágico, porque era com vidas humanas, e não com labaredas, que a nação fazia o deserto diante do invasor. A resistência paraguaia até o último homem, sinistra como se torna pela loucura do tirano, quando se apossa do seu ânimo a suspeita de todos, é o grau de maior intensidade, o grau absoluto, a que o sentimento de pátria possa chegar. A revolução chilena não traz esse cunho sombrio, exclusivo, intransigente, do gênio de Francia. É um fato de ordem moderna, *jogo* de molas inteiramente outras, resultado de educação oposta, responde a uma ordem superior de sentimentos, a outra classe de homens, mas, como esforço nacional, é também o atual limite humano".
2 Zeballos, *La batalla de los muertos, leyendas del teatro de la guerra del Paraguay,* 1889.
3 Garmendia, *Recuerdos...*
4 Zeballos, *ibid.* "Nos montões, já derribados, porém, ainda visíveis, de ossos queimados, as cruzes estão cobertas de brancos sudários, cujos flocos de *ñanduti*

flutuavam ao vento quente do meio-dia." Ñanduti é a conhecida renda, *a teia de aranha* paraguaia.

5 "O general Resquin declarou que a posição de Pikiciry era excelente; que se o Exército aliado a atacasse de frente, a defesa teria grande vantagem; se procurasse franqueá-la pela esquerda, teria de passar por desfiladeiros muito estreitos que tornavam a operação dificílima, e que a marcha pelo Chaco deu um golpe mortal no Exército paraguaio." Depoimento do general Resquin.

"Aquele caminho de quase quinze quilômetros, levado ao fim pela perseverança do general Argolo, rivalizava, mais ainda, excedia a ideia primordial dos generais aliados, que resolveram esse plano atrevido e difícil. Assim o general brasileiro terá sempre essa glória imperecedoira" (Garmendia).

SILVEIRA MARTINS.
APARECIMENTO DO PARTIDO REPUBLICANO [PP. 459-63]

1 Ver, no discurso sobre o voto de graças de 1871, a referência de Nabuco ao novo Partido Republicano, todo ele composto de homens que o acatavam e lhe rendiam homenagem (Nota *P*).

2 Com relação à formação do Partido Republicano e à sua apresentação pela imprensa sob o ministério São Vicente, é característico da atitude constante do imperador para com a propaganda o seguinte incidente, referido pelo dr. Oliveira Borges, em notas que escreveu a meu pedido sobre o ministério de 29 de setembro:

"Em 1870, quando ministro, logo depois do aparecimento do Manifesto republicano, disse o marquês ao imperador: 'Senhor, os republicanos publicaram seu manifesto e uma das medidas que o governo imperial deve adotar, por norma invariável, é de não prover nos empregos públicos quem tiver opiniões republicanas. Nem o governo da Inglaterra, com todas as suas garantias de liberdade, admite que sirva em empregos públicos quem tem opiniões republicanas, nem os Estados Unidos, também com suas liberdades, admitiriam que ocupasse empregos públicos quem tivesse opiniões monárquicas'. O imperador redarguiu-lhe: 'Senhor São Vicente, o país que se governe como entender e dê razão a quem tiver'. 'Senhor', respondeu o marquês, 'V. M. não tem direito de pensar por este modo. A monarquia é um dogma da Constituição, que V. M. jurou manter; ela não está encarnada na pessoa de V. M.' 'Ora', disse-lhe, rindo-se, o imperador, 'se os brasileiros não me quiserem para seu imperador, irei ser professor'"

Num opúsculo meu, *Agradecimento aos pernambucanos* (1891), à margem desta frase: "Nada abalava as duas ideias do imperador: que não se devia tocar na imprensa, e que as opiniões republicanas não inabilitavam nenhum cidadão para os cargos que a Constituição fizera só depender do mérito", ele escreveu: *"Assim foi"*.

3   "Estamos aqui com o Clube Republicano", escrevia-me ele (19 de novembro), "o qual, criado por surpresa, todos os dias decai; foi uma grande adversidade para o Partido Liberal, que assim se vai cada dia desmantelando e desorganizando mais."

O MANIFESTO ZACARIAS [PP. 464-6]

1   Zacarias recusou a nomeação logo que recebeu a carta de São Vicente, de 12 de outubro. O manifesto ou exposição publicada pela *Reforma* (15 de janeiro de 1871) é que tem a data de 29 de dezembro.

ASCENSÃO DE RIO BRANCO [PP. 467-72]

1   A demissão brusca de Paranhos, por ocasião do Convênio de 20 de fevereiro de 1865, atribuída ao imperador, concorreu para facilitar-lhe o seu papel. O imperador sentia-se devedor de uma reparação, proporcionada à grave injustiça que lhe fizera.

2   A *prova real,* a hereditária dessas qualidades do visconde do Rio Branco é a capacidade especial de seu ilustre filho, o barão do Rio Branco, a sua absorção nos assuntos que respeitam à grandeza *externa* do

Brasil. O primeiro Rio Branco, como já tive ocasião de dizer, era essencialmente diplomata, e só acidentalmente político. Era um homem de governo, a quem a administração, por causa do interesse público, era indispensável, e assim impróprio para a oposição, o que quer dizer que só secundariamente era um temperamento político. O regímen que instintivamente convinha a uma organização assim era um absolutismo moderado, como o Segundo Império francês, de que ele fosse o Rouher, o ministro permanente, com direito de presença no corpo legislativo. Sobre a vida do visconde do Rio Branco, ver o seu *Elogio histórico* pelo dr. Rozendo Moniz Barreto (Rio de Janeiro: Laemmert, 1884); sobre a sua vida até 1871, ver Alvarenga Peixoto, *O visconde do Rio Branco* (Rio, 1871); impressões íntimas sobre Rio Branco, no *Esboço biográfico* de Alfredo d'Escragnolle Taunay, depois visconde de Taunay (Rio: Leuzinger, 1884).

O CARÁTER DA REFORMA.
A PARTE DE CADA UM [PP. 473-86]

1 Os senadores liberais são concordes em querer parar na lei de 28 de setembro, *como sistema*, mas, também, mediante indenização, em reforçar e apressar a sua ação, em desenvolvê-la sempre. "Mas vos digo com profunda convicção que as ideias complementares virão depois" (Nabuco). "Há no projeto o gérmen de todas as medidas que possam ser tomadas daqui em diante para aperfeiçoá-lo" (Souza Franco). "Se acho o projeto do governo incompleto, penso, entretanto, como o sr. Souza Franco, que há nele o gérmen de todos os melhoramentos futuros, visto que começa por extinguir a fonte de novos embaraços" (Octaviano).

2 Ver nota Q.

3 "...Olhando para o Sul lembro que da província de São Paulo os fazendeiros de mais de um município agrícola, ainda em frente das resistências do gabinete de 16 de julho, já se entendiam com o sr. conselheiro Nabuco,

apóstolo da emancipação, para combinarem um sistema de libertação gradual dos escravos" (Mesmo discurso).

4 Octaviano concluía assim a sua referência a Rio Branco: "Um escritor contemporâneo, examinando com imparcialidade a história da reforma das leis dos cereais na Inglaterra, depois de confessar que ao ilustre Cobden e seus amigos se devia o progresso da razão pública em semelhante assunto, acrescenta: *Mas nem por isso é menor o serviço prestado por sir Robert Peel, tomando a si a difícil e espinhosa tarefa de lutar com seus amigos para aceitarem a reforma liberal. Se não fora o seu concurso, a reforma se faria, é verdade, porém mais tarde, com maior azedume, talvez com maiores exigências, e seguramente com o vexame e aniquilamento do Partido Conservador, partido essencial no mecanismo das instituições democráticas*".

5 "Hoje em dia que os Wilberforces e Buxtons trovejam de novo no Parlamento a favor da emancipação progressiva dos escravos, agitam-se outra vez os inimigos da humanidade como outrora, mas espero da justiça e da generosidade do povo inglês que se conseguirá a emancipação, como já se conseguiu a abolição de tão infame tráfico. E por que os brasileiros somente hão de ficar surdos aos gritos da razão...? Eu também sou cristão e filantropo..." (*Representação*, 1823).

6 Por uma fatalidade, como com Zacarias, Perdigão Malheiro, que fora o doutrinador, o mestre da abolição, votará na Câmara em 1871 contra a reforma de que preparara o caminho, e procurará fazer crer à *Anti-Slavery Society* que nessa questão fora ele o abolicionista intransigente e o governo o sustentador da escravidão. Não há, porém, que levar em conta, na vida dos homens que foram os instrumentos de uma ideia, as aberrações, as incoerências que a não puderam frustrar. Votando contra a lei de 28 de setembro, Perdigão Malheiro foi apenas um voto perdido; publicando a sua grande obra, ele fora um iniciador, um criador, o autor de um movimento que nada podia mais deter.

O emérito jornalista conservador conselheiro Azevedo Castro, no prefácio à edição das *Consultas* de Perdigão Malheiro (B. L. Garnier, 1884), reivindica a pureza dos motivos de Perdigão Malheiro nessa contingência, e traça um belo perfil da sua têmpera e caráter. Não há, porém, dúvida sobre a volta inteira que fez em 1871 o autor da *Escravidão no Brasil*. Talvez à concentração, à continuada tensão de espírito, enquanto arquitetava o seu livro, se tivesse seguido o cansaço da obsessão intelectual. Dão-se ironias assim no mundo moral, desses casos de apatia causada pela própria realização de uma aspiração da vida. É a fadiga dos grandes artistas, o seu tédio da obra-prima, que durante a execução lhe sorria cada dia com um encanto e sedução diferente. Segundo toda probabilidade, Perdigão Malheiro não foi, como se disse, um despeitado pela recusa, que lhe segredaram, do imperador, quando o seu nome foi proposto para uma pasta; era um organismo embotado, consumido pela empresa que concluíra. Além dessa esterilização, desse enxugo da imaginação pela obra, houve talvez o ciúme do apaixonado solitário, quando viu, no dia da fortuna, o tropel da multidão banal e adventícia, que só coroa o sucesso. Supondo mesmo uma deficiência moral quando a causa estava vencedora, ela não diminui a importância do seu papel nos tempos da proscrição. A parábola dos trabalhadores nos ensina que o trabalhador da undécima hora pode com justiça receber o mesmo salário que o que trabalhou desde o romper do dia; não nos diz se o que à última hora abandonou o serviço pode receber o salário por inteiro, mas que o serviço subsiste e que ele foi um benfeitor, é fora de dúvida.

7   Por vezes, tenho expressado esse sentimento. Assim em 1891, no *Jornal do Brasil*, referindo-me ao sistema de exaltar Rio Branco e Eusébio de Queirós para deprimir a dom Pedro II: "Esses grandes ministros da monarquia desprezariam esse gênero pérfido de celebridade apócrifa. Ninguém melhor do que eles sabia que eles não converteram nem convenceram ao imperador, e que, pelo contrário, foi quase exclusivamente a vontade conhecida de Sua Majestade que venceu a resistência do partido a

que eles pertenciam, e lhe impôs, por eles, a ousada iniciativa de que foram os admiráveis instrumentos".
8   É ao positivismo que se deve principalmente entre nós essa criação deliberada de legendas. Até então a história, se sempre influenciada pelo espírito de partido, nunca estivera sujeita ao espírito de seita; pelo menos, de modo assim sistemático, nunca se tinha feito dela meio de governo. O tipo perfeito desse gênero é a *Biografia de Benjamim Constant*, publicada pelo Centro Positivista (Teixeira Mendes).
9   Comparar vol. II, p. 372, o projeto Paula Souza.
10 A vitória do gabinete dependia, sobretudo, dos encerramentos. As paredes da oposição eram constantes e por todos os modos procurava ela impedir a votação, quando o governo reunia número. Todos os recursos eram empregados para desviar os deputados governistas das sessões, procurava-se o médico à hora em que tinha de ir para as sessões, detinha-se o amigo na rua com falsos pretextos até à chamada, inventavam-se reuniões, festas, convites, atrasava-se o relógio dos deputados, impedia-se que o empregado da Câmara tomasse os nomes dos deputados que chegavam, de modo que o ministro do Império tinha que *ser ao mesmo tempo o chefe, o despertador e o ajuntador da maioria*; tinha que correr de residência em residência dos deputados mais frouxos, dos que a oposição requestava, levá-los consigo, deixá-los de sentinela à vista. Alguns dispensavam essa vigilância, assim o protonotário Barreto, de Mato Grosso, que foi uma vez à Câmara com febre, gravemente doente de uma erisipela. O recurso do governo era o encerramento; por isso mesmo cada pedido de encerramento dava lugar a uma verdadeira tempestade; era a prova heroica que o ministro exigia dos seus amigos, era-lhe preciso estar ao lado do requerente, se não sempre para animá-lo, para mostrar-se identificado com ele e compartir a sua sorte. Um deputado, que pediu o último encerramento, não pôde proferir uma palavra, levantou-se mudo, e o presidente, Teixeira Júnior, interpretou-lhe o silêncio, anunciando um pedido, ah! o último, de encerramento no meio de imenso alarido.

11 De João Alfredo se disse que, depois de Paraná, ninguém dirigiu a Câmara com tanta disciplina quanto ele. É ele o para-raios ministerial; quem atrai sobre si a fúria da oposição pela sua atitude resoluta, seca, decidida, que é tida por desdenhosa e provocadora, por seu nunca recuar da luta e grande atividade que desenvolve para impedir o aliciamento de votos. A maioria, por seu lado, adere a ele pela confiança que sua palavra inspira, pela lealdade com que se expõe por ela, e por ver que ele não corteja a popularidade nem aos adversários. Essa sua feição, tão pronunciada sempre, de homem de partido, define-se bem no modo como uma vez responde a Zacarias que não aceitava os seus elogios quando ele deprimia o gabinete. Em certo sentido, o gabinete de 7 de março poder-se-ia chamar gabinete Rio Branco-João Alfredo. O imperador, que o indicara a Paranhos, distinguia o ministro do Império dos outros ministros, como um futuro presidente do Conselho; de fato, no Partido Conservador, é sobre ele que vem a cair o manto de Rio Branco, morto este.

12 Filho do visconde de Uruguai, sobrinho de Itaboraí, Paulino de Souza tinha-se criado e crescido na casa paterna como um futuro estadista; tinha a gravidade precoce; desde jovem, a palavra, o gesto, a deferência calculada do chefe político. Entrando muito cedo na vida parlamentar, depois de ter feito o seu noviciado diplomático, passa despercebido nas primeiras legislaturas a que pertence; mas em 1868 entra para o gabinete com Itaboraí, como seu *alter ego*, o que, ao lado de Cotegipe, Paranhos, Muritiba, significava uma elevação à primeira categoria ministerial. Velho e cansado como Itaboraí se achava, Paulino de Souza reputou-se por tal fato o seu substituto natural, o representante nato do antigo triunvirato de que Itaboraí era o único sobrevivente. Apeado Itaboraí do governo, pela atitude dos emancipadores, Paulino de Souza ocupou naturalmente a posição de *leader* da resistência, e como Caxias, Cotegipe, São Vicente e Rio Branco se tivessem pronunciado pela reforma, não restava, entre os personagens do partido, quem lhe pudesse disputar a primazia à frente dos velhos conservadores, exceto Itaboraí, que ab-

dicara nele e que pouco depois falecia. Identificado com a política antirreformista, Paulino de Souza mostrou as mais raras qualidades de chefe; invocando o princípio da autoridade, a necessidade da disciplina, multiplicou a sua falange contra o governo, conservou-a até o fim em completa submissão à sua palavra de mando. Nenhum outro político do Império — Silveira Martins tinha sob suas ordens somente o seu *clã,* o Rio Grande — teve por tanto tempo, na boa e na má fortuna, um partido tão numeroso, tão arregimentado, como Paulino de Souza, pode-se dizer de 1868 até à queda da monarquia, se não mesmo depois. Até o fim do Império também ele ficará fiel à bandeira da resistência na questão dos escravos, cuja solução final coincide com a queda da dinastia. Paulino de Souza, tido como a encarnação do espírito conservador, mostrar-se-á, entretanto, mais tarde, insensível à substituição do regímen; ele e Saraiva serão os dois estadistas do Império que tratarão mais francamente — mesmo em 16 de novembro, presente ainda o imperador prisioneiro — como um fato secundário, previsto, feliz mesmo, quem sabe? o desaparecimento da monarquia. Nesse ponto ele se conformava talvez à tradição conservadora de 1831: acolheu o Quinze de Novembro como o Senado de Pedro I acolheu o Sete de Abril.

13 No último plano figuram um grande número de auxiliares: de ministros, senadores, deputados, jornalistas que concorreram poderosamente para a lei. Essa enumeração pertencerá, porém, à história especial da emancipação. Dentre os que mais de perto sustentaram a Rio Branco destaca-se, entretanto, seu filho Paranhos, barão do Rio Branco, então deputado por Mato Grosso, que ao lado dele foi um elemento constante de animação, em certo sentido seu principal apoio, por ser doméstico, íntimo, interior quase e que ambicionava, mais do que ele mesmo, essa glória para o seu nome. Também deve-se mencionar João Mendes de Almeida, deputado por São Paulo, *A Guarda Constitucional* do *Jornal do Comércio,* que dia a dia rebate a oposição e faz avançar a lei.

A ASCENSÃO LIBERAL.
A MORTE DE NABUCO (1878) [PP. 487-92]

1   No estado em que se achavam os estudos e trabalhos de Nabuco, não é demasiado otimista esse cálculo para a redação. Absorvendo-se durante alguns meses na terminação do Código, se não sobreviesse a fadiga cerebral e a doença, por outra, como ele dizia: *juvante Deo,* Nabuco em menos de oito meses podia completar a sua obra. Ele redigia a lápis em duas tábuas de ardósia, formando um livro; compondo de vinte a trinta artigos por dia, teria em pouco tempo a obra acabada, e ele podia compor muito mais com o seu hábito de redigir leis e as notas que tinha tomado.

2   Zacarias, ainda em 1877, referia-se assim no Senado a Nabuco (8 de fevereiro): "Correu algum tempo o boato de que a Majestade itinerante deixou assentado que se conservasse o *statu quo* até à volta. O orador não acolheu jamais nem poderia acolher semelhante boato. Se acreditasse, pediria ao nobre presidente do Conselho que adiasse o Parlamento para outubro, e neste caso, postas em férias as Câmaras, o orador procuraria persuadir aos seus correligionários que aconselhassem o seu rei [o Senado sabe a quem alude] a fazer uma viagem ao Oriente, e o orador muito instantemente lhe rogaria que, além do mais, averiguasse as dimensões e qual a madeira da caixinha em que Alexandre guardava os poemas de Homero. Estudado e bem averiguado esse ponto, voltaria o estimado chefe dos liberais completamente iluminado. O Código Civil e seus regulamentos nasceriam como por milagre de seu cérebro, os problemas agitados no seio do Partido Liberal receberiam uma solução pronta e condigna...".

Quanto a Saraiva, ver antes discurso citado, de 11 de agosto, 1875: "É V. Exª [Nabuco] quem deve ser chamado, porque é o chefe do Partido Liberal, e se há sistema parlamentar entre nós ninguém poderá subir antes do nobre senador".

3   Esse desejo de não ser ministro, Nabuco o manifestava

sempre a todos, da tribuna e na intimidade, e alguns dos seus íntimos o eram também do imperador.

Quando se nomeia a Comissão Executiva do partido, em 1875, Nabuco respira, pensando ter achado uma tangente para escapar à contingência de sua posição. Nesse tempo, Gladstone tinha deixado a lord Hartington a direção do Partido Liberal, que volta depois a reassumir um tanto inesperadamente. É a esse episódio que alude a seguinte carta de Nabuco a Dantas, de 13 de fevereiro: "Cada dia desejo mais a vida privada, a exemplo de Gladstone, que aliás não é doente como eu, e não tem sobre si o encargo de um Código Civil, objeto que me preocupa exclusivamente, e não me dá tempo para seguir os negócios. Felizmente livrei-me, apesar da sua oposição, do encargo de chefe, e consequentemente do de ser ministro; mas ainda me pesa a responsabilidade de presidente do Centro, quando as reuniões são tão difíceis e minhas convocações são a voz que clama no deserto". Nem Dantas nem o partido, porém, admitiam a declinatória.

4   A Saraiva (16 de janeiro) ele diz somente: "Sempre esperei que o nosso Cansanção fosse o chamado... Ele fez-me a honra de consultar sobre o ministério, depois de organizado; achei-o bom, e quando o não achasse, não era mais tempo de desfazê-lo...".

5   "Há oito dias sentiu-se vagamente incomodado, dando a isso pouca importância, por atribuir os sintomas à fadiga. Como nos dias posteriores o abatimento aumentasse, o Gouvêa instou por passar a noite de quinta-feira junto ao leito para melhor conhecer a causa do mal; de fato, verificou um acesso de febre, que cedeu pela manhã. Na sexta-feira (15), desceu meu pai pela última vez ao seu escritório; durante o dia apareceu de novo a febre, que fez remissão à tarde. Chamado o Santa--Isabel, e de acordo com o Gouvêa, fizeram aplicação de quinino. A febre pareceu ceder no sábado à noite. No domingo, porém, apresentou-se com caráter assustador. Na segunda-feira foi chamado o Pertence. Infelizmente, porém, todos os recursos, toda a medicina, foram impo-

tentes. Os acessos sucediam-se com intensidade até que ontem, terça-feira (19), às 2 horas e dez minutos da tarde, ele falece." (Carta a mim, de meu irmão Sizenando, em 20 de março de 1878.)

"Eu fui o seu enfermeiro. Noite e dia velei junto ao seu leito. Daria gostoso a minha vida pela dele. Mas, nada; a sua organização estava profunda e irremediavelmente abalada, e desde o primeiro dia da moléstia eu previ o fatal desenlace." (Carta de meu cunhado Hilário de Gouvêa.)

6   Às sextas-feiras não deixou Nabuco, durante anos, de fazer sua romaria à capela de Nossa Senhora da Conceição e Boa Morte ou à de Nosso Senhor dos Passos. No seu diário ele sempre associa os fatos e ocorrências domésticas importantes ou de bom agouro para ele ao padroeiro do dia. Assim quando adoece gravemente de febre amarela em 1859: "Periguei, e fiquei salvo no dia de Sant'Ana". As cartas à sua mulher e filhos precedia-as ele sempre da invocação da Virgem. Insensivelmente suas exclamações eram outras tantas orações jaculatórias. Pode-se dizer que nunca se ausentava dele o pensamento da misericórdia divina, do abandono, da resignação nas mãos de Deus, da confiança em uma justiça ulterior e final, muito diversa do juízo dos homens. Religiosamente, Nabuco morre a mesma criança que sua mãe deixara órfã aos dez anos.

7   "...Durante os dias em que esteve enfermo o sr. conselheiro Nabuco de Araújo, foi extraordinária a concorrência de pessoas de todas as classes e partidos que iam à casa do grande estadista saber notícias de sua saúde. Logo que se soube do triste desenlace foi geral a consternação. Avaliavam todos a importância do vácuo que se faria no país..." (*A Reforma,* 20 de março).

"A notícia da morte do senador Nabuco foi um raio que caiu sobre esta cidade, a qual, na dor com que a acolheu, revelou o grau de estima em que tinha o ilustre finado" (Correspondência do Rio de Janeiro para o *Diário da Bahia*). O mesmo em todos os jornais do Rio e das províncias.

8	"José de Alencar, marquês de São Vicente, Zacarias de Góes, Nabuco de Araújo, quatro linhas que podem encerrar no seu centro todo o Império do Brasil" (Folhetim do *Jornal do Comércio,* 23 de março). A nota é geral na imprensa: "Há pouco Pimenta Bueno, agora Nabuco; são nomes que deixam grande vácuo na época atual, vácuo difícil de preencher, porque a natureza não é muito pródiga dessas naturezas excepcionais, destinadas a ilustrar os povos e a conduzir o desenvolvimento da vida das nações" (*O Cruzeiro*).
9	"Mais de 150 carros formaram o préstito fúnebre, e em todos os semblantes dos amigos e afeiçoados do ilustre finado, que foram dar-lhe essa prova inequívoca de dedicação, lia-se a saudade que deixou na pátria um dos maiores homens que nela tem erguido a cabeça, sempre venerado por todos os seus cidadãos" (*Jornal do Comércio*). "Aqueles que na tarde de ontem atravessaram aquelas paragens dos bairros do Catete e Botafogo descobriram-se respeitosos ante o mortuário e solene préstito, que amigos e admiradores acompanhavam..." (*Gazeta de Notícias*). "Pode-se dizer que jamais se viu no Rio de Janeiro um tão longo acompanhamento fúnebre" (*A Reforma*). "Ainda aqui não houve enterramento tão concorrido" (Correspondência do *Diário da Bahia*). O cronista da *Reforma* e o correspondente do *Diário* referem-se à sua geração: o préstito de José Clemente e o do marquês de Paraná tiveram ainda mais que o de Nabuco o caráter de um luto público; também faleceram em uma época em que as manifestações de ordem política ou nacional tinham maior relevo e importância na vida da cidade, avultavam e impressionavam mais a população.
10	"Ali... via-se o rosto sereno, de tantos pleitos ganhos e de tanta glória segura, do visconde do Rio Branco, amigo e êmulo do morto..." (*Gazeta de Notícias*).
11	O visconde do Rio Branco faleceu dois anos depois, em 1880.
12	"...Octaviano, musa da imprensa, atribulado e tristonho, por ver findo o homem único com o qual prometera ser ministro de Estado" (*Gazeta de Notícias*).

13   "Vamos às consequências deste adiamento infinito das reformas. Uma mocidade esperançosa fazia parte do Partido Liberal. Impaciente, descrente das reformas, passou o Rubicon, organizou o Partido Republicano, que ainda não existia no país. E hoje, senhores, estranhais a vossa obra; e quereis que em um governo livre não possa haver um Partido Republicano, que aliás não é de ação, mas de opinião! Destes causa a esse partido. O que fazer! Fechar-lhe a boca? Ah! isso era cômodo, mas perigoso" (Nabuco, discurso de 20 de fevereiro de 1871).

14   Sobre a aproximação possível dos republicanos, por intermédio de Nabuco, ver a interessante polêmica de 1874 entre Quintino Bocaiuva e Aristides Lobo. O fato é que, apesar do Manifesto e da separação, o Partido Republicano foi por algum tempo como que um *pronunciamento* do Partido Liberal, não se julgando impedimento para militar nesse partido a profissão de crenças republicanas, como sempre tantos liberais tiveram, sobretudo na mocidade. É essa promiscuidade e velha camaradagem política que explica fatos como a entrada de Lafaiete Rodrigues Pereira para o gabinete Sinimbu, a eleição de Saldanha Marinho para a Câmara e a de Cristiano Ottoni para o Senado, pelo impulso da vitória liberal. Entre um republicano e um liberal adiantado, só mais tarde haverá antagonismo; por muito tempo liberalismo e republicanismo foram termos conversíveis. Nabuco, porém, preferia a solução — (explicando o fenômeno da desligação do novo partido, sua razão de ser) trazê-lo em massa à união liberal por meio das reformas — ao expediente de atrair suas mais brilhantes personalidades e principais combatentes. O fato é que durante dez anos a aspiração republicana será neutralizada pelo direito de precedência, reconhecido pelos republicanos mais genuínos, da abolição da escravatura; a essa podia seguir-se alguma outra liga da mesma natureza, e a cooperação entre os elementos democráticos, apesar de provisória, tornar-se indefinida na duração.

15 Os conselhos de Nabuco à nova situação eram com efeito no sentido da menor reação possível. Os conservadores, seus amigos pessoais, sabiam bem que ele não aceitaria o governo; pareciam, assim, desejar a Saraiva que mais se aproximava dele em imparcialidade, não por espírito de equidade e benevolência, como ele, mas de sobranceria e império. "Lá vai outra profecia" — (que se realizou) — escrevia Nabuco a Saraiva, em 16 de janeiro (1878): "V. Exª que seria o primeiro, se aqui estivesse, será o segundo organizador, feitas as eleições e vindo a Constituinte. Deus o queira, para bem deste país. Até esta hora não há presidentes nem chefes de polícia: aplaudo este vagar e reflexão com que procede o Cansanção, ao inverso da sofreguidão e violência com que se houve o Itaboraí em 1868. Os conservadores, quando houve a crise, lembrados daquelas belas palavras ditas por V. Exª., no Senado, sobre a necessidade de moderar a reação subindo os liberais, queriam para organizador a V. Exª. e não ao Cansanção, que eles temiam por violento. Enganaram-se, porque o Cansanção tem seguido os conselhos e normas de V. Exª".

16 "Não somos nós", dizia A Reforma, órgão do partido, assinalando que Nabuco não deixava sucessor, "não é o Partido Liberal que tem o direito de chorar exclusivamente o pensamento do seu ilustre chefe; é a nação inteira, de quem ele era o farol e o guia, e cujo eclipse seria fatal para a sorte de nosso país, se ele não houvesse fecundado com o seu gênio a geração que lhe sobrevive e que, se não acha um sucessor para preencher o seu lugar vazio, tem pelo menos, no seu próprio seio, o gérmen do seu espírito, que há de, mais tarde, florescer e frutificar, garantindo, na sucessão dos tempos, a perpetuidade da herança opulenta que ele nos lega." "Para a família liberal a perda é irreparável", dizia, na Assembleia Provincial de São Paulo, Moreira de Barros, futuro *leader* da Câmara. "Ela perde o seu mais distinto conselheiro, aquele que, para tudo e para todos, era o guia seguro e cuja opinião era ouvida como um oráculo."

17 "O senador Nabuco ocupava na história política e par-

lamentar da nossa pátria o posto culminante do grande conselho. Nas questões graves, nas crises sérias, nas grandes obras de construção ou de reparação nacional, era para ele que se volviam todos os olhos, era a sua palavra que se esperava como a sanção suprema da experiência e da sabedoria" (*A Reforma,* 20 de março).

Moreira de Barros, no discurso citado, refere-se à perda "de uma dessas preciosas vidas que constituem por si só o patrimônio e riqueza de uma geração". "É necessário que às veias da pátria acuda muito sangue novo para que não fique anêmica com a perda de tanto sangue bom" (Alencar, São Vicente, Zacarias e Nabuco). Folhetim citado do *Jornal do Comércio*. O *Cruzeiro,* redigido por um espírito culto, tão independente quanto original, o dr. Henrique Corrêa Moreira, escrevia: "Sem dúvida entre essas novas gerações que aí despontam, entre aquela que se avigora, há grandes talentos, que o estudo consolidará, e que, por seu turno, ocuparão entre seus contemporâneos os lugares que deixam vazios os grandes homens que se extinguem; mas essas esperanças, fundadas na lei imutável que rege o encadeamento das coisas humanas, são absolutamente impotentes para nos consolar da perda de um grande cérebro que se dissolve, de um caráter que desaparece, de uma grande luz que se apaga".

A LINHA POLÍTICA DO REINADO [PP. 493-505]

1   O reinado de dom Pedro II (1840-89) pode-se dividir em seis fases distintas: de 1840 a 1850, consolidação da ordem interna, fim das revoluções, aperfeiçoamento do governo parlamentar, luta contra o tráfico; de 1850 a 1863, política exterior, equilíbrio do Prata, conciliação política, empreendimentos industriais, emissões bancárias, abertura do país pelas estradas de ferro, centralização crescente; de 1864 a 1870, Guerra do Paraguai; de 1871 a 1878, emancipação gradual, liquidação diplomática da Aliança, começo da democratização do sistema (imprensa e condução baratas — os *bondes,*

que tinham começado em 1868, revolucionam os antigos hábitos da população —, ideia republicana, viagens imperiais e caráter democrático que o imperador nelas ostenta e depois delas assume); de 1879 a 1887, eleição direta, agitação abolicionista, importância maior do Sul pelo progresso rápido de São Paulo, desaparecimento de antigos estadistas, novos moldes, processos e ambições; de 1887 a 1889, doença do imperador, seu afastamento gradual dos negócios, descontentamento do Exército, abolição súbita, prevenções contra o Terceiro Reinado (da grande propriedade contra a princesa dona Isabel; do Exército contra o conde d'Eu, futuro imperador); ouro abundante, febre da Bolsa, positivismo, surpresa final de 15 de novembro. Sobre o Reinado, ver especialmente Mossé (B. Mossé, D. Pedro II, Paris, 1889). Ver também uma espécie de testamento, com o título *Fé de ofício*, enviado de Cannes em 1891, por dom Pedro II ao visconde de Taunay, e por este publicado no *Jornal do Comércio* (28 de maio) e em opúsculo. Nenhum outro documento projeta tanta luz sobre as aspirações do Reinado como esse rápido e imperfeito apanhado de reminiscências, feito pelo imperador enfermo como consolação do desterro.

2   Todos os estadistas do Reinado, em um momento ou outro, sentiram-se do sistema do imperador. Em duas cartas, escritas na confiança de pai a filho, Nabuco, pouco antes de morrer, refere-se à preterição do seu nome, *em outras ocasiões em que eu mais podia e mais influía... em situações que criei e cuja direção me competia*. Por isso, quando chamado "depois de três que não puderam organizar", "temendo grandes resistências, recusei a honra ou o presente grego". Isso o não afastava do imperador, a quem devia gratidão, a quem não atribuía hostilidade pessoal, e que, para ele, era "a encarnação de um grande princípio". O sentimento da irresponsabilidade do imperador era o característico dos homens da antiga escola. Eusébio de Queirós, em carta escrita de Hamburgo em 15 de junho e dirigida a Paranhos, falando do Convênio de 20 de fevereiro des-

se ano, dizia: "Daí me mandaram dizer que V. Exª não tinha ido, por ocasião de sua chegada, cumprimentar o imperador. Talvez porque daqui eu não possa bem julgar, parece-me que não fez bem. O imperador deve sempre estar fora das nossas questões, ainda quando nos parece que não devera concordar em sacrificar quem, por confiar muito nele, se sacrificou. Mas confio tanto no tino de V. Exª que suspendo o meu juízo" (Carta no arquivo do barão do Rio Branco).
Essas queixas íntimas são as de todos os outros homens do Reinado da mesma categoria: do próprio Eusébio, que não quis ser organizador pelos mesmos motivos que Nabuco; de Olinda, que só o foi tarde; de Vasconcelos, que não pôde ser, como de Rio Branco, de Zacarias, de Cotegipe. Não se deve entretanto presumir má vontade do imperador contra qualquer dos homens a quem ele não recorria, quando a opinião os indicava, ou sacrificava em conflitos em que o seu amor-próprio político estava empenhado; significava o seu modo de arquitetar o seu reinado, o seu estilo de governar, o seu método de distribuir os papéis, de ensaiar e encenar a política. Tanto no ministério Paraná como no ministério Olinda, os colegas de Nabuco, pelo modo como o imperador o tratava, pensavam que ele o queria para organizador. A todos os outros ele deu também as mais assinaladas provas. O fato é que o imperador nunca repartiu o poder permanente; a questão é se ele assim não desguarneceu o trono, por medo de ficar prisioneiro dos partidos ou da oligarquia, que logo se constituiria com o parlamentarismo puro. Num sentido a responsabilidade do fracasso final fica sendo dele, porque ele teve a escolha entre todos os homens de seu tempo, distribuiu como quis o santo e a senha da monarquia a todos os governos, não deixando tomar precaução alguma para sua defesa, que entregava ao bom-senso do país. O que se pode afirmar é que onde dom Pedro II naufragou, qualquer outro naufragaria antes dele e talvez de pior modo.

3   "A mudança do ministério foi inesperada, porque no Brasil nunca os ministros sabem quando hão de deixar

as pastas ou quem os substituirá" (Holanda Cavalcanti em 1861, citado por Teófilo Ottoni, mesmo ano).
4   "Creio também conveniente dizer a V. Ex.ª que me parece provável que sua recusa importará na passagem do poder para a opinião pública contrária." Carta de São Vicente a Rio Branco, de 29 de janeiro de 1871, convidando-o, de ordem do imperador, a vir à Corte para organizar o gabinete (do arquivo do barão do Rio Branco).
5   Notas citadas no meu opúsculo *O erro do imperador*.
6   "Querem ou não querem governo constitucional? Saibam que muito tenho sofrido por não dever exercer essa ação, mesmo a bem dos escravos, e em muitos outros casos. Julguem-me depois de ouvir-me."

"Se eu fosse presidente dos Estados Unidos, com ministros meus, talvez não se tivessem praticado certos atos. Mas o melhor sistema de governo é aquele com que a nação se constitui." Notas do imperador ao *O erro do imperador*.
7   Há sob esse invólucro de Marco Aurélio, de filósofo imperial, uma metade de Luís XI e outra de Luís XIV; há o autor da unidade nacional e o autor da centralização, escrevi no *País* em 1888. A união é tão forte que a Guerra do Paraguai a endurece e torna infrangível. A centralização é tão perfeita que se forma e mantém sem órgãos administrativos, espontaneamente. Esse curioso fenômeno é Nabuco quem o assinala em 1854: "Certamente, o Poder Administrativo entre nós está ainda desorganizado: desmontado, não só pelo lado político senão também em relação à parte criminal e civil. Na parte política, a Câmara sabe que o Poder Administrativo apenas se circunscreve às capitais das províncias; enquanto vai bem com o Poder Judiciário, não tem embaraço; se da parte dele houver rivalidade, não pode marchar; em verdade qual é o delegado do Poder Executivo nas comarcas? Será o juiz de direito? Será o juiz municipal? O delegado ou subdelegado? Não há nem vestígio de centralização administrativa, a qual tanto importa à unidade de pensamento e de ação" (8 de agosto de 1854).

8 Ramalho Ortigão, o brilhante estilista português, acredita que a monarquia teria desempenhado melhor a sua função no Brasil se o imperador fosse outro homem, tivesse outros gostos e outro temperamento. "Um rei", diz ele em uma página interessante e característica, "acumulando a percepção da índole juvenil, impetuosa de seiva, um tanto impaciente e tumultuária das nações americanas, com o sentimento europeu de disciplina, do prestígio e do comando, poderia talvez ser ainda no Brasil um penhor de ordem, uma influência de civilização, um agente de progresso... A vida de corte, mantendo uma aristocracia, desenvolvendo a polidez dos costumes, a alta cultura do espírito, o amor das artes e das letras, a mais perfeita compreensão do conforto e da elegância, o sentimento mais espiritualizado da vida, corrigiria, na evolução do americanismo, que, a pouco e pouco, por uma espécie de refluxo pendular, começa a invadir a Europa, a influência regressiva do *yankee* e do gaúcho, assegurando à raça brasileira, de mais delicada fantasia e de mais homogeneidade étnica e social, a preponderância hegemônica no futuro desenvolvimento moral da América... Um Exército disciplinado, aguerrido e brilhante, seria um fator considerável na educação nacional, um foco de aperfeiçoamento físico, de destreza e de força, uma escola prática de disciplina e de respeito, de marcialidade e de brio, um viveiro, enfim, de cidadãos corretos, saudáveis, endurecidos e valorosos... Em vez de ter esses requisitos de dominação jubilosa, de expansibilidade, de brilho vivente e comunicativo, o senhor dom Pedro II é um recluso, é um especulativo, é um inestético" (Ramalho Ortigão, *Quadro oficial da revolução brasileira,* na *Revista de Portugal,* janeiro, 1890).

A probabilidade é que um rei artista e militar, um Maximiliano do México, teria durado muito menos: não teria ministros para compreendê-lo, nem nação para o sustentar. O insucesso da monarquia foi um desses abalos profundos que a escravidão havia necessariamente de produzir no dia em que as raças que ela importou e os seus cruzamentos estivessem em tal superioridade, numérica e social, relativamente à raça branca colonizadora, que o que restasse das qualidades políticas e diretoras desta — (imaginando que elas pudessem resistir à vida tropical, ao relaxamento próprio da quase independência social do indivíduo na América) — não pudesse mais conter os impulsos da massa. Dois distintos críticos, os srs. Silvio Romero e João Ribeiro, desenvolveram ultimamente, na *Revista Brasileira,* a tese de que a política mestiça sul-americana tende cada vez mais a suplantar entre nós a política branca europeia, a qual desaparece pela insignificância étnica dos elementos encarregados de transmiti-la e que a não poderiam mais impor. Esses fenômenos seriam os mesmos na monarquia ou na república: nem um Luís II da Baviera, com a sua arte wagneriana, nem um Luís XIV, cercado da corte de Versalhes, poderia impedir o desequilíbrio resultante da oscilação, vertiginosa, contínua, do grosso da nação de um extremo para o outro da sua escala hereditária. Os terremotos do atavismo produzir-se-iam tão fatalmente no Brasil como os vulcânicos na região dos Andes.

9 "No dia 13 de maio de 1822 o príncipe dom Pedro, ao receber-se a notícia de que as cortes haviam proibido a exportação de armas para o nosso país, aceitou do povo e Câmara desta cidade, para si e para seus descendentes, o título de defensor perpétuo do Brasil... Assim em 13 de maio de 1822 a dinastia, conquistada por esta nação, sacrificava implicitamente por ela a metade do seu trono; em 13 de maio de 1888 sacrifica a outra metade" (artigo meu no *País,* em 2 de dezembro de 1888).

10 Nota ao *Erro do imperador.* "Diz-se que Deus escreve por linhas tortas, mas nas coisas dos homens não me agradam tais veredas, e creiam que ponho sempre o bem da nação acima dessa consideração exclusiva do interesse monárquico." *Ibid.*

11 Na Fala do Trono de 1888, encerrando a Assembleia Geral, ele refere-se às causas desse amor, a propósito do regozijo nacional pelo seu regresso em agosto daquele ano: "Vinculando-me à nacionalidade brasileira

o nascimento, os feitos gloriosos de meu augusto pai, o carinho com que fui tratado e educado na infância e orfandade, finalmente o constante amor dos brasileiros, muito me penhoraram as manifestações do dia 22 de agosto". À margem de um opúsculo meu de 1891, *Agradecimento aos pernambucanos*, onde está esta frase: "Eu receio muito que um dia, no futuro distante, quando se descobrir no estrangeiro o túmulo emprestado ao último representante da nossa monarquia, se reconheça que ele foi sepultado à moda dos heróis antigos, com o que mais caro lhe fora em vida: a liberdade e a unidade do seu país", o imperador escreve: "Não! nunca!". Por ocasião desse folheto, que profundamente o comoveu e cujo trecho intitulado *Fé de ofício* inspirava-lhe talvez a ideia da sua *Fé de ofício*, que, nesse mesmo ano, ele remeteu ao visconde de Taunay, o imperador mandou-me uma carta tão honrosa para mim quanto expressiva da bondade e serenidade do soberano desterrado, e que por merecer ser publicada, como todos os documentos emanados dele, sobretudo nessa fase, aqui reproduzo:

"Nabuco, sou eu que devo agradecer-lhe *seu Agradecimento aos pernambucanos*.

"Não falarei da bela linguagem que se remonta como o condor. Basta ler o período que começa — Quando se examina etc.

"Com efeito os conjurados de 15 de novembro merecem o nome d'inconscientes, se não mesmo de inconfidentes, porque já parecem desconfiar de si mesmos.

"O período — diz-se que o Treze de Maio — é a voz da consciência e assim o proclamo, tanto mais quanto se sabe como eu pensava até então. *A fé de ofício do Reinado* é o futuro que verdadeiramente ma dará, e como é toda pessoal, envio-lhe o exemplar com as minhas notas a lápis. Leia-as e restitua-me o folheto, pois sempre tenho adicionado assim as parcelas de minha vida.

"Meus respeitosos cumprimentos a sua senhora e dê-me notícias dos seus de lá. Seu muito afeiçoado — *D. Pedro d'Alcântara*. Cannes, 16 de fevereiro de 1891."

O imperador faz alusão, nessa carta, ao seguinte trecho do folheto, cujo sentido, talvez, em relação ao Treze de Maio o tenha enganado:

"A história chamou aos conjurados mineiros — inconfidentes, eu receio que em vez daquele altivo nome ela dê aos conjurados de 15 de novembro o de inconscientes. Diz-se que o Treze de Maio foi a *journée des dupes* da monarquia, a qual não viu por entre o entusiasmo superficial que ela tinha nesse dia jogado e perdido o trono. É certo que ao lado do unânime *Não valeu a pena*, que a princesa redentora hoje ouve em toda parte quando se trata da abolição, ela não chega a escutar o *Nós teríamos esperado ainda!* que lhe manda do Brasil a raça negra. *Journée des dupes*, porém, não da dinastia, mas da nacionalidade, eu receio que fique sendo o Quinze de Novembro."

POLÍTICA MONÁRQUICA DE NABUCO [PP. 506-14]

1 "Quando eu vejo", dissera ele em 1853, "que a fé política e a sanção moral estão quase obliteradas; os princípios políticos substituídos pelas intrigas; quando o cepticismo domina tudo; quando o princípio da autoridade é o alvo dos amigos e inimigos; quando o sofisma é o tipo da nossa época, e põe em controvérsia todos os princípios; quando aí vemos a impunidade, diremos que o quadro do país é lisonjeiro? Quando esses elementos de dissolução existem, eu não posso dizer que o quadro que oferece o país é lisonjeiro quanto às relações morais. Que importa que alguns desses elementos não estejam em ação, se, de um momento para outro, eles podem, por qualquer circunstância, produzir uma explosão? Eu tenho, senhores, mais medo da anarquia surda, dessa desinteligência, dessa desconfiança, desse cepticismo que aí reinam do que dos pronunciamentos."

2 Algumas dessas citações são tomadas, não diretamente das fontes, que não tenho todas comigo ao terminar esta obra, mas de um extrato, em manuscrito, que em 1862 um jovem admirador e amigo de Nabuco, depois

deputado por Mato Grosso, André Fleury, fez com o mais inteligente discernimento dos discursos de Nabuco até aquela época, e lhe ofereceu com o título *Opiniões do conselheiro Nabuco*, acompanhado de um *Índice sistemático e analítico*.

3 "Ainda se pode afirmar que a conciliação não é um sistema de governo? Só constituem sistema de governo as ideias extremas, as ideias absolutas? Entre a conservação absoluta, que vai até à inércia, à imprevidência, à ruína, e o progresso precipitado, não pode haver uma conservação que, obedecendo ao espírito do tempo e da civilização, admita o progresso justificado pela experiência? Esse meio-termo é necessário em um país novo como o nosso" (1889).

4 Apartes de Nabuco a um discurso de Ferreira Pena, no Senado, em 3 de junho de 1864: "O sr. Nabuco: O ministério de 1862 não sucedeu à Conciliação: ela estava acabada. O sr. Ferreira Pena: Em que data acabou? O sr. Nabuco: Acabou no dia em que se mandou cerrar fileiras. O sr. Rodrigues Silva: E cerraram-se as fileiras? O sr. Nabuco: Eu vi. O sr. Rodrigues Silva: Foi o ministério do senhor Paranaguá que mandou cerrar fileiras. O sr. Ferraz: Creio que não. O sr. Nabuco: Houve uma circular... O sr. D. Manuel: Circular do *consistório*".

5 Os estadistas não falavam mais a linguagem da autoridade, como Eusébio de Queirós em 1851, e Olinda, em 1853, referindo-se aos conservadores de Pernambuco: "Não se viram eles obrigados, depois de terem esgotado todos os meios pacíficos que aconselha o espírito de conciliação, a lançar mão de medidas fortes, duras e violentas para restituir a paz à província? Eu os não acuso pelos meios que empregaram, ao contrário eu lhes dou os meus sinceros elogios, eles salvaram a província".

6 O sentimento geral dos homens da antiga escola é que as novas gerações nada prometem de bom. Um dos seus observadores mais perspicazes, o sr. Sarmento, escreve a Nabuco: "A geração que finda não vale grande coisa, mas a que aí vem, claramente se anuncia muito pior.

Estremeço pela sorte dos meus netinhos, e não lhe vejo remédio, quer olhe para baixo, quer para cima, pois de nenhum lado vejo a possibilidade de substituir o interesse geral ao pessoal nos atos dos governados. Só do excesso do mal poderá vir o remédio, porém no meio de tremenda crise".

7   "A questão religiosa complica-se com a questão internacional do Paraguai, porque o Brasil recusa hoje à República Argentina os limites que reconheceu e garantiu pelo Tratado de 1865. Podemos ser envolvidos em uma guerra desastrosa, só para manter uma nacionalidade morta e que só vive galvanizada pela força e dinheiro do Brasil. Tenho-me oposto, quanto posso, a essa guerra que nos pode ser fatal, porque não estamos bem preparados para ela e talvez tenha grande influência em nossa situação política, *arrebatando-nos para o imprevisto, para o desconhecido* (Carta a mim em janeiro de 1874. O itálico é meu).

8   Na *Fé de ofício* o imperador escreve: "Muito me esforcei pela liberdade das eleições, e, como medida provisória, pugnei pela representação obrigada do terço; preferindo a representação uninominal de círculos bem divididos, pois o sistema, ainda por ora impraticável, deve ser o da maioria de todos os votantes de uma nação". Esse trecho refere-se à crise latente do ministério Rio Branco e à situação encontrada pelo ministério sucessor.

9   "O Partido Liberal, conquanto fizesse mais tarde a reforma do elemento servil, conseguiria, porém, uma conquista natural. A grande parte da propriedade territorial, que tinha resistido à ideia, lançaria toda a responsabilidade dela só sobre o Partido Liberal. O Partido Conservador e a monarquia não perderiam um grande ponto de apoio natural, qual é o da grande propriedade. *Vede bem, senhores*", estas palavras são proféticas, "*que esta grande força, posto que não conspire contra esta ordem de coisas, todavia, inativa e sem entusiasmo, importa uma grande hostilidade a esta ordem de coisas*" (discurso de 1873).

CONFERÊNCIAS NOS ESTADOS UNIDOS

O SENTIMENTO DA NACIONALIDADE NA HISTÓRIA DO BRASIL [PP. 517-30]

1   Conferência pronunciada a 15 de maio de 1908 no Spanish Club da Universidade de Yale.
2   Frei Manuel Calado, *O valeroso Lucideno e triunfo da liberdade,* 1, pp. 8-9.
3   *Op. cit.*, p. 244.

A PARTE DA AMÉRICA NA CIVILIZAÇÃO [PP. 531-47]

1   Conferência pronunciada a 20 de junho de 1909 na Universidade de Wisconsin.
2   O canal do Panamá.

A APROXIMAÇÃO DAS DUAS AMÉRICAS [PP. 548-57]

1   Conferência pronunciada a 28 de agosto de 1908 na Universidade de Chicago.

Cronologia

1849 19 DE AGOSTO: Nasce no Recife Joaquim Aurélio Barreto Nabuco de Araújo, quarto filho de José Tomás Nabuco de Araújo e Ana Benigna de Sá Barreto, sucedendo Sizenando, Rita de Cássia (Iaiá) e Vitor.
DEZEMBRO: O pai do escritor, Nabuco de Araújo, é eleito deputado e se muda com a família para a Corte. Joaquim fica com os padrinhos no engenho Massangano.

1865 8 DE DEZEMBRO: Nabuco bacharela-se em letras no Colégio Pedro II.

1866 Nabuco ingressa na Faculdade de Direito de São Paulo, onde estudou por três anos. Lá participa de eventos estudantis, ganha destaque como orador e organiza o jornal *A Independência*.

1869 Nabuco transfere o curso para a Faculdade de Direito do Recife.

1870 28 DE NOVEMBRO: Nabuco diploma-se em ciências sociais e jurídicas.
Volta ao Rio de Janeiro, se destacando nos salões aristocráticos.

1873 31 DE AGOSTO: Primeira viagem à Europa. No navio conhece Eufrásia Teixeira Leite, com quem decide se casar.

1874 Nabuco desmancha noivado com Eufrásia.

1875 Funda com Machado de Assis a revista *A Época*.

1876 26 DE ABRIL: Primeiro emprego de Nabuco: adido da Legação Brasileira nos Estados Unidos.

	7 DE JUNHO: Parte para os Estados Unidos via Europa. Antes, reata e outra vez rompe com Eufrásia.
1877	AGOSTO: Nabuco de Araújo candidata o filho a deputado pelo Recife.
1878	20 DE MARÇO: Morre o pai.

1º DE MAIO: Nabuco desembarca no Brasil, onde toma conhecimento da situação financeira difícil da família e de sua candidatura pelo Recife.

5 DE SETEMBRO: Elege-se deputado.

1879   10 DE JANEIRO: Nabuco toma posse na Câmara.

1880   7 DE SETEMBRO: Com André Rebouças, Nabuco funda a Sociedade Brasileira Contra a Escravidão.

1º DE NOVEMBRO: A SBCE lança *O Abolicionista*, jornal que Nabuco redige quase na íntegra.

1883   AGOSTO: Nabuco publica *O abolicionismo*, no qual trabalhou do início de 1882 a abril de 1883.

1884   Nabuco retoma o namoro com Eufrásia.

29 DE SETEMBRO: Chega ao Recife candidato pelo 10º distrito. Faz vários comícios diários. Sua popularidade cresce.

1º DE DEZEMBRO: Denúncia de fraude contra sua candidatura gera conflito armado. A eleição é anulada.

1885   9 DE JANEIRO: Nova eleição no 1º distrito do Recife. Reformistas fazem campanha nacional por Nabuco. É eleito e volta consagrado para a Corte.

24 DE MARÇO: Nabuco é "depurado", a Câmara não reconhece seu mandato.

7 DE JUNHO: Em eleições no 5º distrito de Pernambuco, candidatos liberais abrem mão da candidatura em seu favor, outra vez eleito.

Pressionada pela família, Eufrásia abandona Joaquim Nabuco.

1887   Novo reencontro e rompimento com Eufrásia.

26 DE AGOSTO: Volta ao Recife, candidato nas eleições no 1º distrito. Apesar da oposição do gabinete, é eleito.

5 DE OUTUBRO: Assume a cadeira na Câmara, e é sagrado chefe dos abolicionistas. É o auge de seu prestígio.

1888 8 DE MAIO: Propõe apreciação do projeto de abolição em regime de urgência. Torna-se líder informal do gabinete na Câmara.

NOVEMBRO: Nabuco começa namoro com Evelina Torres Soares Ribeiro.

1889 23 DE ABRIL: Nabuco casa-se com Evelina e compra casa em Paquetá, onde passa a residir.

1890 9 DE FEVEREIRO: Nasce a primeira filha de Nabuco, Maria Carolina.

SETEMBRO: Nabuco publica o manifesto "Por que continuo monarquista". Vende a casa e parte para Londres.

1891 23 DE ABRIL: Torna-se correspondente do *Jornal do Brasil*.

10 DE MAIO: Nasce o segundo filho de Nabuco, Maurício. Dois meses depois, embarca de volta para o Brasil.

30 DE DEZEMBRO: Nabuco muda com a família para a Europa.

1892 13 DE SETEMBRO: Retorna ao Brasil e vai viver na casa do avô de Evelina, na rua Marquês de Olinda, em Botafogo.

1894 16 DE JANEIRO: Nasce o terceiro filho de Nabuco, Joaquim.

1895 JANEIRO: Nabuco é convidado a aderir à República. Ele se recusa.

20 DE JUNHO: Nasce Maria Ana, filha de Nabuco.

1896 20 DE MARÇO: Nabuco é alijado do comando do jornal *A Liberdade* e abandona o Partido Monarquista.

1897 JULHO: É eleito secretário-geral da recém-fundada Academia Brasileira de Letras.

1898 JANEIRO: Aproxima-se dos republicanos, por intermédio de José Carlos Rodrigues.

1899 9 DE MARÇO: Nabuco é nomeado para a Missão das Guianas.

3 DE MAIO: Parte para a Europa com a família.

1900 Publica *Minha formação*.
1902 27 DE ABRIL: Nasce o quinto filho de Nabuco, José Thomaz.
28 DE SETEMBRO: Nabuco recebe a notícia da morte da mãe.
SETEMBRO: Rio Branco convida Nabuco a acumular a legação da Itália e da Inglaterra. Nabuco não aceita e os dois se desentendem.
1904 19 DE JUNHO: Rio Branco convida Nabuco para assumir a embaixada brasileira nos Estados Unidos, em processo de constituição.
1905 JANEIRO: Criada a embaixada do Brasil em Washington. Nabuco é nomeado embaixador do Brasil.
1907 FEVEREIRO: Nabuco recebe diagnóstico de arteriosclerose e policitemia vera, doença incurável. Decide pedir licença de saúde.
1908 14 DE MAIO: Realiza a conferência "O lugar de Camões na literatura" na Universidade de Yale, onde recebe o título de doutor *honoris causa*.
1909 JANEIRO: Nabuco é o representante do Brasil na restauração do governo cubano.
ABRIL: Consegue barrar projeto de taxação da entrada do café brasileiro nos Estados Unidos.
NOVEMBRO: Negocia saída diplomática para conflito entre o Chile e os Estados Unidos.
1910 17 DE JANEIRO: Morre em Washington, de congestão cerebral.
9 DE ABRIL: O corpo de Nabuco chega ao Rio de Janeiro, onde é velado no Palácio Monroe. De lá, é transportado para o enterro no Recife.
1915 28 de setembro: Estátua de Nabuco é inaugurada no Recife.

LEIA MAIS PENGUIN-COMPANHIA
CLÁSSICOS

Henry James

Pelos olhos de Maisie

Tradução de
PAULO HENRIQUES BRITTO

A separação de seus pais gerou uma situação inusitada para Maisie. Apesar de a guarda ter sido concedida ao pai, acabou sendo estabelecido que a menina ficaria com os dois. Dividida, Maisie vira um joguete na mão do casal e, aos poucos, expõe os contrastes, entre virtudes e defeitos, entre inocência e cinismo, de ambas as partes — ao mesmo tempo que descobre um modo próprio de ver o mundo.

A personagem está num lugar privilegiado para Henry James contar esta história admirável, feita de objetividade narrativa, observação detalhada e sutil ironia. Maisie já não é criança, mas ainda não é adulta. Situa-se ao mesmo tempo dentro e fora da trama. Por isso, sua vida ilumina e desvela costumes, princípios e fraquezas de uma família desagregada e de uma sociedade movediça.

Escrito na fase mais fértil da carreira de Henry James, o romance está entre as grandes realizações do autor. Esta edição traz, entre outros aparatos, o prefácio que o próprio autor escreveu, em 1908, para a "New York Edition" de suas obras, extraordinário depoimento em que o comenta seu método de trabalho e o processo de construção do romance.

WWW.PENGUINCOMPANHIA.COM.BR

LEIA MAIS PENGUIN-COMPANHIA
CLÁSSICOS

O Brasil holandês

Seleção, introdução e notas de
EVALDO CABRAL DE MELLO

A presença do conde Maurício de Nassau no Nordeste brasileiro, no início do século XVII, transformou Recife na cidade mais desenvolvida do Brasil. Em poucos anos, o que era um pequeno povoado de pescadores virou um centro cosmopolita.

A história do governo holandês no Nordeste brasileiro se confunde com a guerra entre Holanda e Espanha. Em 1580, quando os espanhóis incorporaram Portugal, lusitanos e holandeses já tinham uma longa história de relações comerciais. O Brasil era, então, o elo mais frágil do império castelhano, e prometia lucros fabulosos provenientes do açúcar e do pau-brasil.

Este volume reúne as passagens mais importantes dos documentos da época, desde as primeiras invasões na Bahia e Pernambuco até sua derrota e expulsão. Os textos — apresentados e contextualizados pela maior autoridade no período holandês no Brasil, o historiador Evaldo Cabral de Mello — foram escritos por viajantes, governantes e estudiosos. São depoimentos de quem participou ou assistiu aos fatos, e cuja vividez e precisão remete o leitor ao centro da história.

WWW.PENGUINCOMPANHIA.COM.BR

LEIA MAIS PENGUIN-COMPANHIA
CLÁSSICOS

Nicolau Maquiavel

O príncipe

Tradução de
MAURÍCIO SANTANA DIAS
Prefácio de
FERNANDO HENRIQUE CARDOSO

Àqueles que chegam desavisados ao texto límpido e elegante de Nicolau Maquiavel pode parecer que o autor escreveu, na Florença do século XVI, um manual abstrato para a conduta de um mandatário. Entretanto, esta obra clássica da filosofia moderna, fundadora da ciência política, é fruto da época em que foi concebida. Em 1513, depois da dissolução do governo republicano de Florença e do retorno da família Médici ao poder, Maquiavel é preso, acusado de conspiração. Perdoado pelo papa Leão X, ele se exila e passa a escrever suas grandes obras. *O príncipe*, publicado postumamente, em 1532, é uma esplêndida meditação sobre a conduta do governante e sobre o funcionamento do Estado, produzida num momento da história ocidental em que o direito ao poder já não depende apenas da hereditariedade e dos laços de sangue.

Mais que um tratado sobre as condições concretas do jogo político, *O príncipe* é um estudo sobre as oportunidades oferecidas pela fortuna, sobre as virtudes e os vícios intrínsecos ao comportamento dos governantes, com sugestões sobre moralidade, ética e organização urbana que, apesar da inspiração histórica, permanecem espantosamente atuais.

WWW.PENGUINCOMPANHIA.COM.BR

Esta obra foi composta em Sabon Alice Viggiani
e impressa em ofsete pela Geográfica
sobre papel Pólen Soft da Suzano Papel e Celulose
para a Editora Schwarcz em julho de 2010

A marca FSC é a garantia de que a madeira utilizada na fabricação do papel deste livro provém de florestas de origem controlada e que foram gerenciadas de maneira ambientalmente correta, socialmente justa e economicamente viável.